dtv

Ansprechende und wirkungsvolle Literaturvermittlung wird im Medienzeitalter immer wichtiger, der Literaturdidaktik wird daher ein wachsender Stellenwert in den entsprechenden Studiengängen sowie im Unterricht an den Schulen zugewiesen. Dieses Studienbuch erfüllt ein lang gehegtes Desiderat der Forschung. Die einzelnen Beiträge ausgewiesener Fachwissenschaftler vermitteln in systematisch strukturierter, übersichtlicher und anschaulicher Form Orientierungs- und Grundlagenwissen für Studierende, Lehrerinnen und Lehrer. Behandelt werden die Geschichte der Literaturdidaktik, literarische Bildung, Lektürekanon, literaturpädagogische und interkulturelle Ansätze und Modelle, gattungsorientierte Didaktik ebenso wie Lesetheorie und -psychologie, Medienpädagogik oder Filmanalyse und Theaterpädagogik.

Klaus-Michael Bogdal lehrt Germanistische Literaturwissenschaft an der Universität Bielefeld.
Hermann Korte lehrt Germanistik/Literaturdidaktik an der Universität Siegen.

Grundzüge der Literaturdidaktik

Herausgegeben von
Klaus-Michael Bogdal
und Hermann Korte

Deutscher Taschenbuch Verlag

Originalausgabe
April 2002
4. Auflage April 2006
© Deutscher Taschenbuch Verlag GmbH & Co. KG, München
www.dtv.de
Das Werk ist urheberrechtlich geschützt.
Sämtliche, auch auszugsweise Verwertungen bleiben vorbehalten.
Umschlagkonzept: Balk & Brumshagen
Gesetzt aus der Aldus 9,5/11,25·
Gesamtherstellung: Druckerei C. H. Beck, Nördlingen
Gedruckt auf säurefreiem, chlorfrei gebleichtem Papier
Printed in Germany
ISBN-13: 978-3-423-30798-7
ISBN-10: 3-423-30798-6

Inhalt

Vorwort

In Analogie zu den im Deutschen Taschenbuch Verlag nun schon in vierter Auflage erscheinenden, von Heinz Ludwig Arnold und Heinrich Detering herausgegebenen ›Grundzügen der Literaturwissenschaft‹ (dtv 4704, 1. Aufl. 1996) sollen die ›Grundzüge der Literaturdidaktik‹ eine umfassende, verlässliche, informative und problembewusste Einführung in alle Themenfelder der Literaturdidaktik bieten. Die ›Grundzüge der Literaturdidaktik‹ richten sich an Studierende und Lehrende der Literatur- und Kulturwissenschaften, an Referendarinnen und Referendare, an Seminarausbilder, Lehrerinnen und Lehrer und an alle diejenigen, die ein Interesse an der Vermittlung von Literatur in Gesellschaft und Kultur haben. Die Beiträge sind eine handliche Orientierungshilfe für alle Bereiche der inzwischen weit verzweigten literaturdidaktischen Forschung und vermitteln aktuelles Überblickswissen.

Die Nähe der ›Grundzüge der Literaturdidaktik‹ zu den ›Grundzügen der Literaturwissenschaft‹ spiegelt sich zum einen im unverwechselbaren Aufbau wider; die Binnengliederung der fünf großen Kapitel ist übersichtlich; Bibliografie und Register sind einfach zu benutzen und bieten eine große Hilfe für das Selbststudium. Zum anderen ist die Nähe zur Literaturwissenschaft ein Ausdruck der aktuellen Situation der Literaturdidaktik: Die ›Grundzüge der Literaturdidaktik‹ verknüpfen, indem sie aktuelle Forschungsfelder, Richtungen und Trends einbeziehen, wissenschaftliche und didaktische Problemstellungen und umreißen so eine eigene Fachdisziplin innerhalb der Literaturwissenschaft.

Die vielgestaltigen Facetten dieser Disziplin werden bereits im Aufbau und in der Binnengliederung des Bandes konkret. Das Spektrum der Literaturdidaktik reicht heute von der Spiel- und Theaterpädagogik bis zur Diskussion um nicht-hermeneutische und poststrukturalistische Ansätze im Literaturunterricht, von der Kanonforschung bis zur Filmdidaktik, von der Kinderliteraturwissenschaft bis zur Didaktik der Literaturgeschichte. Vor diesem Hintergrund versteht sich Didaktik, wie die ›Grundzüge‹ sie vermitteln, daher nicht als methodisch-praktische Zurüstung und Rezeption, sondern als Reflexionswissenschaft, die eigene Frage- und Erkenntnishorizonte entwirft. Ansätze dazu werden im vorliegenden Band an vielen Stellen sichtbar, beispielsweise in Forschungen zur literarischen Sozialisation, in der Leseforschung, in wissenschaftlichen Studien zur Kinder- und Jugendliteratur und nicht zuletzt in vielfältigen Überlegungen zur aktuellen Situation der Literatur und des Literaturunterrichts in der Mediengesellschaft.

Die ›Grundzüge der Literaturdidaktik‹ reflektieren, wie sich in vielen Beiträgen zeigt, die sich verändernde Lebenswelt von Schülerinnen und Schülern in einer von Neuen Medien und Informationstechnologien geprägten Umgebung. Die einzelnen Beiträge sind als Forschungsreferate angelegt und entfalten unterschiedliche theoretische Konzepte und Modelle. Das Spektrum der Positionen und Kontroversen wird dabei ebenso deutlich wie die Notwendigkeit, Antworten auf die Frage zu finden, welche Zukunft Literatur in der kulturellen Alltagspraxis haben wird und welche Rolle dabei dem Literaturunterricht zukommt.

Zu danken ist allen Beiträgerinnen und Beiträgern für ihre Bereitschaft zur Mitarbeit, für konzeptionelle Anregungen und nicht zuletzt für den Mut, den eng gesetzten Rahmen für den Umfang der einzelnen Teilkapitel einzuhalten und knappe, kompakte Themenreferate zu verfassen. Herrn Meik Römer danken wir für die Durchsicht des Manuskripts und die Mitarbeit bei der Erstellung der Bibliografie, Frau Dr. Marja Rauch (Siegen) für die Erstellung des Registers. Ein spezieller Dank gilt Frau Brigitte Hellmann, welche die ›Grundzüge der Literaturdidaktik‹ im dtv-Lektorat über alle Hürden hinweg betreute.

Bielefeld und Siegen, im Dezember 2001

Klaus-Michael Bogdal
Hermann Korte

I. Gegenstand und Geschichte

1. Literaturdidaktik im Spannungsfeld von Literaturwissenschaft, Schule und Bildungs- und Lerntheorien
VON KLAUS-MICHAEL BOGDAL

1. Einleitung

Für die Edition der Werke von Hans Sachs nahmen sich die Pioniere der Neueren Deutschen Literaturwissenschaft 38 Jahre Zeit; ebenso lange dauerte es, bis die Herausgabe von Lessings ›Sämtlichen Schriften‹ abgeschlossen wurde. Die Sophienausgabe der Werke und Schriften Goethes kam mit 32 Jahren aus. Das ist ungefähr der Zeitraum, in dem die Literaturdidaktik als wissenschaftliche Disziplin, als akademische Lehre und Forschung existiert. Sie ist also ein junges Wissenschaftsgebiet, jünger zumeist als ihre Vertreter. Sie entstand – wie andere innovative Fachgebiete in den Gesellschafts- und Naturwissenschaften – in einer Zeit, in der sich das Wissen explosionsartig vermehrte, die Halbwertzeiten für Forschungsergebnisse sich ständig verkürzten und das tradierte System der Wissenschaften ohne eine Ausdifferenzierung zu stagnieren drohte. Hinzu kam (und kommt), dass die Gegenstandsbereiche und Problemstellungen benachbarter Disziplinen immer schwieriger voneinander abzugrenzen sind. Das gilt für die Biologie und Chemie wie für die Erziehungswissenschaft und Soziologie, die z. B. Fachgebiete wie Biochemie oder Sozialpädagogik herausbildeten. Neue Wissensbestände, Fragehorizonte und Probleme führten zur »Erfindung« (BÖHME 2000, 7) neuer akademischer Fächer wie der Kulturwissenschaft.

Die Literaturdidaktik musste in den sechziger Jahren nicht ›erfunden‹ werden. Sie entstand unter enormem öffentlichem Druck im Zuge der Bildungsreformen als Antwort auf Defizite sowohl in der schulischen als auch in der universitären Ausbildung. Wie einst in der Medizin und anderen Fächern galt es unterschiedliche Praktiken,

Erfahrungen und verstreute Wissensformen unter der Leitvorstellung und nach den Regeln akademischer Disziplin zu bündeln. Im Verlauf der Bildungsdebatten dieser Zeit bildete sich als Konsens heraus, dass die Schule – und zwar sämtliche Gliederungen von der Grundschule über die Förderschule bis zum Gymnasium – auf der Grundlage der höchsten Wissensform der Moderne, der Wissenschaft, weiterentwickelt werden müsse, um den wachsenden technologischen, sozialen und kulturellen Anforderungen der Gesellschaft gerecht zu werden. Die Forderung nach einer akademischen Professionalisierung des Lehrerberufs kam im Übrigen der universitären Literaturwissenschaft nicht ungelegen, die sich in einer tiefen Krise befand und von ihrer Seite den Praxis- und Berufsbezug durch eine Reorganisation der Studiengänge und methodische und thematische Erneuerungen (wie die Frage der literarischen Wertung) zu stärken suchte.

Seit ihrer institutionellen Etablierung hatte die Literaturdidaktik einen Prozess nach den Regeln moderner Geisteswissenschaften zu durchlaufen, der zur akademischen »Disziplinierung« führte. Zeichnet man aus epistemologischer Perspektive ihre Entwicklung nach, stößt man in den Anfängen auf das Bemühen, einen Gegenstandsbereich bzw. ein Problemfeld abzugrenzen, »neue bedeutsame Gesichtspunkte« (Max Weber) zu finden, das Wissen zu systematisieren, zu legitimieren, zu autorisieren und auf Effektivität und Validität zu überprüfen. Zug um Zug wurden Theorien und Methoden entwickelt (und partiell wieder verworfen) und auf diese Weise eine fachspezifische »Wahrheitspolitik« installiert. Für ein auf ein Berufsfeld orientiertes Wissenschaftsgebiet kommt immer schon der Versuch hinzu, zur Professionalisierung, d. h. in unserem Fall zur Selbstreflexion, Selbststeuerung und Wissenschaftsethik des Lehrerberufs beizutragen. Wie jede Disziplin durchlief die Literaturdidaktik einen Prozess der Institutionalisierung durch Zeitschriften- und Verbandsgründungen und entwickelte stabile Kommunikationsformen. Nicht anders als die Literaturwissenschaft lehnte sie sich an die im Laufe der letzten dreißig Jahre sich ablösenden ›starken‹ Paradigmen an und folgte wie diese der jeweiligen Richtung des geisteswissenschaftlichen ›Mainstream‹. So stehen heute medien-, kulturwissenschaftliche oder poststrukturalistische Orientierungen

zur Debatte (vgl. FÖRSTER 2000 a). Aus den universalistischen Anfängen einer »Didaktik der deutschen Sprache und Literatur« haben
sich unterschiedliche Spezialgebiete und Forschungsschwerpunkte
mit eigenem methodischem Profil herausgebildet – bis hin zur systematischen bibliografischen Erschließung der Quellen (GRUND
1991 ff.).

Dennoch ist nicht zu übersehen, dass die Literaturdidaktik wie
andere post-monoparadigmatische Geistes- und Gesellschaftswissen-
schaften Schwierigkeiten mit der Bestimmung ihres Gegenstandes
und ihrer Theorie hat. Sie tendiert ebenso dazu, anstatt sektorale
Präzisierungen vorzunehmen, sich diffusen humanwissenschaftli-
chen Leitideologien unterzuordnen. Damit verstärkt sie die Gefahr,
auf eine Applikationswissenschaft (vgl. ALTHUSSER 1985, 36 ff.) reduziert zu werden. Anstatt zu zeigen, dass die Literaturverhältnisse ein
wissenschaftliches Objekt präsentieren, das von der Literaturgeschichtsschreibung, der Textanalyse, der Literaturdidaktik u. a. m. ar-
beitsteilig erforscht wird, lässt sie es zu, dass bestimmte Praxisbe-
reiche wie der schulische Literaturunterricht in ein Verhältnis der
Äußerlichkeit und des Instrumentellen gerückt werden. Literaturdidaktik »lehrt nicht die Praxis des Literaturunterrichts« (PAEFGEN
1999 b, VII) und sie ist auch keine »bloße Abnehmerinstanz der je
gängigen literaturwissenschaftlichen Schulen« (SCHMIDT 1982, 186).
Ob sie »als normsetzende Handlungswissenschaft« (MÜLLER-MI-
CHAELS 1972, 18) zu begründen sei, die »normative Regelungen und
Entscheidungen unter dem Gesichtspunkt der Legitimation oder Geltung thematisieren« (KREFT 1977, 215) müsse, wie dies in der An-
fangsphase der Literaturdidaktik unter dem Einfluss von Habermas'
Modell wissenschaftlicher Kommunikation postuliert wurde, ist aus
heutiger Sicht so fraglich wie sämtliche Konzepte von Letztbegrün-
dungen. Zielte der Handlungsbegriff darauf, die bildungspolitisch
geforderte Einheit von Theorie und Praxis herzustellen, geht es heute
angesichts einer vom ökonomischen Diskurs geleiteten Bildungspolitik darum, nicht »die prinzipielle Differenz zwischen wissenschaftlichem Wissen und pädagogischem Handeln, [...] die notwendig je
eigenen Rationalitäten folgen« (HURRELMANN 1999, 21), zu ver-
wischen und auf dem Feld einer disziplinären Wissenschaft fachspezifische Forschungen zu etablieren, wie dies z. B. neuere literaturdidak-

tische Ansätze (BARK/FÖRSTER 2000; KAMMLER 2000; KORTE 1996 a u. 2000 b) in den neunziger Jahren nicht ohne Erfolg versucht haben. Innerhalb eines solchen Rahmens vermag die Literaturdidaktik einen erheblichen Beitrag zur »Medienkulturkompetenz« zu liefern, die in Zukunft die entscheidende Forschungs- und Ausbildungsleistung der Germanistik insgesamt sein wird (SCHÖNERT 1998 a; EGGERT 1998; GENDOLLA 1998).

Die Literaturdidaktik bewegt sich, bedingt durch ihre Entstehungsgeschichte, in einem Spannungsfeld von Literaturwissenschaft, Schule sowie Bildungs- und Lerntheorien. In ihren Anfängen spiegelte sich dies in unterschiedlichen Grundausrichtungen wider. Hermann Helmers, der Pionier der Verwissenschaftlichung deutschunterrichtlichen Erfahrungswissens, setzte auf das erziehungswissenschaftliche Paradigma und argumentierte von der Allgemeinen Didaktik und Bildungstheorie her (HELMERS 1966). Als deren spezialisiertes Teilgebiet erhielt die *Fachdidaktik* eine Bestimmung, die mit ihrer weiteren Entwicklung und Ausdifferenzierung zunehmend problematisch wurde. Den literaturwissenschaftlichen Bezug betonte Geißler (1970), ohne allerdings die Pluralisierung germanistischer Theorien und den Paradigmenwechsel in den sechziger Jahren zur Kenntnis zu nehmen. An entwicklungspsychologische Subjekttheorien knüpfte in den siebziger Jahren Jürgen Kreft (1977) an, der literarische Bildung in der Schule als einen Beitrag zur emanzipatorischen »Ich-Entwicklung« konzipierte. Es lag nahe, die Didaktik nach diesen primär auf jeweils *ein* Feld gerichteten Versuchen als »Integrationswissenschaft« (SCHMIDT 1982, 187) zu modellieren, die »Literaturwissenschaft, Psychologie, Pädagogik, Soziologie usw.« (ebd.) zusammenführt. Diese Wissenschaften haben sich aus ihrer jeweiligen Perspektive sowohl mit der Literatur als auch mit der Institution Schule und den in ihr tätigen Subjekten beschäftigt. Deshalb ist das von ihnen produzierte *Wissen* für die Didaktik wichtig, jedoch nicht im Sinne einer Integration in eine humanwissenschaftliche Endlosschleife. Eine Kombination unterschiedlicher Wissensbestände kann nicht die Frage nach dem Gegenstand und der Theorie einer Wissenschaft und damit der *Differenz* zu den genannten Disziplinen ersetzen. Deshalb wäre es angemessener, statt von Applikation oder Integration von »Konstitutionsverhältnissen« zu sprechen, die dann gegeben sind,»wenn eine Wissenschaft oder ein Teil einer Wissenschaft in die Praxis einer anderen Wissenschaft eingreift« (ALTHUSSER 1985, S. 38). Solche Konstitutionsverhältnisse sind für moderne, dynamische Wissenschaften typisch und unverzichtbar. Sie produzieren Anschlussmöglichkeiten an andere Wissensbestände, was eine Stärke und nicht eine Schwäche wissenschaftlicher Disziplinen darstellt. In solchen Konstitutionsverhältnissen befindet sich die Literaturdidaktik als ein Fachgebiet innerhalb der germanistischen Literaturwissenschaft.

2. Literaturdidaktik und Literaturwissenschaft

Literaturdidaktik und Literaturwissenschaft unterscheiden sich nicht in ihren Grundlagen, Methoden und Gegenständen, Ansprüchen, Problemen und Krisen. Literaturwissenschaftler und -didaktiker sind beide professionelle *Vermittler* von Literatur in staatlichen Institutionen (Universitäten und Schulen) mit einem gemeinsamen gesellschaftlichen (kulturellen) Auftrag. Sie legen Archive des Wissens über Literatur an und sichern ihren Fortbestand, sie leisten einen wichtigen Beitrag zum kulturellen Gedächtnis der Gesellschaft und geben die elaborierten Fähigkeiten im Umgang mit komplexen sprachlich-ästhetischen Gebilden weiter, die literarische Werke nun einmal sind.

Der Unterschied besteht darin, dass die Literaturwissenschaft dazu neigt, ihre Rolle als Vermittlerin zu verdrängen. Die Verdrängung gehört geradezu zum Selbstbild eines akademisch-philologischen Purismus. Die Literaturdidaktik hingegen hat die Vermittlung zum Orientierungspunkt ihrer Arbeit gewählt. Man kann heute, angesichts medien- und kulturwissenschaftlicher Ausdifferenzierungen und disziplinärer Neuformierungen, die u. a. eine Reaktion auf den gleichen Purismus darstellen, konstatieren, dass die Entstehung und Festigung der Literaturdidaktik in den Sechzigern auch mit ihrem rascheren Aufgreifen rezeptionsästhetischer und kommunikationswissenschaftlicher Konzepte zu tun hatte. Vermittlung von Literatur bedeutet ihre systematische, im öffentlichen Raum erfolgende und von der Wissenschaft ›kontrollierte‹ Deutung oder Interpretation, gleich ob durch Edition, Literaturgeschichtsschreibung, Werkanalyse oder Unterrichtsplanung. Die Aufgabe der Vermittlung verbindet Literaturwissenschaft und Literaturdidaktik z. B. mit den Geschichtswissenschaften und trennt sie etwa von den Rechtswissenschaften, die primär auf Anwendung und Handeln zielen. Der Zusammenhang von Literaturerforschung und Ausbildung als fachliche Qualifizierung *und* als Zugewinn an Individualität ist kein peripheres Moment der Literaturwissenschaft. Es gehörte wesentlich zu ihrer Entstehung innerhalb des staatlichen Ausbildungssystems. *Kulturelle Kontinuität* sollte seit Beginn des 19. Jahrhunderts durch Institutionen mit Interpretationsanspruch gewährleistet werden, den sie mit ihrer Werkkenntnis, ihrem Kontextwissen und ihrem hermeneutischen Können legitimierten. Diese Aufgabe fällt seit ungefähr zweihundert Jahren professionellen Vermittlern zu: den Literaturkritikern, den Literaturwissenschaftlern und seit gut 150 Jahren auch den Deutschlehrern. Diese akademisch ausgebildeten Vermittler – und ein solcher zu werden gehört zum Berufsziel der Mehrzahl heutiger Germanistikstudierender – re-inszenieren in ihren Deutungen das Wissen, die Erfahrungen, die Phantasien und die Geschichte, die in die Werke eingegangen sind: in der Schule durch Lektürerituale, an der Universität durch ein stetig komplexer werdendes Instrumentarium der Interpretation, Analyse und Kommentierung. Deshalb ist eine fachliche Verengung im Blick auf das Berufsfeld Schule, die mit dem Argument der Praxisorientierung periodisch seit den Sechzigern gefordert wird, nicht im Sinne der Didaktik. Sie muss im Gegenteil an einer breiten, literaturhistorisch orientierten und zugleich methodisch innovativen, die ästhetischen Dimensionen ihres Gegenstandes umfassenden Ausbildung interessiert sein. Das Berufsbild des Lehrers kann allerdings nicht an dem des Forschers ausgerichtet werden. Dennoch ist auch die Lehrerausbildung notwendigerweise integraler Bestandteil einer irreversiblen Ausdifferenzierung in der modernen Wissensgesellschaft. Ihr Ziel besteht darin, wissenschaftlich ausgebildete Subjekte dazu zu befähigen, das Wissen, die Theorie und Methoden ständig zu reflektieren und im Blick auf den eigenen Vermittlungsbereich – von der Primarstufe bis zur wissenschaftspropädeutisch angelegten gymnasialen Oberstufe – in der Berufspraxis selbstständig fortzuschreiben.

Für die Deutsche Philologie des Mittelalters ist es in den letzten zwanzig Jahren zu einer Selbstverständlichkeit geworden, mit der Geschichtswissenschaft und der Kunstgeschichte in ein Konstitutionsverhältnis zu treten und sich mit ihnen in die Richtung einer binnendifferenzierten kulturwissenschaftlichen Mediävistik zu bewegen (vgl. MÜLLER 1999; WENZEL 1999). Ebenso tritt die Neuere Deutsche Literaturwissenschaft heute in Konstitutionsverhältnisse zur Anthropologie und Ethnologie oder zum Empirischen Konstruktivismus. Die daraus resultierende Neuordnung der Wissensbestände löst Irritationen innerhalb der historisch-philologisch sozialisierten Disziplin aus. Zugleich beeindrucken die neuen Forschungsrichtungen mit bemerkenswerten Resultaten und steigern das öffentliche Interesse am Fach. Auch für die Literaturdidaktik gewinnen neue Konstitutionsverhältnisse über die historische Konstellation zwischen Erziehungswissenschaft und der Institution Schule hinaus zunehmend an Bedeutung wie umgekehrt z. B. für die Medienwissenschaft (vgl. WERMKE 1997) oder für die Kulturwissenschaft die Ergebnisse literaturdidaktischer Spezialgebiete wie der Kanonforschung, deren Ausweitung auf die Erforschung der Kanonisierung schulischer Deutungsmethoden und der Wirkungen pädagogischen Handelns vorgeschlagen worden ist (FINGERHUT 1999), der Geschichte des Lesens (SCHÖN 1987) oder der Lesesozialisationsforschung immer wichtiger werden, wie der DFG-Schwerpunkt »Lesesozialisation in der Mediengesellschaft« gezeigt hat. Hinzu kommen »Intergrationsfelder« (HURRELMANN 1999) wie die Erzählforschung oder die Kinder- und Jugendbuchforschung.

Diese wichtigen Spezialgebiete können jedoch nicht die Literaturdidaktik ersetzen. Sie bringen – methodisch breit gefächert von der Hermeneutik bis zu empirischen quantitativen und qualitativen Verfahren – Wissen über die Vermittlung (und die Nicht-Vermittlung) von Literatur hervor, wie sie auf unterschiedlichen Ebenen bewusst/unbewusst stattfindet. Sie partizipieren allerdings nur mittelbar an der Vermittlung selbst. Die literaturwissenschaftlich fundierte Vermittlungstätigkeit bildet das Zentrum der Literaturdidaktik. Ohne den »Gegenstand« Literatur und die systematische Erforschung seiner historischen, ästhetischen, kulturellen und kommunikativen Dimensionen wird wissenschaftliches Bemühen in diesem Bereich belanglos. Eine Literaturdidaktik, die sich mit dem kulturellen Alltagswissen über Literatur begnügt und sich auf die Beobachtung von Leseprozessen und Methoden der Vermittlung beschränkt, kann ihren Aufgaben beim Erwerb von Medienkulturkompetenzen nicht gerecht werden. Ihre Ergebnisse lassen sich dann beliebig auf andere Disziplinen und Fächer übertragen.

Über die Vermittlung von Literatur stellt sich in der kulturellen Kommunikation, in der schulischen Lektürekultur und in der wissenschaftlichen Arbeit eine eigene Form von »Intellektualität« (EGGERT u. a. 2000, 7) her, von Weltsicht und Weltwissen und vom sozialen Umgang damit, Profile von Subjekten (BOGDAL 1999 a), die bisher nur hier und auf diese Weise gewonnen werden konnten. Ob dies so bleiben wird und bleiben soll, ist angesichts der Ausbreitung neuer Medientechnologien und Aufschreibesysteme und der kulturellen »Umbrüche« (BOGDAL/NEULAND/SCHEUER 1998) eine der wichtigsten bildungspolitischen Fragen. Eine zeitgemäße Literaturdidaktik wird plausible Antworten finden müssen, wenn die Vermittlung von Literatur weiterhin eine Angelegenheit des öffentlichen Bildungssystems bleiben soll.

3. Literaturdidaktik und Schule

Literaturdidaktik kann nicht unabhängig vom jeweiligen Entwicklungsstand der Institution Schule gedacht werden. Diese Institution nimmt eine Schlüsselstellung in der heutigen »Wissensgesellschaft« (STEHR 1994) ein, die von der Notwendigkeit geprägt ist, dass ihre Mitglieder über verschiedene Wissenssysteme verfügen und entsprechend zu handeln in der Lage sind. Ob literarisch-ästhetische Wissenssysteme in dieser öffentlichen Institution mit einer gewissen Verbindlichkeit vermittelt werden und auf welche Weise und mit welcher Intensität und Priorität dies geschieht, ist für die Literaturdidaktik nicht nur aus einem wissenschaftlichen Beobachterstatus heraus von Bedeutung. Mit ihren Konzeptionen und Modellen antizipiert sie über den Status quo hinaus zukünftige Anforderungen und Entwicklungen des schulischen Literaturunterrichts. Aber auch hier würde ein Applikationsverhältnis zwischen Wissenschaft und

Schule dysfunktional wirken. Denn es besteht eine »prinzipielle Differenz zwischen wissenschaftlichem Wissen und pädagogischem Handeln, theoretischer und praktischer Orientierung, die notwendig je eigenen Rationalitäten folgen« (HURRELMANN 1999, 21). Man sollte wiederum von einem Konstitutionsverhältnis sprechen, für das Interventionen des einen Bereichs in den jeweilig anderen die Regel sind.

Aus der Sicht der Literaturdidaktik gibt es drei Möglichkeiten, sich Wissen über die komplexe, einem steten Wandel unterworfene Institution Schule anzueignen und in den wissenschaftlichen Diskurs zu integrieren: kooperative Verfahren in Projekten mit Lehrern und/oder Schülern, eigene Unterrichtspraxis und empirische Erforschung. Es sind unterschiedliche Aneignungsweisen mit jeweiligen Stärken und Schwächen. Unterricht ist ein komplexes, auf verschiedenen Ebenen ablaufendes Geschehen und vor allem ein singuläres, nicht wiederholbares Ereignis. Die Ergebnisse kooperativer Verfahren lassen sich nur bedingt verallgemeinern, die Schwäche empirischer Forschungen liegt in der schwierigen Vergleichbarkeit des Unterrichtsgeschehens begründet. Entgegenzutreten ist einer diffusen, emphatischen Praxisvorstellung von einem Unterricht, in dem der didaktischen Theorie in der Praxis die Stunde der Wahrheit schlägt. Bei der Vermittlung von Literatur in der Schule geht es, wenn seriöserweise von Praxis die Rede sein soll, um das Erfahrungswissen des literaturwissenschaftlich ausgebildeten Deutschlehrers. Dieses Erfahrungswissen könnte man im übertragenen Sinn als ein »Archiv« bezeichnen, zu dem die universitäre Literaturdidaktik einen ständigen Zugang haben sollte. Die anzustrebende Lösung liegt in einer systematischen Verbindung von Kooperation und Empirie mit eigener Unterrichtserfahrung als Grundlage und Ausgangspunkt durchdachter Vermittlungsprozesse.

Die in der Schule Unterrichtenden aller Schulstufen und -arten haben in den letzten dreißig Jahren mit großer Flexibilität und ihrer in der verwissenschaftlichten Lehrerausbildung erworbenen Kompetenz auf die nicht unerheblichen Änderungen und Brüche im Schulwesen reagiert. Sie haben sprach- und literaturwissenschaftliche sowie pädagogische Innovationen aufgenommen, um den Deutschunterricht erfolgreich auf der Höhe der Zeit zu halten. Das dabei erworbene Erfahrungswissen ist von der Didaktik bisher nur unzureichend in seiner Eigenständigkeit und Besonderheit gewürdigt, dokumentiert und in den wissenschaftlichen Diskurs aufgenommen worden, wenn man von dem wichtigen Bereich der Methoden absieht.

Die Schule ist keineswegs eine neutrale Institution, in der didaktische Modelle durch ihre Realisierung zu sich selbst finden. In ihr treffen heterogene, widersprüchliche Momente aufeinander: Individuen – Schüler und Lehrer – mit ihren Interessen und Bedürfnissen, Fähigkeiten und Fertigkeiten, deren unterschiedliche Lebensbedingungen und nicht zuletzt die Unterrichtsgegenstände. Die an dieser Institution nicht freiwillig Partizipierenden und die berufslebenslänglich in ihr Tätigen bilden eine prekäre soziale Gemeinschaft. Für die *corporate identity* spielen kulturelle Merkmale, die den Deutschunterricht tangieren, nur eine marginale Rolle, auch wenn die Schulen häufig die Namen von Dichtern tragen. Der Schule in Deutschland fehlt heute eine Leitidee, über die sich eine Homogenität der Institution herstellen ließe. Dies trägt zu einem Autoritätsverlust bei. In der postmodernen Gesellschaft der Gegenwart könnte die Schule aus ihrer positiven Tradition heraus und im Blick auf eine ihrer wesentlichen Leistungen nach dem Krieg an strategischer Stelle als demokratische Institution der Wissensvermittlung und Persönlichkeitsbildung weitergeführt werden. Immerhin offeriert sie in der Reformtradition den Individuen ein von der Rollenvariabilität sich abgrenzendes Persönlichkeitsbild und der Gemeinschaft das Gleichheitspostulat mit der Verpflichtung zu sozialer Kommunikation und Verständigung. In der pädagogischen Theorie und als Institution verfügt sie über ein Handlungsmodell konfliktueller Konsensbildung aller an der Erziehung und am Lernprozess Beteiligten. Der rapide gesellschaftliche Wandel lässt Zweifel an der Effektivität einer solchen Institution aufkommen. Konkurrierende Modelle von Wissensaneignung und Lernorganisation, die sich in anderen institutionellen Zusammenhängen wie Wirtschaft, Administration oder Militär bewährt haben, stehen in der Bildungspolitik zur Diskussion. *Eine* Zukunftsoption wäre die Anpassung der Schule und damit auch des Deutschunterrichts an das jeweilig herrschende Paradigma, in der Gegenwart also an das ökonomisch-administrative. Damit würde sie jedoch ihre historisch erkämpfte relative Autonomie zwischen öffentlichem Auftrag und privaten Einzelinteressen aufgeben. Die andere Option ist die schwierigere. Es müsste gelingen, unter den neuen gesellschaftlichen Bedingungen für die Beteiligten einen »geschützten« Raum für die individuelle und soziale Bildung von Individuen zu schaffen. Individualität, die nicht »hintergehbar« ist, ist immer noch das Gegenteil von Beliebigkeit – und Sozialität das Gegenteil von Gleichgültigkeit. Lesen und Verständigung über Lektüre bieten eine Möglichkeit, beides partiell zu erfahren. Das macht aber nur dann Sinn, wenn die Beteiligten selbst Individualität und Sozialität überhaupt noch für *lebbar* halten – und damit jene kulturellen Gewohnheiten, die beides gefördert und »geschult« haben.

Aus den genannten Gründen kann sich die Literaturdidaktik wie jede andere Fachdidaktik nicht auf die Beobachtung der Institution Schule beschränken. Sie sollte in stärkerem Maße als bisher Konzeptionelles zu ihrer Entwicklung beitragen. Das beginnt mit der Definition von Literaturunterricht und reicht von Vorschlägen zum Status der Literatur in den einzelnen Schulstufen und -formen über wichtige Details wie die Stundentafel (Wie viel Deutschunterricht braucht ein Schüler?) bis zu den Lektürelisten. Der gegenwärtige Zustand der Institution Schule bietet genügend Konfliktstoff und Anlässe für eine Intervention der Didaktik, die ihre Kompetenz und Erfahrung in die Vermittlung von Literatur einbringen sollte.

Zu den allgemeinen Zielen für die Schule, die sich aus ihrer wissenschaftlichen Arbeit ableiten lassen, gehört der Ausgleich der kulturellen Standards und die Angleichung kulturellen Wissens im Sinne der Fortschreibung des Zivilisationsprozesses. Die Frage nach dem Anteil der literarischen Bildung als Teil des »Bildungswissens« (Scheler 1947) ist mit dem Ziel verbunden, elitäre Bildung im öffentlichen Erziehungswesen zurückzudrängen und gleichzeitig das Niveau der Volksbildung anzuheben, d. h. zum Beispiel im Kontext der Kanonforschung danach zu fragen, welche Bedeutung Literatur für jene Schichten haben soll, für die sie im kulturellen Alltag im Vergleich zu den audiovisuellen Massenmedien nur noch von marginaler Bedeutung ist (vgl. Schulze 1993). Wenn der organisatorische und inhaltliche Umbau der Schule in der Gegenwart dazu führt, dass Literatur innerhalb der Institution neu positioniert, d. h. immer weniger dem öffentlich zu vermittelnden Bildungswissen und immer mehr dem individualisierten Freizeitbereich zugeordnet wird, ist die Literaturdidaktik gefordert, eine zugleich geschichtsbewusste und zukunftsorientierte Definition des Deutschunterrichts zu leisten.

Solche Definitionsversuche liegen vor. Nach Kaspar H. Spinner (1997 b u. 1998) leistet der Deutschunterricht einen wichtigen Beitrag zur Stiftung kultureller Kohärenz der Gesellschaft. Darunter versteht er die Verbindung zwischen der aktuellen Lebenswelt der Heranwachsenden und der historischen Tradition. Literatur als Form elaborierten Schreibens und Lesens stellt aus seiner Sicht eine kulturelle Tätigkeit dar, die bis in den Alltag hinein Wahrnehmungs-, Denk- und Vorstellungsweisen der Menschen formt. An literarischen Texten lässt sich prägnant die Widersprüchlichkeit historischer Entwicklungen, wie z. B. die Ambivalenz der Befreiung des Individuums in der Moderne oder die Ausbeutung der Natur, aufzeigen. Der Umgang mit literarischen Texten schafft Annäherungsmöglichkeiten an das Fremde in der eigenen Gesellschaft und an andere Kulturen. Kinder und Jugendliche könnten mit Hilfe der Literatur Erfahrungen verarbeiten und erweitern und dabei kennen lernen, was ihr eigenes Leben nicht bietet. Schließlich trägt die Literatur auch in erheblichem Maße zur Entfaltung kritischer Reflexionsfähigkeit bei. Im literarischen Lesen nimmt man Abstand vom unmittelbaren Handlungsdruck, so dass sich die Reflexion freier entfalten kann. Man kann ergänzen, dass die Literatur auch in den schwierigen Umgang mit widersprüchlichen Zeitlichkeiten und kollektiven Erinnerungen einübt (Assmann 1993).

Spinners Argumente für den Deutschunterricht zielen – in der Tradition der Reformdidaktik – auf die Selbstverwirklichung der Individuen, auf Authentizität und Identität, auf Emanzipation und Kritikfähigkeit. Sie plädieren überzeugend für Kontinuität, übersehen jedoch die Brüche und Umbrüche, die zur Rede von einer »posthumanen Kultur« (Norbert Bolz) geführt haben, in der die »Bildungsstrategien der Gutenberg-Galaxis [...] ausgespielt« (Bolz 1994, 201) haben. Die veränderte Ausgangssituation schulischen Lernens stärker in den Blick genommen haben Jürgen Förster (1993) und Clemens Kammler (2000), wenn sie mit unterschiedlicher Akzentsetzung für eine poststrukturalistische Literaturdidaktik optieren und stärker nach der medialen »Machart« auch von literarischen Texten fragen. Selbst eine vorsichtige Bestandsaufnahme kommt nicht umhin, eine sich rasch vergrößernde Kluft zwischen den Wahrnehmungsweisen und der Wissensaneignung im Lebensalltag heutiger Schüler und der Praxis des Deutschunterrichts einzugestehen. Die medial sozialisierte Alltagswahrnehmung ist zunehmend durch unmittelbare *Vergegenwärtigung* gekennzeichnet, ereignet sich auf der *Oberfläche* aktuellen *Erlebens,* ohne noch eine historische, soziale und psychologische *Tiefendimension* zu erreichen. Man hat von einer Musealisierung, Singularisierung und Intensivierung der Lebensweise gesprochen. Dem steht ein Deutschunterricht hilflos gegenüber, der sich seit dem didaktischen Modernisierungsschub in den sechziger Jahren durch Ziele wie Selbstfindung und -verwirklichung, Kritikfähigkeit und soziale Verantwortung legitimiert und die Vermittlung literarischer Authentizität, Kreativität, historischen Bewusstseins und kultureller Tradition als seine kritisch-emanzipatorische Aufgabe festgelegt hat.

Der Literaturunterricht stößt heute an die Grenzen eines von übergreifenden Sinnzusammenhängen entlasteten Alltags, der jedoch nicht, wie Max Weber am Anfang dieses Jahrhunderts noch annehmen konnte, durch die technisierte Welt »entzaubert«, sondern im Gegenteil ästhetisch überformt worden ist. Ästhetik steht für Simulation, nicht für die symbolische Repräsentation der Lebenswelten. Die traditionellste Repräsentationsform des Imaginären und Symbolischen, die Literatur, wird damit an den Rand verwiesen, zumal ihre seit dem 18. Jahrhundert entwickelte und in der Moderne perfektionierte, auf einen kontinuierlichen und unabschließbaren Entzifferungsprozess angelegte Sprache der unmittelbaren Wahrnehmung nur selten oder mit Schwierigkeiten zugänglich ist. Ihre auf *Einmaligkeit* abzielende Repräsentation als Werk kann bei auf Beliebigkeit und *Austauschbarkeit* eingenormten Wahrnehmungen nur noch durch enorme kognitive Anstrengungen erkannt werden.

Heutigen Schülern erscheinen die literarischen Werke der Vergangenheit und der Gegenwart zunehmend als sprachlich und historisch unhintergehbare Phänomene. Sie (wieder) lesbar zu machen, gehört zu den zentralen und zugleich schwierigsten Aufgaben des Deutschunterrichts, der Literaturdidaktik und der Literaturwissenschaft.

4. Literaturdidaktik und Bildungs- und Lerntheorien

Die Literaturdidaktik hat bei der Vermittlung von Literatur eine
konkrete Zielgruppe im Auge: Schülerinnen und Schüler unterschiedlichen Alters von der Primarstufe bis zur gymnasialen Oberstufe. Darin liegt die Gefahr einer Verengung der fachlichen Perspektiven. Eine als Methodenlehre des Deutschunterrichts konzipierte
oder auf empirische Unterrichtsforschung beschränkte Literaturdidaktik stellt in der Tat eine solche Verengung dar. Eine vom Gegenstand Literatur und den disziplinären Forschungsparadigmen aus-
gehende Didaktik teilt die Risiken des Irrtums mit den anderen
literaturwissenschaftlichen Teildisziplinen. Wie diese vermag sie,
durch einen innerwissenschaftlichen, Forschungsstandards konstitu-
ierenden Dialog diese Risiken zu mindern. Unter diesen Prämissen
kann man es als sektoralen Vorteil ansehen, mit der Zielgruppe ein
konkretes, empirisch quantifizierbares Gegenüber zu haben.

Mit der Zielgruppe der Schülerinnen und Schüler wird für die
Literaturdidaktik ein Wissen relevant, das außerhalb des disziplinären Horizonts der Literaturwissenschaft liegt. Diese Gruppe wird
intensiv und systematisch von den Erziehungswissenschaften, den
Sozialwissenschaften und der Psychologie erforscht. Im Blick auf die
an der Vermittlung von Literatur Beteiligten existiert ein Konstitutionsverhältnis zwischen Literaturdidaktik und Erziehungswissenschaften, insofern der Unterricht und das (Lern-)verhalten der Schülerinnen und Schüler zu einem wesentlichen Teil nur konkret in
Fächern wie dem Deutschunterricht (oder dem Englisch- oder Ma-
thematikunterricht) beobachtet werden kann. Auf der anderen Seite
stellen die Lernvoraussetzungen und -bedingungen ein allgemeines,
variables Verhaltens-Set im Vermittlungsprozess von Literatur dar.
Die Erziehungswissenschaften haben im Wandel ihrer Paradigmen
und Erziehungsvorstellungen aus ihrer Perspektive innerhalb bestimmter Konjunkturen Ziele für den Literaturunterricht bzw. mit
größerem Allgemeinheitsanspruch für eine ästhetische Erziehung in
der Schule formuliert. Solche pädagogischen Vorstellungen liefen
z. B. in den frühen siebziger Jahren auf eine Verdrängung der literarischen Tradition bzw. der kanonisierten Literatur hinaus oder legen

heute im Blick auf die gesellschaftlichen Anforderungen an die Schüler einen medienorientierten Deutschunterricht nahe (vgl. FROMME u. a. 1999).

Das von den Erziehungswissenschaften, den Sozialwissenschaften und der Psychologie systematisierte Wissen über Schule und Schüler lässt sich auf zwei Bereiche zurückführen, die nicht nur in der Literaturdidaktik, sondern in jeder Fachdidaktik spätestens seit der Verwissenschaftlichung des schulpädagogischen Diskurses in den sechziger Jahren eine wichtige Rolle spielen: auf Bildungs- und Lerntheorien.

Literaturdidaktik und Bildungstheorien

Die von Erich Weniger gegen Ende der Weimarer Republik konzipierte »Theorie der Bildungsinhalte« erlangte nach dem Krieg durch Wolfgang Klafki (1963 u. 1970, 13–126) in den Diskussionen um Bildungsreformen und die Verwissenschaftlichung der Bildungsplanung eine Schlüsselstellung innerhalb der Schulpädagogik. Die moderne Bildungstheorie beschreibt die Schule als eine demokratische Institution, die zwischen den Ansprüchen der Gesellschaft, den Gegenständen des Wissens und den Möglichkeiten und Fähigkeiten der Individuen zu vermitteln habe. Sie entwirft ein (Ideal-)Bild des Individuums in der Moderne, das durch institutionalisierte Lernprozesse zu erreichen sei. Eine zentrale Rolle spielen dabei die Bildungsinhalte, die aus dem Konflikt zwischen Tradierung und Gegenwartsbezug erschlossen und in einer demokratisch verfassten Gesellschaft allen ihren Mitgliedern in Abstufungen vermittelt werden sollen. Für die systematische Bestimmung der Bildungsinhalte setzte sich der Begriff der (Allgemeinen) Didaktik durch. Die auf einem Konsens basierenden, gesellschaftspolitisch ausgehandelten Inhalte sind verbindlich. Sie unterliegen jedoch einer stetigen Änderung, denn die Bildungstheorie versteht Lernen in öffentlichen Institutionen prozessual und sieht die Lernenden nicht als Objekte, sondern als Subjekte der Wissensaneignung. »Der Begriff ›Bildung‹ betont [...] die eigenständige Interpretationsleistung des Individuums, den nichtfestlegenden, öffentlichen Angebots-Aspekt von Lernen und Wissen, der sich gegebenenfalls auch *gegen* die im Erziehungsprozess intendierte Einflussnahme wenden kann.« (RENDTDORFF 2000, 429 f.)

Für die einzelnen Fächer stellte sich unter der Hegemonie der Allgemeinen Didaktik eine vergleichbare Aufgabe: die systematische Formulierung konkreter Bildungsinhalte und daraus abgeleiteter Lernbereiche innerhalb eines allgemeinen Rasters, wie es zum Beispiel die einflussreichen Bildungsforscher Paul Heimann, Gunther Otto, Wolfgang Schulz (1965; HEIMANN 1962) entwickelt haben. Für den Deutschunterricht leistete dies ebenfalls in den sechziger Jahren u. a. Hermann Helmers (1966) mit seiner ›Didaktik der deutschen Sprache‹. Sein wichtiger Beitrag entstand allerdings zu einem Zeitpunkt, zu dem ein Konsens über verbindliche Inhalte nicht mehr herzustellen war und die Diskussion darüber sich zu bildungspolitischen Richtungskämpfen ausweitete. Zum ersten Mal in der Geschichte des Deutschunterrichts wurde unter didaktischen Gesichtspunkten erwogen, die lebensweltlichen Lesegewohnheiten der Schüler stärker zu berücksichtigen und damit den Klassiker-Kanon zugunsten von Trivialliteratur und Sachtexten zurückzudrängen. Symptomatisch für den mangelnden Konsens war die Debatte um das neue Lesebuch ›Drucksachen‹, dem in einigen Bundesländern die Zulassung verweigert wurde.

Auch Jürgen Krefts Deutschdidaktik aus dem Jahre 1977, die ambitioniert »soziale und individuelle Entwicklung und Geschichte« zu einem Emanzipationskonzept zusammenzubringen sucht, folgt dezidiert dem bildungstheoretischen Paradigma. Kreft (1977, 376): »Die Makro-Struktur von Bildungsprozessen ist seit Hegel in der Weise aufgefasst worden, dass sich das Subjekt einem ›Objektiven‹ zuwendet, sich ihm hingibt, seine bornierte Subjektivität an ihm abarbeitet und sich dabei das ›Objekt‹ (seiner Struktur nach) ›aneignet‹, es sich ›anverwandelt‹ und als selbst verwandeltes zu sich zurückkehrt.«

Ob diese Vorstellung von Subjektwerdung noch den Bedingungen und Zielen einer ›post-modernen‹ Gesellschaft entspricht und ihren Anforderungen an die Individuen genügt, ist, was die Vermittlung von Literatur betrifft, angezweifelt worden (BOGDAL 1999 b). Weil angesichts der tief greifenden Veränderungen andere Persönlichkeitsstrukturen und neue Kompetenzen gefragt sind, muss Bildung grundsätzlich neu definiert werden. Eine intensive Diskussion darüber hat in den Erziehungswissenschaften begonnen

(vgl. HANSMANN/MAROTZKI (Hgg.) 1989; KOCH/MAROTZKI/SCHÄFER
(Hgg.) 1997; MAROTZKI 1990). Den Bemühungen um einen zeitgemäßen Bildungsbegriff steht der empirische Befund gegenüber,
dass traditionelle literarische Bildung immer noch von einer Mehrheit hoch geschätzt und ihre Vermittlung dem Deutschunterricht
als vorrangige Aufgabe zugeschrieben wird (NEULAND 1997, 40),
obwohl sie im kulturellen Alltag nur noch eine geringe Rolle
spielt.

Literaturdidaktik und Lerntheorien

Lerntheorien untersuchen empirisch durch deduktive und induktive
Verfahren die Lernvoraussetzungen und Lernbedingungen der
Schülerinnen und Schüler und stellen Hypothesen über Lernverläufe auf (vgl. ROTH 1969). Für die Vermittlung von Literatur spielen
sie ausschließlich in der Schulpraxis bei der Unterrichtsplanung für
eine bestimmte Lerngruppe und in konkreten Unterrichtssitu-
ationen eine Rolle. Lernpsychologie und Kognitionsforschung stellen aus der Sicht der Unterrichtenden primär Wissen über das
unterschiedliche Lernverhalten verschiedener Altersgruppen zur
Verfügung, beschreiben Lernschwierigkeiten und entwerfen Modelle und Methoden zur Optimierung von Lernprozessen (vgl. MANDL/
SPADA 1988).

Dass Lerntheorien zu einem integralen Bestandteil von Bildungskonzepten und ein Element konkreter Unterrichtsplanung geworden
sind, hängt ebenfalls unmittelbar mit der Verwissenschaftlichungs-
tendenz der sechziger Jahre zusammen. Mit ihnen entsteht ein
Konkurrenzunternehmen zur Bildungstheorie aus einer nicht geis-
teswissenschaftlich-hermeneutischen Tradition. Die Bildungstheorie
geht von einem Primat der Didaktik und damit vom Gegenstandsbezug und von Bildungsinhalten aus, während Lerntheorien behaupten, »dass im Zusammenwirken der Faktoren, durch die Begabung
zustande kommt und sich entwickelt, die richtig angelegten Lehr-
und Lernprozesse selbst entscheidende Bedeutung besitzen« (ERD-
MANN 1969, 6). Diese Konkurrenz findet sich auch in den unterschiedlichen literaturdidaktischen Konzeptionen seit den sechziger
Jahren und in der aktuellen Diskussion über analytischen und produktionsorientierten Deutschunterricht wieder.

Konstruktivistische Lerntheorie und pädagogische Kognitionsforschung untersuchen jene Elemente und Momente des Denkens und der Intelligenz, deren Gebrauch und Förderung die kontinuierliche Entwicklung eines stabilen Lernverhaltens fördern, eines Lernverhaltens, das sich immer komplexeren Problemen gewachsen zeigt. Sie beschränken sich bei ihren Untersuchungen nicht auf das kognitive Lernen, sondern beziehen emotionale Dimensionen ebenso ein wie soziale. Die Literaturdidaktik, die es mit einem hoch komplexen sprachlich-ästhetischen und zudem noch historisch gewordenen Gegenstand zu tun hat, dessen Vermittlung zunehmend Schwierigkeiten bereitet, hat das Versprechen der Lerntheorien nach einer wissenschaftlich universellen Lösung ihrer Probleme fasziniert: »Was irgendeine Person in der Welt lernen kann, kann fast jede Person lernen, vorausgesetzt, dass das frühere und gegenwärtige Lernen unter angemessenen Bedingungen erfolgt.« (BLOOM 1976, 7) Wenn das Lernen selbst der Priorität vor den Inhalten zugesprochen wird, entsteht ein anderes »Bild von der idealen Organisation des Lernens« (FEILKE 2001, 3) als das von der Bildungstheorie entworfene. Die konstruktivistische Lerntheorie beschreibt ihr Konzept als erlebnisoffen, entwicklungsorientiert, differenziell und indirekt-stützend. Unter lerntheoretischen Prämissen erscheint dann die Literatur nicht mehr als kulturelles Artefakt, sondern als Repräsentationsmedium kognitiven Lernens und die schulische Beschäftigung mit ihr als »Triebkraft für die geistige Entwicklung« (BRUNER 1971, 33).

Wenn »für die Erfüllung jeweiliger Lernanforderungen adäquate Begabung Voraussetzung ist« (ERDMANN 1969, 5), zieht die Lerntheorie daraus den Schluss, dass Schule die zeitlichen, räumlichen und methodischen Bedingungen schaffen muss, um »das *universale* konstruktive Potenzial von Kindern« (FEILKE 2001, 7) freizusetzen. In der Praxis stellt sich dann unabweisbar die Frage, ob die Literatur – und damit ist de facto die heute in der Schule vermittelte Literatur des Kanons, der klassischen Moderne und Avantgarde und der Gegenwart gemeint – Kompetenzen erfordert, die, wie bestimmte Gebiete der Mathematik, Physik oder Biologie, die durchschnittliche Begabung übersteigen. Der trotz höherer Bildungsabschlüsse gleich bleibende Anteil von Nicht-Lesern, der auf ein partielles Scheitern schulischer Literaturvermittlung zurückweist, spricht dafür. Als

Konsequenz müsste aus lerntheoretischer Sicht ein neues Curriculum entworfen werden, für das nicht mehr, wie aus didaktischer Perspektive die Gegenstände und ihr Bildungswert, sondern kognitive Strukturen das leitende Auswahlkriterium sind. Solche »cerebralistischen« Literaturdidaktiken laufen, selbst wenn sie durch Lesesozialisationsforschungen erweitert werden, faktisch auf eine Reduktion des jeweils auf einer bestimmten Altersstufe Verstehbaren hinaus und reduzieren literarische Bildung auf den (Kompetenz-)Erwerb von Lesefähigkeiten (ROSEBROCK 1999), ohne »die Widerständigkeit der Lerngegenstände systematisch in Rechnung« (FEILKE 2001, 7) zu stellen.

Einen Kompromiss zwischen bildungs- und lerntheoretischen Ansätzen strebt Kaspar H. Spinner an, auch wenn er programmatisch von einer »kognitiven Wende« (SPINNER 1995 a) in der Deutschdidaktik spricht. Er bezieht sich allerdings nicht auf das einflussreichste und erfolgreichste Produkt pädagogischer Lerntheorien, den lernzielorientierten Unterricht, sondern sucht in der neueren Kognitionsforschung nach Legitimationen für einen schülerzentrierten, kreativen, ganzheitlichen Deutschunterricht. In seinem Konzept greift er auf einer allgemeinen Ebene auf kognitionspsychologisches Wissen über ideale Lernverläufe zurück und verbindet es mit einer traditionellen Bildungs- und Identitätsvorstellung. »Lehren und Lernen in kognitivistischer Sicht heißt [...], dass die Schüler und Schülerinnen Hilfen erhalten, damit sie ihre eigenen Konzepte bilden können.« (SPINNER 1999 a, 5) Die »Hauptaufgabe« besteht darin, »die geistige Eigenaktivität der Lernenden anzuregen« (ebd., 6). Schülerorientierter Literaturunterricht soll sich auf »innere Prozesse« konzentrieren, d. h. zunächst »auf die altersspezifischen Leseweisen Rücksicht nehmen« (KÖPPERT/SPINNER 1999, 49) und sämtliche individuellen Möglichkeiten der Wahrnehmung, des Erkennens, der (Informations-)Verarbeitung und der kreativen Eigentätigkeit berücksichtigen und fördern. Spinner sieht in der »Imagination« (ebd., 53) den zentralen Begriff, mit dessen Hilfe sich die genannten Schüleraktivitäten zu einem Lektürekonzept bündeln lassen (vgl. SPINNER 1995 d u. KÖPPERT 1997) und der zugleich Anschlüsse an konstruktivistische Lerntheorien, die Rezeptionsästhetik (ISER 1970) und die literarische Anthropologie (ISER 1991) erlaubt. An dem für

dieses Konzept zentralen Lernbereich, dem »Fremdverstehen« (KÖP-
PERT/SPINNER 1999, 50) wird deutlich, dass die Lernwege der Schü-
lersubjekte Priorität haben, wenn »Überwindung von Egozentris-
mus« (ebd., 51) das Ziel ist, und nicht die literarischen Werke und
das Wissen über sie als ästhetische, historische und soziale Arte-
fakte.

Eine gestaltpsychologische Variante der »Imagination« schlägt
Abraham (1998) vor. Kunst unterscheide sich von anderen Bedeu-
tungssystemen durch ihre sinnlich-ästhetische Erscheinung. Imagination als Begreifen ohne Begriffe und ganzheitliche, anschauende
Sinneswahrnehmung sei die adäquate Weise der Begegnung mit ihr,
für die in der Schule Gelegenheit geschaffen werden müsse (ABRA-
HAM 2000, 12 f.). »Literarische Texte stellen [...] gleichsam Anweisungen dar für imaginative Erzeugung von Gestalten in einer inneren Bewegung.« Abrahams didaktischer Ansatz zielt darauf, diese
»innere Bewegung« analysierend als Modell einer besonderen Be-
deutungserzeugung nachzuvollziehen, ihre Regeln zu beschreiben
und auf der Grundlage dieses Wissens im Deutschunterricht durch
angemessene Methoden in Gang zu setzen und weiterzuentwickeln
(vgl. ABRAHAM 1996). Das Ziel der literarischen Bildung wird nicht
vollständig aufgegeben, insofern Abraham die »Vermittlung philologischen Text- und Kontextwissens mit subjektabhängigem Erfahrungswissen« (ABRAHAM 1999, 11) verbinden möchte. Mit dem Ziel
der »Vorstellungsbildung« als Teil der ästhetischen Bildung rückt er
den Literaturunterricht stärker in die Nähe des musisch-künstleri-
schen Lernbereichs und konzipiert ihn als literarisches Lernen im
institutionellen Kontext der Schule.

5. Literaturdidaktik – Perspektiven

Literaturdidaktik hat wie jede andere Wissenschaft eine spezifische
Leistung zu erbringen – und zwar in einem doppelten Sinn als
Erkenntnisleistung und als soziale Leistung für die Gesellschaft, an
deren Humanisierung sie als philologisch fundierte Kulturwissen-
schaft arbeitet. Die besondere Leistung der Literaturdidaktik als
Fachgebiet innerhalb der Literaturwissenschaft besteht in der syste-

matischen, reflektierten Vermittlung von Literatur (im Sinne eines weiten Literaturbegriffs), in der »Arbeit« am kulturellen Gedächtnis und im Erhalt elaborierter Fähigkeiten im Umgang mit komplexen ästhetischen Gebilden. Dies alles leistet sie nicht im sozial engen Kontext der akademisch-wissenschaftlichen Öffentlichkeit, sondern mit großer Reichweite. Dieser Einfluss bleibt, solange der Literaturunterricht auf allen Schulstufen und in allen Schularten von der Hauptschule bis zur Berufsschule für jede Schülerin und jeden Schüler gleich welcher Herkunft verbindlich ist. Die Didaktik sollte sich in Zukunft darauf konzentrieren, diese Leistungen zu erbringen, und zwar in sämtlichen Teilbereichen, die sich im Verlaufe ihrer Fachgeschichte herausdifferenziert haben. Dazu zählen die Theorie der Literatur und der Literaturvermittlung, Grundfragen der Textanalyse und Textrezeption, die Entwicklung von Textkompetenz, gattungsspezifische Didaktiken, Probleme der Literaturgeschichte und ihrer Vermittlung, die Erforschung der literarischen Sozialisation unter Einschluss des Gender-Aspekts, die Kinder- und Jugendliteraturforschung, die Geschichte des Lesens und des Deutschunterrichts, die Kanonforschung, die Mediendidaktik und die Spiel- und Theaterpädagogik. Hinzu kommen allgemeinere Bereiche aus den Konstitutionsverhältnissen zu den Erziehungs- und Sozialwissenschaften und zur Psychologie wie die Lehrplananalyse und Curriculumforschung, empirische Unterrichtsforschung, Kognitionsforschung, Bewertung, Leistungsmessung und Diagnostik und schließlich Fragen eines interkulturellen Unterrichts und außerschulischer Anwendungsfelder.

Ihre Hauptaufgabe besteht darin, ein historisch und ästhetisch komplexes Phänomen wie die Literatur und die Zusammenhänge, in denen sie produziert und rezipiert wurde und wird, auf ein erlernbares Maß zu reduzieren und in das zeitliche Kontinuum eines differenzierten institutionalisierten Lernprozesses zu stellen. Die entscheidende Frage, die sich der Literaturdidaktik stellt, ist, was die Vermittlung von Literatur heute für die Lebensentwürfe der Individuen erbringt und worin Literatur weiterhin unersetzbar ist.

2. Geschichte der Literaturdidaktik und des Literaturunterrichts

VON HARRO MÜLLER-MICHAELS

Wozu braucht die Didaktik, die mit wichtigen systematischen Fragen für die Stützung und Planung der täglichen Unterrichtspraxis befasst ist, die Beschäftigung mit der eigenen Geschichte? Lenkt sie nicht ab von den zentralen Fragen nach Inhalten und Methoden des Unterrichts? Müsste man nicht geradezu das Vergessen üben, um das längst Überholte nicht erneut wieder ins Spiel kommen zu lassen? Als Antwort auf solche Zweifel lassen sich Gründe angeben, die eine Betrachtung der Geschichte des Faches, fällt sie auch noch so kurz aus, rechtfertigen. Zum einen ist es wichtig zu sehen, wie Wendezeiten der Didaktik mit den Umbrüchen in der allgemeinen Geschichte zusammenhängen. Das ist wohl zwangsläufig so, seit Schule und Unterricht in Preußen unter die Aufsicht des Staates gestellt worden sind (spätestens 1812). Zum anderen erscheint es hilfreich zu entdecken, dass bestimmte Kernfragen der Didaktik mit neuen Begründungen immer wiederkehren: Wozu muttersprachliche Grammatik? Welcher Kanon? Historische oder pragmatische Bildung? Systematisches oder problemorientiertes Lernen? Freies oder diszipliniertes Schreiben? Schließlich ist es auch nützlich, von den Irrtümern der Didaktik, ihren Unterwerfungen unter politische Direktiven und den Verbrechen zu reden, für die sie den Boden bereiten half. In diesem mehrfachen Sinne vermag die Betrachtung der Geschichte das Problembewusstsein im Blick auf gegenwärtige Fragen zu schärfen.

1. Die Idee der allgemeinen Bildung (1812–1848)

Die Einführung des Literaturunterrichts an den Gymnasien hängt eng mit dem Gedanken zur Bildung aller im Menschen angelegten Kräfte (Herder) und zur »ästhetischen Erziehung des Menschen« (Schiller) zusammen. Humboldt stand in regem Gedankenaustausch mit den Weimarern und versuchte mit einigem Erfolg, die gemeinsamen Ideen einer Erziehung zur Humanität in politische Programmatik umzusetzen, nachdem er 1809 die Kulturabteilung im preußischen Innenministerium übertragen bekommen hatte. Freiherr vom Stein übernahm für die Reformpolitik die »gegründete Methode, durch die jede Geisteskraft von innen heraus entwickelt und jedes edle Lebensprinzip angereizt und genährt, alle einseitige Bildung vermieden« wird. Humboldt wurde noch konkreter: Nur die Dichtung vermag den Menschen über sich hinaus zur Totalität seines Daseins zu führen (Brief an Schiller vom 18. 12. 1796). Ihr gehört der zentrale Platz im Bildungskanon. Noch auf Humboldts Veranlassung hin trat 1812 die neue Abitur-Ordnung in Kraft, in der zum ersten Mal Deutsch als Prüfungsfach vorgesehen war. Der wichtigste Mitarbeiter der »Sektion für den Kultus und öffentlichen Unterricht« war Johann Wilhelm Süvern, der den maßgeblichen Lehrplan für das Gymnasium entwarf (1818). Zwar ist der Lehrplan nie in Kraft getreten, gilt aber als »die Konstitutionsakte des neuen Gymnasiums« (PAULSEN II, 291). Dieser Lehrplan zählte immerhin das Deutsche neben dem Latein, dem Griechischen und der Mathematik zu den Hauptfächern des gymnasialen Unterrichts und sah für den Unterricht in der deutschen Sprache insgesamt 44 Wochenstunden während einer zehnjährigen Schullaufbahn vor. Die Beschäftigung mit deutscher Sprache und Literatur war dabei offensiv als Erziehung zur Selbsttätigkeit und Entwicklung vielfältiger Fähigkeiten gedacht. In der Restaurationszeit brauchte man allerdings keine mündigen Bürger, sondern angepasste Staatsdiener. Nur so ist zu verstehen, dass nach 1830 die Zahl der Deutschstunden sukzessiv bis zur Hälfte (22 Wochenstunden 1837) zurückgenommen wurde. Die Weichen aber waren gestellt. Im Rahmen des Deutschunterrichts nahm das Gewicht der Literatur zu, auch wenn die Stundenzahlen wieder zurückgingen. Die Schüler wurden verstärkt zu Privatlektüre angehalten, über die an vielen Schulen vierteljährlich Rechenschaft abzulegen war. Das preußische Ministerium empfahl überdies 1829, der Meldung zum Abitur Leselisten beifügen zu lassen.

Trotz mancher Bedenken gegen den deutschen Literaturunterricht, die vor allem von den Verfechtern des altsprachlichen Unterrichts kamen, die die Lektüre in der Muttersprache für eine Freizeitbeschäftigung hielten, nahmen die Anstrengungen, ein Curriculum zu entwickeln, in den zwanziger Jahren zu. In Schulpforta las der junge Karl August Koberstein mit seinen Primanern deutsche Literatur vom Nibelungenlied bis Goethe. Er wurde vom preußischen Kultusministerium ermuntert, eine Literaturgeschichte, den von Süvern formulierten Ansprüchen folgend, als Leitfaden für den Unterricht zu schreiben. Und so entstand 1827 die erste deutsche Literaturgeschichte ›Grundriß der Geschichte der deutschen Nationalliteratur‹ nicht in der noch sehr jungen Germanistik, sondern in der Didaktik. Bis zu seiner vierten Auflage (1847) war es das erfolgreichste Werk seiner Art und dürfte den Literaturunterricht und die Literaturgeschichtsschreibung maßgeblich bestimmt haben.

Ebenso wichtig wie der Leitfaden durch die Literaturgeschichte wurden aber Textsammlungen für die unterrichtlichen Besprechungen. Bestimmenden Einfluss gewannen die Gedichtsammlungen von Theodor Echtermeyer ›Auswahl deutscher Gedichte für gelehrte Schulen‹ (1836) und Wilhelm Wackernagels ›Deutsches Lesebuch‹ (1843). War es Echtermeyers Ziel, durch seine Auswahl Sinne und Verständnis für Poesie zu wecken sowie der sittlichen Erziehung Impulse zu geben, kam es Wackernagel darauf an, der »Mühseligkeit des unaufhörlichen Lernens« Entlastung durch Literatur zu verschaffen, das »Moment der Freiheit und Liebe« einzuführen. Literaturunterricht wurde zur Feierstunde. Von Wackernagel stammt der folgenschwere Satz: »Das Amt eines deutschen Sprachlehrers ist ein königliches, ein hohepriesterliches Amt« (1843, 90). Bevor diese überhebliche Selbsteinschätzung nach 1848 ihre unheilvollen Folgen haben sollte, fand der Gedanke einer allseitigen Bildung durch Literatur ihren Höhepunkt in der ersten Gesamtdarstellung ›Der deutsche Unterricht auf deutschen Gymnasien‹ von Robert Heinrich Hiecke (1842).

Mindestens zwei Stoßrichtungen lässt das umfangreiche Werk erkennen: zum einen die Einführung in die klassischen Werke der deutschen Nationalliteratur. Die deutsche Literatur sollte endlich ihren gleichberechtigten Platz gegenüber der griechischen und lateinischen behaupten. Die Entdeckung einer eigenen Klassik, neben der antiken, ist in ihren Anfängen noch ganz Ausdruck der Begründung einer Tradition, aus der sich Vorstellungen von Freiheit, Kampf für Gleichheit und Behauptung eines Selbst-Bewusstseins speisen. Zum zweiten ist Hieckes Didaktik bestimmt von der Entwicklung einer Interpretationsmethode, mit der die Schüler befähigt werden sollen, sich Literatur selbstständig zu erschließen. Hiecke möchte die Schüler zu genauem und kritischem Lesen anleiten, damit sie »ein freieres und bewußteres Verhalten gegen das Gelesene« einnehmen. Seine analytische Methode führte die Lektüre über vier Stufen zu diesem Ziel. In der letzten Phase kann die Analyse der Texte durch »Productionen« der Schüler ergänzt werden. Die Produktionsorientierung ist also so alt wie die Interpretationsmethode. Sie wurde auch schon ein halbes Jahrhundert früher in Adam Bergks ›Die Kunst, Bücher zu lesen‹ (1799) als Form selbstständigen Umgangs mit Literatur begründet. In dem aufgeregten Streit von heute täte es gut, sich an die alten Begründungen der beiden wichtigen Lektüreformen zu erinnern.

2. Biedermeierlicher Gefühlskult (1848–1918)

Nach 1848 wurde ein radikaler Bruch mit dem Ziel der allseitigen Bildung und der von Hiecke propagierten analytischen Methode vollzogen. Die Nachahmung und Verflachung dieser Methode in Präparationen und Handbüchern rief Gegner auf den Plan, denen das Konzept einer rationalen Arbeit am Text nicht passte, weil sie die unmittelbare Wirkung der Dichtung auf das Gefühl behindere. Rudolf von Raumer legitimierte 1852 ausdrücklich die Position gegen Hiecke. Er tat das ganz im biedermeierlichen Sinne, indem er Dichtung als das nur unmittelbar auf empfängliche Herzen Wirkende, als das Unreflektierbare, das Idyllische, das Weltferne begriff. Die geeignete Methode für diese Art von Literatur war das Vorlesen, das sich z. B. bei Dramen – als Höhepunkt des Schuljahres – über einen ganzen Vormittag hinziehen sollte, »ohne daß man ein Wort an ihnen erklärt«.

Diese Strömung passte in die Zeit der Reaktion. So fordern denn auch die Richtlinien für Realschulen von 1859, im Unterricht zu vermeiden, »daß die Totalanschauung durch minutiöse Zergliederung und vorzeitige Kritik geschwächt werde, wobei die Poesie nicht mehr als Poesie auf das Gemüth und die Phantasie wirken kann«. Ähnliches findet sich auch in dem Gymnasialplan von 1862; deutlicher dann, verbunden mit dem Pathos nationaler Begeisterung, im Plan von 1882: »Besonders Werthvolles aus der classischen Dichtung des eigenen Volkes als einen unverlierbaren Schatz im Gedächtnis zu bewahren, ist eine nationale Pflicht jedes Gebildeten.« Sich von der Dichtung anrühren, sich erheben und bewegen zu lassen, wird zum alleinigen Ziel des Unterrichts. Nicht mehr auf die Entfaltung aller menschlichen Kräfte, Denken und Empfinden, kommt es an, sondern nur noch auf die Ausbildung des »lebendigen Gefühls«.

Einen neuen Schub erhielt die Empfindsamkeitsschule durch die Applikation der Grundannahmen von Wilhelm Diltheys Hermeneutik. Folgenreich für die didaktische Diskussion war die These, dass Dichtung immer Ausdruck von Erlebnissen sei, nicht als Abbild, sondern als deren künstlerische Gestaltung. Jedes Erlebnis sollte von verschiedenen Gefühlen begleitet werden, die sich in Stimmungen verdichten und zu dichterischem Werk sich bilden. Aufgabe der Lektüre solcher Dichtung war es also, die Ausdrucksform in das Erlebnis zurückzuübersetzen, aus dem es hervorgegangen war. Das Verstehen wurde zur Umkehrung der Entstehung von Dichtung; es bedeutete Nacherleben dichterischer Erlebnisse. Das nacherlebende Verstehen führte zur »Erhöhung und Erweiterung« des Daseins und bildete Kräfte aus, die den Menschen über das banale Leben erheben und ihm Freude vermitteln.

Die Kerngedanken der Diltheyschen Dichtungstheorie und Verstehenslehre griff die Kunsterziehungsbewegung auf und machte sie zum methodischen Programm des Literaturunterrichts. Um den Erfolg zu verstehen, muss daran erinnert werden, dass die Praxis des Unterrichts immer noch bestimmt war von Interpretationsschulen, die die Deutungsschritte auf der Grundlage von Hieckes Interpretationsmethode und mit Hilfe der Herbartschen Formalstufen völlig schematisiert und veräußerlicht hatte. Sie vor allem war Anlass für Friedrich Nietzsches Bildungsphilisterkritik. Ihr vielfältiger Gebrauch an den Schulen macht auch die radikale Forderung der Reformbewegung verständlich: »Jede Unterrichtsstunde soll ein Erlebnis werden« (Ernst Weber, 1907). Die Handbücher für diesen neuen, gefühlsbetonten Unterricht zeichnen zunächst keine Ablaufskizzen für die Stunden, sondern präparieren den Lehrer für einen stimmungsvollen Vortrag, der den Schülern zum Erlebnis verhilft. In dem Maße aber, in dem die Methode überprüfbar, wiederholbar, vermittelbar werden sollte, um erfolgreich zu bleiben, setzte sich auch hier ein Schema durch. Entscheidend war der erste Schritt: die Entfaltung einer Stimmung, die mitten hinein in die Erlebniswelt der Dichtung führen sollte. Im Extrem ging das so weit, dass Frühlingsgedichte nur im Frühling, Moorgedichte im Moor, Mitternachtsgedichte »in später Abendstunde« besprochen wurden. Es ging aber auch so, dass die Lehrer durch Worte eine Stimmung zu erzeugen versuchten, die an das Erlebnis der Dichtung heranführte. Dabei halfen die Handreichungen durch Stimmungsskizzen neuen Typs (z. B. Alfred M. Schmidt, 1907). Noch nach dem Zweiten Weltkrieg wurde dieses Konzept des kunsterzieherischen Literaturunterrichts wieder aufgegriffen, um zum ›rechten‹ Erlebnis von Literatur zu führen.

Mit der Förderung des Irrationalismus einher ging von Anfang an ein neues nationales Pathos, das nicht mehr nach Gleichheit des Deutschen im Kanon der Kulturen und Freiheit für die deutschen Länder strebte, sondern Überheblichkeit und Vormachtstreben betonte. Nach 1871 wurde diese Aufgabe radikal verstärkt und bis zum Ersten Weltkrieg zu der immer beherrschenderen Idee. Stufen auf dem Weg zur entschiedenen nationalistischen Bildung waren Paul de Lagardes ›Über die gegenwärtige Lage des Deutschen Reichs‹ (1875) und Julius Langbehns ›Rembrandt als Erzieher‹ (1889). Vor allem dieses Buch war in seiner Wirkung bedeutsam, weil es an Rembrandt die besonderen deutschen Eigenschaften auszuzeichnen versuchte – wie z. B. exzentrischer Charakter, Schöpferkraft, Genie, Natürlichkeit, Individualität – und über die Bildung zur Kunst den Deutschen die Vorrangstellung in der Welt nicht nur ökonomisch und politisch, sondern auch im Künstlertum sichern wollte. Mit der Erziehung zum Deutschtum einher ging die Erziehung zur Kunst. Ähnlich argumentierte schließlich auch Alfred Lichtwark, der in seinem Vortrag ›Der Deutsche der Zukunft‹ (1901) Ideen der Kunsterziehung mit der nationalen Bildungsidee verband. Wenn er durch die Kunst eine sittliche Erneuerung des deutschen Volkes erwartete, so diente dieses Programm der Stärkung des deutschen Volkstums in seinem Kampf um die Geltung in der Welt. Zugleich wird an dieser Stelle die für deutsche Mentalität auch der Folgezeit charakteristische Frontstellung von Politik und Kultur sichtbar: Statt die Jugendlichen zu Mündigkeit und zu demokratischem Ausgleich von Irrtümern zu befähigen, werden Konflikte der Gesellschaft hinter der Nebelwand von nationalem Gemeinschaftsgefühl im Angesicht der Kunst versteckt. Dieser Missbrauch von Kultur für falsche politische Zwecke erklärt noch heute die nicht immer berechtigte kritische Haltung gegenüber jedem offensiven Konzept von Kunst- und Literaturunterricht. Die Differenz von Politik und Kultur muss erhalten bleiben, um die je unterschiedlichen Ziele des Unterrichts zu verwirklichen.

Das nationalistische Pathos griff schnell über in Vorschläge für einen neuen Deutschunterricht. Für die Volksschule formulierte Hugo Weber in der Preisschrift der Diesterweg-Stiftung, die nationale Bildung habe ihr Ziel erreicht, »wenn die Begriffe Mensch und Deutscher sich möglichst decken«; doch ließe sich dieses Ziel nur erreichen, »indem sie das Volksindividuelle berücksichtigt und so entwickelt, dass sich die Nation von den anderen durch größere Zahl und höhere Grade allgemein-menschlicher Tugenden unterscheidet«. Das Studium des Deutschen gelänge am besten durch die Lektüre literarischer Zeugnisse, in denen die Tugenden sich spiegeln: die »deutsche Treue in Herren-, Frauen- und Gottesdienst, deutscher Edelsinn, deutsche Romantik, deutsche Lust am Singen und Sagen, aber auch deutsche Lust am kecken Rauben und Raufen, deutsche Rohheit und Rechtsungleichheit«. Entsprechend wird das Literaturcurriculum erneuert und auf die volkstümliche, geistlose, historisierende Basis gestellt, die das Volksschullesebuch seither auszeichnen sollte.

Für das Gymnasium vollzog der Germanist Konrad Burdach (1886) die radikale Wendung zum nationalistischen Literaturunterricht. Er vermisste in dem an den alten Sprachen ausgerichteten Unterricht den »Wärme ausstrahlenden Mittelpunkt«, den nur der Unterricht im Deutschen einnehmen könne. Außerdem müsse an die Stelle zersetzender Reflexion Entfaltung von Gefühl und Vertiefung des Erlebens treten, wenn der Unterricht nicht sein Ziel verfehlen solle, »das innere, sittliche Leben der Nation« zu bilden. Diese Töne wurden alsbald durch Gymnasiallehrer verschärft. Besonders einflussreich wurde Otto Lyon, der seit 1887 die ›Zeitschrift für den deutschen Unterricht‹ herausgab. In seinem grundlegenden

Beitrag ›Der deutsche Unterricht auf dem Realgymnasium‹ (1893) zog er eine Verbindung zwischen seinem und dem 16. Jahrhundert, zwischen 1813 und 1517: »Wie damals eine neue Weltanschauung, der Humanismus, heraufstieg, der ein neues Menschheitsideal in sich barg, [...] so pocht auch in unserem Jahrhundert eine neue Weltanschauung an die Pforten der Welt, der Germanismus.« Der Germanismus solle den Humanismus nicht verdrängen, aber das Deutschmoderne müsse mindestens gleichberechtigt (in einer eigenen Schulform, dem Realgymnasium) neben das Altklassische (im humanistischen Gymnasium) treten. Neben der auf dem altklassischen Grundkonzept aufbauenden Kunst von Opitz bis Goethe sei ein »rein deutscher« Kanon zu entwickeln, der seinen »Ausgang von der altheimischen Heldendichtung, dem Hildebrandslied, den Nibelungen, der Gudrun«, den »unsterblichen Liedern Walthers, Neidharts und Wolframs« nahm, dann, von fremden Einflüssen verdrängt, verschwunden war, um im 16. Jahrhundert »in den Werken eines Luther und Hans Sachs mit ungestümer, alles mit sich fortreißender Kraft wieder zu Tage« zu treten. Das war zunächst nur Programm, erhielt aber auf der Berliner Schulkonferenz 1890 Beifall von allerhöchster Seite, als der neu ernannte junge deutsche Kaiser selbst das Wort ergriff, um seine Therapie gegen die allgemeine Misere auszurufen: »Wir müssen als Grundlage für das Gymnasium das Deutsche nehmen; wir sollen nationale junge Deutsche erziehen und nicht junge Griechen und Römer.« Nach und nach wurde dann in den Lehrplänen ab 1891 dieser Forderung entsprochen. Der Boden für den nationalen Taumel, der das Volk zu Beginn des Ersten Weltkriegs erfasste, war damit bereitet. Gestützt wurde er durch Literatur, die Kriegsbegeisterung schüren sollte: Neben altdeutsche Dichtung und Literatur der Reformationszeit traten zunehmend Lieder aus der Zeit der Befreiungskriege, vor allem von Ernst Moritz Arndt, Theodor Körner und Max von Schenkendorf.

Die Erinnerung an die Befreiungskriege wurde auch während des Ersten Weltkrieges weiterhin wachgehalten. Überhaupt änderte sich an dem didaktischen Ton wenig: Weiterhin wurde eine Erneuerung von der nationalen Gesinnung erhofft, von der Unterwerfung des Einzelnen unter das Ganze von Volk und Staat, von der historischen Bildung im Deutschtum. Der anerkannte Pädagoge Eduard Spranger

hat 1916 das klassische Bildungsideal, »erfüllt von dem Ethos der
Selbstheit, d. h. der Selbstvollendung, Selbsthilfe und Selbstverant-
wortlichkeit«, endgültig verabschiedet und an seine Stelle das nationale, die Unterwerfung des Individuums unter das Ganze, und damit
dessen Entmündigung, gesetzt.

3. Deutschkunde und völkischer Wahn (1918–1945)

Von dieser Idee der Deutschheit erhoffte man sich nach dem Krieg die
Erneuerung. Was ins Verderben geführt hatte, sollte zum Keim des
Neuanfangs werden: »Die deutsche Schule des neuen Deutschlands
hat ein gemeinsames Bildungsideal und ein allen gemeinsames Bildungsmittel: das Ideal heißt Deutschheit, das Mittel ist die Sprach-
erziehung, in ihr, nicht in einer sogenannten allgemeinen Bildung
[...], liegt das Gemeinsame der Nationalerziehung, es liegt in dem
gemeinsamen Mittel, dem deutschen Unterricht.« So formulierte
Hans Richert 1920 das neue Erziehungsprogramm, das er 1924 in
konkrete Lehrpläne für das Gymnasium in Preußen umsetzen konnte.
Anzuschließen war dabei an eine Theorie von Deutschkunde, die nach
1916 von Walter Hofstaetter formuliert und 1921 konkret ausgestaltet worden war (›Gesamtplan des deutschen Unterrichts‹). Demnach
sollte der Deutschunterricht das »Zentrum einer Fächergruppe von
Religion, Philosophie, Geschichte, Erdkunde und Kunst« (bis zu 36%
aller Unterrichtsstunden) bilden, in dem die Schüler in drei chronolo-
gischen Durchgängen mit deutscher Kunst, Philosophie, Lebensform
vertraut gemacht werden sollten. Während aber bei Hofstaetter ganz
das germanisch-deutsche Erbe im Mittelpunkt stand, berücksichtig-
ten Richerts Richtlinien die gesamte europäische Kultur, einschließlich der antiken, der englischen, französischen, russischen und gemeinsamen (z. B. Aufklärung, Empfindsamkeit, Klassik). Das war
den Vertretern der reinen Lehre einer Deutschkunde zu viel Kon-
zession ans Fremde. Sie wollten lieber die vermeintlich genuin deutsche Literatur der Heldensagen, des 16. Jahrhunderts, des Sturm
und Drang und der Befreiungskriege in den Mittelpunkt rücken:
statt Kulturkunde eben Deutschkunde. Gegen diese Akzentverschie-
bung wandten sich die Anhänger der Richertschen Reform.

Der zweite Einwand gegen die Deutschkunde schloss die Richert-schen Richtlinien mit ein und zielte gegen die Form historisierender Bildung, die sich in der Präsentation deutscher Lebensbilder erschöpfte und die Kurse hoffnungslos stofflich überfrachtete. Martin Havenstein knüpfte damit an Nietzsches kulturkritische Schriften eine Generation zuvor an, war aber sicher ebenso inspiriert von der Historismus-Kritik seiner Zeit (Ernst Troeltsch, Karl Mannheim etc.). Er wetterte einerseits gegen die stoffliche Überfrachtung des deutschkundlichen Unterrichts, denn es gäbe eben doch Grenzen des für die Jugend Erfassbaren. Was diese Grenze überschreite, wie etwa »Fontanes Romane oder z. B. Goethes Wahlverwandtschaften und Wilhelm Meister«, sei untauglich, »um als Bildungsstoff für junge Leute zu dienen«. Andererseits forderte er, gegen den blinden Historismus, aktuelle Bezüge des Wissensstoffes zur Lebenswelt der Schüler. Die deutschkundlichen Stoffe müssen sich eben auch daraufhin befragen lassen, inwieweit sie Leben und Welt der Jugendlichen verständlicher machten. Lebenskunde statt Deutschkunde war Havensteins Programm.

Die öffentliche Debatte wurde erregter, als Walter Schönbrunn 1929 seine Thesen zur »Not des Literaturunterrichts« vorlegte und damit der Deutschkunde die ganze Basis einer relevanten Bildungsidee entzog. Er hatte festgestellt, dass den Schülern der Großstädte überhaupt keine ältere Literatur mehr vermittelt werden könnte, weil sie deren Probleme gar nicht mehr verstünden: »Welche Dichtungsform entspricht denn nun unserer Zeit des Radios und des Kinos, der kniefreien Röcke, der Sensationspresse, der dachlosen Häuser, der Sportrekordleistungen?« Auf keinen Fall die der Deutschkunde; eher die moderne Literatur von Alfred Döblin, Joseph Conrad, John Dos Passos. Die Kritik an Schönbrunns Thesen und Feststellungen war vehement und entschlossen: Sahen doch die Deutschkundler ihr didaktisches Prinzip, die Schüler mit der Geschichte deutschen Lebens und Denkens vertraut zu machen, bevor sie zu sich selber kommen durften, in Frage gestellt, sahen doch auch die Literaturwissenschaftler (allen voran Hermann August Korff), wie ihre historisch geordneten »Kulturwerte« durch radikale didaktische Fragen nach deren Geltung aus dem Schulkanon zu fallen drohten.

Zu der Kritik an der Verknappung des Wissens im Sinne des

Völkischen, am Historismus, an der Verfehlung gegenwärtiger Fragen kamen Einwände gegen die Wissenschaftlichkeit von Deutschkunde (Theodor Litt) und gegen die methodische Einseitigkeit einer Wissensvermittlung, die Aktivitäten und Selbstständigkeit der Schüler massiv einschränkte (Arbeitsschulbewegung). Die deutschkundliche Gesinnungsbildung überlebte nur, weil der Faschismus ihr, gegen die Bedürfnisse des Lebens, zum Überleben verholfen hat.

Schnell aber zeigte sich, dass im Dritten Reich auch mit den Ideen der Deutschkunde radikal gebrochen wurde. Die Tradition wurde beschworen, um sie um so ungenierter den eigenen Machtinteressen dienstbar zu machen. Nur die Klügeren hätten verstehen können, dass die Deutschkunde unter dem verhassten liberalen Weimarer Staat mehr Chancen hatte, sich zu behaupten, wie die Richertschen Reformen gezeigt hatten, als unter dem diktatorischen faschistischen Regime, das gerade scheinbar affine Ideen der eigenen Interpretation unterwarf. Unmissverständlich deutlich wurde dies im Erlass über ›Erziehung und Unterricht in der Höheren Schule‹ von 1938, in dem der Irrtum der alten Nationalerziehung unterstrichen wurde, um sich dagegen abzusetzen. Zunächst wurde der Gedanke der »Kunde« verworfen, der darin seinen Kern hatte, dass die Vertreter der Deutschkunde annahmen, durch Vermittlung des Wissens über das Deutsche in der Tradition deutsche Charaktere in der Gegenwart zu bilden. Nicht Wissen aber bilde, sondern nur die entschlossene Tat: »An die Stelle der nur betrachtenden, kritisch-wissenschaftlichen, historischen und ästhetischen Einstellung tritt die wertende, schaffensbereite und kämpferische Haltung«. Nur das Wissen, das sich in der Tat für die nationale Sache bewährte, zählte. In der Unterwerfung unter das Opportune verlor selbst das Wissen über die Tradition »deutscher Art und Kunst« seinen Eigenwert und wurde für den politischen Zweck gewalttätiger Unterwerfung von Menschen und Völkern funktionalisiert.

Das »Kerngut« der Bildung wurde dabei noch einmal verknappt. Es zählten nunmehr nur noch die als »deutsch« ausgewiesenen Bewegungen der vergangenen Epochen: Germanentum, Rittertum, Mystik, Reformation, Sturm und Drang, Befreiungskriege. Nicht nur, dass die moderne Literatur, deren Einbeziehung in den Kanon Schönbrunn so entschieden gefordert hatte, endgültig auf dem Scheiterhaufen der Bücherverbrennungen landete, auch die großen Epochen der deutschen Literatur, die sich durch produktive Aneignung antiker und europäischer Einflüsse herausgebildet hatten und die noch Richert berücksichtigt sehen wollte, wurden aus dem Kanon eliminiert. Hingegen wurde die Literatur der Gegenwart aufgenommen, die völkstümlich war und ideologische Einpassung forderte: Werke von Hermann Stehr, Hans Carossa, Emil Strauß, Paul Ernst, Wilhelm Schäfer, Hans Grimm u. a. Das war Zeitgenossenschaft, die wegführte aus der Gegenwart in eine Zeitferne, und die sich ideologisch so gut funktionalisieren ließ wie die alte Dichtung, um die man sich weniger philologisch mühte, als dass man sie ausbeutete, um dem neuen Ideal der Unterwerfung die Würde des Traditionellen zu verleihen.

Da immer noch die Gefahr bestand, dass die Werke der deutschen Tradition in der Vermittlung doch ihren eigenen Sinn entfalteten (wie das Verbot von Schillers ›Wilhelm Tell‹ 1941 anschaulich zeigt), wurde das literarische »Kerngut« noch einmal gefiltert durch die Rassenideologie. Gelesen werden durfte nur noch, was von rassisch ausgewiesenen Autoren stammte und von rassisch vorbildlichen Charakteren handelte. Houston Stewart Chamberlain verstand die Weltgeschichte als Geschichte von Rassenkämpfen, letztlich als die des Kampfes zwischen arisch-nordischer Rasse und dem Weltjudentum. Für diesen Endkampf musste vor allem die junge Generation gerüstet sein: Erziehung hatte nunmehr die Aufgabe, »alle seelischen Kräfte des Kindes, welche in der Richtung des nordischen Idealbildes liegen, aufzurütteln«. Das konnte am besten durch Schrifttum gelingen, aus dem nordisches Wesen sprach. Dazu zählten Hutten, Klopstock, Lessing, Gerstenberg, Kleist; Goethe und Schiller nur mit ihrem Frühwerk. Im Unterricht trat an die Stelle von Lessings Nathan der Shylock Shakespeares, der dem faschistischen Antibild besser entsprach. In Storms ›Schimmelreiter‹ war nachzuweisen, wie der nordische Mensch, wenn er nicht konsequent handelte, notwendig scheitern musste. Nimmt man die Aussperrung der jüdischen Autoren aus dem Kanon hinzu, dann zeigt sich auch im Bereich der Stoffe, dass die nationalsozialistische Bildungspolitik nicht Traditionen der Deutschen Bildung fortsetzte, sondern ihr eine radikal neue Richtung gab, die normative Menschenbilder benutzte, um Fremdes

zu diskriminieren und dem »Nicht-Artgemäßen« Vernichtung an-
zudrohen.

Um die Vernichtung auch ausführen zu können, mussten die Heranwachsenden im Unterricht in Unterwerfung unter das Ganze, das
die Nazis vertraten, eingeübt werden. »Die Zeit, in der die Ausbildung der selbstherrlichen Einzelpersönlichkeiten als wesentliche
Aufgabe der Schule angesehen wurde, ist vorbei« – dies ließ der
Reichsinnenminister gleich 1933 verlauten. Es galt vielmehr schon
in der Schulklasse, Unterwerfung unter eine Gesinnungs- und Wil-
lensgemeinschaft zu praktizieren. Der Deutschkundler Ulrich Peters
prägte das entlarvende Wort vom »politischen Dienstwert« des
Menschen, der die individuelle Persönlichkeit ersetzen sollte. Also
gehörten in den nationalsozialistischen Literaturunterricht keine
Werke mehr, in denen das Individuum sich gegenüber dem Ganzen
behauptet, in denen es sich bürgerliches Recht gegen staatliche
Zwänge verschafft, in denen Freiheit gegen gesellschaftliche Notwendigkeit siegt. Vielmehr sollte durch die Literatur Opferhaltung
eingeübt werden. Damit war die absolute Gegenposition zu den
Anfängen des Deutschunterrichts im Neuhumanismus bezogen.

Dienst- und opferbereit zeigten sich Schüler und Studenten schon
zu Beginn des Dritten Reiches, als es darum ging, »undeutsches«
Schrifttum aus den Bibliotheken zu holen und zu verbrennen. Das
wurde als ein Stück Pädagogik der »Tat« angesehen. Gedanklich
einen Schritt weiter gingen Deutschlehrer wie Rudolf Ibel, die den
Krieg gegen alles Fremde im Deutschunterricht forderten. »Ein gewisser Mut zur Barbarei ist eine politische Notwendigkeit«, um nicht
genehme Kultur zu zerstören. Kein Schüler brauche »etwas über die
Psyche des Hans Castorp oder auch ›des‹ barocken Menschen aus-
zusagen, es ist aber notwendig, dass er zu handeln versteht, wie es die
politische Lage verlangt«. So wirkte auch der Literaturunterricht mit,
opferbereite Täter zu schaffen, die nicht nur fraglos in den Krieg
zogen, um sich selbst zu opfern, sondern zugleich ebenso unbedenk-
lich bereit waren, Unschuldige zu Opfern zu machen. Es ist ein
Schritt in die Unmenschlichkeit, wenn der Literatur im Unterricht
der vielfache Sinn genommen und einsinnig zugespitzt wird, um
damit Vernichtung, erst von Ideen und dann von Menschen, zu
legitimieren. In diesem Sinne hat der Literaturunterricht des Faschis-

mus einen radikalen Bruch mit allen vorangegangenen Strömungen vollzogen, auch denen, die ihm von der Idee her nahe standen, wie die an sich schon intolerante und undemokratische Deutschkunde.

4. Zwischen Methodik und Didaktik (1945–1990)

Noch immer wissen wir zu wenig, in welchem Maße die Praxis des Deutschunterrichts im Nationalsozialismus in den einzelnen Stunden den offiziellen Forderungen entsprochen hat und wie möglicherweise die kleinen Versuche, diesen zu widerstehen, ausgesehen haben. Ebensowenig bekannt ist, in welchem Umfang nach 1945 wirklich Neuanfänge versucht wurden oder inwieweit das vertraute deutsch-nationale Unterrichtsschema weiter praktiziert wurde. Im Bereich der Inhalte jedenfalls blieb der Unterricht weitgehend gleich – mit Textbeispielen aus den deutschkundlichen Lesebüchern. Die Diskussion darüber setzte auf breiter Front erst nach 1956 ein. Auch in der Frage der Ziele herrschte weiter große Unsicherheit. Alle Versuche, das Menschenbild zu bestimmen, auf das nach 1945 hin erzogen werden sollte, endeten bei radikal konservativen Vorstellungen: Ob »der ritterliche Mensch«, »Urformen des Heldentums«, »Dürers ›Ritter, Tod und Teufel‹« (Robert Ulshöfer) oder das »Gentleman-Ideal« (Andreas Flitner) – all dies waren Bilder längst vergangener Gesellschaftsformen, die in den als Demokratien aufzubauenden neuen deutschen Staaten völlig deplatziert waren. Auch in der SBZ waren es Helden, Kämpfer, Pioniere, die als Leitbild für eine neue sozialistische Gesellschaft dienten. Später half man sich bei der Leitbilddiskussion mit dem Verweis auf die Bestimmungen des Grundgesetzes (in der Bundesrepublik Deutschland) bzw. der jeweils aktuellen Parteitagsbeschlüsse (in der DDR).

So nimmt es nicht wunder, dass man bei der Darstellung des Deutschunterrichts nach 1949 am ehesten mit *Methodiken* vorankam. Hier ließ sich auch am konsequentesten an wirksame methodische Ideen der zwanziger Jahre anknüpfen. So ist auch der Erfolg der Methodiken von Robert Ulshöfer (1952 ff.) und Erika Essen (1955) zu verstehen. Neben zahlreichen Anregungen für einzelne Unterrichtsstunden und -sequenzen finden sich Prinzipien, die den Unterricht aus den starren Ritualen der Kunde und der deklamierenden Feier herausnehmen, z. B. Anschaulichkeit, Produktivität, Anwendungsbezug. Misst man die Methodiken weniger an ihren Defiziten als vielmehr an dem, was sie der Praxis an Anregungen boten, dann lässt sich feststellen, dass sie alles methodische Wissen zusammengetragen und mit einem je eigenen Konzept verbunden haben: Dramaturgie des Unterrichts (Ulshöfer) und Methodische Bildung (Essen).

Die Wende von der Methodik zur *Didaktik* wurde spätestens auf dem Pädagogischen Hochschultag 1962 von Wolfgang Klafki eingeleitet. Im Anschluss an Erich Wenigers Verständnis von Didaktik als Theorie der Bildungsinhalte und des Lehrplans formulierte Klafki die These vom Primat der Didaktik gegenüber der Methodik: Bevor man Aussagen darüber machen könne, welcher Weg für die Lernvorgänge zweckmäßig sei, »muss man das Ziel oder die Ziele und die auf die Ziele hin ausgewählten Inhalte kennen, die durch Lehre vermittelt und im Lernen angeeignet werden sollen« (1970).

Das in sich geschlossenste und zugleich erfolgreichste Modell eines didaktischen Konzepts hat Hermann Helmers, ebenfalls ein Schüler Wenigers, mit seiner ›Didaktik der deutschen Sprache‹ (1966) vorgelegt. Im Zentrum steht dabei die Etablierung von sieben Lernbereichen sowie deren ausführliche Beschreibung, einschließlich der Ziele und Methoden. Die deduktive Vorgehensweise, die Inhalte im Blick auf bestimmte Ziele setzt, um sie dann in ihren methodischen Möglichkeiten zu prüfen, gilt auch für die einzelnen Lernbereiche. Im Literaturunterricht geht Helmers von der schematischen Gliederung in ästhetische und pragmatische Literatur aus, wobei nur der Dichtung erzieherische Bedeutung zukommt. Der erarbeitete Kanon ist als Angebot zu verstehen, das Helmers selbst aber so lange allen didaktischen Entwürfen überlegen erscheint, als nicht auch sie systematisch, allseitig und wissenschaftlich begründet sind. Ein präzisierter Lehrplan mit gegliederten Inhalten sollte ein planvolles, systematisches Lernen ermöglichen und die Allseitigkeit der Bildung sicherstellen – und dies auf wissenschaftlicher Grundlage. Man hat darüber gestritten, ob das System des Wissens, das Helmers entworfen hat, seinen eigenen Prinzipien entspricht. Zumindest was die wissenschaftliche Begründung des Gattungs- und Genresystems angeht, sind die Zweifel berechtigt. Aber der Versuch, eine Ordnung des Wissens im Bereich des Deutschunterrichts zur Diskussion zu stellen und damit die Bildung in dem Fach auf breiteste Grundlage zu stellen, bleibt unbestritten.

Ein ähnlich präzises System der Inhalte hat in den Lehrplänen der DDR vorgelegen. Vor allem der jüngste Lehrplan von 1982/86 war, was die Verteilung der Stoffe angeht, trotz vieler Einseitigkeiten in der Auslegung der Texte, wohl begründet, ausgewogen in der Berücksichtigung historischer und systematischer Aspekte. Außerdem schien er angereichert durch Erfahrungen, so dass auch er weiterhin als Diskussionsgrundlage – vor allem was die Literatur aus dem bürgerlichen Erbe angeht – für inhaltliche Entscheidungen im Literaturunterricht gelten kann.

Ausgelöst durch die politischen Debatten im Vorfeld von 1968, wurde um 1970 auch der Deutschunterricht grundlegender Kritik unterzogen. Als Paradigma galt die Kritische Theorie der Frankfurter Schule. Die Theorie erklärte den Zusammenhang systematischer Aussagen mit den jeweiligen gesellschaftlichen Zuständen und bemaß sie nach dem Grad ihrer Fortschrittlichkeit auf dem Weg zu humaneren Zuständen. *Kritische Didaktik* verstand sich also als eine Theorie, die hinter didaktischen Modellen und Konzepten stehende wirtschaftliche und politische Interessen freizulegen trachtete. Am Anfang war es vielfach besserwisserische Polemik (›Bestandsaufnahme Deutschunterricht‹, 1970), die jene Dialektik vermissen ließ, die man als Vorbild für sich in Anspruch nahm. Kritik gerann zum affirmativen Gestus.

Die Ausführungen zu einer Kritischen Didaktik der Literatur sind auf Vorstufen stehen geblieben. Am ehesten vermag der ›Grundriß einer Didaktik und Methodik des Deutschunterrichts‹ des Bremer Kollektivs (1974) Ansprüche an Entwürfe einer alternativen Praxis einzulösen. In den sechs Kapiteln geht es immer wieder um das Ziel, Kritik an den Institutionen, die das Wissen verwalten und benutzen, im Sinne des Materialismus in der Hoffnung einzuüben, dass die demonstrierte kritische Haltung zur Gewohnheit wird. Die Bedeutung der Kritischen Didaktik liegt in der Konsequenz, mit der auf die Rückführung von Überbauerscheinungen auf deren materielle Basis insistiert wird. Damit werden die Gegenstände des Deutschunterrichts mit jedem Detail eingebunden in ein gesamtgesellschaftliches

Erklärungsmodell. Die Kehrseite ist, dass die Gegenstände mit der funktionalen Einbindung in eine politische Idee ihren autonomen Status und damit ihre Widerständigkeit verlieren.

Als die der Kritischen Didaktik adäquate Methode hat sich das ›Projekt‹ erwiesen. Es wurde in zwei Varianten realisiert. Das Bremer Kollektiv verstand unter Projekten Unterrichtsmodelle, die gesellschaftlich relevante Themen durch Sammlung von unterschiedlichen Texten interdisziplinär und kooperativ behandeln (›Projekt Deutschunterricht‹, 1972 ff.). Im Lüneburger ›Folgekurs für Deutschlehrer‹ wurde eine »Begründung und Beschreibung des projektorientierten Deutschunterrichts« versucht (1975). Demnach lassen Projekte sich als Unterrichtseinheiten definieren, in denen praktische Probleme der Schüler aktiv und kooperativ, unter Zuhilfenahme vorhandenen Wissens, gelöst werden, so dass mit der neuen Einsicht zugleich Problemlösungsmethoden gelernt werden. Beide Varianten haben sich nicht durchgesetzt. Dabei aber wäre die Arbeit in Projekten ein Desiderat, um das systemorientierte Lernen in den Fächern durch das problemorientierte sinnvoll zu ergänzen.

Gleichzeitig mit der Kritischen Didaktik entwickelte sich, angeregt durch den Werturteilsstreit in der Soziologie, eine didaktische *Handlungstheorie,* die Fachdidaktik als Erforschung des Handlungsfeldes Deutschunterricht (MÜLLER-MICHAELS 1972; IVO 1975) mit all seinen Bedingungen und Faktoren begreift. Dazu gehört die kritische Analyse des Geltenden ebenso wie die Begründung von Zielen, die Konstruktion von Curricula, der Vergleich von Methoden und Medien sowie die Apologie verschiedener Formen von Leistungsüberprüfungen. Entscheidungen für Handlungsalternativen lassen sich einerseits *pragmatisch* aus Erfahrungswissen, andererseits *systematisch* durch überprüfbare Argumente und schließlich *empirisch* begründen. Der größte Teil dieser didaktischen Literatur behandelt mehr oder minder begründete Forderungen für den Unterricht, Projektskizzen, Wünschbares wie Praktikables und zielt auf Ausdifferenzierung oder Veränderung von Praxis.

In den vergangenen Jahren sind vermehrt erfahrungswissenschaftliche Studien vorgelegt worden. Vor allem wurden Leseverhalten von Jugendlichen, Lesebiografien und Lesertypen mit sozialwissenschaftlichen Methoden untersucht. Wichtig für die deutschdidaktische Forschung wurde die Studie von Bettina Hurrelmann u. a. zum »Leseklima in der Familie« (1993), die die besondere Rolle der Familie bei der Entwicklung der Leseinteressen von Kindern herausstellt. Weitere Untersuchungen zu Lesegewohnheiten und Wirkungen von Lektüre finden sich bei Cornelia Rosebrock (1990) und Petra Wieler (1994; EGGERT/GARBE 1995). Konsequent an der Methode der Neuropsychologie orientiert sind die Studien zu Lese- und Lernleistungen der Schüler von Heiner Willenberg (1999).

Das gesellschaftliche Umfeld von jugendlichen Lesern und die sozialen Bedingungen des Lernens in und außerhalb der Schule zu erforschen, um Kenntnisse für die Gestaltung von Unterricht zu gewinnen, ist aber noch etwas völlig anderes als innovative didaktische Projekte in der Praxis daraufhin zu prüfen, wie wirksam sie sind. Diese Evaluation von Entwürfen ist Ziel der Fallstudien im Rahmen der Handlungsforschung; sie ist zugleich ein wichtiges Element der Begründung für Innovationen. Ein Beispiel für eine Langzeitstudie nach diesem Konzept mit Erläuterung der Methode qualitativer Unterrichtsforschung hat Harro Müller-Michaels (1987 a) vorgelegt. Weitere Fallstudien aus der Bochumer (RUPP 1987) und Augsburger (KÖPPERT 1997) Schule haben geholfen, Unterrichtsprozesse transparenter zu machen und die Methode weiterzuentwickeln.

5. Gegenwärtige Problemlage

Grundverschiedene Positionen werden aber erkennbar, wenn man die Auffassungen über Ziele und Gegenstände der Deutschdidaktik vergleicht. Auf der einen Seite gilt das Konzept des *Konstruktivismus*, mehr oder minder radikal gedacht. Prämisse dieser Erkenntnistheorie ist, dass alles, was wir wissen können, Konstruktionen von Beobachtern sind. Die Realität selbst ist den Menschen verschlossen, sie können nur Bilder von ihr herstellen: Die Summe aller Konstruktionen ist die Wirklichkeit der Gesellschaft. Die Konsequenzen für die Lerntheorie liegen auf der Hand: Schüler nehmen keinen Stoff auf, erwerben weder inhaltliches noch methodisches Wissen, sondern konstruieren es. Lehrer haben nur die Aufgabe, Situationen bereitzustellen, in denen Wissens-Konstruktionen angebahnt werden. Daher werden in didaktischen Empfehlungen die Handlungsorientierung, das entdeckende Lernen, Prozess als Ziel, Projektmethode, fächerübergreifende Zugänge und Lernen an Stationen favorisiert. Einen Literaturkanon (als Konstrukt anderer) darf es ebenso wenig geben wie Noten, mit denen Unvergleichliches verglichen würde.

Die Gegenposition lässt sich als *diskursive* (kritische) *Hermeneutik* bezeichnen, der es um intersubjektive Verständigung zwischen Lehrern, Didaktikern und Politikern auf der einen und den Schülern auf der anderen Seite über das, was gelten soll, gehen muss. Das Einverständnis etwa über den Kanon, die Methoden oder Kriterien der Benotungen trägt solange, bis es widerrufen und neu begründet wird. Im Rahmen dieser Theorie wird davon ausgegangen, dass es eine immer größere Menge an Wissen gibt, das junge Menschen für die Bewältigung des Lebens in Beruf, Gesellschaft und Kultur benötigen. Diese Standards zu vermitteln bedeutet, Chancengleichheit herzustellen und Mündigkeit zu sichern.

Die Kontroverse zwischen diesen Positionen bricht zwar an konkreten Fragen immer wieder auf, wie etwa an der Kanondebatte oder der Frage der Beurteilung von Schülerarbeiten deutlich gemacht werden kann (MÜLLER-MICHAELS 2000), aber es gibt durchaus Nuancen und Zwischentöne, die zwischen Elementen beider Theorien vermitteln. Im Lichte der historischen Betrachtung der gegenwärtigen Kontroverse kann man auch fragen, ob sich hinter dem modernen Streit nicht die alten Argumentationslinien von Methodik und Didaktik verbergen oder ob sich die Akzente nicht aus der Betrachtung der Schüler verschiedener Altersstufen und damit der Schulformen ergeben. Wichtig erscheint allein, dass aus der Kenntnis der alten Fragen eine Orientierung wächst, die neue Antworten plausibel begründen hilft. Das ist der Nutzen der Historie für das Leben heute.

II. Grundlagen des Literaturunterrichts

1. Literarische Sozialisation
von Werner Graf

1. Vorbemerkungen

Die Reflexion über die Bedeutung des Lesens und die empirische Untersuchung der Lesepraxis von Kindheit und Jugend stehen heute unter dem Menetekel vom »Ende des Buchzeitalters«. Die nicht zuletzt anlässlich solcher Diagnosen intensivierte Leseforschung führt jedoch zu einem verblüffenden Ergebnis: Dramatische Einbrüche im quantitativen Leseverhalten sind nicht nachzuweisen (Lesen 2000). Gerade Kinder lesen weiterhin, auch Jugendliche lesen noch, problematisch wird die Buchnutzung eher bei Erwachsenen (Schön 2000). Trotzdem kann keine Entwarnung gegeben werden; denn die alarmierenden Hinweise auf den drohenden Verlust einer kulturellen Schlüsselkompetenz haben vielfältige lesefördernde Aktivitäten (Hurrelmann 1998 a) ausgelöst, die nicht ohne Erfolg blieben. Diese besondere lesepädagogische Aufmerksamkeit stabilisiert bislang das quantitative und das qualitative Leseniveau.

Eine Voraussetzung erfolgversprechender Leseförderung ist die genaue Kenntnis der Lesegenese und der Struktur des Lesens unter den Bedingungen der Medienkonkurrenz (Eggert/Graf 1989; Eggert u. a. 2000). Da die Untersuchung des Lesens in der Mediengesellschaft als interdisziplinäres Projekt, das unterschiedliche theoretische Ansätze und Methoden zu integrieren hat (Groeben 1999), aufzufassen ist, wird vorgeschlagen, das Lesen – wie die Medienrezeption insgesamt – als Rezeptionshandlung zu verstehen, in deren Ausführung als literarische Kommunikation zwischen einem (lektüre)biografisch vorgeprägten Subjekt und einem Bedeutungen anbietenden Text ein Sinn konstruiert wird, wobei diese Sinnkonstruktion von weiteren situativen und kontextuellen Faktoren beeinflusst wird. Das Lesen konkretisiert den Text und modifiziert das subjektive Wissen, die Lesehandlung lässt sich nicht auf bewusste Entscheidungen, Intentionen und Motive reduzieren, sondern umfasst auch habitualisierte Verhaltensweisen und unbewusste Impulse und Wirkungen. Die Gesamtheit der psychischen Regeln und Mechanismen, die diese komplexe Lesehandlung steuern, wird als Lesekonstruktion bezeichnet (GRAF 1997).

Die Genese des Lesens in Kindheit und Jugend wird vom historischen und vom sozialen Kontext beeinflusst. Die wichtigsten historischen Einflussfaktoren sind erstens die kulturpolitischen Rahmenbedingungen, deren Konsequenzen sich im Zeit- oder Systemvergleich zeigen lassen, wie z. B. in Untersuchungen zur Lesegenese im Nationalsozialismus (GRAF 1997) oder in der BRD/DDR, zweitens der mentalitäts- und literaturgeschichtliche Wandel des Begriffs des Lesens und des Literaturangebots (SCHÖN 1999 a) und drittens die beschleunigten Veränderungen der Medienproduktion und -rezeption. Die Schichtenzugehörigkeit und das gegliederte Schulsystem bestimmen bis heute signifikant das Leseverhalten: Mit aufsteigender Schulbildung und sozialer Schichtung ist ein größerer Leseranteil zu erwarten. Diese historischen und sozialen Bestimmungsgrößen werden überlagert durch den Faktor Geschlecht; denn quer zu den historischen Veränderungen und den differierenden sozialen Bedingungen lesen Mädchen mehr als Jungen, sie geben dem Lesen eine höhere Bedeutung und sie bevorzugen weit überwiegend Fiktion, während männliche Leser (ab der Jugendphase) Sachliteratur präferieren (LESEN 2000).

Die repräsentativen Befunde belegen drastisch die fortdauernde kulturelle Ungleichheit: Mit hoher Wahrscheinlichkeit liest eine Gymnasiastin aus »gutem Hause«, wogegen ein Hauptschüler aus der Unterschicht selten literarische Interessen entwickelt. Entgegen dieser vorherrschenden Mehrheitstendenz können freilich nicht nur Einzelne, sondern erhebliche Minderheiten eine andere literarische Sozialisation durchlaufen, was mit den Begriffen »unerwarteter Leser« bzw. »unerwarteter Nichtleser« (HURRELMANN/HAMMER/NIESS 1993) umschrieben wurde.

Die Bewertung der kulturellen Differenzen im Leseverhalten bleibt gleichwohl ein schwieriges Problem, wenn man einerseits bedenkt, welche Bedeutung das informatorische Lesen in der inzwischen zur Informationsgesellschaft ausgerufenen Gegenwart erheischt, und andererseits darüber nachdenkt, welche kompensatorische Wirkung aus der Vorliebe für Fiktion resultieren kann, wenn es sich ausschließlich um Trivialliteratur handelt.

Das Forschungsprogramm »literarische Sozialisation«, das in den achtziger Jahren durch zahlreiche Publikationen und durch die Zeitschrift ›Literatur & Erfahrung‹ etabliert wurde (vgl. EGGERT/GARBE 1995), löste die Lesealter-Theorien als Paradigma zur Untersuchung und Darstellung der Lesegenese ab. Die unkritische Annahme einer endogenen Entfaltung literarischer Naturbegabungen wurde durch den empirischen Nachweis des Einflusses der Sozialisationsinstanzen, besonders den des »Leseklimas in der Familie« (HURRELMANN/HAMMER/NIESS 1993) und den des Deutschunterrichts (SCHÖN 1993), auf die Entwicklung der literarischen Rezeptionskompetenz sowie durch die Untersuchungen der sozialisierenden Funktionen des Lesens für die psychosoziale Entwicklung und die Bearbeitung von Alltagsproblemen (FEND 1979) gründlich widerlegt. Der Sozialisationsansatz verleitet andererseits dazu, die Einsicht in die biografische Prozesshaftigkeit und individuelle Strukturiertheit der literarischen Genese zu vernachlässigen. Die Erforschung der literarischen Sozialisation muss also auch die Aufmerksamkeit für die literarische Selbstsozialisation einschließen.

2. Kinderlektüre

Obwohl die Vielfalt der Titel und Autoren, die in der Kindheit gelesen werden, immer größer wird, sollte man sich zunächst die weitgehende Homogenität der kindlichen Lesepräferenz vergegenwärtigen. Es wirft z. B. in der Praxis keine prinzipiellen Probleme auf, für Kinder geeignete Bücher in einer Kinderbücherei zusammenzustellen, es wird kaum ein Kind darauf bestehen, sich aus der Erwachsenenabteilung zu bedienen und ein solches Werk spannender zu finden. Auch wenn es im Einzelfall lediglich orientierende Bedeutung hat, sind auch Altersempfehlungen nicht durchweg fragwürdig. Im Gegensatz zur Jugendphase hat der Lesestoff der Kindheit inhaltlich und formal eine so starke Affinität zur psychischen

Entwicklung im Allgemeinen und zur Leseentwicklung im Besonderen, dass sich das Genre der Kinderliteratur weitgehend mit dem Kanon der tatsächlich genutzten Kinderlektüre überschneidet.

Differenzierungen finden im Rahmen dieser weitgehenden Homogenität statt. Empirisch gesichert ist die fast ausschließliche Nutzung fiktionaler Texte und die Bevorzugung fantastischer Literatur. Neben Bilderbüchern werden realistische Erzählungen, Kriminalgeschichten und Tierbücher gelesen. Während letztere von Mädchen präferiert werden, bevorzugen Jungen Comics (BERTSCHI-KAUFMANN 2000).

Sachliteratur, die von Kindern selten ausgewählt wird, hat am ehesten eine Chance, wenn sie im Zusammenhang mit anderen attraktiven Themen oder im Anschluss an Fiktionales rezipiert werden kann.

Typischer Lesemodus in der Kindheit ist das intensive, identifikatorische Leseerlebnis, das sowohl durch teilnehmende Beobachtung bestätigt wird wie auch, was die biografische Langzeitwirkung bezeugt, durch autobiografische Erinnerungen, wie sie schriftlich oder mündlich bei Erwachsenen erhoben werden können. Aus der Warte des Erwachsenen wird stereotyp auf das verlorene Leseglück der Kindheit zurückgeblickt.

> »Ich konnte mich so in eine Geschichte reinversetzen, dass meine Mutter mich vier- bis fünfmal zum Essen rufen mußte, ehe ich es hörte. Ich war in eine andere Welt eingetaucht ...«. (Zitiert werden im Folgenden Lektüreautobiografien aus meinem Archiv.)

Ein Topos: Das unansprechbare, völlig versunkene, lesende Kind, das sich im Zustand höchster Konzentration befindet. Die Symbiose mit dem Text scheint absolut zu sein, durch nichts lässt es sich ablenken. Dieses höchst intensive Leseerlebnis wird in den Lektüreautobiografien oft mit Hilfe räumlicher Bilder plausibel gemacht, hier wird es mit dem Eintritt in eine »andere Welt« umschrieben, so als ob das Buch einen Raum öffne, in den der Leser nicht nur hineinblicke, sondern in den er regelrecht hineinversetzt werde, in den er »eintauche«, ein Wort, das die Vorstellung des vollständigen Eintritts in eine ganz andere Umwelt verstärkt (GRAF/SCHÖN 2001).

Im Vergleich zur Anziehungskraft des Fernsehens scheint das Bücherlesen trotzdem Motivationsprobleme aufzuwerfen. Die Ursache dürfte in der Lesefertigkeit zu suchen sein; denn erst auf einem gewissen Kompetenzniveau kann die Frustration der Lesearbeit durch die Faszination der Geschichten, deren Wirkung durch das Vorlesen erprobt und gesichert ist, übertroffen werden. Auch solche Erfolgserlebnisse motivieren, doch die entscheidende Motivationsbasis ist in der Korrespondenz von psychischen Bedürfnissen und literarischen Befriedigungen zu sehen.

»Als Kind kannte ich Lesen nur zum Vergnügen.« Das kindliche Leseerlebnis gewinnt sinnliche Intensität (SCHÖN 1993). »Jedesmal übergoss mich ein schöner Schauer von Freude, wenn es im Märchen ein Happy End gab.« Psychoanalytisch wird die kindliche Leselust als Wunscherfüllung in der Illusion verstanden (FRIEDLÄNDER 1941; STEINLEIN 1987; GRAF 1996).

Da Kinder besonders zwei Erwartungen nennen, ihre Lieblingsbücher sollen nämlich »spannend« und/oder »lustig« (DAHMEN 1994) sein, stellt sich auf der Ebene der alterstypischen literarischen Rezeptionskompetenz die Frage nach der Entwicklung des Verständnisses von Spannung und Komik. Als spannend können von Kindern Verwicklungen und Lösungen auf der Handlungsebene genossen werden. Die kindliche Lektüre orientiert sich am Helden der Geschichte, wobei zunächst die Neigung vorherrscht, diesen projektiv mit der eigenen Befindlichkeit auszustatten. Diese einfache egozentrische Identifikationsform setzt freilich fast grenzenlos anmutende Verwandlungsfreude frei: Tendenziell kann ein Kind jedes Wesen oder jeden Gegenstand in der Fantasie imaginieren oder im Spiel imitieren, wobei freilich diese Objekte den eigenen Wahrnehmungsmöglichkeiten im Sinne Piagets assimiliert werden. Im Grundschulalter kann die Perspektive einer Figur übernommen werden, wenn die literarische Figur an die kindliche Verstehensfähigkeit anpassbar ist. Der Perspektivenwechsel zwischen verschiedenen Figuren stellt eine anspruchsvollere Leistung dar, die unter Anleitung z. B. in Rollenspielen zu Texten geübt werden kann. Innerpsychische Dynamik, ambivalente Stimmungen von Figuren oder innere Konflikte werden, wie es für das Textangebot Abenteuergeschichte (KLOTZ 1979) typisch ist, im Nachvollzug der Handlung und der Personenkonstellation erlebt.

Die literarische Wahrnehmungsfähigkeit von Kindern erlaubt es ihnen, psychische Spannungen im literarischen Medium zu bearbeiten, wie es Bruno Bettelheim am Beispiel der Märchen gezeigt hat (BETTELHEIM 1977). Kinder können die Metaebene der begrifflichen Explikation solcher Spannungen selbst noch nicht betreten, aber das sollte nicht zu dem Fehlschluss verleiten, ihr Textverständnis bleibe an der Oberfläche. Ein sicheres Anzeichen für eine intensive unbewusste Korrespondenz zwischen Fantasiebedürfnissen der LeserInnen und Fantasieangeboten der Geschichten ist die unermüdliche Wiederholungslektüre: Wenn der Gang der Handlung längst bekannt ist, wenn ein Kind den Text wörtlich auswendig weiß, dann kann Spannung kaum mit Neugier auf das Ende der Geschichte erklärt werden, sondern damit, dass lesend eine Fantasietätigkeit in Gang gesetzt wird, die sich in lustvoller Weise auf eine psychische Bedürfniskonstellation bezieht, die, da sie mit einer gewissen Dauer ausgestattet ist, immer wieder nach illusionärer Befriedigung verlangt. Die spezifische Struktur der kindlichen Fantasiebefriedigung analysiert Rüdiger Steinlein als Verschränkung von symbiotisierendem und ödipalisierendem Lesen (STEINLEIN 1987) – Texte, die diesen Lesemodus erlauben, werden als »spannend« empfunden.

Die von Kindern erwünschte und rezipierbare Komik weist einen altersspezifischen Bezug zur Form des Textes auf. Kinder können nicht nur über Abweichungen im Verhalten der handelnden Figuren lachen, sondern auch über sprachliche Besonderheiten, vermutlich weil es als Befreiung wahrgenommen wird, wenn Sprachnormen, die selbst mühsam erlernt und widerstrebend eingehalten werden, in der Fantasiewelt übertreten oder außer Kraft gesetzt werden (SPINNER 1993 a).

Kindgemäß sind zunächst konkrete Wörter und anschauliche Bilder aus dem altersspezifischen Repertoire, der abstrakte Sprachgebrauch wirft Verstehensprobleme auf. Ironie und Satire gehören nur in ersten Ansätzen zum kindlichen Rezeptionsrepertoire, ästhetische Formen auf der Ebene intertextueller Anspielungen bleiben unzugänglich. Wie bereits in der Vorlesezeit werden deutliche Fortschritte der Verstehenskompetenz realisiert, wenn Fragen zu unverständlichen Stellen auf dem erreichten Sinngebungsniveau beantwortet werden. Hat ein Kind die lustorientierte Lesekonstruktion für sich entwickelt, treten keine Motivationsprobleme mehr auf. Die Kommunikation zwischen dem kindlichen Leser und seinen Büchern wirkt in dieser intensiven Lesephase autonom, das lesende Kind bedarf nun keiner Gratifikationen von außen mehr.

Das Ende der Kindheit markiert oft eine Lesekrise. Die Ursache des Motivationsrückgangs kann in einem literarischen Kompetenzzuwachs gesehen werden, mit dem auch die ästhetischen Erwartungen anspruchsvoller werden. Außerdem verliert die psychische Funktion jener tagträumerischen Lektüre ihre Bedeutung, weil sich die psychischen Bedürfnisse/Wünsche verschoben haben. Andere Entwicklungsaufgaben fordern andere Fantasien und deshalb anderen Lesestoff. Die literarische Sozialisation steht am Ende der Kindheit vor der Aufgabe, die Gesamtheit der literarischen Rezeptionsweisen, also der kindspezifischen Lesekonstruktion, so zu transformieren, dass auch unter veränderten lebensgeschichtlichen Bedingungen Lesegenuss möglich ist.

3. Jugendlektüre

In der Jugendphase (ca. 12–18 Jahre) weitet sich das Spektrum der Lektüre enorm aus. Auch wenn am Anfang eine gewisse Kontinuität der kindlichen Präferenz und des kindlichen Leseverhaltens unverkennbar ist, als Beispiel kann das eskapistische Weiterlesen von Abenteuer- oder Mädchenbüchern angeführt werden, belegen Lektüreautobiografien, dass die Jugendlektüre als bewusst abgegrenzte biografische Phase der literarischen Sozialisation rekonstruiert werden muss. Rückblickend wird von Erwachsenen selbst die Genese des Lesens in die Abschnitte Kindheit und Jugend eingeteilt, wobei die Jugendphase durch zwei gegensätzliche Momente bestimmt wird; einerseits durch das Bewusstsein einer gewissen Homogenität, wie sie z. B. durch den Begriff der Jugendliteratur suggeriert wird, andererseits durch eine diversifizierte Lesepraxis, die tendenziell auf das gesamte Buchangebot hin expandiert. Anders als in der Kindheit deckt die altersspezifische Jugendliteratur nur einen Teil der Jugendlektüre ab. Empirisch zeigt sich die Jugendphase freilich nicht als stetiger Entwicklungsprozess vom kindlichen zum erwachsenen Lesen, vielmehr zerfällt sie selbst in disparate Lese- (oder Nichtlese-)phasen, die zum Teil krisenhaften Charakter aufweisen. Zwischen Leseabstinenz und Lesesucht, zwischen Schwelgen im Trivialen und hochversierten ästhetischen Ambitionen ist alles möglich.

Das Anregungszentrum wandert in dieser zweiten Initiationsphase aus der Familie hinaus. Hinweise auf Bücher und Autoren geben nun überwiegend Freunde und Freundinnen, aber auch die Schule. Bei letzterer Institution konkurrieren Schülerbücherei und Deutschunterricht miteinander – und oft wird die Person des Deutschlehrers/der Deutschlehrerin ausgezeichnet.

Wenn sich das Lesen zu einer »literarischen Pubertät« (GRAF 1980) intensiviert, wird das Resultat entscheidend für die Gestalt des erwachsenen Lesers, und oft hat es sogar Einfluss auf die gesamte Identitätssuche (BETTELHEIM 1990). Literarische Sozialisation heißt auch Sozialisation durch Literatur, doch hier soll die entscheidende Aufgabe der »literarischen Pubertät« darin gesehen werden, die aus der Kindheit stammende Leselust für den Erwachsenen zu retten und zugleich die Lesekompetenz qualitativ zu steigern. Ein solcher Transformationsprozess kann die Diskrepanz zwischen Leselust und Lesestoff verschärfen, wenn kognitive und emotionale Veränderungen nicht synchron in neue, korrespondierende Lesemöglichkeiten umgesetzt werden können. In dieser psychischen Konstellation kann die Lektüre Lösungen befördern, aber sie kann auch selbst in eine Krise geraten. Regelmäßig sind im Jugendalter temporäre Abwertung des Literarischen und auch Leseabstinenz zu beobachten, deren Ursache (retrospektiv) mit der Devise »dann wurde anderes wichtiger« angedeutet wird. Solche Umorientierungen können sich auch zum dauerhaften Leseverzicht habitualisieren. Die meisten Nichtleser entstehen in der Jugend.

Die Grundstruktur des Leseverhaltens in der Jugendphase manifestiert sich in der Unterscheidung zwischen der Lektüre fiktionaler Texte und dem Sachtextlesen. Erst im Jugendalter bildet sich eine differenzierte Lesekonstruktion ›Sachbuchlektüre‹ aus. Auffällig ist die geschlechtsspezifische Verteilung. Lesekonstruktionen, die die Lektüre fiktionaler Literatur zum lustvollen Erlebnis machen, werden bevorzugt von Leserinnen weiterentwickelt und differenziert.

Das Sachbuchlesen erweist sich dagegen als eine weitgehend männliche Domäne.

Die Rezeption von fiktionalen Texten verändert sich in der Jugendphase gravierend, es werden Lesevarianten entwickelt, die das Spektrum der literarischen Rezeptionskompetenz entscheidend erweitern. Auf der Basis vorliegender Befunde wird folgende Systematisierung vorgeschlagen:

(1) *Leichte Unterhaltung:* Erst Jugendliche können jene distanzierte Variante der Unterhaltungslektüre (z. B. das Blättern in Illustrierten) kultivieren, die situativ zur Ablenkung und aus Langeweile, aber auch habituell zur Entspannung gepflegt werden kann.

(2) *Wunscherfüllendes, intimes Lesen:* Die Lektüreautobiografien belegen das identifikatorische Rezeptionsmuster eines intimen Weiterlesens des Jugendlichen in der Art der Kinderlektüre. Dieses wunscherfüllende private Lesemodell hoher emotionaler Involviertheit organisiert besonders in der frühen Jugend die massenhafte Lektüre von Abenteuer- und Mädchenbüchern, von Sciencefiction und Fantasy sowie von Detektiv- und Horrorgeschichten. In der späteren Jugend wird dieser Lesestoff oft temporär durch Trivialliteratur ersetzt. Diese Lektüre gewährt eine doppelte Gratifikation, da die neuen Stoffe und Themen der Erwachsenen locken, die eingeübte Form des tagträumerischen Lesens jedoch beibehalten werden kann.

(3) *Partizipation:* Das Lesen konstituiert sich im Kontext der Jugend(lese)kultur als literarische Praxis sozialer und kommunikativer Teilhabe. Prototypisch für die Präferenz sind Jugendbücher und -zeitschriften. Die subjektive Disposition und ein entsprechendes Buchangebot treffen im problemorientierten Lesen zusammen, das die thematisch weit gefächerte Auseinandersetzung mit persönlichen, gesellschaftlichen und historischen Fragen befördert.

(4) *Selbstkonzeptionelle Leseinteressen:* In Lektüreautobiografien wird oft der Verlust der als Kind erlebten Leselust beklagt, wobei meistens die Schule für dieses Zerstörungswerk verant-

wortlich gemacht wird. Einem Teil der so frustrierten Jugendlichen gelingt es trotzdem, in einem interessengeleiteten Prozess der Selbstsozialisation eine neue Lesemotivation und eine versierte Lesekompetenz aufzubauen und zu einem persönlichen Lesekonzept zusammenzusetzen, das z. B. die Aneignung aktueller Gegenwartsliteratur oder auch kanonischer (Erwachsenen)literatur erlaubt.

(5) *Ästhetisches Lesen:* Diese Variante wird aus Äußerungen von Lesern und Leserinnen gewonnen, die im Vergleich zur Kindheit eine deutlich veränderte ästhetische Leseweise und literarische Kompetenz propagieren, wobei die (kindliche) Freude am Lesen erhalten geblieben ist. Dieses Lesen lässt sich als Ergebnis eines Transformationsprozesses verstehen, der es erlaubt, mit unterschiedlichen Werken der Literatur – auch mit ihrer Form – genussvolle und problemorientierte ästhetische Erfahrungen zu machen, ohne die Texte unmittelbar psychisch zu funktionalisieren. Für die Genese dieser Lesehaltung ist es förderlich, wenn im Literaturunterricht die Erfahrung gemacht worden ist, dass sich das genaue Lesen bzw. Interpretieren lohnt, weil es neue, überraschende Einsichten erschließt.

(6) *Informatorischer Gebrauch der Fiktion:* Diese in der Leseforschung bisher vernachlässigte Rezeptionsvariante ist von der Intention geprägt, auf angenehme, unterhaltende Weise Wissen und begriffliche Erkenntnisse durch Romanlektüre zu erwerben, und zwar vorzüglich über fremde Kulturen (geografisch und historisch), über Themen des *human interest* (besonders Psychologisches zu Beziehungen und zur Selbstdefinition), Philosophie u. ä.

Auch die Sachtextlektüre differenziert sich im Verlauf der Jugendphase; es lassen sich sechs Varianten empirisch belegen:

(1) *Instrumentelles Lesen zur gezielten Informationsbeschaffung:* Diese Lesetechnik ist pragmatisch bestimmt, sie dient der subjektlosen, sachlich neutralen Information über Sachverhalte. Paradigmatisch sind Leseakte wie »etwas nachschlagen«, also instrumentelle Handlungen. In der älteren Leseforschung

wird diese Variante oft mit dem »informatorischen Lesen« (GIEHRL 1977) insgesamt gleichgesetzt.

(2) *Privates aktualitätsbezogenes Lesen zur sozialen und kommunikativen Partizipation:* Als definitorisches Moment dieser Rezeptionsvariante tritt die Transfermöglichkeit des Gelesenen hervor, das subjektive Lesen ist auf den aktuellen kommunikativen und den sozialen Kontext hin ausgerichtet. Der Alltagsbezug lässt sich handlungstheoretisch (CHARLTON 1997) bestimmen, die Teilnahme an der aktuellen Diskussion entspricht dem psychologischen Partizipationsmodell (OERTER 1999).

(3) *Textrezeption als Lernen im schulischen Zusammenhang:* Die Sachtexte sind Lernmedium, sie werden in dieser Notwendigkeit nicht angezweifelt, aber stereotyp werden mit dem Alter zunehmend die schulische Verpflichtung beklagt und Motivationsprobleme eingeräumt.

(4) *Selbstkonzeptionelles Lesen als Realisierung von selbst gesetzten Interessen:* Diese Variante beruht auf der subjektiven Entscheidung, interessengeleitet aus dem aktuellen oder tradierten kulturellen Fundus ein Konzept oder ein Thema zu übernehmen und die eigene Lektüre daran zu orientieren. Ein bevorzugtes Ziel ist es, Allgemeinbildung oder ein Expertenwissen zu erwerben: Mit Pierre Bourdieus (1987) Begriff des »kulturellen Kapitals« kann gefasst werden, dass es sich hierbei nicht nur um die Information über oder die kritische Auseinandersetzung mit Bildungskonzepten handelt, sondern dass das Lesen auch als Mittel eines Statuserwerbs fungiert. Für Motivationsanteile aus Distinktionsgewinnen sprechen Verweise auf das »volle Bücherregal« und abfällige Bemerkungen über Zeitgenossen, die nicht lesen. Durch die relative Unabhängigkeit von Sozialisationsinstanzen können sich die Möglichkeiten der literarischen Selbstsozialisation entfalten.

(5) *Erkenntnisorientierung:* Vom Wissenserwerb lässt sich gerade bei Jugendlichen eine dezidiert auf begriffliche Erkenntnis und diskursives Denken gerichtete Lesehaltung unterscheiden, die auf ein wissenschaftlich fundiertes Welt- und Selbstverständnis zielt. Auch wenn eine solche Vorliebe für abstraktes

Denken zum Teil als Abwehrmechanismus der »Intellektualisierung« (FREUD 1973) zu analysieren ist, befördert sie die Denkfähigkeit nachhaltig.

(6) *Unterhaltende, fantasieorientierte Sachtextlektüre:* Besonders männliche Jugendliche übernehmen diese Variante der Sachtextrezeption, indem sie angebotene Informationen als Anregung von Imaginationen auffassen. Die Dominanz der Erwartungen und Wünsche der jugendlichen Leser löst eine unterhaltende Fantasieproduktion aus, die als Annäherung an die Unterhaltungsfunktion in der Lektüre von fiktionaler Literatur verstanden werden kann. Der Roman entsteht quasi im Kopf. Dieses Lesen ist lustorientiert, es erscheint als Selbstzweck (vgl. SCHÖN 1999 b).

Dieses doppelte Variationsspektrum der literarischen Rezeptionskompetenz zur Nutzung fiktionaler und nichtfiktionaler Literatur wird bis zum Ende der Jugendphase empirisch nur von einer Minderheit realisiert, das kompetente Lesen als Fähigkeit zur Teilnahme an der literarischen Kommunikation fungiert also theoretisch als Zielbegriff, der ein analoges Spektrum leseorientierter Entwicklungsaufgaben begründet.

2. Historische Kanonforschung und Verfahren der Textauswahl

VON HERMANN KORTE

1. Grundlagen literarischer Kanonbildung

»Der Kanon lebt von der Schule im doppelten Sinn: Er braucht sie als Medium seiner Überlieferung, und er gewinnt durch sie erst Gestalt und historische Stabilität, weil Schule primär eine Institution *sprachlicher Natur* ist.« (BUCK 1983, 351) Günther Bucks Satz, als kanonische (d. h. Maßstäbe setzende, mit Autorität ausgestattete) Maxime gelesen, würde mit einem Schlage bildungspolitische Feldzüge gegen drohenden Traditionsverlust überflüssig machen. Der Schule käme nicht nur die Rolle der zentralen Überlieferungsinstanz des literarischen Kanons zu, sondern sie wäre auch die entscheidende Institution, welche der Tradition »Gestalt und historische Stabilität« gäbe. In einem solchen Harmoniemodell sind Schule und Kanon von wahrhaft exklusiver Bedeutung, aufeinander abgestimmt, um »Überlieferung« zu sichern: »Kanon ist also eo ipso Schul-Kanon, und ohne Kanon gibt es keine Schule.« (Ebd., 352)

1.1 Literarischer Kanon: Begriff und Geschichte

Was Buck indes mit wenigen Sätzen umrissen hat, lässt sich unschwer als Kanon vormoderner Gesellschaften identifizieren. In ihnen waren der lebenspraktische Anspruch von Kanontexten und deren fortdauernd-aktuelle Gegenwärtigkeit ebenso unumstritten wie die Aufgaben der Institution, in denen der Kanon erlernt und von Generation zu Generation weitergegeben wurde. Würden diese Voraussetzungen noch gegeben sein, so wäre die Frage, was in der Schule heute mit welchen Zielen und Absichten verpflichtend gelesen werden sollte, verbindlich zu beantworten. Die aktuelle Diskussion um den Kanon zeigt jedoch, dass ein Konsens über Kanon-Verbindlichkeit nicht mehr gegeben ist.

Für Buck war klar, dass bereits »die Arbeit der neuzeitlichen Pädagogik« von anderen Prämissen ausging: »Schule und literarischer Kanon setzen sich nicht mehr gegenseitig voraus. (...) Spätestens in der Gegenwart ist die Idee und die Macht des literarischen Kanons aus der Schule gewichen. Darüber kann die Existenz von ›Stoffplänen‹ nicht hinwegtäuschen.« (Ebd., 352) Die Geschichte des literarischen Kanons deutschsprachiger Schriftsteller und ihrer Werke ist sogar eng verbunden mit der Brüchigkeit konkurrierender Kanonsysteme; denn der literarische Kanon war, wie seine Entstehung zeigt, selbst bereits das Produkt einer von Modernisierungs- und Säkularisierungsprozessen geprägten Gesellschaft.

Ein Kanon (gr. Messrohr, Richtschnur) ist »ein Corpus von Texten [...], das eine Gesellschaft oder Gruppe für wertvoll hält und an dessen Überlieferung sie interessiert ist« (Winko 1996, 585). Er ist durch Selektion entstanden, die einen Überlieferungsprozess in Gang setzte, der wie bei den Texten der großen Weltreligionen sogar Jahrtausende umspannt. Die Überlieferung wurde von Kanon-Instanzen geschützt. Diese sicherten die Texte und deren Deutungen als religiöse, ethische, kulturelle und rechtliche Autorität im Lebensalltag. Kanontexte wie die Bibel wurden nicht als bloße Lektüre für wertvoll angesehen, sondern als verbindlicher Maßstab für die Auslegung der Welt und die Sinngebung der Existenz. Vor diesem Hintergrund sind drei Aspekte von Kanonbildung evident: Erstens waren und sind kanonsichernde Instanzen als Garanten verbindlicher Weltbilder und Lebensweisen mit Macht und Herrschaft ausgestattet, die sie aus dem sakrosankten Kanon selbst herleiten. Zweitens ist die Überlieferung einer von religiösen Kanontexten geprägten Gesellschaft an eine Lehrdoktrin geknüpft, in der eben diese Texte im Zentrum stehen, um sie an die nächste Generation weiterzugeben und auf diese Weise Weltbilder, Lebens- und Herrschaftsformen zu tradieren. Drittens sind Kanonsicherung und Kanonmacht an Formen symbolischen Handelns geknüpft, an Konventionen, Überlieferungsrituale und langfristig aufgebaute Gewohnheiten. Nicht zufällig reichte der traditionelle Kirchenkanon von festgelegter Gottesdienst-Liturgie bis zum eigenen Kalendersystem mit Fest-, Buß- und Gedenktagen.

Dass ausgerechnet neuzeitliche literarische Texte mit erfundenen Figuren und erdachten Lebensentwürfen, ausgemalten Imaginationen und ausgelebten Träumen Kanonrang erhielten und an der für ein Kollektiv maßgeblichen Lebens- und Weltauslegung beteiligt waren, dazu bedurfte es wichtiger Prämissen. Deutschsprachige Kanonliteratur gibt es erst seit etwa 1800. Der Kanon entwickelte sich just zu dem Zeitpunkt, als theologische Auslegungsmonopole für Teile der lesenden Elite allmählich fragwürdig wurden. »Das Literatursystem stabilisiert sich im 18. Jahrhundert in dem Maße, wie es seinen Anspruch auf Handlungsspezifik gegen andere Systeme wie Religion, Politik oder Erziehung durchsetzen« (SCHMIDT 1988, 136 f.) konnte. Und noch ein weiterer Faktor spielte eine Rolle. In dem Maße, wie nationalsprachliche Literatur als individuelles wie kollektives Identifikationsangebot und als repräsentatives Medium individueller wie kollektiver Selbstdarstellung gelesen wurde, ließ sich mit literarischen Kanones die innere Geschichte der Nationenbildung erzählen. Kanonliteratur wurde zur bildungsbürgerlichen Ausdrucksform einer Nationalkultur und damit zu einem breit angelegten nationalen, bald auch die Schule wie das gesamte literarisch-kulturelle Leben bestimmenden Bildungsprojekt (FOHRMANN 1989). Die Hochphase literarischer Kanonbildung vollzog sich vor dem Horizont von Alphabetisierung und Leserevolution im 19. Jahrhundert als Aufrichtung eines nationalen Klassikerkanons, mit dem ein ausdifferenziertes System von Kanonisierungsstilen verbunden war, wie sich am Beispiel Schillers, des deutschen Kernkanonautors schlechthin, anschaulich illustrieren lässt (GERHARD 1994; KORTE 2000 a). Kanonbildung war und ist kein innerliterarischer Prozess, sondern eine kulturelle Selektionspraxis, deren Werte einen Bezug zur Alltags- und Lebenswelt haben. Wer über Kanon-Wissen verfügte, der hatte alle Aussichten, mit einer Art »kulturellem Kapital« (BOURDIEU 1987, 47) an herrschenden Lebensstilen zu partizipieren sowie Formen sozialer Distinktion herauszubilden, die gesellschaftliche Einfluss- und Machtsphären symbolisch markieren.

Kanon-Wissen ist stets auf Werte und Interessen des den Kanon bestimmenden Kollektivs bezogen, das sich in der Tradition ein eigenes Selbstverständnis gibt und so die eigene exklusive Bedeutsamkeit im Spiegel des von ihm für bleibend und mustergültig erklärten literarischen Kanons stets mitdefiniert. In diesem Zusammenhang stechen drei Kanonfunktionen hervor: »Legitimation der gegenwärtig geltenden Werte durch ihre Verankerung oder auch durch kritischen Bezug auf sie, Identitätsstiftung in Abgrenzung gegen andere Gesellschaften oder gesellschaftliche Gruppierungen [...] und Handlungsorientierung im Blick auf die Zukunft.« (HEYDE-BRAND/WINKO 1994, 131).

Im Gegensatz zum religiös fundierten Kanonsystem mit seinen geschlossenen Weltbildern und sakrosankten Lebensmaximen bestand die große Wirkung literarischer Kanones in ihrer relativen Offenheit. Vom literarischen Kanon im Singular zu sprechen ist daher streng genommen eine unzulässige, formelhafte Verkürzung. Als »nicht streng kodifizierte Form« (HAUG 1987, 259) bot der Literaturkanon dem einzelnen wie dem Kollektiv alternativenreiche Auswahlmuster an und erfüllte seine Funktionen gerade durch seine elastische, durchlässige, wandlungsfähige Form. In so unterschiedlichen Institutionen wie der Schule, der Literaturkritik, dem Theater mit seinen Spielplänen, der Universität mit ihren akademischen Kanones, dem Bibliothekswesen und dem Buchhandel war er gleichermaßen präsent.

1.2 Kanonformen

Historische Kanonforschung, eine Teildisziplin der Literaturwissenschaft an der Schnittstelle zwischen Literaturgeschichte, Kultursoziologie und Literaturdidaktik, untersucht die komplexen Konstellationen literarischer Kanonbildung in sozialen und kulturellen Handlungskontexten (HEYDEBRAND 1993; KORTE 1998). Eine ihrer Aufgaben besteht daran, Kanonformen zu beschreiben und so eine Theorie und Geschichte des lebenspraktischen Umgangs mit Literatur zu entwickeln.

Das Spektrum an Kanonformen ist Ausdruck der Flexibilität literarischer Kanones. Es gibt, grob unterschieden, einen *Kernkanon* von Autorennamen und Titeln, die, wie die Weimarer Klassiker, eine langlebige Tradition gestiftet und faktisch in allen Kanon-Instanzen ihren festen Platz haben. Davon abzugrenzen ist ein *akuter Kanon* »von geringerer Festigkeit« (HEYDEBRAND 1993, 5), der sich an Zeitkontexte anschmiegt und als eine Art *Randkanon* leicht veränderbar ist. Die Unterscheidung zwischen Kern- und Randbereichen lässt sich, noch wenig erforscht, für *schulische Lektürekanones* an solchen Titeln und Autorennamen rekonstruieren, deren exponierte Bedeutung über die Entstehungsphase des Kanons kaum hinausreicht.

Gerade an solchen Paradigmen ließe sich die Öffnung schulischer Lektürekanones für aktuelle Gegenwartseinflüsse studieren.

Die Frage, ob und in welchem Maße ein *Deutungskanon* die literarische Kanonbildung begleitet, ist noch keineswegs geklärt. Zwar haben sich spezialisierte Editions- und Interpretationswissenschaften herausgebildet. Gerade die Glanzzeiten des Literaturkanons aber waren keine Phasen differenzierter Auslegungskunst: »Ein Autor oder eine Autorin sind Kanon-Bewohner, solange ihre Namen, ihre Werke (zumindest deren Titel) und geflügelten Worte von ihnen zum kollektiven kulturellen Wissen entweder eines möglichst großen Teils der Bevölkerung oder einer hinreichend einflußreichen Gruppe von Meinungsführern gehören. Dazu ist die tatsächliche Lektüre ihrer Werke nur marginal erforderlich: Man weiß, dass man weiß, dass Klopstock und Schiller Klassiker sind.« (SCHMIDT/VORDERER 1995, 152) Langlebig sind Werke des Kernkanons »gerade deshalb, weil sehr unterschiedliche Normen aus ihnen abgeleitet werden können« (HEYDEBRAND 1993, 6). Karl Eibl spitzt die These noch weiter zu: »Die Werke haben die Stellung von leeren, undeterminierten Signifikanten, während die zugehörigen Bedeutungszuschreibungen mindestens durch die lebensweltliche Aktualität determiniert werden.« (EIBL 1998, 69). Festzuhalten bleibt: Die Präsenz des Literaturkanons in einer Gesellschaft, in der die Literatur ein Leitmedium individueller wie kollektiver Identitätsfindung ist, wird nicht primär über die Interpretationskultur hochkompetenter Lese-Subjekte gesichert, sondern über einen viel handfesteren Kanon-Gebrauch. Dieser reicht von der Kenntnis geflügelter Worte bis zur Denkmalskultur für Kanon-Giganten, von Jubiläen und Dichterfeiern bis zur Aufrichtung nationaler Klassiker-Gedenkstätten, von massenhaft reproduzierten Dichterporträts bis zu den Aktivitäten literarischer Gesellschaften, Stiftungen und Vereine.

Als offene Systeme eignen sich Literaturkanones zur Form sozialer Selbstdarstellung. Gerade weil es keinen Einheitskanon gibt, bildeten sich früh *Gruppen- und Milieukanones* heraus, die der Abgrenzung dienten, Identifikationspotenziale schufen und hochemotionalen Inszenierungsstoff für Kollektiverlebnisse darstellten. Die Wiederentdeckung Friedrich Hölderlins seit 1900 ist ein Beispiel dafür (LINK 1998). Kanonisierungsgeschichten sind Auf- und Abstiegsgeschichten, in denen Prozesse der *De- und Rekanonisierung* sich durchkreuzen. Im Übrigen: Ohne fortwährendes Vergessen (als kulturelle Regel) wäre keine Traditionsbildung (als kulturelle Ausnahme) möglich, denn das bloße Aufbewahren und Archivieren aller Bücher ergäbe am Ende nichts anderes als eine strukturlose Masse, die nichts anderes als gigantomanischen Sammlerfleiß dokumentierte und zur Karikatur musealer Zivilisation geriete. Das kulturelle Gedächtnis ist freilich so beschaffen, dass es aus seinen Archiven Vergessenes wieder zu erinnern weiß. Georg Büchner beispielsweise, im 19. Jahrhundert bei einflussreichen Literaturkritikern wie Julian Schmidt das abschreckende *Negativkanon*-Exempel eines krankhaften Naturalismus, ist heute ein Kernkanon-Bewohner, der im Schulkanon ebenso seinen Platz hat wie im Theater, mit zahlreichen Buchausgaben auf dem Markt vertreten ist und – eine symbolische Repräsentanz für bedeutende Literatur schlechthin – mit seinem Namen den bekanntesten deutschen Literaturpreis ziert. Zugespitzt lässt sich die Geschichte von Kanon-Revisionen und *Gegenkanones* auf die Formel bringen: »Die Negation des Kanons ist immer ein neuer Kanon.« (GENDOLLA/ZELLE 2000, 9)

1.3 Marginalisierung des Kanons heute?

Die Aufstiegsgeschichte des literarischen Kanons verlief synchron zur Erfolgsgeschichte der Literatur als sinn- und traditionsstiftendes Leitmedium der Gesellschaft. Nach 1945 indes, vor allem während des Modernisierungsschubs der sechziger und frühen siebziger Jahre, veränderten sich soziale und kulturelle Konstellationen. Kanonbildung wird immer stärker von Pluralität und Partialität gekennzeichnet. So hat die Kanondebatte in den USA (HERRNSTEIN SMITH 1988; BLOOM 1994) zur Einsicht geführt, dass parallel zum Verlust des kulturellen Einflussmonopols traditioneller weißer Eliten die Konstruktion eines nationalen Einheitskanons nicht mehr möglich ist. Vorher nichtkanonisierte Literaturen von Minderheiten und Randgruppen haben an Bedeutung zugenommen. Gruppen- und Milieukanones sind Ausdruck von Kanon-Filiation, der begrenzten Reichweite konkurrierender Kanones.

Seither werden nicht allein in den USA Antworten auf die Frage gesucht, welchen sozialen und kulturellen Status literarische Kanones in modernen Sozialsystemen haben, und zwar in einer von unterschiedlichen Lebensstilen gekennzeichneten, zunehmend multi-ethnisch und multikulturell geprägten Welt. In dem Maße, wie gesellschaftliche Werte und damit das Bezugssystem literarischer Kanonisierung in einer pluralen Gesellschaft ihre Orientierungskraft verlieren, ändern sich Motive, Kriterien, Verbindlichkeiten und kollektive Geltungsansprüche literarischer Kanonbildung. Zugleich erweist sich die Offenheit für Werke jenseits des traditionellen Nationalkanons als willkommener Anlass, nichtkanonisierte Texte, aber auch Werke der Weltliteratur, die im Kanon seit je eine untergeordnete Rolle spielten, in Literaturlisten und Lektüreverzeichnisse aufzunehmen. Für schulische Lektürekanones jedenfalls könnten Pluralität und Wertedifferenz eine Chance zur Kanon-Revision bieten, die jenseits nationalliterarischer Programmierungen ein weithin der Schule unbekanntes Feld fremdsprachiger Literaturen erschließt, nicht zuletzt im Hinblick auf interkulturelle Zielvorgaben und die Herkunft eines großen Teils der Schülerinnen und Schüler.

Kanonreflexion heute ist Erinnerungsarbeit unter den Bedingungen einer Gegenwart, die keinen verbindlich verfügbaren Orientierungsrahmen mehr kennt. Eine Gesellschaft, in der Lebensstile, ethnische und kulturelle Milieus immer weiter divergieren, öffnet sich pluralen, differenten Werten. Literarische Kanonbildung aber hat sich damit nicht verflüchtigt. Es gibt keinen Anlass, die »Furie des Verschwindens« (FUHRMANN 1993) als Gespenst umhergehen zu lassen. Im Gegenteil: Zur Zeit sind eher auf vielen Ebenen Prozesse der Rekanonisierung zu beobachten (GENDOLLA/ZELLE, 10).

Allerdings ist Kanon-Wissen kein Distinktionsmerkmal für gesellschaftliche Eliten mehr. Hochemotionale Kollektiverlebnisse vermitteln heute andere Medien, andere Inszenierungen und Rituale als Dichterfeiern oder Bühnenfestspiele. Die Kenntnis geflügelter Worte hat den Anschein musealen Wissens. Der Konnex von Kanon und Lebenswelt spielt keine die Alltags- und Festtagskultur bestimmende Rolle mehr. Keine noch so rigide administrative Strategie könnte den Kanon als bloßen Schullektürekanon (HERRLITZ 1964) in seine früheren Funktionen zurückversetzen. So liefert die Musikkultur für Heranwachsende längst Paradigmen der Identifikation und

Leitmedien-Stoff für hochemotionale Kollektiverlebnisse. Manche Alltagspraxis, die einst für den Umgang mit Kultautoren galt, findet in Kanonisierungsformen jugendlicher Alltags- und Musikkultur ihre Fortsetzung.

Ein solcher Befund, kulturpessimistisch interpretiert, ist als Kanonverlust in Verbindung gebracht worden mit »existenzieller Verarmung und Regression« (FUHRMANN 1993, 172) der Schülerinnen und Schüler. Umgekehrt ließe sich der Befund auch als Chance begreifen, jenseits der traditionellen Wert-Repräsentanz von Kanontexten diese unter den Bedingungen der Mediengesellschaft zu rezipieren – im Verbund mit anderen Medien und Mediengewohnheiten. Zu fragen ist, ob nicht gerade die Vielfalt der Kanonisierungspraxen in Schule und Hochschule mit ihren verzweigten, konkurrierenden Systemen von obligatorischen Literaturlisten und Lektüreempfehlungen und nicht zuletzt auch ihren Debatten über Kanon und Kanonbedeutung die Präsenz literarischer Medien in der Mediengesellschaft abstützt. Literaturkanones haben zunehmend pragmatische, institutionell zurückgebundene Funktionen. Sie suggerieren keine Geschlossenheit mehr, sondern berücksichtigen in stärkerem Maße als früher individuelle Motivierungen (Kanon als anregende Lektüre mit positiven Rückwirkungen auf die Lesebiografie). Der Umgang mit Kanontexten hat sich deutlich individualisiert; der Kanon zielt gegenwärtig auf Texte mit Anregungscharakter für Leser, deren persönliche Auswahl- und Antriebsmotive eine stärkere Rolle spielen.

Diese neue Funktion wird vor allem daran sichtbar, dass es faktisch keine Ansätze mehr gibt, Deutungen festzuschreiben – mit der paradoxen Konsequenz, dass der Kanon, aus der Notwendigkeit entstanden, verbindliche Identifikationsmuster und Werte zu vermitteln, nun Angebote offeriert, die der Kanonadressat annehmen kann oder auch nicht. Damit wird Kanon-Wissen entweder institutionelles Wissen (für diverse Prüfungssysteme) oder ein bloßes Potenzial zur Selbstfindung und Selbstdarstellung, das zu aktivieren oder zu verwerfen Sache des einzelnen Individuums ist. Ein flexibles Kanonmodell mit offenen Kanonisierungsstilen repräsentiert sich in Leselisten von Schulen und Universitäten, Kriterienkanones von Lehrplänen, unzähligen Klassiker-Ausgaben des literarischen Marktes,

Lektüre-Empfehlungen prominenter Literaturkritiker, einem breiten Sortiment an literarischen Reiseführern für alle Lebensstile und schließlich einem expandierenden literarischen Museums- und Ausstellungswesen. Es spiegelt in seinen facettenreichen Subkanones eben jene kulturelle Praxis der Mediengesellschaft, die keinen Geltungsanspruch mehr absolut setzt, sondern zum Aufbau eines Kanons der Vorlieben beiträgt.

2. Verfahren der Textauswahl

In der Institution Schule sind unterschiedliche Instanzen an der Entscheidung beteiligt, welche Texte im Unterricht gelesen werden und welche nicht. Auch wenn die Auswahlprozedur faktisch Kanonformationen stets aufs Neue konstituiert, so ist der Prozess selbst keineswegs primär vom Motiv literarischer Kanonbildung bestimmt. Es geht zwar auch um Autoren, Werke, Gattungen und Literaturepochen. Zugleich aber ist die Auswahl auf Alters- und Lerngruppen hin konzipiert und wird maßgeblich mitbestimmt von zahlreichen Aufgaben des Deutschunterrichts, von Themen einer Unterrichtssequenz, von Intertextualität (der Verknüpfungsmöglichkeit mit anderen Texten), von Kompetenzen der Schüler und deren Erfahrungs- und Interessenhorizonten. Im integrativen Deutschunterricht spielt die Korrelation zu Themen des Sprachunterrichts eine zunehmend wichtige Rolle.

Textlektüre im Unterricht ist, ob sie sich vom Kanon her legitimiert oder nicht, stets *Schullektüre*. Sie hat im Gegensatz zur *Freizeitlektüre* mit ihren individuellen Lesemotiven und -biografien einen institutionellen (d. h. fremdbestimmten) Rahmen mit eigenen Bedingungen (z. B. Lektüre unter Anleitung, oft verknüpft mit Leistungsbeurteilungen) und Ritualen (z. B. wiederkehrende Arbeitsweisen und Methoden).

Schon vor diesem Hintergrund zeichnen sich viele institutionell zurückgebundene Verfahrensvarianten zur Textauswahl ab, zumal der Stellenwert, der einzelnen Auswahlmotiven zukommt, nur unscharf definiert werden kann: Welche Rolle spielen die in Lehrplänen und Richtlinien wohlformulierten Ziele im Unterrichtsalltag tat-

sächlich, und welche Bedeutung haben sie bei der Suche nach literarischen Texten und Ganzschriften? Steuern die von Kultusministerien für den Unterricht zugelassenen Lehrwerke die Textauswahl
oder umgekehrt der im Alltagswissen ausgeprägte, von Fachkonferenzbeschlüssen legitimierte Rhythmus des immer wieder Gelesenen und Bewährten? Liegen den Entscheidungsprozessen Annahmen zur Entwicklungspsychologie von Kindern und Jugendlichen
(z. B. traditionelle Lesealtertheorien, Theorien über kindliche Kognitions- und Wahrnehmungsprozesse) zugrunde? Und wie wirkt sich
die Beteiligung von Lerngruppen, in diversen Lehrplänen gefordert,
bei der Suche nach Lesestoff und Texten aus? Je nachdem, wie die
Antworten ausfallen, ergeben sich unterschiedliche Konsequenzen
für die Konstruktion eines literarischen Schulkanons. Die Vielzahl
möglicher Antworten spiegelt die im heutigen Unterricht angewandten vielfältigen Auswahlverfahren wider.

2.1 Der Lehrplan: Ein Steuerungsinstrument?

Curriculare Prämissen haben bei der Suche nach geeigneter Lektüre
den ihnen gebührenden Stellenwert. »Lehrpläne gehören, neben
Stundentafel und Prüfungsbestimmungen, zu den wichtigsten staatlich autorisierten Rahmenfestlegungen für den Schulunterricht, sie
sind entscheidende Instrumente zur staatlichen Steuerung schulischer Lernprozesse.« (VOLLSTÄDT u. a. 1999, 13) Vor diesem Hintergrund sind Lehrpläne des Faches Deutsch durchaus »entscheidende Instrumente« zur Fixierung von Zielen und Inhalten. Sie autorisieren die Auswahl von Texten. Empirische Forschung hat jedoch
den Nachweis erbracht, dass entgegen bildungspolitischer Debatten,
die sich auf Richtlinien und Lehrpläne kaprizieren und deren normative Setzung oft mit der Unterrichtswirklichkeit verwechseln, der
Einfluss administrativer Steuerungsmechanismen recht gering ist.
Zwar hat ein Lehrplan des Faches Deutsch vielfältige Funktionen: Er
legitimiert Ansprüche, gibt Anregungen, dient als Orientierungs-
und Strukturierungshilfe für schulinterne Planungen, vermag auch
innovative Impulse zu setzen und hat nicht zuletzt juristische, organisatorische und konzeptionelle Entlastungsfunktionen. Aber die
Wirkung von Lehrplänen im Schulalltag darf keineswegs überschätzt werden (VOLLSTÄDT u. a. 1999). Lehrplanlektüre findet, wenn

überhaupt, höchst selten und höchst unregelmäßig statt. Anregungen gehen allenfalls in mittel- und langfristige Planungen ein (ebd., 85). Und noch etwas anderes bestätigen empirische Studien: »Die Kenntnisse der Lehrerinnen und Lehrer über die staatlichen Lehrpläne sind auch deshalb so dürftig, weil sich neben dem offiziellen Plan längst ein wirkungsvollerer zweiter – der institutionelle Plan – etabliert hat, der in den Augen mancher Kollegien weit mehr Legitimation besitzt als der staatlich verordnete.« (ebd., 87) Außerdem kamen »bei einer recht großen Gruppe (...) auch fundamentale, lehrplanskeptische oder sogar lehrplanautonome Positionen zum Vorschein, mit denen das klassische Modell der Steuerung von Schule durch Lehrpläne wohl nicht gerechnet hat« (ebd.).

2.2 Verstärkereffekte: Lernmittel

Ein im Unterrichtsalltag unumstrittenes Schulbuch kann weitaus größere Steuerungseffekte haben und eine faktische Alternative zum Lehrplan darstellen. Ein solches Buch ist bei der administrativen Genehmigung auf seine Kompatibilität zum Lehrplan geprüft worden. Es geht dabei um die Kontrolle von Kanonvorschriften und darum, ob das Textangebot alters- und stufengerecht ist, ein adäquates Anspruchsniveau hat, aktuelle Lebensbereiche aufgreift und Verstehenskompetenz fördert. Für die Textauswahl im Unterricht haben Unterrichtswerke wichtige Funktionen. Sie sind oft mehr als bloße Textsammlungen. Sie nehmen anregende und konzeptionelle Funktionen wahr, und zwar sowohl bei der alltäglichen Unterrichtsvorbereitung als auch bei der Skizzierung von Halbjahres- und Jahresplänen. Außerdem vermitteln sie zwischen Innovationsansprüchen von Lehrplänen und den eher auf Beharrung gerichteten Strategien des Alltags.

Verstärkereffekte entscheiden oft darüber, dass eine Reihe von Texten seit Jahrzehnten in unterschiedlichsten Schulbüchern erscheint. Mancher Autor wurde zum Lesebuchklassiker mit einer Handvoll seiner Texte, die ihren festen Platz im Schulalltag haben. Lehrplanmacher, Genehmigungsbehörde, Schulbuchautoren und Kollegien folgen offenbar einem stummen Konsens, der dafür sorgt, dass manche Titel immer wieder gelesen werden. Die didaktische Funktionalisierung eines Textes für eine Vielfalt von Zielen und

Arbeitsweisen macht offenbar den Erfolg eines Textes als Schulklassiker aus: praxisbewährt seit Jahrzehnten und elastisch an neue Methoden anschließbar.

Auch Verlagsangebote für literarische Ganzschriften orientieren sich zunächst am immer wieder Gelesenen, das zum Kernbestand des Literaturunterrichts gehört, ob es im Lehrplan vorgeschrieben ist oder nicht. Eine Industrie didaktischer Begleitliteratur hat sich um diese Texte herum etabliert, für die Hand des Lehrers ebenso wie die des Schülers. Ihr Stellenwert als Materialnutzung bei der Unterrichtsplanung ist entsprechend hoch (VOLLSTÄDT 1999, 86). Entscheidend für den Verstärkereffekt von Lernmitteln ist daher deren Zusammenspiel mit der Alltagspraxis: je erfolgreicher das Spiel, um so dauerhafter die Garantie dafür, dass der Text im schulischen Lektüreplan seinen Rang jahrzehntelang behauptet. Dieser (noch kaum erforschte) schulische Lektürekanon, der als kleine Text-Schnittmenge aller Lernmittel rekonstruierbar erscheint, lässt sich keineswegs unter die problematische Formel vom »heimlichen Kanon« subsumieren. Es handelt sich vielmehr von der Kanonform her um einen echten Kernkanon, dessen hegemoniale Kraft so offensichtlich ist, dass er keine Diskussionen provoziert.

2.3 Kanonisierungsstile: Gegenstände oder Kriterien?

Auch für den Deutschunterricht gilt die These der Kanonforschung, dass literarische Kanones der Gegenwart offene, elastische Systeme sind und dass gerade in der Offenheit und Unabgeschlossenheit von Empfehlungen und Varianten eine pragmatische Anpassung an veränderte Konditionen (GEISSLER 1982) möglich ist. So ist es zu erklären, dass beispielsweise in der Sekundarstufe I Erzähler und Novellisten des 19. Jahrhunderts, deren Werke schon vor 1900 ihren Stellenwert im schulischen Lektürekanon hatten, auch nach 1945 trotz aller didaktischen und unterrichtsmethodischen Kehren, Wenden und Moden weiterhin Kanonrang haben. Andere Werke, wie Friedrich Dürrenmatts Roman ›Der Richter und sein Henker‹ oder Max Frischs Theaterstück ›Andorra‹, sind Beispiele dafür, dass längst auch Nachkriegsliteratur zum Kernkanon des Deutschunterrichts zählt.

Von *dem* schulischen Lektürekanon zu sprechen ist daher schon im Ansatz problematisch. In Staaten wie der Schweiz (mit ihren kantonalen Besonderheiten), Österreich und Deutschland (mit der Kulturhoheit der Bundesländer) ist nicht nur die Kanonisierungspraxis sehr unterschiedlich, sondern auch der Grad an juristischer wie unterrichtspraktischer Verbindlichkeit. So hebt Michael Böhler hervor, dass »es den Lektürekanon an den deutschsprachigen Schweizer Schulen im wesentlichen nur in einer habitualisierten und nicht in einer normativ kodifizierenden Form gibt« (BÖHLER 1990, 38). Demgegenüber setzen die Curricula einiger deutscher Bundesländer auf eine rechtlich fest fixierte Obligatorik, welche Autoren und welche Werke zu lesen sind. Andere Bundesländer verzichten auf die Verbindlichkeit von Namen- und Titellisten und schreiben statt dessen Kriterien der Textauswahl fest.

Ein *materialer Kanon* literarischer Gegenstände, der konkrete Werktitel, Autorennamen, Gattungen und gelegentlich sogar die auswendig zu lernenden Gedichte festlegt, legitimiert sich als ein Beitrag zur Kanontradition (FUHRMANN 1993). Zugleich aber vereinheitlicht der materiale Kanon den Unterrichtsstoff und hat eine nicht zu unterschätzende institutionelle Funktion, indem er auf der Ebene der Gegenstände die Vergleichbarkeit der Ansprüche und Anforderungen erhöht. Die Vereinheitlichungsfunktion spielt in Zusammenhang mit der Vergabe von Abschlüssen eine besondere Rolle, so dass das materiale Kanonsystem in der gymnasialen Oberstufe am differenziertesten entwickelt ist. Ein materialer Lektürekanon vermag zwar im Vergleich zum Kriterienkanon den Grad der Obligatorik und Verbindlichkeit deutlich zu erhöhen und vor allem zu konkretisieren, indem er Namen und Titel für einige Zeit festschreibt. Aber er kann unter den Bedingungen der Gegenwart schon deshalb kein vollständiges Bild literarischer Traditionen mehr entwerfen, weil die bloße Fixierung von Lerngegenständen einschließlich der Art der Leistungskontrollen letztlich nur Lernwissen festhält, nicht aber die Verfügbarkeit über den literarischen Kanon als Bezugssystem gesellschaftlicher und kultureller Identität.

Ein *Kriterienkanon* kann von vornherein keinen Anspruch auf die Vermittlung fest umrissener literarischer Traditionen haben, ist er doch selbst seit Jahrzehnten ein Produkt gesellschaftlicher wie kultureller Pluralität, die in öffentlichen Kanondebatten häufig mit Beliebigkeit und Traditionsverlust verwechselt wird. Harro Müller-

Michaels hat drei Kriterien als »Auswahlprinzip« hervorgehoben: »Exemplarität«, »Aktualität« und »Wirkungsmächtigkeit« (MÜLLER-MICHAELS 1993 a, 8). Die Auswahl orientiert sich freilich nicht an einem fest umrissenen, literaturwissenschaftlicher Sachlogik folgenden materialen Kanon, sondern an einem »Kanon der Denkbilder«, der auf Erfahrungspotenziale von Schülerinnen und Schülern rekurriert. Sieben »Denkbilder« werden unterschieden, die eine offene Kanonstruktur haben und Gegenstandsvarianten zulassen: Bilder der Identifikation; Figuren, »deren Radikalität in Denken und Handeln die Schüler erschrecken« (ebd., 12); anrührende Denkbilder des Mitleids; Bilder der Horizonterweiterung und Entdeckung; Literatur als »Kritik an den Miseren bürgerlichen Lebens« (ebd., 14); Denkbilder lehrhafter Dichtung; schließlich literarische »Tagträume vom menschlichen Leben und Glück, die der immer neuen Lektüre wert sind« (ebd., 16).

Dem Kriterienkanon fehlt zwar die Verbindlichkeit einzelner Autornamen und Werktitel und die Festlegung einzelner Gegenstände, nicht aber die Verbindlichkeit des Gegenstands Literatur selbst. Hinter den Kriterien ist allenthalben ein Ordnungsrahmen sichtbar, ein wissenschaftlicher und didaktischer Prozess des Ordnens von Literatur nach Gattungen und Epochen, nach Bekanntem und weniger Bekanntem, nach exemplarischen und modellhaften Strukturen.

2.4 Schülerinnen und Schüler als Lern- und Lese-Subjekte

Fixierten Kanones haben Curricula und Fachdidaktiken zunehmend Kriterien zur Seite gestellt, die sich nicht an literaturwissenschaftlicher Sachsystematik, sondern an der Rolle der Lernenden beim Umgang mit Literatur orientieren. In diesem Kontext gehören Aspekte wie die thematische Relevanz eines Textes, sein Anregungscharakter für Gespräche und Diskussionen, die Bedeutung eines Textes für die Förderung von Verstehens- und Verständigungsprozessen sowie seine Funktionalität und Ergiebigkeit beim Aufbau von Lesekompetenz.

Die von Lern- und Leseprozessen abgeleiteten Auswahlmodi stützen sich wissenschaftlich auf literarische Sozialisationsforschung, Erkenntnisse der Lesepsychologie (GROEBEN/VORDERER 1988) sowie anthropologische und psychologische Theorien der Identitätsbildung. Statt rezeptionsästhetisch weiter über literarische Rezeption zu spekulieren, zielen Ergebnisse der Lesesozialisation (EGGERT/GARBE 1995; BONFADELLI u. a. 1993; HURRELMANN u. a. 1995) auf empirisch erschlossenes Material, dessen Nutzen für den Unterricht erst allmählich deutlich wird. Welche entwicklungspsychologischen, welche kognitiven, emotionalen und sozialen Faktoren am Leseprozess beteiligt sind, zeigen Leserpsychologien (GROEBEN/VORDERER 1988), Medienpädagogik (BAACKE u. a. 1990), Leseforschung im Umfeld von Medienkonsum und Medienverhalten (FRITZ 1991) und interdisziplinäre Ansätze der Leseforschung (FRANZMANN u. a. 1999).

Für die schulische Seite literarischer Sozialisation spielt die kategoriale Unterscheidung von Schul- und Freizeitlektüre weiterhin eine zentrale Rolle. Nicht alle Lesemotive nämlich sind gleichermaßen für die Schullektüre tauglich und für den Unterricht zu instrumentalisieren. »In der literarischen Sozialisation lassen sich gleichsam zwei normative Reihen ermitteln: diejenigen Genres, die stärker den individuellen Bedürfnissen und Lustkomponenten der Leser in der Lektüre folgen, und jene, die den Normen einer aufbauenden ästhetischen Rezeptionskompetenz folgen.« (EGGERT 1997a, 52 f.) Die Interpretation dieses Befunds ist so strittig wie die Frage nach den literaturdidaktischen Konsequenzen, vor allem wenn es sich um jene schwierig zu bestimmende ›Pubertätslektüre‹ handelt, die in vielen Lese-Biografien vom 18. Jahrhundert bis heute eine existenzielle Schnittstelle darstellt. »Aus der Erforschung literarischer Sozialisation in Deutschland wissen wir, dass sich in der sogenannten ›literarischen Pubertät‹ jene Erlebnisse lustvoller Lektüre ereignen, die später noch den Maßstab für empathische Lektüre bilden, ohne je wieder erreichbar zu sein.« (Ebd., 57) Eggert folgert daraus für den Unterricht: »Diese Privatlektüre, die häufig auch den Grundstock für spätere Formen der ›intimen Lektüre‹ (heikle Felder der eigenen Biografie, des Narzissmus) darstellen, sollte für die Schule unerreichbar bleiben. Sie kann allenfalls an solche Medienerlebnisse anknüpfen, um komplexere Literaturfelder zu erschließen.« (Ebd.) Damit wird zugleich der Blick auf eine Verknüpfung von literarischer Sozialisation und Mediensozialisation gelenkt, also auf eine Verbindung, die in Zukunft stärker als bisher Rückwirkungen auf Verfahren der Textauswahl haben könnte.

Festzuhalten bleibt erstens: Sobald Schülerinnen und Schüler in ihrer Rolle als Lese-Subjekte ernst genommen werden, lassen sich Antworten auf die Frage, welche Texte in welcher Altersstufe mit welchen Intentionen und Unterrichtsstrategien gelesen werden sollen, nicht mehr einzig aus kanonischen Wertesystemen der Literatur ableiten. Damit wird die Textauswahl keineswegs einfacher. Es stellen sich vielmehr neue Fragen, etwa nach dem hypostasierten Wert eines Textes bei der Förderung kindlicher und jugendlicher Identitätsfindung und als hilfreiches Medium im Sozialisationsprozess. Es ist evident, dass bei einer solchen Auswahlpraxis der Bezug des Textes zur Lebens- und Erfahrungswelt von Lernenden, seine Anschließbarkeit an Interessenlagen von Heranwachsenden und vor allem seine Funktion bei der Formung personaler Identität eine besondere Rolle spielen.

Festzuhalten bleibt zweitens, dass auch ein Auswahlverfahren, das sich im Sinne eines anthropologischen und identitätstheoretischen Fundaments an der Persönlichkeit von Kindern und Jugendlichen orientiert, Werthierarchien entfaltet und Verbindlichkeiten festschreibt, also kanonbildend wirkt. Der Kanon stützt sich diesmal nicht auf literarische Traditionen und literaturwissenschaftliche Ordnungsmuster, sondern auf sozial- und erziehungswissenschaftliche Forschung, die freilich den Charakter einer den Literaturunterricht steuernden Autoritätsinstanz erhält. Ein Kriterium wie »Text als Hilfe beim Aufwachsen und Medium der Persönlichkeitsentwicklung« lässt Interpretationsspielräume offen, kann aber auch umgekehrt ein Instrument der Einflussnahme auf die Persönlichkeitsbildung von Heranwachsenden und damit einen Rekurs in die ideologische Lebenshilfe-Didaktik bedeuten, also einen Gemüts- und Gesinnungsunterricht restaurieren. Anders formuliert: Auch eine anthropologisch und identitätstheoretisch ausgerichtete Didaktik kann nicht – weil zum Glück keine Wissenschaft dazu in der Lage wäre – kanonisch entscheiden, welche sinnstiftenden Leitbilder und Wertorientierungen Kinder und Jugendliche für ihr Leben benötigen.

Zusammenfassend: Alle Versuche, ein literaturwissenschaftlich und didaktisch weitgespanntes Planungssystem für eine fundierte Textauswahl zu konstruieren, enden mit der recht bescheidenden

Einsicht, dass es kein einheitliches Auswahlverfahren geben kann. Wichtiger erscheint daher eine *Heuristik* der Textauswahl. Jedes Verfahren, von der scheinbar stringenten Kanonkonstruktion bis zur praktischen Umsetzung von Schülerwünschen, ist einerseits begründbar, andererseits hat es kurz- und langfristige Konsequenzen, die es nüchtern zu bilanzieren gilt. Aber kein Verfahren hat den Anspruch auf eine Hegemonie- oder gar Monopolstellung. Verfahren der Textauswahl sind daher weder administrative noch unterrichtstechnologische Akte, sondern primär ein Teil von Selbstklärungsprozessen, ohne die der Literaturunterricht weiter an Profil und Substanz verliert.

3. Multikulturalität und Mehrsprachigkeit als Lernbedingungen im Literaturunterricht
VON GABRIELA S. WILKENS UND URSULA NEUMANN

1. Multikulturalität und Mehrsprachigkeit in der Einwanderungsgesellschaft und ihre Auswirkungen auf die Institution Schule

Mit dem Jahr 2000 ist in der Bundesrepublik Deutschland erstmalig politisch anerkannt worden, was historisch betrachtet für das Gebiet des heutigen Deutschlands immer schon galt: Einwanderung und Auswanderung sind Prozesse, die die Gesellschaft nachhaltig geprägt haben. Dass dies sich auch in der Zukunft nicht ändern wird, zeigt die demografische Entwicklung ebenso wie die Diskussionen um eine deutsche Spielart der *Greencard* und ein Einwanderungsgesetz. Mit dem Inkrafttreten des neuen Staatsangehörigkeitsrechts werden in Deutschland die neugeborenen Kinder von Einwanderern deutsche Staatsbürger, während ihre Eltern »Ausländer« bleiben. Auch durch die erleichterte Einbürgerung vieler Familien (Änderung des Ausländergesetzes zum 1. 1. 2000) und die damit verbundenen Übergangsbestimmungen für Kinder bis zu zehn Jahren werden die sprachlichen und sonstigen kulturellen Merkmale von deutschen Kindern vielfältiger. An der Nationalität wird sich künftig – wenn es denn je möglich war – kaum noch ablesen lassen, welche sprachlichen Voraussetzungen und kulturellen Orientierungen Kinder mit in die Schule bringen. Wir wollen im Folgenden diskutieren, wie diese Multikulturalität der Gesellschaft zu kennzeichnen ist und welche Aufgaben daraus für Schule und Unterricht erwachsen.

1.1 Leben in der Migrationsgesellschaft

In der Geschichte der Bundesrepublik Deutschland haben im Wesentlichen drei Prozesse dazu geführt, dass sich die Gesellschaft kulturell und sprachlich stark ausdifferenziert hat: die Arbeitsmigration auf Grund von Anwerbeverträgen mit den Mittelmeeranrainerstaaten, die Einwanderung von Flüchtlingen und Aussiedlern aus den östlichen Staaten sowie die Aufnahme von Flüchtlingen vor Krieg und

Verfolgung aus vielen Ländern der Erde, zuletzt aus Afghanistan, Bosnien und dem Kosovo. Fasst man alle diese Prozesse zusammen, so ist davon auszugehen, dass etwa ein Drittel der Bevölkerung der Bundesrepublik einen Migrationshintergrund in der Familie besitzt. Gegenwärtig (Stand 2001) sind mehr als 7 Millionen Menschen, 9 % der Bevölkerung, im rechtlichen Sinne Ausländer; in den urbanen Zentren liegt die Quote wesentlich höher. Aufgrund des Altersaufbaus der Bevölkerung liegt der Anteil von Kindern und Jugendlichen mit Migrationshintergrund höher als bei den Erwachsenen. Als eine »moderne Gesellschaft« ist auch Deutschland durch einen raschen gesellschaftlichen Wandel gekennzeichnet, in dessen Folge sich eine individualisierte Gesellschaft mit pluralen Werten und Verhaltensmustern gebildet hat. Einwanderung als Teil dieses Prozesses hat zusätzlich zu dieser Pluralisierung beigetragen, wenngleich zum Teil in einer gegenläufigen Bewegung. Da Einwanderer aus Gesellschaften, die vergleichbare »moderne« Strukturen nicht aufweisen, weitere »traditionale« Lebensstile mitbringen, wird das Spektrum der Lebensstile und Orientierungsmuster eher breiter als schmaler, und die soziale und ausländerrechtliche Situation vieler Einwanderer festigt diese eher als dass sie aufgelöst würden. In den Städten ist die wachsende und sich ständig verändernde Pluralität besonders deutlich zu beobachten, da hier einerseits die Individualisierung am schnellsten fortschreitet und andererseits die meisten Einwanderer hier leben. Das Aufwachsen von Kindern in der Migrationsgesellschaft ist gekennzeichnet von der Begegnung mit einer Vielfalt von Lebensformen sowie deren sprachlicher Ausgestaltung. Das ebenfalls im Jahr 2000 zu beobachtende Erstarken von rassistischem Gedankengut, Aktivitäten rechtsradikaler Gruppierungen und fremdenfeindlicher Alltagsdiskurse ist ein deutliches Zeichen dafür, dass die Gesellschaft noch nicht ausreichend in der Lage ist, die Komplexität des Lebens in der »postmodernen Welt« zu bewältigen.

1.2 Schule im Einwanderungsland

Seit Beginn der fünfziger Jahre gibt es in den Schulen schulrechtliche und schulorganisatorische Vorkehrungen für Schülerinnen und Schüler, die zuwandern. Grundlegend für sie ist die Vorstellung, dass Kinder in ein Bildungssystem eingegliedert werden sollen, das in seinen Grundmustern unverändert bleibt. Das gesellschaftliche Selbstbild von Monolingualität und Monokulturalität bildet sich in der Schule in der Orientierung am »allgemeinen Kind«, das nicht gewandert ist und einsprachig in einer sprachlich und kulturell relativ homogenen Gesellschaft aufwächst. Diese historisch gewachsene Orientierung muss nicht aufgegeben werden, wenn Sonderformen und -maßnahmen etabliert werden, die das Ziel der Anpassung verfolgen. Solche Maßnahmen sind »Vorbereitungsklassen«, in denen Deutsch als Zweitsprache unterrichtet wird, »Muttersprachlicher Ergänzungsunterricht« und Fördermaßnahmen wie z. B. Hausaufgabenhilfen. Die größte Zahl der Schülerinnen und Schüler ohne deutsche Staatsangehörigkeit und mit einer anderen Familiensprache als Deutsch durchläuft heute jedoch nicht mehr solche Sondermaßnahmen, da sie nicht neu aus dem Ausland in die Schule kommen, sondern bereits in Deutschland aufgewachsen sind. Der Anteil von Kindern ohne deutsche Staatsangehörigkeit an der Gesamtzahl aller Schülerinnen und Schüler an allgemeinbildenden Schulen liegt bei knapp 10%. Ein Drittel dieser Schülerinnen und Schüler geht zur Grundschule. Je nach Nationalität ist die Chance für den Besuch eines Gymnasiums sehr unterschiedlich; in der Sekundarstufe haben die Hauptschulen die meisten zweisprachigen Schülerinnen und Schüler (BILDUNG UND KULTUR 1999, 29). In den Großstädten ist die Zahl der Schülerinnen und Schüler ohne deutschen Pass deutlich höher als im Bundesdurchschnitt. So stellen sie zum Beispiel in Hamburg 34,9% der Hauptschüler, 25% der Sonderschüler und 10% der Gymnasiasten; die Verteilung auf die einzelnen Schulen ergibt folgendes Bild: 101 Schulen haben bis zu 9% passausländische Schülerinnen und Schüler, 96 Schulen zwischen 10–19%, 142 Schulen zwischen 20–39%, 69 Schulen zwischen 40–59%, 14 Schulen zwischen 60–85%, und nur in 10 der 432 Hamburger Schulen gibt es keine Schülerinnen und Schüler ohne deutschen Pass (HAMBURGER KOMMISSION LEHRERBILDUNG 2000, 92). Am Anteil der Schülerinnen und Schüler an der Schülerschaft, die keinen deutschen Pass besitzen, lässt sich jedoch schon heute nicht und in Zukunft immer weniger ablesen, welche sprachlichen Voraussetzungen die Schülerinnen und Schüler aus ihren Familien mitbringen, bedenkt man allein, dass jede sechste Ehe, die in der Bundesrepublik Deutschland geschlossen wird, binational ist.

Doch auch für die in ihren Familien einsprachig mit dem Deutschen aufwachsenden Kinder gewinnt Zweisprachigkeit an Bedeutung, sowohl in Bezug auf die moderne Verkehrssprache Englisch als auch mit Blick auf die »Migrantensprachen« (AUER/DIRIM 2000).

Weitere wichtige Faktoren sind die Globalisierung, der Prozess der europäischen Integration und die damit zusammenhängenden veränderten Lebens- und Arbeitsbedingungen in einer von (scheinbar) ›grenzenloser‹ Kommunikation und Mobilität geprägten Welt, die es für die Institution Schule erforderlich macht, sich zunehmend von einem »nationalen Selbstverständnis der Bildung« (GOGOLIN 1994 a) und der Vorstellung von sprachlich-kultureller Homogenität als dem Normalfall zu lösen und sich den Fragen von Gleichheit und Differenz, von Pluralität, Heterogenität und Alterität auf allen Ebenen aktiv zu stellen.

2. Bedingungen und Ziele des Unterrichts in der multikulturellen und mehrsprachigen Schule

Die sprachliche und kulturelle Diversifizierung von Schule und Gesellschaft im *de-facto*-Einwanderungsland Deutschland und zukünftig auch im Kontext der europäischen Integration wirkt sich bisher jedoch erst in Ansätzen bewusst und planvoll auf den unterrichtlichen Alltag aus. So basiert die schulische sprachliche Bildung in der Bundesrepublik (wie auch in den anderen Ländern der Europäischen Union) bis heute auf dem Prinzip der »muttersprachlichen Bildung«. Dieses geht von der Grundauffassung aus, dass Einsprachigkeit der Normalfall sei und »üblicherweise Kinder in den Bildungsprozess (eintreten), die die Voraussetzung des monolingual in sprachlich homogener Lebenswelt Aufgewachsenseins erfüllen« und andererseits »die ›Muttersprache‹ den Mittelpunkt aller Bildung darstelle und sie das Medium sei, in dem der ganze Zweck des Unterrichts erreicht werde« (GOGOLIN 1994 b, 276). Dabei wird einerseits die faktische sprachlich-kulturelle Vielfalt in den Schulen ausgeblendet und andererseits der historische Prozess, der – hauptsächlich im Zuge der Herausbildung des bürgerlichen Nationalstaates und seiner Institutionen im 18. und 19. Jahrhundert – zur

Aneignung dieses Selbstverständnisses der schulischen Bildung in Deutschland geführt hat. Wir erinnern daran, dass im deutschen Bildungswesen noch bis zum ausgehenden 19. Jahrhundert die Auffassung überwog, »wahre Bildung« sei nur im Medium einer klassischen Sprache wie dem Lateinischen zu erreichen; und es ist in Deutschland kaum 100 Jahre her, dass eine in deutscher Sprache erbrachte Leistung im Abitur überhaupt als bedeutsam für den Schulerfolg angesehen wurde (GOGOLIN 1994 b).

Gegenwärtig geht es vermehrt um die Berücksichtigung der Tatsache, dass die Unterrichtssprache Deutsch, die im Fach Deutsch gleichzeitig Unterrichtsgegenstand ist, für einen zahlenmäßig bedeutsamen Teil der Schülerinnen und Schüler nicht (mehr) die Sprache der Erstsozialisation in der Familie ist; dies bedeutet, dass Kinder und Jugendliche zusammen lernen, die entweder einsprachig mit dem Deutschen oder zweisprachig mit einer Migrantensprache und dem Deutschen (in unterschiedlicher Ausprägung) aufgewachsen sind oder die – z. B. als »Seiteneinsteiger« (Schülerinnen und Schüler, die einen Teil ihrer schulischen Bildung in einem anderen Land geleistet haben) – zunächst überhaupt keine Kenntnisse der deutschen Sprache besitzen und diese erst beim Eintritt in die deutsche Schule erwerben. Neben dieser Vielfalt der sprachlichen Voraussetzungen ist auch die Vielfalt an kulturellen Handlungs-, Orientierungs- und Lebensmustern zu berücksichtigen, über die die Schülerinnen und Schüler heute verfügen.

Dabei kann es einerseits dazu kommen, dass diese Vielfalt in der Unterrichtsarbeit überhaupt keine Berücksichtigung findet, ja z. T. gar nicht wahrgenommen wird, und zwar auch aus dem positiven Bestreben der Lehrkräfte heraus, alle Schülerinnen und Schüler *gerecht* zu behandeln; dies wird dann als *gleich behandeln* ausgelegt, ohne den Gesamtzusammenhang und die Folgen für die einzelnen Schülerinnen und Schüler hinreichend zu reflektieren.

Andererseits besteht die Gefahr der Ethnisierung und Kulturalisierung, wenn Schülerinnen und Schüler auf ihre Herkunft und angeblich »typische kulturelle Merkmale« festgelegt werden, so dass eindimensionale Erklärungsmuster den Blick auf die Individualität der Kinder und Jugendlichen und auf das komplexe Zusammenspiel unterschiedlicher Faktoren verstellen können (WILKENS 1999).

Sowohl in der fachdidaktischen Diskussion als auch in der praktischen Unterrichtsarbeit überwiegt jedoch bis heute das Bild eines Unterrichts, der sich an einsprachig mit dem Deutschen in einer monokulturellen Umgebung aufgewachsene Kinder und Jugendliche wendet. Diese Annahme führt im unterrichtlichen Alltag sowohl für die Lehrkräfte als auch für die Schülerinnen und Schüler zu problematischen Situationen: Die Lehrkräfte fühlen sich von der Situation oftmals überfordert und in der Tendenz bestätigt, die »ausländischen Schüler« (sprachlich eine unintendierte Form von Diskriminierung; alternative Begriffe: (Im)Migranten, Einwanderer, SchülerInnen mit Migrationshintergrund/mit einer anderen Familiensprache als Deutsch/ohne deutschen Pass) als Problemverursacher zu betrachten bzw. deren »Defizite« zielgruppenspezifisch und kompensatorisch anzugehen. Für die lebensweltlich mehrsprachigen Schülerinnen und Schüler hat diese Grundannahme negative Auswirkungen sowohl auf den unterrichtlichen Alltag, der nicht an ihre speziellen Voraussetzungen anknüpft, auf die fachlichen Lern- und Verstehensleistungen, da ihre Lernpotenziale nicht ausgeschöpft werden, als auch auf den Zweitspracherwerb, der nicht gezielt unterstützt wird, und in der Folge auch grundsätzlich auf die Chancen zur gleichberechtigten Teilhabe am Unterrichtsgeschehen und somit auf den Schulerfolg (RADTKE 1995, 857). Unter diesen Bedingungen stehen Schule und Unterricht vor der dringenden Aufgabe, einerseits Multikulturalität und Mehrsprachigkeit als *Bildungsvoraussetzung* gezielt zu berücksichtigen und andererseits einen adäquaten Umgang mit diesen gesellschaftlichen Bedingungen als *Bildungsziel* zu bewältigen. Konkrete Auswirkungen auf den Unterricht wollen wir im Folgenden am Beispiel des Literaturunterrichts im Fach Deutsch diskutieren.

3. Multikulturalität und Mehrsprachigkeit im Literaturunterricht: einige fachdidaktische Anmerkungen

Die Lehrkräfte stehen somit im Deutschunterricht einerseits vor der anspruchsvollen Aufgabe, sowohl die einsprachig mit dem Deutschen aufgewachsenen als auch die zugewanderten bzw. aus einer zugewanderten oder binationalen Familie stammenden Kinder und Jugendlichen angemessen zu berücksichtigen und in ihrer Entwicklung optimal zu fördern, und andererseits Mehrsprachigkeit und Multikulturalität im Unterricht explizit zu thematisieren bzw. den Schülerinnen und Schülern einen reflektierten Umgang mit diesen Themen zu ermöglichen.

Eine wichtige Rolle in der Unterrichtspraxis spielt dabei die Auseinandersetzung der Lehrkräfte mit der Tatsache, dass in der mehrsprachigen und multikulturellen Schule das Fach Deutsch nicht mehr unhinterfragt mit dem »Muttersprachenunterricht« gleichgesetzt werden kann, da heute in immer mehr Schulen der »muttersprachliche« Deutschunterricht in bedeutendem Ausmaß auch *Zweitsprachenunterricht* ist. Die Lehrerinnen und Lehrer stehen dabei vor Fragen wie z. B.:

– Wie bezieht man – ohne die Vorrangstellung der gemeinsamen Sprache Deutsch in Frage zu stellen – die weiteren in der Klasse vorhandenen Sprachen in den Unterricht ein, und zwar so, dass sie als Ressource und nicht als Problem wahrgenommen werden?
– Wie geht man im Unterricht mit Abweichungen von der Standardsprache um, ohne diese ab initio als defizitär anzusehen?
– Wie trägt man der Tatsache Rechnung, dass Unterrichtskommunikation in einer mehrsprachigen und multikulturellen Lerngruppe immer auch interkulturelle Kommunikation ist (LUCHTENBERG 1999, 77–132)?
– Wie stellt man sicher, dass sowohl die deutsch-einsprachigen als auch die zwei(t)sprachigen Schülerinnen und Schüler in ihrer sprachlichen Entwicklung optimal gefördert und gleichermaßen zu einem möglichst komplexen, differenzierten und kompetenten Umgang mit der deutschen Sprache befähigt werden?

Erste Antworten auf diese und ähnliche Fragen finden sich z. B. in den Arbeiten von Barkowski, Bredella, Krumm, Kuhs, Luchtenberg, Oomen-Welke, Pommerin, Reich und Siebert-Ott. Hans H. Reich (2000, 249) fasst den inneren Zusammenhang der unterschiedlichen Entwürfe zum Umgang mit Mehrsprachigkeit im Deutschunterricht in der Forderung nach einer umfassenden Theorie sprachlicher Bildung zusammen, welche die »Mehrsprachigkeit des Menschen« (WANDRUSZKA 1979) programmatisch einbezieht und sowohl als Ausgangspunkt als auch als Ziel des Unterrichts begreift, so wie dies aus erziehungswissenschaftlicher Sicht z. B. im Konzept der »interkulturellen sprachlichen Bildung« angedacht wird (GOGOLIN 1992, 1994 b; LUCHTENBERG 1995; WILKENS 2001 b). Ein ausgearbeitetes Konzept speziell für den Deutschunterricht steht jedoch noch aus.

Die grundlegende Richtung der *interkulturellen Neuorientierung* des Deutschunterrichts ist seine »Dezentrierung«: »Die deutsche Sprache und Literatur werden durch Vergleich mit anderen Sprachen und Kulturen relativiert; zugleich aber führt dieser Vergleich auch zu einem vertieften Verständnis der jeweiligen Muttersprache. Damit ist klargestellt, dass *die interkulturelle Neuorientierung nicht eine zusätzliche Aufgabe ist, die ›von außen‹ an das Fach herangetragen wird*, sondern dass sie »eine immer schon angelegte, aber meist missachtete Dimension des Unterrichts der deutschen Sprache und Literatur zur Entfaltung bringt.« (GRIESMAYER/WINTERSTEINER 2000, 9; Hervorhebung Vf.) Somit wird deutlich, dass sich das *Interkulturelle* im Literaturunterricht keinesfalls darauf reduzieren lässt, mittels literarischer Texte interkulturelle Erziehung zu betreiben. Zudem verfolgt die in diesem Kontext ausgewählte Literatur ihren Auftrag häufig ausgesprochen appellativ und – aus der Perspektive interkultureller Pädagogik – wenig kompetent; zum Teil reproduzieren solche Texte sogar das, was sie zu bekämpfen vorgeben (vgl. RÖSCH 2000 a, 41).

Diesem bestimmten Verständnis von Interkulturalität, das Begriffe wie »das Eigene« und »das Fremde« affirmativ besetzt und von einem essenzialistischen Identitätskonzept ausgeht, stehen in der interkulturellen Deutschdidaktik Konzepte gegenüber, die davon ausgehen, das Eigene sei im Wesentlichen das, was als das Eigene *definiert* wird und somit die Vorstellung, dass das Eigene zuerst da sei und einen gesicherten Ort habe, nicht aufrechtzuerhalten sei. In diesem Verständnis wird es als eine der zentralen Aufgaben der Deutschdidaktik gesehen, das »national Eigene« zu dekonstruieren und die Vielfalt der Einflüsse nicht nur historisch nachzuweisen, sondern auch als typisch für Kultur selbst, als *das Merkmal* von kultureller und literarischer Entwicklung darzustellen. Die »natio-

nale Kategorie« ist dabei nicht mehr ein überzeitlicher Maßstab bei
der Beurteilung und Darstellung von Literatur, sondern *ein* analytisches Instrument unter anderen – wenn auch ein wichtiges – für eine
historische und damit distanzierte Betrachtungsweise (WINTERSTEI-
NER 2000, 54 f.).

Ein weiterer wichtiger Schritt ist auch die »Entzauberung« des
Begriffs »deutsche Literatur«. So weist z. B. Zeyringer darauf hin,
dass es ein Argument pro domo einer Definitionsmacht sei, von
einer deutschen Literatur zu sprechen, da es sogar mehr als vier
deutsche Literaturen gebe (z. B. das Exil, die Deutschsprachigen in
Rumänien). Somit müsste konsequenterweise »deutsche Literatur«
nicht als sprachliche Selbstverständlichkeit, sondern als *Literatur im
sich ändernden Kulturraum und Staate Deutschland* gesehen werden. Und schließlich sei Literatur in deutscher Sprache dann als
»deutschsprachige Literatur« zu bezeichnen (ZEYRINGER 1999, 57).

Eine interkulturelle Ausweitung dieses Begriffs von »deutscher
Literatur« nimmt Werner Wintersteiner vor, wenn er fordert, dass
der Literaturunterricht, der sich mit der *Literatur des Lebensraums
der SchülerInnen* beschäftigt, die Gesamtheit der hier vertretenen
Literatur, nicht nur die der deutschsprachigen Mehrheit berücksichtigen solle (WINTERSTEINER 2000, 56). Die Beschäftigung mit der
Literatur autochthoner und allochthoner Minderheiten (KROON
1998) wird somit von einem exotischen Zwischenspiel zu einem
integralen Bestandteil des Deutschunterrichts.

Im Zeitalter der Globalisierung und der europäischen Integration
erfährt auch die Literatur anderer Länder und Regionen eine neue
Aufmerksamkeit, wobei aus interkultureller Perspektive gerade die
»kleinen Literaturen« sowie die Literatur mehrsprachiger Regionen
und der Nachbarländer verstärkt in den Unterricht einbezogen werden sollten. Auf diese Weise kommt eine Vielzahl neuer Texte in
den Blickpunkt, die die Grenzen einzelsprachendidaktischer Ansätze
und des einzelliterarischen Unterrichts deutlich aufzeigen sowie
dem Thema »Mehrsprachigkeit und Multikulturalität« eine wichtige
Rolle innerhalb des Literaturunterrichts zuweisen. In seiner interkulturellen Ausprägung umfasst dieser Unterricht sowohl die geziel-
te Beschäftigung mit den verschiedenen Formen literarischer Mehrsprachigkeit; mit Texten, die Migrationserfahrungen und das Leben

in einem Einwanderungsland explizit thematisieren; als auch mit Texten aus anderen Ländern und Regionen und in anderen Sprachen.

Zu den Formen literarischer Mehrsprachigkeit, die im Unterricht thematisiert werden können, gehören:

– zweisprachig schreibende Autoren mit jeweils einsprachigen Werken;
– Autoren, die überwiegend in ihrer Zweitsprache schreiben bzw. veröffentlichen;
– mehrsprachige Einzeltexte bzw. Sprachmischungen innerhalb eines Textes.

Dabei ist noch einmal zwischen einer regional bestimmten (wie z. B. in der Schweiz oder im Alpen-Adria-Raum), einer migrationsbestimmten und einer textästhetisch bedingten Mehrsprachigkeit zu unterscheiden (STRUTZ 1996, 146 f.). Autoren wie Stefan George, Rainer Maria Rilke, Vladimir Nabokov, Isaac B. Singer oder Panait Istrati, die alle in verschiedenen Perioden ihres Schaffens in der einen oder anderen ihrer Sprachen schrieben, stehen für die erstgenannte Form literarischer Mehrsprachigkeit. Textästhetisch und stilistisch bedingte Mehrsprachigkeit findet sich dagegen bei Autoren wie Hans Arp, Thomas Mann, James Joyce oder Arno Schmidt, die vielfach mit fremdsprachigen Zitaten, mehrsprachigen Wortspielen oder Sprachcollagen arbeiten, in deren Werken die sprachliche Polyphonie ein mehr oder weniger elitäres Phänomen darstellt, das fast ausschließlich textintern begründet ist.

Dies ist bei regional- und migrationsspezifisch mehrsprachigen Texten meist anders. So stehen z. B. bei Handke, Pasolini oder Tomizza »die Sprachen des interkulturellen Dialogs auch in den politischen, historischen, kulturellen und sprachlichen Spannungsverhältnissen, die für die jeweilige Region [bzw. gesellschaftliche Situation; unsere Anmerkung] charakteristisch sind« (STRUTZ 1996, 147). Zu den Autoren mit Migrationshintergrund, die gegenwärtig in ihrer Zweitsprache Deutsch publizieren, gehören u. a. Franco Biondi, Gino Chiellino, Aras Ören, Aysel Özakin und Rafik Schami.

Ein Autor, der in seinen autobiografischen Schriften detailreich auf das Thema »Mehrsprachigkeit« eingeht und auf die Art und

Weise, wie er die deutsche Sprache in der Kindheit – unter schwierigen Umständen – erlernt hat, ist auch Elias Canetti, der für seine deutschsprachigen Werke den Nobelpreis für Literatur erhalten hat. Auch Eva Hoffman, heute anerkannte Journalistin in den USA, schildert in ihrem Roman ›Lost in Translation. Ankommen in der Fremde‹ (HOFFMAN 1993) die Geschichte ihrer Migration aus Polen in die Vereinigten Staaten und den nicht immer einfachen Prozess der Aneignung ihrer zweiten Sprache Englisch.

Hinsichtlich der unterrichtlichen Auseinandersetzung mit dem Schreiben im Migrationskontext bzw. der Annäherung an eine Gattungsbestimmung unterscheidet Heidi Rösch (2000 a, 42) die Begriffe *Migrantenliteratur, Migrationsliteratur* und *Interkulturelle Literatur* hinsichtlich der Herkunft der Autoren, der speziellen Migrationsthematik und der Einnahme einer minderheitenspezifischen Perspektive bzw. der Funktionen im interkulturellen Diskurs. Dabei spielt die Thematik »Zwei- und Mehrsprachigkeit« wiederum eine wichtige Rolle. Sigrid Luchtenberg geht in ihrer Studie zur »interkulturellen kommunikativen Kompetenz« ausführlich auf die Kinder- und Jugendliteratur mit interkulturellem Auftrag ein; sie untersucht dabei speziell die Darstellung interkultureller Kommunikation bzw. den Sprachgebrauch im Text (LUCHTENBERG 1999, 178 ff.).

Bezogen auf das Desiderat, den Deutschunterricht für die Literatur anderer Länder, Regionen und Sprachen zu öffnen, verweisen wir auf die offenen Diskussionen zur Kanonfrage, die neuen Spielraum eröffnen auch für eine Gegenstandsbestimmung des Deutschunterrichts aus interkultureller Perspektive, wie wir sie bisher dargestellt haben. Dabei sei nachdrücklich auf die Möglichkeit und Notwendigkeit fachübergreifender Kooperationen verwiesen und hier in besonderem Maße mit dem Fremdsprachenunterricht. In diesem Zusammenhang kann u. a. die Problematik »Original/Übersetzung« z. B. durch vergleichende Lektüren in den Unterricht einbezogen werden, genau so wie die Methode der »kreativen Leseerfahrung über den Weg der nachschaffenden Übersetzung« (OLOF 1996, 127). Auch anders- und mehrsprachige Textproduktionen der SchülerInnen können in den Unterricht integriert werden (z. B. mehrsprachige Gedichte).

Eine wesentliche Rolle spielt aus methodischer Sicht die grundsätzliche Anwendung der Methode der Multiperspektivität, der Perspektivenübernahme und der Perspektivenverschränkung zur Erarbeitung voneinander differierender Lesarten im Unterricht und zur Kontextualisierung unterschiedlicher Zugänge zum Text und seiner Interpretation sowie die intra- und intertextuelle Thematisierung und Entschlüsselung von Dominanzverhältnissen und Interdependenzen (WIERLACHER 1997, 2000; KRUSCHE 2000). Dabei kann gerade in multikulturellen und mehrsprachigen Klassen auf ein hohes Potenzial an unterschiedlichen Voraussetzungen, Erfahrungen, Deutungs- und Verhaltensmustern zurückgegriffen werden.

Wenn man Literatur als ein Medium betrachtet, das »wie kein anderes die Fähigkeit des Fremdverstehens als Grundlage unserer sozialen Existenz auszubilden hilft« (SPINNER 1989a, 21), dann wird deutlich, dass auch in diesem Zusammenhang die interkulturelle Perspektive schon im grundsätzlichen Anspruch des Literaturunterrichts angelegt ist, wenn man ihn konsequent zu Ende denkt. Thematisch können im Unterricht die Erfahrungen der Schülerinnen und Schüler – der einheimischen wie der zugewanderten – mit dem Leben in einer multikulturellen Gesellschaft eine neue Rolle spielen, wobei anhand der gelesenen Texte z. B. auf die Entstehung, die unterschiedlichen Formen und die verschiedenen Funktionen von Vorurteilen, Auto- und Heterostereotypisierungen, Verallgemeinerungen, Diskriminierung und Rassismus eingegangen werden kann bzw. diese gezielt aufgegriffen und reflektiert werden können. Auch die Erfahrungen von Autorinnen und Autoren beim Schreiben in einer Zweitsprache und bei ihren sprachlich-literarischen Grenzüberschreitungen sind in diesem Zusammenhang ein ergiebiges Thema; dazu können auch andere Textsorten wie Interviews, Werkstattberichte oder Erfahrungszeugnisse mit einbezogen werden (WILKENS 2001a). Zum anderen kann eine Analyse dieser Texte im Hinblick auf die sprachlich-stilistischen Einflüsse erfolgen, die sich aus einer durch Mehrsprachigkeit und Migrationserfahrungen geprägten Situation ergeben, sowie auf den Sprachgebrauch, der sich speziell auf Situationen im Migrationskontext bezieht. In diesem Zusammenhang stellt sich noch einmal grundsätzlich eine Frage, die Werner Wintersteiner pointiert formuliert hat und auf die es bisher noch keine sprachpädagogisch oder fachdidaktisch überzeugenden

Antworten gibt: »Wie soll der *Deutsch*unterricht in der Lage sein, die Literatur *anderer Sprachen* adäquat darzustellen und zu erarbeiten?« (WINTERSTEINER 2000, 56) Es bleibt zukünftiger, grundsätzlich interdisziplinärer Forschung sowie der innovativen Unterrichtspraxis überlassen, eine Antwort auf diese und viele andere Fragen zu finden, die sich aus einem *interkulturellen Zugang zum Literaturunterricht* ergeben.

4. Literatur- und Medienunterricht
VON JUTTA WERMKE

1. Abgrenzungen

Der Begriff ›Medien‹ wird im schulischen Zusammenhang in unterschiedlichen Bedeutungen verwandt. *Mediendidaktik* befasst sich mit den Mitteln der Unterrichtsorganisation. Als Medien werden in diesem Zusammenhang Materialien, Instrumente, Geräte – Tafel und Kreide, Landkarte und Dia, Hörkassette, Video, Buch, Lernprogramm usw. – bezeichnet, sofern sie der Unterstützung in Lehr/ Lernprozessen dienen. *Medienerziehung* setzt sich dagegen mit Medien als Gegenstand von Lehr/Lernprozessen auseinander. Maßgeblich ist dabei die außerschulische Relevanz von Medien in Freizeit, Beruf, Öffentlichkeit. *Medienunterricht* als selbstständiges Schulfach gibt es nicht. Denn der Orientierungsrahmen der Bund-Länder-Kommission (1995) und die Empfehlungen der Kultusministerkonferenz (1995) definieren Medienerziehung als Aufgabe der traditionellen Unterrichtsfächer. Es stellt sich deshalb die Frage, wie in den Deutschunterricht Medien nicht nur als Mittel, sondern auch als Gegenstand einbezogen werden können und sollen. Das betrifft alle Lernbereiche des Faches, führt jedoch vor allem im Verhältnis von ›Literatur und Medien‹ zu Konflikten. Auf diesen Aspekt konzentriert sich deshalb die folgende Darstellung.

Die Diskussion um Medien als Gegenstand des Deutschunterrichts reicht jedoch weiter zurück. Sie wurde (und wird) im Zusammenhang der allgemeinpädagogischen und bildungspolitischen Auseinandersetzung mit den jeweils neuesten Medien geführt: mit dem Film beginnend in den fünfziger Jahren des 20. Jahrhunderts (die Anfänge der Filmerziehung selbst datieren bereits aus den zehner Jahren), mit Fernsehen und Comics, Zeitung und Illustrierten seit dem Ende der sechziger Jahre und mit computerbasierten Medien zunehmend in den neunziger Jahren. Für die didaktische Diskussion stand lange Zeit nicht die Frage im Vordergrund, was ›Medien‹ sind, sondern was sie nicht sind. Medien wurden über Differenzkriterien zur Literatur bestimmt. Aus der herrschenden Überzeugung von der Minderwertigkeit der neueren Entwicklungen gegenüber der Buchkultur wurden unterschiedliche Konsequenzen für den Unterricht gezogen, die sich zwischen den Extremen – Ausschluss von Medien im Interesse des ›Bildungsgutes‹ Literatur bzw. Verdrängung von Literatur als ›Dichtung‹ im Interesse kritischer Aufklärung der Schüler über Medien – bewegten. Während die Erweiterung des Literaturbegriffs in den siebziger Jahren auch in der Didaktik des Deutschunterrichts zu einer Öffnung der Grenzen gegenüber nichtfiktionalen bzw. nicht als Kunst anerkannten Texten führte (BAUMGÄRTNER/DAHRENDORF 1970; 1977), fordert die anhaltende Diskussion der Literatur als Teil der Medienwissenschaft in der Fachdidaktik neben Integrationsmodellen (vgl. GAST 1995, 274 ff.; LECKE 1996, 151 ff.; WERMKE 1997, 13 ff.) gelegentlich wieder Abgrenzungstendenzen heraus. Obgleich Medien in die Lehrpläne – seit den siebziger Jahren zunächst marginal und seit den neunziger Jahren mit mehr Gewicht (ESCHENAUER 1992, 73 ff.) – Eingang gefunden haben, wirkt sich die Opposition von ›Literatur und Medien‹ bis heute aus. So haben die Sammelbegriffe Bildmedien, Massenmedien, Technische Medien, die in diesem Sinne überwiegend Beschreibung und Wertung konfundierend gebraucht wurden, auch zu Inkonsequenzen und Defiziten in der Bestimmung des Gegenstandsbereichs ›Medien‹ im Deutschunterricht geführt.

Unter *Bildmedien* werden im Allgemeinen Film, Fernsehen, Comic subsumiert. ›Analphabetismus‹ wird als Folge für die Rezipienten befürchtet. Nicht nur das Lesen als Kulturtechnik sei in Gefahr, sondern auch die Entwicklung von Fantasie, die mit der Vorstellungsbildung bei der Lektüre gefördert, durch Bilder jedoch blockiert werde. Die Fokussierung auf diesen Aspekt hatte unter anderem zur Folge, dass Hörmedien, die als literaturnäher und daher als weniger problematisch eingeschätzt werden, kaum Beachtung fanden. Die kritisierte Dominanz des Visuellen wurde somit im Unterricht reproduziert. Als *Massenmedien* werden vor allem Fernsehen, Zeitung und Illustrierte angesehen, das Buch nur als Bestseller oder in Verbindung mit anderen Genres der Unterhaltung. Zur Abgrenzung von ›Literatur‹ wird hier der Aspekt der »Trivialisierung« in den Mittelpunkt gerückt (vgl. WERMKE 1979, 16–50). Die Orientierung der didaktischen Diskussion an Einschaltquoten und Auflagenzahlen hat dazu geführt, dass qualitativ anspruchsvolle Angebote der Massenmedien nur selten einbezogen werden – von ›hoher‹ Buchliteratur einmal abgesehen, die jedoch nicht zu den ›Medien‹ gerechnet wird. Mit *Technischen Medien* sind AV-Medien und ›Neue Medien‹ gemeint. In Bezug auf Literatur werden schwerpunktmäßig mögliche (negative) Folgen für die Buchkultur thematisiert. Der übergeordnete historische Zusammenhang von Technik und Kultur bleibt weitgehend ausgeblendet (HUG 1998; WAGNER 1999, 14 ff.).

Nicht nur die Defizite im Bereich der ›Medien‹ und Aspekte, die als unterrichtsrelevant angesehen werden, sondern auch die Widersprüche in der Abgrenzung von ›Literatur‹ – vor allem hinsichtlich ihrer Bindung an das Medium Buch – sprechen dafür, Medien und Literatur nicht in einen eindimensionalen Definitionszusammenhang zu zwingen.

2. Fachperspektiven

Zur Systematisierung der Fragestellung nach ›Literatur und Medien‹ im Deutschunterricht empfiehlt es sich deshalb, zunächst auf die entscheidende Funktion der Medien, Inhalte zwischen einem Sender und einem Empfänger zu vermitteln, zurückzugehen und Medien nach der Komplexität des Vermittlungsprozesses, den sie voraussetzen, zu unterscheiden. Harry Pross (1972; vgl. HUNZIKER 1996, 15 ff.; JÄCKEL 1999, 51 f.) schlägt eine Einteilung in drei Gruppen vor: primäre, sekundäre und tertiäre Medien. Als *primäre* Medien werden die Darstellungsmittel des direkten zwischenmenschlichen Kontaktes bezeichnet: vor allem Stimme, Gestik, Mimik. Die Übermittlung findet ohne technische Hilfsmittel statt und erfordert die körperliche Anwesenheit der Kommunikationspartner. *Sekundäre* Medien setzen auf der Seite des Senders (irgend-)eine Technik oder Apparatur voraus, nicht jedoch beim Empfänger: zum Beispiel Rauchzeichen, Schreibwerkzeuge und Druckmaschinen, Fototechnik und Mikrofon. Bei *tertiären* Medien müssen sowohl Sender als auch Empfänger über eine entsprechende Technik verfügen, damit eine Botschaft übermittelt werden kann. Es sind dies für die Individualkommunikation Telefon und Fernschreiber, als Programmmedien Radio und Fernsehen, als Speichermedien Film, Tonband, Hörkassette, CD, Video; computerbasierte Medien können die verschiedenen Funktionen integrieren.

Die Phänomene, die unter dem Thema ›Literatur und Medien‹ zur Diskussion stehen, lassen sich plausibel den Mediengruppen zuordnen: Schauspieler, Geschichtenerzähler und Sänger, Pantomime und Tänzer bedienen sich der primären Medien; der handgeschriebene Text und das gedruckte Buch, Zeitung und Illustrierte, Fotografie und Grafik, Comic und Plakat sind auf sekundäre Medien angewiesen; Spielfilme, Fernsehserien, Hörspiele, Radiofeature, Hyperfiction usw. basieren auf tertiären Medien. Was davon als Literatur gilt, wird durch zusätzliche Kriterien bestimmt. In historisch wechselnder Dominanz und Kombination sind dies vor allem die Wortsprachlichkeit mit mehr oder weniger Toleranz gegenüber visuellen Anteilen, die Fiktionalität als exklusives oder fakultatives Merkmal, die Ästhetizität auch ohne Verbindung mit Fiktionalität. ›Literatur‹ stellt also – ebenso wie ›Musik‹ oder ›Bildende Kunst‹ – eine zweite Definitionsebene über dem gleichen Phänomenbereich dar.

Literatur existiert demnach zwar nicht unabhängig von einem Medium, aber sie ist nicht an eine bestimmte Mediengruppe gebunden. Allerdings beeinflussen die medialen Möglichkeiten auch die literarische Form: zum Beispiel die »Oralität« der primären Medien und die »Literalität« der sekundären (vgl. Schütz/Wegmann 1999, 52 ff.). Die jeweils neuen Medien setzen deshalb Verarbeitungsprozesse in Gang, die von der Ausgrenzung des störenden Unbekannten zur partiellen Neudefinition auch der älteren Medien führen. Die Entwicklung der letzten hundert, insbesondere der letzten fünfzig Jahre hat das Medienensemble in immer kürzeren Abständen verändert und wird daher zur Zeit in vieler Hinsicht als Vermischung und Auflösung von Ordnungen wahrgenommen. Gemessen an den geltenden Kriterien der Buchkultur ist das konsequent: Der Film weist Merkmale der Epik wie der Dramatik auf und lässt sich keiner Gattung mehr eindeutig zuordnen. Comic und Cartoon basieren auf visuellen und verbalen Zeichensystemen, so dass sie weder zur Literatur noch zur Bildenden Kunst zu passen scheinen. Die saubere Trennung der Funktionen nach Unterhaltung und Information bzw. Fiction und Nonfiction ist in den audiovisuellen Medien nicht mehr obligatorisch; Infotainment bzw. Faction werden zu Alternativen.

Lässt man es jedoch nicht bei der Feststellung von Nichtüberein-
stimmung bewenden, werden die Mischformen der tertiären Medien
als neue Formen erkennbar, für die andere oder zu modifizierende
Kriterien gelten. Dort, wo zwar das Medium gewechselt wird, aber
zentrale Kriterien der Buchliteratur nicht tangiert sind, entstehen
ebenfalls neue (tertiäre) Formen, die wie das Hörspiel oder die
Hyperfiction leichter als ›Literatur‹ akzeptiert werden können.

Die Einbindung der Literatur in die Entwicklung der Medien zeigt
sich in Austauschprozessen auf verschiedenen Ebenen (PAECH 1997;
WERMKE 1998, 179 ff.; KEPSER 2000, 107 ff.): zum Beispiel in der
Präsentation einer Lesung in Radio- oder Fernsehsendungen, in der
Transformation (Verfilmung, Tonbearbeitung) eines Textes, in der
Übernahme von Stoffen, Motiven, Zitaten aus dem Film in die Buchliteratur, in der thematischen Auseinandersetzung mit Möglichkeiten der ›Neuen Medien‹ in Kinder- und Jugendliteratur, Sciencefiction und Krimi, in der Veränderung der Schreibweise durch Anlehnung an filmische Montagetechnik bzw. als Hyperfiction, in der
Entstehung neuer Buchformen »zum Film« usw. Auch Produktion
und Distribution verändern sich. Buch und Hörkassette/CD zum
selben Titel werden immer häufiger zusammen angeboten. Die Hör-
kassette/CD zum Film übernimmt den Soundtrack. Der Bestseller
wird nicht selten bereits auf die mögliche Verfilmung hin geschrieben. Hörfunk und Fernsehen informieren in Magazinen über Literatur (Buchmessen, Interviews mit Autoren usw.). Kinderfunkredak-
tionen engagieren sich mit Lesetipps und anderen Initiativen für die
Leseförderung. Schriftsteller gehen nicht nur ins Kino und nutzen
den PC, sie arbeiten auch häufig als Redakteure, Drehbuchautoren
oder in anderen ›Medienberufen‹. Die Auswirkungen des Internet
sind noch nicht sicher einzuschätzen. Der Online-Buchhandel erleichtert zwar den Zugriff, könnte aber das Angebot vor Ort nach-
teilig beeinflussen. Die technischen Möglichkeiten der Verbindung
von Rezipienten- und Autorfunktion sind zwar gegeben (sie waren
es auch beim Radio), ob das Internet jedoch als allgemeines Kom-
munikationsmittel zur Verfügung stehen wird, ist abzuwarten.

Austauschprozesse, die hier nur mit einigen Beispielen erwähnt
werden können, erfolgen wechselweise zwischen Medien aller drei
Gruppen und sind für die gegenwärtige Medienkultur konstitutiv.

Unter der *Fachperspektive* des Themas ›Literatur und Medien‹ sind demnach vor allem Prozesse der *Koevolution* und Phänomene der *Intermedialität* didaktisch relevant. Die Differenzierung nach Komplexitätsgraden der medialen Vermittlung einerseits und literarischen Kriterien andererseits dient dabei auch der Lokalisierung von Veränderungen sowie der Generierung und Strukturierung von fachspezifischen Fragestellungen.

3. Rezipientenperspektiven

Kinder sind Rezipienten und Nutzer tertiärer Medien, bevor sie lesen können. Literatur lernen sie über Filme und Hörspiele kennen. Ob sie daneben auch zum Buch greifen, hängt nicht zuletzt vom familiären Umfeld, der Verfügbarkeit von Büchern, der Vorbildfunktion der Eltern und von Anregung und Bestätigung ab (HURREL-MANN/HAMMER/NIESS 1993). Eine Gegenüberstellung von Lesern und Fernsehern geht am tatsächlichen Mediennutzungsverhalten von Jugendlichen vorbei. Bonfadelli/Fritz/Köcher belegen, dass 13-bis 14-Jährige, die viel lesen, auch fernsehen, nur »etwas weniger häufig« als diejenigen, die wenig lesen, und dass sie mehr Radio hören als jene (1993, 97). Eine Gruppierung nach (AV- und Audio-)Mediennutzern, die lesen, und solchen, die nicht oder kaum lesen, könnte daher schon eher zutreffen. Gegen einfache Oppositionen spricht auch das Interesse von Kindern und Jugendlichen an Computer und Internet, sofern der Umgang mit ihnen Lese- und Schreibfähigkeiten erfordert. Ein weiteres Merkmal der Mediennutzung ist der simultane Gebrauch: Radio und Fernsehen fungieren als ›Nebenbeimedien‹, denen keine oder nur punktuell volle Aufmerksamkeit gewidmet wird. Eine im engeren Sinne medienintegrative Rezeption ist bei einer steigenden Zahl von Produkten sogar vorprogrammiert (HENGST 1994, 250 ff.). Hörkassetten z. B., die nach dem Soundtrack eines Films produziert sind, setzen die Kenntnis des Films voraus, da sich das Verständnis des Handlungszusammenhangs oder der volle Genuss der Pointen und Gags erst über die Erinnerung an die ›Bilder zum Ton‹ einstellt. Auch die Häufigkeit intermedialer Zitate in der Buchliteratur, die gerade ein jüngeres

Publikum anspricht, lässt den monomedialen Nutzer als überholt erscheinen. Allerdings bestehen nach Alter und Geschlecht unterschiedliche Präferenzen. Musikhören wird von 10- bis 20-Jährigen als häufigste Medienfreizeitbeschäftigung genannt, vor Lesen und Fernsehen bei Mädchen bzw. Fernsehen und Lesen bei Jungen; der Computer erscheint deutlich seltener (SPANHEL 1990, 102). Diese Reihenfolge bestätigt eine neuere Befragung von 4- bis 13-Jährigen (AUFENANGER 2000, 83). Nach ihrem Lieblingsmedium gefragt, geben jedoch die meisten das Fernsehen an erster Stelle an. Die Beliebtheit von Radio und Computer nimmt mit dem Alter zu. Dabei faszinieren die Neuen Medien Jungen mehr als Mädchen (vgl. SCHORB 1995, 74 ff.).

Im Hinblick auf den Literaturunterricht ist die Beliebtheit von Kinderhörkassetten und -CDs, die etwa mit dem Grundschulalter endet, von besonderem Interesse. Neben Originalhörspielen und Adaptionen von Filmen und Fernsehserien werden viele Kinder- und Jugendbücher in einer oder mehreren Tonbearbeitungen angeboten. Die rasante Entwicklung des Hörbuch-Marktes für Erwachsene zeigt, dass sich dieses Medium in der Literaturvermittlung zu etablieren beginnt.

Kinder- und Jugendliche sind aber nicht nur vielseitige, sondern auch aktive Mediennutzer. Damit ist mehr als das Zappen zur individuellen Programmauswahl und -mixtur gemeint. Zitate und Symbole aus ihren Lieblingsfilmen, -kassetten und -CDs verwenden sie zur Verständigung untereinander über die Einschätzung einer Situation oder zum Ausdruck ihrer Befindlichkeit, zur Selbstdarstellung und Abgrenzung. Die Pädagogik hat solche Aspekte der Medienaneignung im Zusammenhang der Lebenswelt Jugendlicher untersucht (z. B. BAACKE/SANDER/VOLLBRECHT 1990; BACHMAIR 1993; ECKERT u. a. 1991; SCHORB 1995, 98 ff.; SPANHEL 1990; vgl. KÖHNEN 1999, 337 ff.). Die Selbstsozialisation (vgl. FROMME u. a. 1999), die sich im autodidaktischen Erwerb von Medienkompetenzen ebenso zeigt wie in der Entwicklung eines eigenen Stils zwischen ästhetischem Experiment und Markenbewusstsein, erübrigt zwar schulischen Unterricht nicht, stellt jedoch eine Ausgangsbasis dar, die nicht ignoriert werden darf (BAACKE 1999, 148).

Auch Lehrerinnen und Lehrer sind Medienrezipienten, deren

Sozialisation allerdings weitgehend anders verlaufen ist als die ihrer Schüler. Schwierigkeiten eines ›Literatur- und Medienunterrichts‹ resultieren heute insbesondere aus Differenzen in der Wertschätzung von Medien, in Medienkenntnis und Medienpraxis zwischen Kindern, die mit allen tertiären Medien aufwachsen, und Erwachsenen, die erst nach und nach ihr Medienspektrum erweitern. Diesem Umstand trägt das aktuelle Interesse an der Identifizierung von ›Mediengenerationen‹ Rechnung (GÖSCHEL 1995; SCHWAB/STEGMANN 1999; GOGOLIN/LENZEN 1999; vgl. PEISER 1996). Allerdings besteht die Gefahr, dass damit Typologien entwickelt werden, die aufgrund der Vernachlässigung von Differenzierungsmerkmalen über das Alter hinaus zu pauschalen Aussagen kommen, die nur von geringem didaktisch relevantem Erklärungswert sind. Denn Unterricht kann sich nicht nur an ›typischen Vertretern‹ einer Generation orientieren. Die Tendenz, den souveränen, spielerischen, kreativen Umgang der jüngeren Generation vor allem mit tertiären Medien hervorzuheben, ist sicher angemessener als die in den siebziger Jahren vorherrschende Annahme eines Rezipienten, der wehrlos dem Medienangebot ausgeliefert ist und den Impulsen (z. B. der Werbung) automatisch folgt. Dass das offenkundig nicht der Fall ist (vgl. SCHMIDT 2000, 61 ff.), besagt jedoch noch nichts über die Art des Gebrauchs und der Verarbeitung. Schulze hat mit seiner kultursoziologischen, empirischen Untersuchung zur »Erlebnisgesellschaft« (1997) innerhalb der Altersgruppen wesentliche Unterschiede in Abhängigkeit vom Bildungsgrad belegt, die weniger die Anzahl oder Auswahl der genutzten Medien als die inhaltlich-formale Vielseitigkeit der bevorzugten Medienangebote betreffen. Während für Hauptschulabsolventen der jüngeren Generation das »Spannungsschema« (Action-Filme, Sport, Disco usw.) ausschlaggebend ist, wählen ihre Altersgenossen mit höherer Schulbildung sowohl nach diesem Kriterium als auch nach Gesichtspunkten der »Hochkultur« aus. Diese Geschmackstendenzen stehen jedoch nicht für sich, sondern sind verbunden mit übergeordneten Einstellungen und Wertungen. In der Gruppe derer, die eindimensional »Action« suchen, sind zum Beispiel auch Desinteresse an Politik und eine reduzierte Kommunikationsbereitschaft festzustellen (SCHULZE 1997, 324 f.; vgl. BOFINGER/LUTZ/SPANHEL 1999).

Unter der *Rezipientenperspektive* sind deshalb in einem ›Literatur- und Medienunterricht‹ vor allem die außerschulische *Bedeutung* der Medien für Kinder und Jugendliche und der Zusammenhang ihrer Auswahltendenzen mit übergeordneten *Einstellungen* didaktisch relevant. Die Selbstreflexion der Lehrerinnen und Lehrer auf ihr persönliches Mediennutzungsverhalten ist notwendiges Korrektiv.

4. Zieldimensionen

Als Zieldimensionen eines ›Literatur- und Medienunterrichts‹ stehen zur Diskussion: Lesekompetenz, Medienkompetenz, Ästhetische Bildung und Politische Bildung. Kein Aspekt kann den anderen ersetzen, und alle Aspekte sind voneinander abhängig. Daher ist es möglich, je nach fachlichem Schwerpunkt und Fragestellung von jedem der Begriffe aus das ganze Spektrum zu entfalten. Die folgenden Erläuterungen gehen von Medienkompetenz als Bezugspunkt aus, ohne damit eine Hierarchisierung zu intendieren.

Medienkompetenz ist die Fähigkeit des Rezipienten bzw. Users zum sachgerechten und selbstbestimmten Umgang mit Medien. Medienkompetenz impliziert die Kenntnis nach Form und Inhalt unterschiedlicher Medienangebote und die Fähigkeit, die Qualität des Informationsgehaltes und der ästhetischen Realisierung zu beurteilen. Medienkompetenz setzt darüber hinaus Fertigkeiten im Gebrauch und Einsatz von Medientechnik voraus, die eigene Gestaltung ermöglichen.

Wenn der Medienbegriff primäre, sekundäre und tertiäre Medien umfasst, dann ist *Lesekompetenz* als Teil von Medienkompetenz zu verstehen. Sprachtexte lesen zu können gehört zu den Grundqualifikationen, die Schule vermitteln muss (Stiftung Lesen 1998; Wermke 1996, 90 ff.). Daran hat auch die Entwicklung der tertiären Medien nichts geändert. Sprachtexte lesen zu können, genügt jedoch nicht; die Fähigkeit, *Bilder* zu *»lesen«*, ist inzwischen ebenfalls unverzichtbarer Bestandteil von Allgemeinbildung. Doelker spricht in diesem Sinne von der »Kulturtechnik Fernsehen« (1991; vgl. 1997, 145–154); vor allem über Literaturverfilmungen wurde die Filmanalyse für den Deutschunterricht fruchtbar gemacht (Gast 1996, 14 ff.; vgl. Uls-

HÖFER 1976, 96 ff.; unter den Bedingungen der ehemaligen DDR: BÜTOW u. a. 1977, 428 ff.); mit der Verbreitung des Computers und der Nutzung des Internet wird die Decodierung präsentativer Symbole zu einem weiteren Aufgabenbereich der Vermittlung von Lese- als Medienkompetenz (BAURMANN/WEINGARTEN 1999, 20; SPANHEL 1999, 309 f.). Auch das Hören muss gelernt werden, sowohl das Zuhören in mündlicher Kommunikation als auch das Hinhören auf die Klangqualität von Buchliteratur – nicht nur der Lyrik – und auf die akustische Gestaltung in tertiären Medien (SCHAFER 1988; KLIEWER 1984, 378 ff.; WERMKE 1995, 193 ff.). Die *auditive Kompetenz* wird jedoch erst allmählich in ihrer Relevanz neben der schriftsprachlichen als Aufgabenfeld auch für den Literaturunterricht (wieder)entdeckt. Die Entwicklung führt vom Hörspiel als neuer Form des »Wortkunstwerks« (KLOSE 1958, 57 ff.; 1977; LERMEN 1975) über Kinderschallplatten, -kassetten, -CDs (KLIEWER 1973, 25 ff.; HENGST 1979; PÖTTINGER 1997; WERMKE 1999 a, 190 ff.) zum Kinder-Radio und zum Zuhören bei Film und Fernsehen (WERMKE 1999 b, 371 ff.; 2000 b, 123 ff.; vgl. SCHILL/BAACKE 1996; SIX/ROTERS 1997). Medien- im Sinne von Rezeptionskompetenz umfasst die zeichenspezifische Dekodierung, die Entschlüsselung vor allem auch kombinierter Formen und Kenntnis der unterschiedlichen Wirkung verbaler, visueller, akustischer Ausdrucksmöglichkeiten.

Medienkompetenz besteht aber nicht nur in der Fähigkeit zur Analyse, sondern auch zur praktischen Handhabung und Gestaltung. Dafür sind in allen Medien – zumindest rudimentär – Techniken zu erlernen: die Beherrschung von Körpersprache, stimmlicher Artikulation und Handschrift, die Bedienung von Computer, Fotoapparat, Kassettenrecorder, Videokamera usw. In diesem Zusammenhang hat die Vermittlung von Kenntnissen über Produktionsabläufe in Medien- und Kulturbetrieben (Hörfunk, Film, Theater, Verlag) ihre Funktion. Die Zusammenarbeit der verschiedenen Berufsgruppen bei einer Fernsehproduktion, die Position des Drehbuchautors, Streitfälle bei Verfilmungen mit dem Verfasser der literarischen Vorlage, Filmkritiken im Vergleich mit Buchkritiken führen in zentrale Unterschiede zwischen den Traditionen zum Beispiel der Buchkultur und der Filmkultur ein. Für die *Medienpraxis* im Unterricht werden unterschiedliche Maßstäbe gesetzt. Einerseits wird die Forderung nach einer gewissen Professionalität erhoben, andererseits soll die alternative Mediennutzung der Schüler Vorrang haben. Anleitungen zur Hörspielproduktion haben im Deutschunterricht Tradition (DENK 1977, 88 ff.; EVERLING 1988; vgl. KLIPPERT 1986; PALME/SCHELL 1992). Auch wenn Filmproduktionen im regulären Unterricht nur die Ausnahme sein können (vgl. GÜLDNER 1996, 62 ff.; WEISSE 1996, 80 ff.), lassen sich »kleinere Videoprojekte« (RAMBECK 1996, 97 ff.) und einzelne Schritte der Literaturverfilmung sinnvoll integrieren: zum Beispiel die Transformation von Romanszenen in Drehbuchsequenzen, die Beschreibung des Eindrucks, den die Verfilmung einer bestimmten Situation vermitteln soll, die Überlegung wie die Gemütsverfassung einer Person ins Bild zu bringen sei usw. Anschlussmöglichkeiten zur Praxis der primären Medien wie des inszenierten oder des improvisierten Theaters bieten sich an. Die Arbeit mit dem PC eröffnet Schülern einen weiteren Zugang zur literarischen Eigenproduktion, etwa von Visueller Poesie und über handlungsorientierten Umgang mit Texten (BORRMANN 1999, 59 ff.; vgl. GERDZEN 1998, 161 ff.; KEPSER 1996, 134 ff.; KIEFER/RIEDEL 1998, 115 ff.).

Die Zieldimensionen von Medienkompetenz und *Ästhetischer Bildung* konvergieren zumindest in drei Punkten: der Förderung der Wahrnehmung, der Einbeziehung von Medienkunst und der Auseinandersetzung mit Tendenzen der ›Ästhetisierung‹ (MASET 1999; NEUSS 1999; WERMKE 2000 a, 197 ff.; vgl. BAACKE/RÖLL 1995). Die Förderung der Wahrnehmung zielt über Rezeptionskompetenz hinaus auf die Wahrnehmung transmedialer Realität, thematisiert den Einfluss der Medien- und Technologieentwicklung auf Wahrnehmungskonventionen (z. B. durch Beschleunigung und Simultaneität) und bezieht auch die Nahsinne ein. Die Buchliteratur kann dazu vor allem durch die Differenzierung des sprachlichen Ausdrucksvermögens als einer Bedingung differenzierter Wahrnehmung, der Anregung des Vorstellungsvermögens (nicht nur im visuellen, sondern auch im akustischen, taktilen, olfaktorischen Bereich) und der Einübung einer langsamen, kreisenden Rezeptionshaltung beitragen (vgl. SPINNER 1998, 46 ff.). – Mit (tertiärer) Medienkunst sind künstlerisch anspruchsvolle Werke gemeint. Aufgabe des Deutschunterrichtes wie der Fächer Kunst und Musik ist es, in doppeltem Sinne schwer zugängliche Medienproduktionen zu erschließen, um den

Schülern zu ermöglichen, ihre autodidaktisch erworbene Medien-
erfahrung zu erweitern (vgl. SCHORB 1995, 209 f.). – Als »Ästhetisierung« wird die Tendenz bezeichnet, alles und jedes »schön« zu
gestalten (auch die schlechte Nachricht) und darüber hinaus die
Realität so herzurichten, dass sie eine gute Geschichte abgibt
(WERMKE 2000 a, 207 ff.). Medienereignisse als Inszenierungen zu
erkennen (wie die Trauerfeierlichkeiten für Lady Di oder große
Boxkämpfe), erfordert auch literarische Kompetenzen: die Identifizierung von Erzählschemata (z. B. des Märchens, der Sage, der
Legende) und von Stilisierungen. Ästhetisierung und Inszenierung
sind keine Erfindung des ›Medienzeitalters‹. Riten, Zeremonien,
Bräuche dienen der Selbstvergewisserung von Gruppen. Bei der
Vermittlung durch tertiäre Medien kommt jedoch die Schwierigkeit
hinzu, Vorgefallenes und Vorgegebenes zu unterscheiden, Darstel-
lungen als ›Abbild‹ oder als ›Montage‹ zu erkennen. Ästhetik und
Politik greifen hier ineinander (FLAIG/MEYER/UELTZHÖFFER 1997).

Politische Bildung als Zieldimension eines ›Literatur- und Medienunterrichts‹ intendiert den selbstbestimmten und verantwort-
lichen Umgang der Schüler mit Medien. Das setzt die Befähigung
zum Denken und Entscheiden in größeren Zusammenhängen voraus. Informationen zum Verhältnis von Ästhetik und Ökonomie
können bei der Besprechung eines Bestsellers oder von Fernsehwer-
bung vermittelt werden. Anthropologische Fragen, die die Technik-
entwicklung aufwirft, sind in Jugendliteratur, auch in Sciencefiction
und Krimi präsent. Organtransplantation und Genmanipulation,
instabile Berufsbiografien und disponible Lebenslaufkonzeptionen,
Fiktionalität und Virtualität werden thematisiert und spiegeln die
Faszination ›Neuer Medien‹ ebenso wie Irritationen in der Identitätsentwicklung. Die Auseinandersetzung mit ›Fremdheit‹ in einer
sich als international und interkulturell aufgeschlossen verstehen-
den Mediengesellschaft hat im fiktionalen Bereich vor allem von
Film und Fernsehen zum Beispiel auf die Rollen zu achten, die
Ausländer und andere ›Fremde‹ spielen, und auf die Lust an Gewalt
in Horror, Mystery, Sciencefiction, Krimi und anderen Genres
(SCHORB 1995, 112 ff.).

Die Aufschlüsselung der *Zieldimensionen* eines ›Literatur- und
Medienunterrichts‹ richtet sich nicht auf die Multiplizierung des

Gegenstandsbereichs, sondern auf seine Komplexität. Medienkompetenz muss an Ästhetische und Politische Bildung anschließen, um den Schülern *Zusammenhänge* verständlich zu machen und ihr *Urteilsvermögen* zu fördern.

5. Organisationsformen

Die wichtigsten organisatorischen Möglichkeiten der Integration von ›Literatur- und Medienunterricht‹ bieten: die Ziel/Mittel-Ambivalenz (auch in Bezug auf Standardaufgaben), das Spiralcurriculum und der Projektunterricht (WERMKE 1997, 38 ff.). Mit *Ziel/Mittel-Ambivalenz* ist gemeint, dass der Einsatz von Medien als Unterrichtsmittel (s. o. 1.) immer auch etwas über das Medium selbst mitteilt. Primäre, sekundäre, tertiäre Medien, die Gegenstand des Deutschunterrichts sind, können wechselseitig Mittelfunktionen übernehmen, indem sie der Motivation oder der Entspannung, der Präsentation, der Veranschaulichung, der Zusatzinformation usw. dienen. In einem Literatur- und Medienunterricht bedeutet das, dass bei einem gezielten und vielfältigen Medienwechsel – die Buchliteratur kann dabei die gleichen Mittelfunktionen übernehmen wie auditive und audiovisuelle Medien – vieles mitgelernt wird, ohne dass dafür eine eigene Unterrichtsreihe durchgeführt werden müsste. Wenn ›Schindlers Liste‹ von Steven Spielberg zur Einführung in eine Sequenz zum Nationalsozialismus im Dritten Reich gezeigt wird, in deren Mittelpunkt Max Frischs ›Andorra‹ steht, dann wird dieser Film zumindest unter dem Aspekt der Abgrenzung vom Dokumentarfilm auch zum Gegenstand des Unterrichts werden (müssen). Eine weitere Möglichkeit der Integration besteht darin, *Standardaufgaben* des Deutschunterrichts wie Nacherzählung, Inhaltsangabe, Personencharakterisierung nicht am Buch, sondern etwa an einer Hörkassette durchführen zu lassen. Ebenso können Aufgaben des kreativen Schreibens von auditiven oder audiovisuellen Medien ausgehen. Auch wenn die Textproduktion im Vordergrund steht, wird dabei die Aufmerksamkeit auf akustische und optische Signale gelenkt. Im curricularen Aufbau zeigen die Lehrpläne für den Deutschunterricht unterschiedliche Modelle der vertikalen Gliederung. Als Grundmuster bietet sich das *Spiralcurriculum* an, das in mehreren Klassenstufen nacheinander sich ergänzende Aspekte aufgreift. Gast und Marci-Boehncke (1996, 47 ff.) haben zu ›Film und Buch‹ einen Plan für die Sekundarstufe I und II vorgelegt, der vom ›traditionellen‹ Fachcurriculum ausgehend thematische Aspekte mit intermedialen Fragestellungen kombiniert. Einen anderen Zugang wählt Wermke (2000 b, 123 ff.) mit einem Baukastenmodell zur Hörästhetik, das für den Deutschunterricht relevante Formen nach Gegenstandsbereichen und medialen Aspekten zusammenstellt. Das *Projekt* verbindet darüber hinaus theoretische und praktische Ziele und ist zumindest in Ansätzen für einen Unterricht, der zu Medienkompetenz führen will, unverzichtbar.

Trotz zahlreicher Möglichkeiten, ›Literatur- und Medienunterricht‹ zusammenzufassen, um aus quantitativen und qualitativen Gründen Doppelungen zu vermeiden, gelangt der Deutschunterricht an organisatorische Grenzen. Die Durchführung umfangreicher Projekte, die als Ergebnis auf ein Produkt ausgerichtet sind, findet im Allgemeinen in *Arbeitsgemeinschaften* ihren Platz außerhalb der regulären Unterrichtszeit. Ein anderer Grund, die Grenzen des Faches zu überschreiten, ist die Komplexität der Thematik, die auf *fächerübergreifenden* oder fächerverbindenden Unterricht verweist. Medien- und Themenschwerpunkte für die einzelnen Klassenstufen zu verabreden und den Unterricht einzelner Fächer in Abständen zusammenzuführen wären erste Schritte in Richtung auf eine andere Organisationsform. Kontakt zu *außerschulischen Einrichtungen* aufzunehmen und an den vielfältigen Initiativen zur Vermittlung von Medien- (und Lese-)kompetenz zu partizipieren, die von Rundfunkanstalten, der Stiftung Lesen, Bibliotheken und Medien(Bild-) stellen vor Ort angeboten werden, kann nicht nur den Deutschunterricht erleichtern, sondern auch Einblicke in professionelle Praxis vermitteln.

Die Fachintegration von Medien als Unterrichtsgegenstand erfordert schließlich eine stärkere Einbeziehung tertiärer Medien in die *Deutschlehrerausbildung*, die Vermittlung kulturgeschichtlicher Zusammenhänge in intermedialen und koevolutiven Bezügen, die Zuwendung zu Jugendkulturen sowie die Anregung zu kultureller Praxis.

III. Basiskonzepte für den Literaturunterricht

1. Lesen – Schreiben – Vorlesen/Vortragen
von Ulf Abraham

Lebensweltlich kommen Lesen und Schreiben meist »situiert« vor, d. h. aufeinander bezogen und eingebettet in Handlungszusammenhänge (vgl. Barton/Hamilton/Ivanič (Hgg.) 2000). Isolierte Lehrgänge in der Schule (»Aufsatz-/Literaturunterricht«) verbieten sich damit zwar nicht von selbst; doch haben integrative Konzepte (Spitta 1998; Abraham 1994; Paefgen 1996) Vorteile: Lesen und Schreiben sollten von Anfang an möglichst funktional füreinander sein. *Lesen* erleichtert den beim Schreiben notwendigen Aufbau von Ordnungsstrukturen, und *Schreiben* ermöglicht die Verarbeitung des von Literatur provozierten Selbst- und Fremdverstehens. Zusätzlich sollten regelmäßig Gelegenheiten zum *Vorlesen und Vortragen* geschaffen und genutzt werden.

1. Lesen

1.1 Voraussetzungen

Wir verfügen heute über ein verschiedene Disziplinen, besonders Kognitionspsychologie und Rezeptionsästhetik integrierendes Lesemodell (Gross 1994; Goodman 1997). Schriftlichkeit gibt danach weniger einen Zeitablauf vor als eine *Lesefläche* (vgl. Gross, 63–65), auf der sich der Blick je nach (Lese-)Erfahrung und -interesse sowie abhängig vom vielfach beeinflussbaren Aufmerksamkeitsgrad mehr oder weniger sicher und geduldig bewegt, und zwar kleinräumig (Saccaden von ca. 15 Millisek. Dauer) und großräumig.

Neurobiologische Grundlagen und basale Kompetenzen des Lesens können hier nicht dargestellt werden (vgl. Wittmann/Pöppel 1999; Willenberg 1999, 75 ff.; Weber 1993; Oerter 1999, 28–32; Willenberg 2000). Schon die einfache Selbstbeobachtung aber zeigt, dass Lesen immer zugleich Arbeit und Vergnügen, Last und Lust bedeutet. Auf mehreren Ebenen sind ständig *Entscheidungen* zu treffen, die vielfach unbewusst Informationen mit Vorwissen abgleichen und, da das Kurzzeitgedächtnis maximal sieben »Informationshappen« gleichzeitig behält, Mehrdeutigkeit in Eindeutigkeit umwandeln. Komplexitätsreduktion ist keine Erfindung der Didaktik, sondern Prinzip von Wirklichkeits- *und* Textverarbeitung. »Schemata« (kognitive Strukturen, die Weltwissen repräsentieren) helfen uns dabei; besonders *scripts* und *story grammars* enthalten Wissen über *erwartbare Abläufe,* in der wirklichen Welt bzw. in der Erzählung (vgl. CHRISTMANN/GROEBEN 1999, 167 f.). Ein weiteres gemeinsames Prinzip der Wirklichkeits- *und* der Textverarbeitung ist das »Inferieren« vorenthaltener Informationen. Der Text ist eine »Präsuppositionsmaschine« (ECO 1987, 29): Was »präsupponiert« wird, ist der von den Lesenden je individuell »aufgebrachte Mehrwert« (ebd., 63).

1.2 Lesen als Text-Leser-Interaktion

Dabei gehorchen Lesende der im »Lesevertrag« (GROSS 1994; GOODMAN 1997) eingegangenen Verpflichtung, ihre Verstehensvermutungen fortlaufend zu revidieren. Lesen heißt damit immer auch Lernen, und zwar nicht als Umkopieren von Information aus dem Text ins Gedächtnis, sondern auf der Basis einer Selbstabfrage: Was ermöglicht mir der Text *Neues* zu denken, zu imaginieren, zu empfinden?

Wenn dies für Lesen grundsätzlich gilt, so ist für literarisches Lesen eine zweite Ebene zu bedenken: Während *Verständlichkeit* als Erwartung hier eine geringere Rolle spielt, ist das Potenzial eines fiktionalen oder poetischen Textes für die *Anreicherung und Differenzierung mentaler Modelle* ausschlaggebend. Literatur liest man nicht trotz, sondern gerade wegen ihrer Wirkung kognitiver und emotionaler Irritation. Was durch Literatur irritiert werden kann, das sind Denk- und Wahrnehmungsgewohnheiten, Normen und Werte. Man hat dem literarischen Lesen deshalb *ordnungskritische* Wirkung unterstellt (vgl. HÄRTER 1991, 58 f.), und zwar relativ unabhängig von Gattungen, Genres und Zielgruppen. Ein anderes Potenzial literarischer Lesestoffe, das der Sensibilisierung für Funktionen der *Sprache,* ist dagegen abhängig von literarischer Qualität und Gattungszugehörigkeit, gilt also für Lyrik insgesamt stärker als für den Roman und für »Höhenkammliteratur« stärker als für Unterhaltungsliteratur.

Nun ist Lesen Interaktion zwischen einem Text und einer individuellen kognitiven Struktur (CHRISTMANN/GROEBEN 1999, 162 f.). Schon Wolfgang Iser (1984, 39) bestimmte das Text-Leser-Verhältnis als »eine Interaktion, in deren Verlauf der Leser den Sinn des Textes dadurch ›empfängt‹, dass er ihn konstituiert«. »Text II« als leserkonstruierter Text ist dabei zu unterscheiden von »Text I« als Rezeptionsanweisung (vgl. NUSSBAUMER 1991, 136; GOODMAN 1997, 118). »Der Text will, dass ihm jemand dazu verhilft zu funktionieren« (NUSSBAUMER 1991, 64). Umgekehrt: Der Leser will, dass der Text seiner Vorstellungsbildung dazu verhilft zu funktionieren. Der Lesevertrag besteht ja in einer *gegenseitigen* Abhängigkeit: Text und Leser besetzen einander (dieser jenen mit Rezeptionsanweisungen, jener diesen mit Weltwissen und Projektionen). Textangemessenheit im hermeneutischen Sinn eignet diesem Vorgang nicht von vornherein; Karlheinz Stierle (1975, 361) unterscheidet zentripetale und zentrifugale Lektüre. Text II kann »zentripetal« den Kern von Text I einkreisen, oder er kann ihn auch »zentrifugal« verfehlen, indem er die Rezeptionsanweisung unzulässig weit auslegt und sich immer weiter von ihr entfernt – im Extremfall, bis die »Präsuppositionsmaschine« (ECO 1987, 29) zur Wunschmaschine wird.

1.3 Lesen und Vorstellungsbildung

Was zur Erfüllung des »Lesevertrags« erforderlich ist, nennt man seit Roman Ingarden (1931) »Konkretisation«. Sie gilt den »Unbestimmtheitsbeträgen«, die den literarischen Text auszeichnen. Wolfgang Iser (1984, 267 ff.) definiert sie als »Leerstellen«. In ihnen aber das schlicht Ungesagte zu sehen, verzerrt die rezeptionsästhetische Lesetheorie; eine solche Sichtweise behandelt als Wirklichkeit, was ästhetische Konstruktion ist. Vielmehr zeigt jede Leerstelle »eine ausgesparte Beziehung« an und eröffnet für die »Vorstellungsakte des Lesers« eine »Möglichkeitsvielfalt« (vgl. ebd., 284–286). Die Füllmetapher suggeriert dem gegenüber eine Endgültigkeit des Vorgangs, die dem spielerischen Charakter »literarischen Fantasierens« (KÖPPERT 1997) zuwider läuft.

War schon der theoretische Rahmen der Rezeptionsästhetik, bei Iser stärker als bei Jauß, ein kulturanthropologischer, so füllte Iser diesen Rahmen in seiner ›Literarischen Anthropologie‹ von 1991 noch entschiedener aus: Der imaginäre Raum, den er zwischen dem Realen und dem Fiktiven in der literarischen Lektüre entstehen sieht, kann prinzipiell immer wieder und immer weiter ausgestaltet werden. Leerstellen sind dabei die »Enklaven« im Text, die sich der Besetzung durch den Leser anbieten (vgl. ISER 1984, 266). Woran man sie erkennt, lässt sich zwar bis heute nicht exakt angeben; als didaktische Hilfsvorstellung bewährt sich die Leerstelle dennoch – vor allem dann, wenn man Isers Satz, »dass die Lebhaftigkeit unserer Vorstellung proportional zu den Leerstellenbeträgen wächst« (ebd., 293) vom Kopf auf die Füße stellt: Die Lebhaftigkeit unserer Vorstellungen ist ein Gradmesser dafür, mit wie viel Unbestimmtheit wir es beim Lesen zu tun haben.

Allerdings ist die Rede von der Vorstellungsbildung nicht weniger ambivalent, als es diejenige von der Konkretisation schon bei Roman Ingarden war (vgl. ebd., 271): Wären literarische Texte nur auf Vorstellungs*erleichterung* beim Lesen hin angelegt, so bliebe der Irritationscharakter literarischer Lektüre unerklärt: Welches Risiko gingen wir beim Lesen dann ein? Mit Recht spricht Iser (ebd., 291) auch von Vorstellungs*erschwerung*: Vorstellungen, die das augenblicklich oder prinzipiell Abwesende, damit aber auch das Ersehnte oder Befürchtete gleichsam innerlich aufrufen, werden von der Literatur nicht einfach unterstützt (das wäre die erwähnte Trivialisierung) sondern *in Dienst gestellt*.

Didaktische Vorstellungserleichterung als konkretisierende Ausgestaltung etwa einer Romanfigur kann nun durchaus dem Leseverstehen dienen. Sie kann aber auch dysfunktional sein; Vorstellungsbilder unterscheiden sich ja von Wahrnehmungsbildern nicht nur durch Flüchtigkeit, auch nicht nur durch die Möglichkeit der Surrealität, sondern vor allem durch »Kargheit« (ebd., 223). Diese zeigt an, dass wir es nicht mit abgebildeten Realobjekten zu tun haben, sondern mit *Bedeutungsträgern*. Die wichtige Rolle der – gelenkten – Vorstellungsbildung beim Lesen ist unbestritten. Allerdings bleibt die Frage nach den von wirklichen Lesenden je individuell und unterschiedlich gebildeten Vorstellungen Desiderat didaktischer Forschung.

1.4 Lesen und Begriffsbildung

Vorstellungen ohne Begriffe beim Lesen bleiben blind, Begriffe ohne Vorstellungen leer: So hat die Literaturdidaktik Kants berühmten Grundgedanken aufgenommen. Die beim Lesen spontan entwickelten Vorstellungen entsprechen nicht nur einem anthropologischen Grundbedürfnis, sondern sie dienen wohl der langsameren Begriffsbildung als »Arbeitsspeicher« (GRZESIK 1990, 85): Lesen ist mit dem Auf- und Umbau von Begriffen (*concepts*) verbunden. Neben gemeinsprachlichen Begriffen sind es im Literaturunterricht vor allem Gattungs- bzw. Textsorten-, Epochen- und Formbegriffe, die zu bilden sind. Das bedeutet nicht, dass literarische Texte zu Exempla für den Erwerb von Benennungswissen degradiert werden sollen. Es bedeutet viel grundsätzlicher, dass literarisches Lesen nicht nur Vorstellungen entwickeln, sondern auch Begriffe bilden hilft. Begriffslernen, dessen Bedeutung für die geistige Entwicklung besonders Jürgen Grzesik herausgearbeitet hat, stellt zwar nicht den Kern literarischen Lesens dar. Doch ist Lesen »wahrscheinlich eine unersetzliche, jedenfalls höchst ergiebige Quelle für das sprachlich-begriffliche Lernen, die Entfaltung von Sprachbewusstsein und die Entwicklung des Denkens« (HURRELMANN 1998 a, 3).

Akzeptiert man Alan Paivios in der Didaktik mehrfach, z. B. von Grzesik (1990, 83 f.), aufgegriffene Theorie der doppelten Kodierung, so wird das beim Lesen erworbene Wissen sowohl sprachlich als bildlich kodiert: Man kann z. B. den »autoritären Charakter« als Verstehenskonzept oder »mentales Modell« *begrifflich* fassen, man kann aber auch Heinrich Manns ›Untertan‹ visualisieren. Die erwähnte »Kargheit« textgesteuerter Vorstellung wird so als Vorzug erkennbar: Sie erleichtert die Abstraktion. Abstrahieren in verschiedenen Stufen wird aber, wie Hans Aebli (1980, 170–174) an einer Fabel Jean de La Fontaines herausarbeitet, durch Lesen nicht nur gefordert, sondern auch *gefördert*. Anders gesagt: »Ein Text beruht nicht allein auf Kompetenz, er trägt auch dazu bei, sie zu erzeugen.« (ECO 1987, 68)

1.5 Lesen und Gemeinschaft

Lesen ist – wie auch Schreiben – eine vereinzelnde und dabei doch *auf Gemeinschaft gerichtete* Tätigkeit. Besonders gilt das für schulisches Lesen. Dieses geschieht ja nicht nur im *Hinblick* auf Sozialität, sondern oft bereits in der (Lern-)Gruppe. Damit aber ändert sich die Textwahrnehmung; »die andern« mischen sich sozusagen in »meinen« Leseakt ein und erwarten *Veröffentlichung des Privaten* (vgl. SUMARA 1996). Petra Wieler (1989) argumentiert überzeugend, dass (auch) Literaturunterricht sich im Medium der Sprache und damit kommunikativ entfalten muss. Christine Garbe (1997) arbeitet heraus, dass weder die einsame Lektüre noch die Kommunikation für sich genommen zureichende Modelle zum Verständnis des (kindlichen) Lektüreprozesses sind. Bettina Hurrelmann (1997 b, 92) bezeichnet jedes Textverstehen als dialogisch. Ulf Abraham (1998, 89) verweist darauf, dass das Konzept eines beim literarischen Lesen entstehenden Übergangsraums unvollständig bliebe, wollte man ignorieren, dass der Aufenthalt darin für Lerngruppen als *gemeinsamer* Aufenthalt gestattet und gestaltet werden müsse; und ein Blick auf die ontogenetischen Anfänge literarischer Sozialisation (vgl. BRAUN 1995) zeigt, dass Literaturerwerb im *Gespräch* beginnt, nicht mit individueller Textrezeption.

Aus solchen Überlegungen geht eine Didaktik des »literarischen Gesprächs« (CHRIST et al. 1995) hervor, die – in den praktischen Konsequenzen nicht unkontrovers, doch prinzipiell alternativlos – in bekannter, ebenfalls alternativloser Paradoxie pädagogischen Handelns vorgreifend unterstellt, was praktisch erst herzustellen ist: *Autonomie.* Die Lernenden sind ernst zu nehmen gerade auch in ihren »zentrifugalen« Vorstellungen zum Text. Ihre Äußerungen sollen nicht nur an die Lehrkraft adressiert sein, sondern an andere Mitglieder der Lerngruppe, sonst wird aus einem »gelenkten Unterrichtsgespräch« kein literarisches Gespräch. Dieses wird textzentriert, doch weniger als die Schriftlichkeit auf Distanz verpflichtet sein. Bevor Distanz entstehen kann, muss – in der spontanen Auseinandersetzung – Nähe gewesen sein (nicht unbedingt freilich »Identifikation«).

Im Übrigen haben Konzepte der Lese- und Schreibförderung,

gerade wo sie klassenförmigen Unterricht zu überschreiten suchen, einen unverkennbaren Zug ins Interaktive und betonen die soziale Perspektive des Lesens entsprechend stark (vgl. z. B. die »Leseversammlung« bei BAMBACH 1989): Lesen hilft nicht nur individuelle Vorstellungen und Begriffe, sondern – über einen »gemeinsamen Gegenstandsbezug« (OERTER 1999, 42) – auch Gemeinschaft zu bilden und zu entwickeln.

1.6 Lesen und »Verstehen«

Keine Darstellung literarischer Lesefähigkeit (vgl. AUST 1983) kann auf den Begriff des Verstehens verzichten, so problematisch er ist: »Verstehen« scheint auf die Rezeption von Texten beschränkt; es ist als Vorgang nicht direkt beobachtbar und als Begriff mehrdeutig (vgl. FRITZSCHE 1994, Bd. 3, 10 f.). Zum einen sind Prozess und Ergebnis des Verstehens zu unterscheiden (vgl. GOODMAN 1997, 122), zum andern ein eher kognitiver, die Dekodierbarkeit von (Schrift-)Sprache bezeichnender Verstehensbegriff von einem eher affektiven, die Einfühlung in das Gelesene meinenden Begriff. Führt das *Lesen als Dekodieren* zu einer semiotischen Sichtweise, so das empathische Lesen zu einer psychologischen: Wenn Identifikation mit Held oder Heldin nur ein Zwischenschritt ist zur Empathie, die das Eigene im Fremden erkennt und umgekehrt, so fördert literarisches Lesen die grundlegende Fähigkeit des Perspektivenwechsels. Eine solche psychologische Wendung der hermeneutischen Grundfrage, was Verstehen sei, führt zur Zielperspektive des *Selbst- und Fremdverstehens* (vgl. z. B. GRZESIK 1989; SPINNER 1989 a; ABRAHAM 1998, 215–219). Emotionen sind die verborgene Basis des Lesens (vgl. WILLENBERG 1999, 127 ff.); affektive Ziele im Literaturunterricht werden denn auch seit den achtziger Jahren diskutiert (vgl. PAEFGEN 1999 a, 148 ff.).

Daneben versucht eine semiotisch orientierte Literaturdidaktik, die Nachteile eines nur kognitiven Verstehens durch Betonung der *Gestalthaftigkeit* der Texte zu überwinden: Texte nicht nur als rational auflösbare Zeichenfolgen, sondern als *Gestalten* aufzunehmen, führe zum »analogen Verstehen« (vgl. SPINNER 1977, 144 f.). Strukturale Verfahren, entwickelt von Autoren des Russischen Formalismus (z. B. Lotman) und Prager Strukturalismus (z. B. Mukarovsky) und weitergedacht vor allem von Umberto Eco (1987), erweisen literarisches Verstehen grundsätzlich als »erschwertes Verstehen« (SPINNER 1977, 133). Der literarische Text lässt Inhalt und Form verschmelzen zu »Stil« oder »Gestalt«.

Die semiotische Basis des Umgangs mit Literatur war bald nicht mehr strittig; kontrovers blieb lange Zeit, welche Schlüsse daraus in methodischer Hinsicht zu ziehen seien: Der bekannte Streit der achtziger Jahre um analytische und operative *Verfahren* im Literaturunterricht ist hier einzuordnen. Er gilt heute als überwunden; ohnehin war er eher für die einzelne methodische Entscheidung relevant als für den Prozess der Lesesozialisation und literarischen Bildung im Ganzen. Die hierzu entwickelten *Phasenmodelle* verdanken sich entwicklungspsychologischen Prämissen: Im Anschluss an Piaget und Kohlberg legte zunächst Jürgen Kreft (1977) sein vierstufiges Modell vor, das dann von Werner Ingendahl (1991) weiter methodisiert wurde: *Verstehen* (wahrnehmende Lektüre) – *Auslegen* (Inhalt und Formmerkmale erarbeitende Lektüre) – *Aneignen* (aneignende Lektüre) – *Anwenden* (Transfer). Berechtigung und Grenzen solcher Phasenmodelle sind ausgiebig diskutiert (vgl. FRITZSCHE 1994, Bd. 3, 213–228; WALDMANN 1998, 27 ff.). Auch wer sie in ihrem praktischen Wert (Organisation von Textverstehen im Unterricht) eher skeptisch beurteilt, wird es legitim finden, literarisches Lesen als Prozess der *allmählichen* Annäherung an die lebensweltlichen, ethisch-moralischen und nicht zuletzt ästhetischen Rezeptionsvorgaben eines Textes zu beschreiben. Dabei wird man sich aber immer bewusst bleiben müssen, dass die seit Kreft unterschiedenen Phasen nicht notwendig nacheinander und klar getrennt auftreten, sondern einander überlappen können, wobei auch Schleifenbildung vorkommt. Lesenlernen als »lebenslanger Prozess« (PAEFGEN 1999 a, 85) ist wohl desto weniger durch solche Phasenmodelle beschreibbar, je geübter und erfahrener sein Subjekt bereits ist.

2. Schreiben

2.1 Voraussetzungen

Schriftlichkeit ist »zerdehnte Kommunikation« (Konrad Ehlich) und unterliegt als Interaktion zweiter Ordnung anderen Gesetzmäßigkeiten als die Mündlichkeit. Sie können hier nicht dargestellt werden. Es sei lediglich betont, dass Schriftlichkeit, als »reflexive Praxis« (BRÄUER 2000), nicht nur *Selbstreflexion* und *Selbstausdruck* ohne unmittelbaren Zwang zum Rollenhandeln ermöglicht, sondern – literaturdidaktisch wichtiger – auch eine Form »geistiger Arbeit« ist (FRITZSCHE). In dieser Funktion dient es u. a. der Selbst- und Fremdverständigung über Literatur. Wurde aber oben die Ambivalenz des Leseakts (immer zwischen Arbeit und Vergnügen) betont, so ist nun eine ähnliche Ambivalenz des Schreibakts festzuhalten: Er zwingt – in der Schule zumal – zur Besinnung auf Gelerntes und Bekanntes und vor allem zum Aufbau einer inneren Ordnung dabei; gleichzeitig aber setzt er sehr oft auch Neues frei und ist dann spontaner Ausdruck eben entstehender Einsicht.

In der Tradition der allgemeinen Schulbildung seit dem 19. Jahrhundert wurde freilich diese Ambivalenz zugunsten der Ordnungs- und Reproduktionsfunktion aufgelöst, Schreiben vorwiegend zur Darstellung von Lernergebnissen genutzt. Inzwischen aber ist es als *Form des Denkens* und als *Medium* erkannt, das Lernprozesse prinzipiell jeder Art begleiten kann (vgl. BRÄUER 1999). Während im Aufsatzunterricht Schreiben in seinen verschiedenen Formen *Lerngegenstand* ist und bleibt, richtet die Didaktik jenseits dieses Lernbereichs ihre Aufmerksamkeit zunehmend auf Schreiben als *Lernmedium*. Die drei Sprachfunktionen aus Karl Bühlers Organon-Modell sind für dieses Medium in Anspruch genommen worden: Darstellung, Ausdruck und Appell. Diesen drei Funktionen entsprechen eine erkenntnistheoretische, eine produktionsästhetische und eine rhetorische Perspektive, unter der man *Schreiben im Literaturunterricht* betrachten kann: heuristisches, poetisches und rhetorisches Schreiben.

2.2 Heuristisches Schreiben

»Heuristisch« (in der Schreibdidaktik gelegentlich auch »epistemisch« genannt) ist Schreiben immer dann, wenn es nicht produkt-, sondern prozessorientiert eingesetzt wird als Medium des Denkens und Lernens (vgl. BEISBART 1989, ORTNER 1995, BRÄUER 1999). Für literarisches Lernen hat dies vor allem Karlheinz Fingerhut (1997 b) durchdacht und erprobt. Nicht die einzige (vgl. 2.3), aber eine wichtige Ausprägung »literarischer Schreibdidaktik« (PAEFGEN 1999 a, 94–106), ist heuristisches Schreiben für die Literatur »adäquates Erkenntnismittel«. Szenisch und projektiv »die Werke in das Leben des Lesers hereinzunehmen« (EGGERT 1980, 83), kann ein Weg sein, im »Literarischen Rollenspiel« Verstehensprozesse auszudrücken, zu dokumentieren und zu befördern.

Aber nicht nur fiktive, auch authentische Leserrollen können heuristisch eingenommen werden: So dokumentiert Werner Ingendahl (1991, 105) die schreibende Reflexion von Einstellungsänderungen beim Lesen. Begleitet das Verfahren einen längeren Lektüreprozess, so führt es zu fortlaufenden Interlinearkommentaren oder zu »Lesetagebüchern«, wie sie etwa Andrea Bertschi-Kaufmann (1998) als Stütze und Ausdruck literarischen Lernens schon auf der Primarstufe beschreibt. Darin zeigt sich die allmähliche Verfertigung der Gedanken und textgestützten Vorstellungen beim Schreiben. Sie lassen sich nutzen als »Fenster« zum unabschließbaren literarischen Verstehen.

Heuristisch sind auch sekundarstufentypische »Schreibarten« wie die perspektivische Inhaltswiedergabe, die Ulf Abraham (1994, 127 ff.) als »Etüde« empfiehlt. Streng genommen ist bereits die *Paraphrase* (vgl. ebd., 124 ff.) eine (einfache) Form heuristischer Annäherung an den Text; schwieriger ist der *Essay*. Solche »Schreibarten« sind heuristisch freilich nur dann, wenn man nicht so sehr das Produkt – z. B. als Nachweis erworbener Inhaltskenntnis (»Inhaltsangabe«) oder als Fähigkeit der geschliffenen Formulierung (Essay) – hervorhebt als den *Prozess* der Auseinandersetzung mit dem Text sowie mit jenen Wertungs- und Urteilsfragen, die seine Lektüre aufwirft.

2.3 Poetisches Schreiben

Gilt die Auseinandersetzung dagegen eher der literarischen *Form* (»Bauform«) oder sprachlichen *Gestalt* (»Stil«) des Textes, so spricht man besser von poetischem Schreiben. Dieses ist nicht problemorientiert wie das heuristische, sondern *gattungs- und formorientiert*. Besonders Günter Waldmann hat solches Schreiben produktionsästhetisch begründet: Wer erzählen sowie lyrisch und dramatisch schreiben lerne, verstehe die AutorInnen besser, die sich in diesen historischen

Gattungen ausgedrückt haben, aber auch diejenigen »Modernen«, die die Grenze dieser Gattungen zu überwinden suchten. »Inhalt« und »Form« sind nicht zu trennen: Eine bestimmte »Erzählperspektive« oder das »lyrische Ich« im Gedicht sind gattungsspezifische Formen der Organisation von *Bedeutung* (vgl. 1.6); das analytische Prinzip im Drama oder Kriminalroman ist ein Schreibmuster, das durch Nachahmung in seiner Funktion deutlich(er) wird.

Poetisches Schreiben kann auch am Stil ansetzen; so empfiehlt Kaspar Spinner (1994) »Stilübungen« als Kombination literarischer Stoffe eines Autors mit dem Stil eines andern; Elisabeth K. Paefgen (1996, 131) erprobt, auf Barthes rekurrierend, das *Pastiche*-Schreiben; Ulf Abraham (1994, 147 ff.) stellt das Verfassen von *Précis* nach strengen Regeln als Arbeitsform dar. Anders als beim »Kreativen Schreiben«, das den literarischen Text als »bloßes Sprungbrett« (PAEFGEN 1991, 103) für eigene Ausdrucksbedürfnisse nutzt, bleibt das poetische Schreiben auf die Literatur bezogen, die es auslöst und inspiriert. Lesende werden zu Ko-Produzenten in Bezug auf Gattung und Genre, Stil und Form. Das Herkommen von einem *Poetikunterricht*, wie er bis etwa 1770 üblich war, ist unübersehbar.

2.4 Rhetorisches Schreiben

Neben heuristischen und poetischen Formen der schriftlichen Auseinandersetzung mit Literatur spielen seit einiger Zeit rhetorische Formen eine Rolle: Das Unbehagen an traditionellen Formen schulischen Schreibens über Texte hat nicht nur zur Produktionsorientierung geführt, sondern auch zu Überlegungen, wie neben den literarischen Äußerungen Lesender ihre »explikativen Äußerungen« (INGENDAHL 1991, 104) offener und vielfältiger gestaltet werden könnten. *Journalistische Formen* wie Kritik, Rezension oder Leserbrief vereinen den schreibdidaktischen Vorzug einer klaren Textsortenvorgabe mit der Herausforderung literarischer Urteilsbildung. Die Vorgabe von Schreibanlässen stellt eine Hilfe für literarisches Erörtern dar. Literarische Texte in Form von fiktiven Vorworten zu einer Buchclub-Ausgabe oder Rezensionen zu erörtern, das sind auch mögliche *Prüfungs*aufgaben, insofern die betreffenden Textsorten vorher Lerngegenstände waren. Zu einer Rezension Leserbriefe schreiben zu lassen, ist nicht Motivationstrick, sondern integriert in einen Lese-Schreib-Unterricht, in dem sowohl analytische und rationale als auch assoziative und emotionale Äußerungsformen Platz haben: Man kann auch »Unsachlichkeit als Schreibaufgabe« sehen (ABRAHAM 1994, 136 ff.), etwa indem man nicht nur eine Textsorte (Rezension), sondern auch ein Schreibziel (Lob/Verriss) vorgibt. Solche Aufgabenstellungen sind *rhetorisch* in einem Sinn, der an die Rhetorikgeschichte anschließt: Rhetorik hatte einmal, und hat nun hier wieder, einen »Platz in der Wahrheitsfindung« (vgl. ebd. 117).

3. Vorlesen/Vortragen

3.1 Voraussetzungen

Bis ins 18. Jahrhundert hinein war das *laute Lesen* nicht eine besondere, einen Anlass erfordernde Tätigkeit, sondern *die* Form der Textrezeption schlechthin. Die begleitende Artikulation, murmelnd oder laut, unterstützte, auch wo sie in Abwesenheit von Zuhörenden nicht kommunikativ war, das Leseerlebnis. Still zu lesen, d. h. die Stimme und das Ohr – eigentlich den ganzen Körper – aus dem Leseakt auszuschließen, wurde erst um 1800 üblich: Ein Mentalitätswandel führte zum *Verlust der Sinnlichkeit* (vgl. SCHÖN 1987). Lesen wurde zum stummen, den Dialog mit dem Text sozusagen unter Ausschluss der Öffentlichkeit vorantreibenden Akt. Vom lauten (Sich-selbst-)Vortragen blieb nur die Subvokalisation übrig, d. h. ein inneres Sprechen, das mit (durch Elektroden messbaren) Bewegungen der Sprechmuskulatur einhergehen kann, aber in der Regel unhörbar bleibt. Damit verbunden war eine *Kognitivierung* des bis dahin eher als sinnlich, gelegentlich als ekstatisch empfundenen Leseakts. Erst seither fällt dieser mit dem Verstehensakt (der »Sinnentnahme«) weitgehend zusammen (vgl. ebd. 113 f.).

Die uns heute fast selbstverständliche Dominanz des Auges über das Ohr bedingt einen unsinnlichen, kognitionslastigen Lesebegriff. Das laute Lesen wird seit etwa 1800 nur noch dort genutzt, wo (bereits erlesene) Texte für ein Publikum vorgetragen werden. Geschah das auswendig, sprach man von Deklamation, d. h. in der Tradition der Rhetorik von einem kunstvollen Vortrag. Gab dieser bis ins 18. Jahrhundert hinein regelmäßig noch selbstverfasste Dichtung wieder, so entwickelte sich gegenläufig zum Absterben dieser Schultradition im 19. Jahrhundert die »Deklamation« bzw. – nun synonym – »Rezitation« von Dichtung zur Kunstform; »Deklamator(in)« wurde zum Beruf (vgl. HÄNTZSCHEL 1997).

In der Schule dagegen wich das Textsprechen dem analytischen Augenlesen. Der »mündliche Kanal« wird allerdings heute auch hier wieder wichtig, wenn und seit analytische Weisen des Umgangs mit Texten ergänzt werden sollen durch körper- und erfahrungsorientierte. Die akustisch gestützte ästhetische Erfahrung wird im späten 20. Jahrhundert neu entdeckt: Auch »Klangrealisation« kann Texte beleben und ihre Rezeption bereichern, und zwar beim *Vorlesen* (mit Textvorlage) und *Vortragen* (frei). »Klang« beschreibt dabei den individuellen Gestaltungsversuch, »Ton« das angemessene Hörmuster (vgl. ABRAHAM 1996, 295 ff.). In der Rede vom »Ton« verschränken sich eine didaktische und eine philologische Tradition, die beide der Erfahrung von »Totaleindrücken« gelesener Texte gelten: Von der *Musikalität* poetischer als einer »klingenden« Rede zu sprechen, hat philologische *und* didaktische Tradition. Ein »Vokabular des Ohres« (ebd., 297) hat den von Erich Schön (1987) beschriebenen Mentalitätswandel überlebt. Daran konnte eine Didaktik »klanggestaltenden Lesens« anknüpfen (vgl. ABRAHAM 1996, 297–302).

3.2 Vorlesen/Vortragen als sprechtechnische Herausforderung

Sprechtechnik wurde lange weder in der Ausbildung der DeutschlehrerInnen noch in der Praxis als wichtig angesehen. In Schule und Hochschule kommt es weithin nur in »Schwundformen« vor (vgl. BEISBART u. a. 1993, 167 ff.). Eine nützliche Darstellung von Eberhard Ockel (2000) arbeitet sprechwissenschaftliche Grundlagen in didaktischem Interesse auf. Nicht jeder kann Texte gut vorlesen oder vortragen; individuelle Unterschiede sind nicht zuletzt auch physisch bedingt. Aber wer Literatur, in und außerhalb der Schule, wirksam vermitteln will, kann sich Unkenntnis in diesem Bereich nicht leisten. Das Textsprechen gehört zu den »Grundfähigkeiten der Textdeutung« (ebd., IX). VorleserInnen benötigen ein »dreifaches Sensorium«, nämlich a) für die Wahl hörerangemessener Texte und Sprechausdrucksvarianten, b) für den gewählten Text und c) für eine kritische Wahrnehmung der eigenen Ausdrucksmittel (vgl. ebd., 14 f.). Ockel gliedert seine Didaktik in Elementarprozesse, einfache und komplexe Techniken, Hilfen und Unterrichtsvorschläge. Hinweise zur Vorbereitung eines Textes für den Vortrag finden sich außerdem bei Ortwin Beisbart (1993, 172 f.) sowie Wolfgang Menzel (1990), der ein Arbeitsprogramm in fünf Schritten skizziert.

3.3 Vorlesen/Vortragen als Interpretieren

Der Textvortrag als »interpretierendes Textsprechen« (GEISSNER 1982) kann, qua »Deklamation«, einen abgeschlossenen Verstehensprozess signalisieren. Er kann aber auch heuristisch genutzt werden, um zu einer Deutung allererst zu finden. Für beide Möglichkeiten hilft die Vorstellung des Textes als Sprech-Partitur: Sie muss, um Wirklichkeit zu gewinnen (d. h. buchstäblich: zu wirken), erst tonal realisiert werden. In dieser geläufigen Vorstellung (vgl. ARENS 1980) stecken drei Ansprüche (vgl. ABRAHAM 1996, 300): der Anspruch der *Ganzheitlichkeit* von Textrezeption, derjenige der *Aneignung* des »fremden« Wortes; und der Anspruch einer auch *affektiven Durchdringung* (»durch das Ohr ins Gemüt«). Ungeachtet der Problematik solcher Sinnzuschreibungen ist richtig, dass das Finden einer Sprechgestalt, ähnlich wie die Inszenierung beim Drama, in jedem Fall Interpretation *ist*. Schon Essen charakterisierte deshalb (1979, 10–12) »Textsprechen *als* Literaturunterricht« in Abgrenzung vom »halblauten« Textsprechen eines Lesers für sich selbst einerseits und vom Lesen für einen Zuhörer andererseits.

Tonale Realisation in diesem Sinn kann zwar das Vorlesen/Vortragen durch Lehrende und die Vortragsvorbereitung durch Lernende einschließen, aber sie beginnt bereits viel früher im Rezeptionsprozess: Lautes Lesen hat sich gerade bei LeserInnen mit eher niedrigem Intelligenzquotienten als dem stummen Augenlesen überlegen erwiesen (vgl. schon VALENTINE 1962, 380 f.). Und bei allen Lernenden kann es den Sinn für Gestalt und Stillage eines Textes oft besser schärfen als optische Analyse.

3.4 Vorlesen/Vortragen als Wirkungsverstärkung

Noch mehr als eine musikalische lässt die Sprech-Partitur *Varianten* der Realisation zu und damit Wirkungsmöglichkeiten offen (vgl.

GUTENBERG 1985, 13). Die *eine* Klanggestalt eines Textes gibt es ebenso wenig wie die *eine* Interpretation. Es folgt nicht ein Sprecher gehorsam den Anweisungen der Partitur, sondern er setzt seine Lesart um, und zwar »wirkungsunterstützend« oder »wirkungshintertreibend« (BEISBART 1993, 172 f.): Auch »Destruktion, ja Demontage des Textsinnes« ist eine Aufgabe tonaler Gestaltung; auch sie gestaltet etwas, nämlich eine *Beziehung* des Vortragenden zum Text. Der/die Vortragende zeigt, wie ihn/sie der Text »gestimmt« hat und wie das Publikum gestimmt werden sollte: zornig, heiter, traurig, usw. Stimmigkeit in dem Sinn, dass der »Ton des Textes« möglichst getroffen werden soll, ist dabei nicht notwendig intendiert: Auch »wirkungshintertreibendes Vorlesen« bis ins parodistische Extrem kann das Textverstehen fördern, indem es Reflexion und Dialog über autor-, epochen- oder gattungstypische Ausdrucksmuster provoziert.

2. Literarisches Lernen in der Primar- und Orientierungsstufe

VON PETRA BÜKER

1. Vorbemerkungen

Literarisches Lernen mit Grundschulkindern?! Noch immer trifft man auf die Fehlannahme, dass »richtiges« literarisches Lernen erst in den weiterführenden Schulen stattfinde, ja überhaupt erst möglich sei. Eine solche Einschätzung verkennt die Grundschule als einen wichtigen Ort, an dem der Grundstein für schulisch vermittelten Umgang mit Literatur gelegt wird. Die Grundschule vermittelt ihrem Auftrag der »Grundlegung der Bildung« gemäß wichtige Basiskompetenzen, die sich im Sinne einer »Kongruenz von Anfang und Ziel« (LICHTENSTEIN-ROTHER/RÖBE 1982) sicherlich graduell, nicht aber prinzipiell von den in der Sekundarstufe intendierten Fähigkeiten und Fertigkeiten unterscheiden. Traditionsgemäß kommt der Grundschule die Aufgabe zu, über den »Leselehrgang« im ersten Schuljahr *Lesefertigkeit* im Sinne der Beherrschung des Schriftsystems zu vermitteln. Auf diese elementare Grundlage aufbauend soll der sog. »Weiterführende Leseunterricht« (vgl. RITZ-FRÖHLICH 1978) ab dem zweiten Schuljahr das sinnentnehmende Lesen fördern. In aktueller Terminologie spricht man vom Aufbau einer *Lesekompetenz*, bei der es vor allem um das Erschließen und Verstehen der Inhalte geht, und vom Aufbau einer *literarischen Kompetenz*. Letztere soll zur Teilhabe an der literarischen Kultur und zum (produktiven) Umgang mit Literatur als Kunst befähigen (zur begrifflichen Differenzierung der Lesefähigkeiten vgl. auch EGGERT/GARBE 1995, 8 ff.). Aus heutiger Sicht stellt das Lesenlernen keine isolierbare erste Stufe dar; vielmehr geht es um einen komplexen, interdependenten Zusammenhang aller drei Kompetenzbereiche vom ersten Schultag an (vgl. DEHN 1988). In alle Bereiche dieses Gesamtzusammenhanges eingeflochten ist das Schaffen von Grundlagen auf der motivationalen Ebene. Dies ist als das fundamentalste Ziel anzusehen, da in der Primarstufe die grundlegenden Einstellungen zum Lesen, zur ästhetischen Literatur sowie Grundzüge des Deutungsmusters ›Schullektüre‹ erworben werden, die – wenn überhaupt – später nur mit Mühe noch verändert werden können (vgl. Hurrelmann 1983, 32).

Im folgenden Überblicksartikel wird – wie auch in den Lehrplänen für die Primar- und Orientierungsstufe – der traditionelle Begriff »Literaturunterricht« vermieden, da – historisch bedingt – die mit ihm verbundenen Vorstellungskontexte überwiegend sekundarstufenorientiert sind. Vielmehr wird hier von *literarischem Lernen* als Teilgebiet des Deutschunterrichts gesprochen. Dem liegt folgendes Verständnis zu Grunde: Literarisches Lernen meint schulische Lehr- und Lernprozesse zum Erwerb von Einstellungen, Fähigkeiten, Kenntnissen und Fertigkeiten, die nötig sind, um literarisch-ästhetische Texte in ihren verschiedenen Ausdrucksformen zu erschließen, zu genießen und mit Hilfe eines produktiven und kommunikativen Auseinandersetzungsprozesses zu verstehen. Neben der Rezeption umfasst das literarische Lernen auch die produktiven Versuche, eigene literarische Texte hervorzubringen. Als »literarisch-ästhetisch« werden Texte bezeichnet, welche die drei Merkmale Fiktionalität, sprachkünstlerische Gestaltung und relativ dauerhafte Fixierung (zumeist schriftlich, aber auch mündlich oder elektronisch) aufweisen. Auf der Grundlage eines weiten Textbegriffes ergeben sich sehr viele Überschneidungen in den Zielsetzungen und Vermittlungsformen bezüglich nicht-ästhetischer Textsorten. Aus diesem Grunde wird das literarische Lernen im oben definierten engeren Sinne in den Lehrplänen normalerweise unter dem allgemeinen Teillernbereich »Umgang mit Texten« subsumiert (vgl. 4.). Gemäß einem integrativen Ansatz ist es in der Grundschule aufs Engste mit den anderen Teilgebieten, mit anderen Fächern und mit dem Schulleben verknüpft.

Diese Verschränkungen und Interdependenzen berücksichtigend, soll es im Folgenden um die spezifischen Voraussetzungen, Konzepte und Probleme, Ziele, Inhalte und Vermittlungsformen gehen, die für den Umgang mit literarisch-ästhetischen Texten kennzeichnend sind.

In dem vorliegenden Überblicksartikel werden Primar- und Orientierungsstufe, zwischen denen in den meisten Bundesländern ein Schulwechsel erfolgt, zusammen betrachtet. Die Zusammenfassung der 6–12-Jährigen zu einer Gruppe mit gewissen gemeinsamen Entwicklungsaufgaben und -problemen wird in der Entwicklungspsychologie (mit Wissen um die Schwierigkeiten von Typisierungen und Grenzziehungen, vgl. BAACKE 1989, 41 ff.) bis heute praktiziert. In der Lesebiografieforschung (vgl. SCHÖN 1990) wird von der »ersten eigenständigen Lesephase« im Alter zwischen 6/7 und 12 gesprochen, die deutlich von der Vorlesephase und der Phase des pubertären Lesens unterschieden werden kann. Die noch immer gültige Einteilung der Kinder- und Jugendliteratur weist die 6–12-Jährigen als »Kinderbuchleser« aus (so etwa bei der Vergabe des Jugendliteraturpreises). Aufgrund prinzipiell ähnlicher Rezeptionsvoraussetzungen bestehen viele konzeptionelle Gemeinsamkeiten zwischen dem literarischen Lernen der Primar- und dem der Orientierungsstufe (vgl. 4.). Dennoch: Die Zugehörigkeit zu einer Altersgruppe darf nicht den Blick dafür verstellen, dass gerade in der Grundschule als »Schule für alle Kinder« (d. h. für Kinder unterschiedlichster sozialer, kultureller, ethnischer Herkunft, mit den verschiedensten Lernvoraussetzungen und -niveaus) teilweise erhebliche individuelle Unterschiede hinsichtlich der Bedingungen für literarisches Lernen vorzufinden sind. Eine Kenntnis der vor- und außerschulisch stattfindenden Prozesse literarischer Sozialisation sowie wichtiger entwicklungsbedingter Voraussetzungen ist daher für LehrerInnen unerlässlich.

2. Voraussetzungen für literarisches Lernen auf der Seite der SchülerInnen

2.1 Literarische Sozialisation im Kindesalter

»Wenn von ›literarischer Sozialisation‹ gesprochen wird, stellt man sich vielleicht einen Zweig im Baum des Lebens vor, der den Werdegang zur Literaturleserin, zum Literaturleser, oder neutraler: zum habituellen Lesen nachzeichnet, ähnlich wie ein anderer Strang den Weg zum Sport [...] symbolisieren könnte« (ROSEBROCK 1995, 14). Es geht um den Prozess des Hineinwachsens in eine Gruppe oder Kultur, welche das gegenwärtige komplexe Bild vom Leser, von der Leserin in Form spezifischer »Mitgliedschaftsentwürfe« (HURRELMANN/ULICH 1991) bereithält. Dieser Sozialisationsprozess setzt in der frühen Kindheit ein: Kinder machen schon früh Erfahrungen mit Texten verschiedener Art: mit klanglich vermittelten Texten (bereits im Babyalter mit Kniereiterversen und Fingerspielen, später dann mit Hörspielkassetten etc.), mit bildlich vermittelten Texten (Bilderbücher), mit bildlich-klanglich vermittelten Texten (Vorlesen von Bilderbüchern, Fernsehen, elektronische Medien) und mit schriftsprachlichen Texten im engeren Sinne (vielfältige Texte, die sie zwar noch nicht selbst erlesen, wohl aber deren Funktion in unterschiedlichen sozialen Bezügen erfahren können). Die Art und Intensität dieser Erfahrungen ist dabei sehr heterogen: Von großer Bedeutung sind die Rezeptionspraktiken, die im Elternhaus hinsichtlich Bücher- und Mediennutzung »vorgelebt« werden (vgl. DEHN 1991; HURRELMANN 1993; SAXER u. a.1989) sowie die Einbindung des Kindes in *kommunikative* Rezeptionssituationen in der Familie (vgl. HURRELMANN 1983 und WIELER 1997). Wichtig ist in diesem Zusammenhang die Tatsache, dass Sozialisationsprozesse kein rein passives Aufnehmen der o. g. Mitgliedschaftsentwürfe darstellen, sondern jegliches Rezeptionsverhalten wesensmäßig auch eine *aktive* Form der Wirklichkeitsbegegnung ist: Die bloße Ansammlung von Buchstaben, Bildern und Klängen muss innerlich verlebendigt und aktiv zu inneren Szenarien aufgebaut werden. Hier wird der Zusammenhang zwischen literarischer Sozialisation und kognitiver Entwicklung sowie Identitätsentwicklung evident.

2.2 Entwicklungsbedingte Voraussetzungen für literarisches Verstehen

Aufgrund entwicklungsgemäßer Besonderheiten unterscheidet sich das kindliche Literaturverständnis deutlich von dem Erwachsener. Insbesondere Kaspar H. Spinner (1995 e) hat darauf aufmerksam gemacht, dass kindliche Rezeptionsweisen nicht simplifizierend als »defizitär« angesehen werden dürfen. Vielmehr geht es um eine neue Sichtweise dessen, was unter »literarischer Kompetenz« zu verstehen ist. Auf einer solchen Folie ist das kindliche Rezeptionsverhalten zwar *anders,* aber nicht minder literarisch: Mindestens seit der Romantik ist die besondere Affinität von Kindern zu fiktionalen Texten bekannt. Entsprechend wurde in der um 1920 entwickelten »Theorie des Lesealters« von »Struwwelpeteralter« (2.–4. Lebensjahr; Vorliebe für Reim, Rhythmus und kurze Geschichten), »Märchenalter« (4.–7. Lebensjahr) und »Robinsonalter« (7.–12. Lebensjahr; Vorlieben für Heldenhaftes und Abenteuerliches; realistische Wende) gesprochen (vgl. BÜHLER [1918] 1958; ENGELMANN [1925] 1958). Der kindliche Bezug zur Fiktion lässt sich entwicklungspsychologisch und anthropologisch durch die fundamentale Bedeutung erklären, die das Imaginäre bei der Bildung der personalen Identität besitzt (vgl. SCHWAB 1982). Bis etwa zum 6. Lebensjahr nehmen Kinder an, dass Geschichten von realen Ereignissen handeln. Die Grenze zwischen so genannter realer und fantastischer Welt ist in der Wahrnehmung des Kindes noch fließend. Für den Erwachsenen treten im Umgang mit Texten Fiktion und Wirklichkeit, Zeichen und Bedeutung auseinander; er übersetzt ständig von einem Bereich in den anderen und sieht gerade darin den Ausdruck literarischer Kompetenz. Jüngere Kinder fassen Literatur noch nicht als Form uneigentlichen Aussagens auf. Sie können solche Übertragungen noch nicht oder nur punktuell vornehmen; sie sehen auch keinen Anlass dafür, weil es im imaginären Raum, in dem sich ihr Verstehen bewegt, diese Trennungen nicht gibt (vgl. SPINNER 1995 e, 84). Während Erwachsene beim literarischen Verstehen immer wieder die Distanz von der Ebene des Bildhaften suchen, um die Bedeutungsebene zu erschließen, lassen Kinder sich mit allen Sinnen auf die Bilder ein und bringen sie in der Imagination zur Entfaltung. Imagination als dritte seelisch-geistige Kraft neben Verstandestätigkeit und Emotion umfasst die Fähigkeit, innere Bilder oder Vorstellungen zu entwerfen (vgl. KÖPPERT 1997). In dieser Fähigkeit, die Kinder auch im selbstvergessenen, sich-versenkenden, nahezu kontemplativen Spiel zeigen, sind sie den Dichtern sehr nahe, welche fiktive Welten entwerfen. In diesem Punkt können Erwachsene von Kindern lernen, »weil sie sich in einer Unbefangenheit, Intensität und Direktheit im imaginären Raum zu bewegen vermögen, die wir oft verloren oder vielleicht besser: in uns zurückgedrängt haben« (SPINNER 1995 e, 95).

Bis zum Ende der Grundschulzeit bildet sich ein Differenzbewusstsein von Fiktion und Realität. Dies fällt bei den meisten Kindern zusammen mit dem allmählichen Übergang von der sog. konkret-operationalen Phase der Denkentwicklung (PIAGET 1972), welche sich durch das Haften am Konkreten, Gegenständlichen auszeichnet, hin zur Stufe der sog. formalen Operation, auf der sie zu größeren Abstraktionsleistungen fähig sind. Das »Eigenrecht« von literarischen Fiktionen wird allerdings erst mit dem 14. bis 16. Lebensjahr voll akzeptiert (vgl. ANDRINGA 1989; HOPPE-GRAFF/ SCHELL 1989; EGGERT/GARBE 1995).

Das Verstehen fremder Perspektiven und psychischer Prozesse sowie der Verflechtung verschiedenster Sichtweisen, welche in der erzählenden Literatur vermittelt werden, entwickelt sich ebenfalls verstärkt erst ab dem 10. Lebensjahr. Nun bildet sich die Fähigkeit der kognitiven und affektiven Dezentrierung, wohingegen jüngere Kinder eine ausgesprochen egozentrische Weltsicht aufweisen (vgl. PIAGET/WEIL 1951). Letztere beziehen das Gelesene auf sich selbst, indem sie sich an die Stelle einer literarischen Figur setzen oder diesen ihre eigenen Denk- und Empfindungsweisen zuschreiben. Bei der moralischen Beurteilung der Handlungsweisen literarischer Figuren (im Sinne KOHLBERGS) sind viele Kinder im Grundschulalter den Erwartungen und Normen ihrer eigenen Gruppe noch relativ stark verhaftet (vgl. SPINNER 1989 b). Das Erfassen psychischer Tiefendimensionen und das Verständnis für komplexe Erzählstrukturen entwickelt sich erst in der Pubertät. Jedoch ist aus der Tatsache, dass Kinder in ihrer literarischen Rezeption primär auf das äußere Handlungsgeschehen Bezug nehmen, nicht zu folgern, dass das Innere von ihnen nicht erschlossen würde. Spinner (1995 e) weist darauf hin, dass Kinder die psychische Dimension sehr wohl wahrnehmen, diese jedoch noch nicht klar vom äußeren, linearen Geschehen trennen. (An dieser Stelle sei kurz darauf verwiesen, dass die hier genannten Altersangaben, Stufenfolgen etc. nur *Orientierungen* darstellen; die Realität gestaltet sich sehr viel differenzierter).

Die hier skizzierten Verstehensweisen von Kindern im Primar- und Orientierungsstufenalter sind ihrerseits natürlich Ergebnisse einer vorausgegangenen Entwicklung. Im Kontext von Sozialisation und Entwicklung beginnt der Erwerb literarischer Kompetenz lange vor dem Erwerb von Lesefertigkeit (vgl. ROSEBROCK 1999; SPINNER 1995 e). Im Vorgelesen-Bekommen, Erzählt-Bekommen, im Bilderbuchbetrachten, in ganz frühen Wort- und Lautspielen, ja sogar im Lesen aus dem Gesicht des anderen entwickelt das Kind Strategien, um sein Begehren nach Sinnhaftigkeit zu befriedigen. Gleichzeitig erfährt es unmittelbar, dass es Freude bereitet, Geschichten, Gedichte und Lieder zu hören, nachzusprechen oder weiterzuerzählen. An dieser Stelle wird der enge Zusammenhang zwischen Sozialisation und Entwicklung überdeutlich: Je nach Anregung der Umwelt in Verbindung mit endogenen Entwicklungsfaktoren entwickeln sich in erfahrungsbezogenen Lernprozessen mehr oder weniger stark differenzierte *kognitive Schemata,* die Kinder als Lernvoraussetzungen in den Literaturunterricht mitbringen.

3. Zur Diskussion um literarisches Lernen in der Primar- und Orientierungsstufe

3.1 Literaturdidaktische Konzepte seit 1945

Die Vermittlung von Lesefähigkeit und die Hinführung zur Literatur wurde schon immer als eine der wichtigsten Aufgaben der Schule betrachtet. Über die Frage der damit verbundenen Leit- und Zielvorstellungen wurde und wird bis heute jedoch sehr kontrovers diskutiert. Im Folgenden werden literaturdidaktische Positionen benannt, die seit 1945 die Diskussion um die hier in Rede stehenden Schulstufen maßgeblich bestimmt haben und sich bis heute auf die konkrete Unterrichtspraxis auswirken.

Nach der Abwendung vom nationalsozialistischen Gesinnungsunterricht dominierte das Konzept des *Erziehenden Literaturunterrichts.* Mittels einer *Didaktik der Lebenshilfe* sollten die Kinder durch Dichtung vorbildhaftes Verhalten kennen lernen und moralische, zumeist auch christlich-religiöse Orientierung finden. Verknüpft wurde dieser Ansatz mit einer gefühlsbetonten *Erlebnispädagogik,* die schon in der reformpädagogischen Kunsterziehungsbewegung eine wichtige Rolle gespielt hatte. In den Volksschullesebüchern fanden sich Gedichte, Fabeln, Sagen, Märchen, Legenden und volkstümliche Geschichten, die nach den Kriterien ästhetischer Genuss, Kindgemäßheit, Heimatbezug und thematische Eignung für einen fächerübergreifenden Gesamtunterricht ausgewählt und erschlossen wurden.

Um 1960 setzte die Kritik am Lebenshilfekonzept ein. Insbesondere wurden dessen Lebensferne (als zentraler Kritikpunkt im Rahmen der sog. *Lesebuchdiskussion,* vgl. HELMERS 1969) und dessen einseitiger Literaturbegriff in Frage gestellt. Zeitlich parallel setzte eine tief greifende Grundschulreform ein, in deren Gefolge die Volksschule mit ihrem Konzept der volkstümlichen Bildung 1968 aufgelöst wurde. Das literarische Lernen im Deutschunterricht der neuen Primarstufe (Kl. 1–4) und der Orientierungsstufe (Kl. 5–6) war zunächst beeinflusst von der *sachstrukturell orientierten Literaturdidaktik.* Im Zuge einer Rationalisierung und Objektivierung der Lernprozesse stand die Analyse literarischer Texte auf ihre Struktureigenschaften hin im Vordergrund. Nicht selten wurde der einzelne Text nur noch als Beispiel für seine Gattung und deren Merkmale betrachtet. Gleichzeitig erfolgte auf diesem Hintergrund eine Erweiterung des Textbegriffs um Unterhaltungsliteratur und Sachtexte.

Prägnant wirkte sich in der Grundschule auch der Gedanke des »kritischen Lesens« als Beitrag zu einer emanzipatorischen Erziehung aus, welcher mit der *Kritischen Literaturdidaktik* ab 1968 Einzug hielt. Texte sollten im Hinblick auf die gesellschaftlichen Interessen, die in ihnen zum Ausdruck kommen, untersucht werden. Im Verlaufe der siebziger Jahre waren zwei didaktische Ansätze in ihrem Zusammenhang von besonderer Bedeutung für die Primar- und Orientierungsstufe: *die Kommunikations- und die Rezipientenorientierung.* Auf dem Hintergrund der rezeptionsästhetischen These, dass Texte keine ausschließlich richtige Deutung beinhalten, sondern die LeserInnen den Sinn subjektiv mitschaffen, rückten die Kinder als Lesende in den Mittelpunkt. Lesen wurde nun als Auseinandersetzung begriffen – sowohl individuell im Rahmen von Identitätsbildung als auch sozial im Sinne von gegenstandsbezogenen Kommunikationsprozessen. Die stärkere Orientierung an den jungen RezipientInnen fiel Anfang der achtziger Jahre zusammen mit der Entwicklung eines neuen Grundschulprofils, das durch die – völlig neu definierten – Komponenten »Kindorientierung« und »Grundlegung der Bildung« gekennzeichnet war und bis heute ist (vgl. LICHTENSTEIN-ROTHER/RÖBE 1982; WITTENBRUCH 1984). Die Wiederentdeckung reformpädagogischer Ideen und angelsächsische Vorbilder gaben Impulse für einen *offenen Unterricht,* in dem Schülerorientierung, Handlungsorientierung und lebensweltbezogene Problemorientierung im Mittelpunkt standen (und bis heute stehen). Für das literarische Lernen erhielt in diesem Kontext der *handlungs- und produktionsorientierte Ansatz* eine große Bedeutung. Dieser Ansatz geht davon aus, dass ein rein analysierender und interpretierender Umgang mit Texten vielen SchülerInnen nicht gerecht wird. Vielmehr sollen sie »... auch in ihrer Sinnlichkeit, ihren Gefühlen, ihrer Phantasie, ihrem Tätigkeitsdrang angesprochen werden« (HAAS/MENZEL/SPINNER 1994, 17), was dem ganzheitlichen Lernen des Kindes entspricht. Medium der Texterfassung sind die kreativen Kräfte der SchülerInnen, die mit Bezug auf einen Ausgangstext produktiv neue Texte, Teiltexte oder Textvarianten erzeugen oder handelnd auf denselben reagieren, indem sie ihn z. B. szenisch interpretieren, illustrieren, vertonen oder in Bewegung umsetzen (vgl. ebd., 18). Dieser literaturdidaktische Ansatz steht in enger Verbindung mit modernen *schreibdidaktischen Konzepten* wie etwa dem des Kreativen Schreibens (z. B. MERKELBACH 1993), des Erlebnisorientierten Schreibens (SENNLAUB 1994), der Ästhetischen Erziehung (im Sinne von GASCHK/LESSMANN 1996), aber auch des Freien Schreibens (BAMBACH 1999; SPITTA 1999). Die hier angedeutete Vielfalt der Varianten »offener« didaktischer Ansätze und ihr Zusammenspiel ist kennzeichnend für die achtziger und neunziger Jahre, in denen sich das Konzept der sog. »*Didaktik des sprachlichen Handelns*« (vgl. BARTNITZKY 1987/2000) konsolidierte.

3.2 Brennpunkte der aktuellen Diskussion

Im Rahmen einer umfassenden Grundsatzdiskussion um die Rolle des Deutschunterrichts im Informationszeitalter erfährt auch der Diskurs um literarisches Lernen derzeit gravierende Neuorientierungen. Auf dem Hintergrund der zentralen Fragestellung, wie heutige Kinder für die großen, veränderten Herausforderungen der Gegenwart und der Zukunft qualifiziert werden können, steht die Diskussion um Neue Medien und Fremdsprachen in der Grundschule zur Zeit im Vordergrund. Lesefertigkeit und Lesekompetenz erhalten als »Schlüsselkompetenzen« für die Beherrschung moderner Technologien eine neue Bedeutungsdimension. Gerade in diesem Bereich wird nach dem schlechten Abschneiden Deutschlands im Rahmen der Pisa-Studie eine gründliche Revision veralteter Ziele, Inhalte und Vermittlungsformen gefordert (vgl. DER SPIEGEL vom 10. 12. 2001). Literarische Kompetenz wird nunmehr als Teilqualifikation einer umfassenden *Medienkompetenz* begriffen (vgl. HURRELMANN 1994 a). Hier geht es um empirische Grundlagenforschung zur kindlichen Rezeption literarischer Texte in multimedialen Umgebungen ebenso wie um das Ausloten von Möglichkeiten und Grenzen des Einsatzes Neuer Medien beim literarischen Lernen. Unter den Aspekten Globalisierung, kulturelle und sprachliche Pluralität rückt neben dem fremdsprachlichen auch der *interkulturelle Gedanke* in den Mittelpunkt. Untersucht werden Möglichkeiten des Umgangs mit fremdkulturellen Literaturen (vgl. HURRELMANN/RICHTER 1998; WEINKAUFF 2000), interkulturelle Lesarten (vgl. RÖSCH 2000 b/c) und die literarische Sozialisation ethnischer Minderheiten. In Anbetracht des Wertepluralismus entbrennt eine neue Diskussion um die *Erziehungsdimension* und den ethischen Auftrag literarischen Lernens (vgl. KAMMLER 2000, 6 ff.) sowie um die Gefahr der Instrumentalisierung von Literatur für pädagogische Zwecke (ROSEBROCK 1999). Diese Diskussion findet sich auch in der KJL-Debatte (vgl. DAHRENDORF 1998). Letztere fordert den konsequenten *Einbezug zeitgenössischer Kinderliteratur* in die Lehrpläne und stellt die Frage nach einem *Kinderliteraturkanon*. Die Diskussion um literarisches Lernen in der Grund- und Hauptschule wird darüber hinaus bestimmt durch eine *Auseinandersetzung mit dem Konzept des handlungs- und produktionsorientierten Textumgangs* und dem Problem seiner häufig aktionistisch verkürzten und den Ausgangstext vernachlässigenden Rezeption in der Praxis dieser Schulformen (vgl. ROSEBROCK 1999; WALDMANN 1998). Hier wird herausgearbeitet, dass es nicht um »frohes Lesen« oder »Bastelstunden« geht, sondern um genuin literarische Tätigkeiten in einem komplexen konzeptionellen Kontext.

4. Aufgaben und Zielsetzungen, Inhalte und Vermittlungsformen des literarischen Lernens mit Kindern

Wie wird literarisches Lernen heute verstanden? Im Folgenden wird versucht, das in den letzten Jahren konsolidierte Konzept literarischen Lernens im Rahmen einer »Didaktik des sprachlichen Handelns« (vgl. 3.1) zu umreißen. Literarisches Lernen, so lässt sich als

Konsens feststellen, besitzt zwei Hauptaufgaben: Es soll wichtige Beiträge zur *Persönlichkeitsentwicklung* und zur *literarisch-ästhetischen Bildung* der SchülerInnen leisten. Hieraus lassen sich maßgebliche Zielsetzungen gewinnen, die in Anlehnung an Kaspar H. Spinner (1999 b; 2000 a) wie folgt zusammengefasst werden können: Literarisches Lernen soll dem Aufbau einer stabilen Lesemotivation, der Entwicklung einer Texterschließungskompetenz, der ästhetischen Sensibilisierung, der Identitätsfindung und dem Fremdverstehen, der Auseinandersetzung mit anthropologischen Grundfragen und der Förderung von Imagination und Kreativität dienen. Diese Zielsetzungen werden in den Lehrplänen expliziert. Da in Letztgenannten der jeweils aktuelle fachwissenschaftliche und didaktische Diskussionsstand Berücksichtigung findet, soll im Folgenden auf die Aussagen ausgewählter Deutsch- (bzw. Sprache-) Lehrpläne für die Primar- und Orientierungsstufe Bezug genommen werden (eine ausführliche Lehrplansynopse für die Primarstufe findet sich bei VORST 2000).

In den Deutsch-Lehrplänen der einzelnen Bundesländer findet sich die Aufgliederung des Lernstoffes in die Teilbereiche: Mündliche Kommunikation, Schriftliche Kommunikation, Umgang mit Texten/ Medien und Reflexion über Sprache. Das literarische Lernen ist Gegenstand des Arbeitsbereiches: Umgang mit Texten/Medien. In der Grundschule sind die genannten Teilbereiche im Sinne eines integrativen Ansatzes (vgl. BARTNITZKY 1987/2000) aufs Engste miteinander verzahnt. Letzterer spiegelt sich in vielen aktuellen Schulbuchwerken dergestalt wieder, dass in einem inhaltlich orientierten Gliederungssystem sog. »Sprachverwendungssituationen« den (zumeist fächerübergreifend angelegten) thematischen Mittelpunkt bilden. So wird beispielsweise Eveline Haslers ›Hexe Lakritze‹ oder Otfried Preusslers ›Die kleine Hexe‹ im komplexen Gesamtzusammenhang des Themas »Von Hexen und Zauberern« erarbeitet; Janoschs ›Der kleine Tiger braucht ein Fahrrad‹ im Rahmen der Verkehrserziehung.

Dem Lernbereich »Umgang mit Texten« liegt ein umfassender Textbegriff zu Grunde, wobei den schriftsprachlichen Texten (und in neuester Zeit auch den »künstlerischen Medien«; vgl. RICHTLINIEN GESAMTSCHULE NRW 1998; LP GRUNDSCHULE MECKLENBURG-VORPOMMERN 1996; LP GRUNDSCHULE BAYERN 2000) im Unterricht eine besondere Rolle zugewiesen wird. Die Hinführung zur Literatur, das

Wecken eines lebendigen Leseinteresses und das *Fördern der Freude, der Bereitschaft und der Fähigkeit der Kinder, mit Texten umzugehen,* wird in allen Lehrplänen als die fundamentalste Zielsetzung literarischen Lernens erachtet. Dies kann nur gelingen, wenn bei der Textauswahl und den Aneignungsformen konsequent an die Rezeptionsvoraussetzungen der 6-12-Jährigen angeknüpft wird (vgl. 2.2). Daraus ergeben sich für die *Auswahl literarischer Texte* wichtige Kriterien wie Nähe der Themen und Motive zur kindlichen Lebenswelt (imaginäre Welten eingeschlossen), Möglichkeit der Erweiterung von (für Kinder bedeutsamen) Erfahrungen, altersangemessene »Passung« der sprachlichen und poetologischen Strukturen sowie Anregungspotenzial für Fantasie, Kreativität und produktives Gestalten eigener Texte. Solche Kriterien werden insbesondere durch literarische Formen wie Kinder- und Tiergeschichten, Märchen, Reime, Gedichte, Sprachspiele, konkrete Poesie, Spiel- und Bewegungsgeschichten, Kindertheaterstücke u. a. m. und natürlich durch die zeitgenössische Kinder- und Jugendliteratur als literarische »Großform« einschließlich ihrer medialen Vermittlung erfüllt (dezidierte Vorschläge in den Grundschullehrplänen Bayerns 2000, Berlins 1997, Bremens 2001; Lektüreempfehlungen geben Berlin 1997 und Thüringen 1999). In allen Lehrplänen wird der handlungs- und produktionsorientierte Textumgang als adäquate *Vermittlungsform* betont. Dieser muss im Zusammenhang einer literarisch anregenden Lernumwelt realisiert werden. Die Einrichtung gemütlicher Leseecken (oder »-höhlen«), die Bereitstellung vielfältiger Lesematerialien in der Klasse, freie Lesezeiten, Leseprojekte, die gewohnheitsmäßige Nutzung einer Klassen-, Schul- und Stadtteilbibliothek, darüber hinaus auch Kontakte zu Kindertheaterbühnen und KinderbuchautorInnen sind wichtige Realisierungsformen eines »literarischen Lebens« (GERTH 1982) in der Primar- und Orientierungsstufe.

Hinsichtlich des Aufbaus einer *Texterschließungskompetenz* werden in den Lehrplänen verschiedene Aufgabenschwerpunkte unterschieden, die als *Basiskompetenzen für literarisches Lernen* verstanden werden müssen. Im Grundschullehrplan NRW (1985, 27) sind dies: Sich auf Texte einlassen, Texte untersuchen, Texte werten und Texte nutzen. In Klasse 1/2 wird durch den Leselehrgang zunächst die grundlegende Voraussetzung für selbstständiges Lesen geschaffen. Im Rahmen des sinnentnehmenden Lesens lernen die Schüler/innen, verständniserschwerende Stellen auszumachen und unter Anwendung von Hilfstechniken zu überwinden. Die Fähigkeit, sich konzentriert und verweilend auf Texte einzulassen – eine Fähigkeit, die heutige Kinder vielfach nicht (mehr) mitbringen –, wird in den Anfangsklassen mittels kurzer, kindangemessener Texte gefördert. Ab der 3. Klasse lernen sie, sich auch mit thematisch oder sprachlich schwerer verständlichen und befremdlichen Texten auseinander zu setzen. Hier erhält neben dem genießenden auch das kritische Lesen Bedeutung. Darüber hinaus erfolgt ein zunehmend bewussterer Einblick in die historische Bedingtheit von Texten. Textanalytische Fähigkeiten werden in der Primarstufe durch einen ganzheitlichen Zugang angebahnt: In Klasse 1/2 geht es zunächst darum, über subjektive, spontane Texteindrücke zu sprechen und sich dieser zunehmend bewusster zu werden. In Klasse 3/4 wird der in der Rezeption dominierende spontanistische Ich-Bezug durch bestimmte Tätigkeiten an und mit Texten allmählich durch einen Textbezug ergänzt und differenziert. Die Kinder erhalten – eingebettet in einen für sie sinnvollen Kontext – erste Einsichten in Form und Aufbau von Texten und Büchern, in textsortenspezifische Charakteristika (Gedicht, Märchen, Fabel), in Gestaltungselemente und Figurenbeziehungen. Diese werden in Klasse 5/6 vertieft und erweitert. Handlungs- und produktionsorientierte Formen des Textumgangs tragen der Tatsache Rechnung, dass 6–12-Jährige ihre analytischen Erkenntnisse nicht primär sprachlich artikulieren, sondern gern auf mimische, gestische oder musikalische Medien zur Verdeutlichung zurückgreifen. Die im produktiven Textumgang erworbenen individuellen Erfahrungen bilden die Voraussetzung für intersubjektives Verstehen und erstes reflektiv-analytisches Arbeiten (vgl. LP Gesamtschule NRW 1998, 42). In der Primar- und Orientierungsstufe geht es jedoch nicht allein um das Schaffen von Grundlagen für den Erwerb jenes »Handwerkszeugs«, das zur Rezeption und zur Deutung vonnöten ist – im Rahmen literarisch-ästhetischen Lernens geht es darüber hinaus um die Sensibilisierung der Sinneswahrnehmungen für das Künstlerische und um die Bildung der Gefühle. Die in den letzten Jahren gestiegene Aufmerksamkeit für *ästhetische Bildung* in der Primar- und Orientierungsstufe evoziert für das literarische Lernen wie auch für die Fächer Kunst und Musik ein neues Anspruchsniveau: Das Heranführen der Kinder an Kunstwerke und die Anregung zu eigenem künstlerischen Gestalten entspricht einem neuen Verständnis des Zusammenhangs zwischen Alltagswahrnehmung und Kunst. Das ästhetische Potenzial der Sprache und ggf. Bilder eines Textes stellen somit wichtige Textauswahlkriterien dar.

Beim Beurteilen von Texten geht es in Klasse 1/2 zunächst um das Bewusstwerden der eigenen Präferenzen. Ab Klasse 3/4 rücken die unterschiedlichen Eigenarten der Texte und die verschiedenen Erwartungen an sie bewusster in den Blick. Nun werden Vorlieben begründet, Kriterien für Textqualität entwickelt und angewendet, Textwirkungen eingeschätzt. Die *Förderung des Selbstverstehens und Fremdverstehens* wird in den Lehrplänen als weitere wichtige Zielsetzung des Umgangs mit Texten ausgewiesen. Insbesondere problemorientierte literarische Texte, vorzugsweise aus der zeitgenössischen Kinder- und Jugendliteratur, ermöglichen eine Auseinandersetzung mit der eigenen Person und zugleich mit fremden Erfahrungen. »Lesend kann man sich von der eigenen Sichtweise lösen und sozusagen probehalber die Welt mit anderen Augen sehen.« (SPINNER 1999b, 600) Zur Überwindung von Egozentrik (vgl. 2.2) und der allmählichen Einübung in Empathie und Perspektivenübernahme ist das handelnde Sich-Hineinversetzen (das den meisten Kindern aus ihren vorschulischen Rollenspielen bereits sehr vertraut ist) in literarische Figuren von besonderer Relevanz. Literarische Texte eignen sich in besonderem Maße *zur Auseinandersetzung mit existenziellen Fragen* wie Leben und Tod, Krieg und Frieden, für die 6–12-Jährige häufig sehr empfänglich sind. In diesem Zusammenhang gehört das Philosophieren mit Kindern (vgl. FREESE 1989; SCHREIER 1993) im Rahmen ihrer Identitätsfindung zu den wichtigen Aufgaben des literarischen Lernens.

Literarisches Lernen erfordert eine fachqualifizierte *LehrerInnenpersönlichkeit*, die im Stande ist, 6–12-Jährigen die hier genannten Kompetenzbereiche elementar aufzuschließen. Zur Professionalität schulischen Umgangs mit Literatur gehört die Fähigkeit, *das bildende Potenzial literarischer Texte für Kinder frei zu setzen, intensive und reflexive Rezeptionserfahrungen zu ermöglichen und Grundlagen für eine stabile Lesemotivation zu schaffen.*

3. Kinder- und Jugendliteratur im Unterricht
VON BETTINA HURRELMANN

1. Zum Spannungsverhältnis zwischen Kinder- und Jugendliteratur und Schule

Mein Beitrag geht von der Prämisse aus, dass Kinder- und Jugendliteratur (KJL) und Schule in einem spannungsvollen Verhältnis zueinander stehen. Dies wird in der Gegenwart leicht dadurch verdeckt, dass inzwischen die Lehrpläne aller Bundesländer für die Primarstufe und die Sekundarstufe I die Lektüre von Kinder- und Jugendbüchern als sog. Ganzschriften (ein decouvrierender Begriff für die »normalschulische« Fragmentierung von Texten!) vorsehen, dass man in den Lesebüchern für diese Altersstufen ganz selbstverständlich kinder- und jugendliterarische Textauszüge findet, dass eine Reihe von wichtigen Verlagen unterrichtliche Arbeitshilfen zu den von ihnen publizierten Kinder- und Jugendbüchern herausgeben, dass in allen Lehramtsprüfungsordnungen für die genannten Schulstufen im Fach Deutsch die KJL als Studiengebiet mittlerweile berücksichtigt ist.

Ich will im Folgenden zeigen, dass die KJL tatsächlich einen Platz in Literaturunterricht und Schule verdient. Ich möchte aber die Spannung betonen, denn dieser Gegenstand hat seinen »Sitz« im Leben der Leserinnen und Leser und eben nicht in planmäßigen, institutionalisierten Lernzusammenhängen. Die Schule profitiert von einer Grenzüberschreitung, wenn sie Kinder- und Jugendbücher in den Unterricht aufnimmt. Sie partizipiert gleichsam an der »Lebensbedeutsamkeit« des Gegenstandes und versucht diese in eine »Bildungsbedeutsamkeit« nach ihren eigenen Begriffen und didaktischen Zielen umzumünzen. Dies kann erfolgreich sein – es sollte aber nicht naiv geschehen. Denn die Spannung zwischen der alltagskulturellen Wertigkeit von KJL und der Bedeutung, die sie im schulischen Kontext für die Lernenden gewinnt, bleibt bestehen – wie sensibel und problembewusst auch immer mit den möglichen Vermittlungs- und Verarbeitungsformen umgegangen wird. Die Frage nach dieser Spannung wird uns begleiten, wenn ich im Folgenden KJL als Teil des Literatursystems zu kennzeichnen versuche, nach ihrem Verhältnis zu den Zielen des Literaturunterrichts frage und den faktischen Gebrauch zu bestimmen versuche, der in der Schule heutzutage von ihr gemacht wird – und wenn ich schließlich auf die besonderen didaktischen Möglichkeiten eingehe, die die KJL insbesondere für die Leseförderung bietet. Eine problemeröffnende historische Vorbemerkung zum Verhältnis von Kinder- und Jugendliteratur und Schule schicke ich voraus (HAAS 1998).

2. Historische Vorbemerkung

Im letzten Drittel des 18. Jahrhunderts etabliert sich auf dem literarischen Markt ein besonderes, eigens für Heranwachsende produziertes Leseangebot. Dies ist die Entstehungszeit der KJL im modernen Sinne. Wir sprechen von »spezifischer Kinder- und Jugendliteratur«. Seit dieser Zeit besteht die genannte Spannung zwischen KJL und Schule, die sich aspektweise verändert, aber grundsätzlich erhalten bleibt. Sehr grob kann man bis heute drei Phasen unterscheiden. Die erste ist die Frühzeit der pädagogisch motivierten KJL der Aufklärung. Ihr folgt eine zweite Phase, die in den dreißiger Jahren des 19. Jahrhunderts beginnt und bestimmt ist durch die Entwicklung einer marktförmigen, zunehmend massenhaften KJL-Produktion und durch die abwehrende Reaktion der Literaturpädagogik. Diese Abwehr von pädgogischer Seite kulminiert an der Wende vom 19. zum 20. Jahrhundert, wirkt jedoch weiter bis in die sechziger Jahre des 20. Jahrhunderts hinein. Seit den siebziger Jahren – die ich als die dritte Phase kennzeichne – gewinnt die KJL an Attraktivität als Unterrichtsgegenstand, freilich in einer instabilen Position zwischen schulischer Funktionalisierung der Texte und Öffnung des Literaturunterrichts in Richtung auf Leserorientierung, Leseförderung, Teilnahme am »literarischen Leben«.

Zu den drei Phasen in Kürze einige Stichworte: Die Begründer der spezifischen KJL gegen Ende des 18. Jahrhunderts waren mehrheitlich Pädagogen, zugleich Schulreformer, sie nannten sich selbst »Philanthropen«, d. h. Menschenfreunde. Sie verachteten den herkömmlichen, gelehrten Schulunterricht und wollten dem Wissensballast der »alten Schule« realitätsbezogenes, anschauliches, selbsttätiges Lernen der Kinder entgegensetzen. Was das heißen könnte, zeigten sie (neben Schulreformprojekten) in ihren Jugendschriften. Ein charakteristisches Beispiel ist Joachim Heinrich Campes ›Robinson der Jüngere‹ (1779/80), eine Jugendbearbeitung des Originals von Daniel Defoe. Sachbezogenes und moralisches Lernen ist hier das Ziel der Textkonzeption, Fantasie und Leselust sind nur so weit zugelassen, wie sie dieses Ziel nicht gefährden. Texte dieser Art wirken auf uns heute sehr rigide, fast »belehrungssüchtig«. Der Lehrtradition der damaligen Schulen gegenüber aber waren sie eine pädagogische Provokation. Das gilt selbst für die Sammlung von kleinen moralischen Erzählungen, die der märkische Edelmann Eberhard von Rochow 1775 als ›Lesebuch für die Landschulen‹ herausgab, um, wie er erklärte, die große Distanz zwischen Fibel und Bibel im herkömmlichen Elementarunterricht zu überbrücken.

Die zweite Phase im Verhältnis zwischen KJL und Schule, die ich grob unterscheide, ist dadurch geprägt, dass das kinder- und jugendliterarische Angebot sich seit den dreißiger und vierziger Jahren des 19. Jahrhunderts rasch erweitert und den Gesetzen des Marktes folgt. Unterhaltung, Identifikationsangebote, Spannungsstoffe tauchen auf. Zu dieser Zeit fängt man in den Gymnasien an, neben der antiken Literatur auch nationalsprachliche Texte zu lesen. Aber die Lektüreauswahl ist auf »hohe Literatur« begrenzt. Das sind mehr und mehr die nationalen Klassiker – KJL kommt nicht in Frage. In den Elementarschulen und unteren Klassen der Gymnasien tritt zum traditionellen Leselernrepertoire die durch die Romantik aufgewertete Volksliteratur hinzu, also Märchen (in vorsichtiger Auswahl), Fabeln, Sagen, Kinderlyrik (FRANK 1973, 215 ff.). Die marktgängige KJL aber wird von den meisten Literaturpädagogen mit Misstrauen betrachtet. Einen Kulminationspunkt in dieser Hinsicht stellt am Ende des 19. Jahrhunderts Heinrich Wolgasts polemische Schrift ›Vom Elend unserer Jugendliteratur‹ (1896) dar. Wolgast verdammt alle spezifischen Jugendschriften und fordert stattdessen »Dichtung« für die Jugend zwecks Ausbildung »ästhetischer Genussfähigkeit« in allen Bevölkerungsschichten. Angesichts der moralischen und religiösen Seichtigkeit und vor allem der nationalistischen Ideologiehaltigkeit der Mehrheit der damalige Angebote auf dem jugendliterarischen Markt war dies zweifellos ein mutiger, nicht zuletzt politisch motivierter kritischer Vorstoß. Er zementierte jedoch für lange Zeit die generelle literaturpädagogische Verurteilung der KJL (EWERS 1996). Dabei ließ sich das harsche Verdikt in der Folgezeit praktisch gar nicht halten. Die Suche nach »wahrer Dichtung«, die für Kinder zugänglich wäre, förderte eben zu wenige Titel zutage. Doch blieben es meist halbherzige Kompromisse, wenn KJL – mangels geeigneter hochliterarischer Texte – für den Unterricht zugelassen wurde. Noch Helmers rechnet in seiner langlebigen ›Didaktik der deutschen Sprache‹ – die erste Auflage erschien 1966 – die KJL nur zu den an die Dichtung »angrenzenden jugendgemäßen Bereichen« (1969, 283). Sie hat nicht nur den Ruch des ästhetisch, sondern auch des didaktisch Minderwertigen.

Das änderte sich folgenreich erst mit dem Beginn der siebziger Jahre des 20. Jahrhunderts. Hier sehe ich den Einstieg in eine dritte Phase des Verhältnisses von KJL und Deutschunterricht. Folgenreicher als Krügers heute oft gelobtes Werk ›Kinder- und Jugendbücher als Klassenlektüre‹ (1963), das eine Auswahl von KJL »von Rang« für den Unterricht empfahl (KLIEWER 1996), wurde die Erweiterung des Literaturbegriffes im Kontext der »Didaktik des kritischen Lesens«. Nun waren alle möglichen Texte erwünscht und erlaubt für den Literaturunterricht. An den »guten« – das hieß damals hauptsächlich: sozialkritischen – Texten sollten Schülerinnen und Schüler »Emanzipation« lernen – an den weniger guten – und das waren mehrheitlich marktgängig-unterhaltende bis triviale Erzeugnisse – sollten sie die ideologiekritische »Entlarvung« versteckter Herrschaftsinteressen lernen. KJL schien sich für beide Ziele zu eignen. Nur geriet die Beschäftigung mit Kinder- und Jugendbüchern im Zuge des »kritischen Lesens« nicht selten in eine schwierige Schieflage zu den Belohnungen, die die Lektüre den lesenden Kindern in der Freizeit gewährte – und mehr noch zur Bereitschaft der selten- und nichtlesenden Kinder, sich durch den Deutschunterricht zur Freizeitlektüre animieren zu lassen. Mittlerweile hat sich in neueren didaktischen Konzepten eine stärkere Leserorientierung durchgesetzt. Angeleitet durch Perspektiven der Rezeptionsästhetik fragt man nach den lebensweltlichen Motivationen, Erfahrungen und Gratifikationen, die die Kinder und Jugendlichen selbst mit dem Lesen verbinden. Man spricht von »rezeptionsorientierter Didaktik«

oder – methodisch gewendet – von »handlungs- und produktions-
orientiertem Literaturunterricht« (vgl. HAAS u. a. 1994). Empirische
Untersuchungen zur Lese- bzw. literarischen Sozialisation außerhalb
der Schule unterstützen diesen Zugang, der die Perspektive auf eine
kulturwissenschaftliche Betrachtung der kindlichen und jugendlichen Leseentwicklung hin öffnet (SCHÖN 1989; HURRELMANN/
HAMMER/NIESS 1993). Ich fasse den Zeitraum seit Anfang der siebziger Jahre des 20. Jahrhunderts bis heute zu einer Phase zusammen,
da – trotz unterschiedlicher Begründungen – die Akzeptanz von KJL
das historisch Neue und Entscheidende ist. Wenn ich gleichwohl
behaupte, dass sich die Spannung zwischen KJL und Schule bis zur
Gegenwart nicht aufgehoben hat, so bin ich nach dem historischen
Rückblick bei meinem ersten zentralen Punkt, nämlich einem Defi-
nitionsversuch von KJL und entsprechenden Anschlussüberlegungen
im Hinblick auf ihren Unterrichtsgebrauch.

3. Was ist Kinder- und Jugendliteratur? Problematisierung im Hinblick auf ihren Unterrichtsgebrauch

KJL hat es nicht immer gegeben. Dass es sie gibt, ist eine wichtige
moderne Errungenschaft. Zwar sind Heranwachsende auch vor dem
18. Jahrhundert schon als (Mit-)LeserInnen in Betracht gezogen
worden. Aber als eine eigene Adressatengruppe, die man mit besonderen Absichten anspricht, deren Interessen man mit bestimmten
Themen entgegenkommt und deren Fassungsvermögen man sich
mit bestimmten Darstellungsformen anzunähern versucht, wurden
Kinder und Jugendliche erst seit dem letzten Drittel des 18. Jahrhunderts berücksichtigt. Das steht in enger Relation zur gesellschaftlichen Konstruktion von »Kindheit« als einer Lebensphase eigenen
Rechts, die auch die historische Pädagogik erst für diese Zeit konstatiert und mit dem Werk von Jean-Jacques Rousseau aufs Engste
verknüpft. Hinzu kommt die Buchmarktentwicklung der Zeit – der
Bedeutungsgewinn der belletristischen Lektüre gegenüber dem al-
hergebrachten religiösen Wiederholungslesen. Heranwachsende als
ein eigenes Publikumssegment zu beachten, versprach im nun expandierenden Buchmarkt ökonomischen Erfolg.

Das ist die Geburtsstunde der »spezifischen KJL« als eines Subsystems der Allgemeinliteratur. KJL entwickelt sich in der Folgezeit zu einem relativ eigenständigen *Handlungssystem:* Autoren, Verlage, Vermittlungsinstitutionen, Literaturkritik – und eben auch das Publikum – unterscheiden sich mit der Zeit von den entsprechenden Verhältnissen im Sektor der Erwachsenenliteratur. Auch im Textbereich bilden sich Inhalts- und Darstellungsmuster heraus, die speziell für die KJL chrakteristisch sind. Die KJL wird daher auch zu einem relativ eigenständigen *Symbolsystem* mit charakteristischen literarischen Formtraditionen.

Nehmen wir z. B. einen Textanfang von Hans Christian Andersen: »Seht! Nun fangen wir an. Wenn wir am Ende der Geschichte sind, wissen wir mehr, als wir jetzt wissen, denn es war ein böser Kobold! Es war einer der allerärgsten, es war der Teufel!« (›Die Schneekönigin‹; 1844) – oder einen von Kästner: »Euch kann ich's ja ruhig sagen: Die Sache mit Emil kam mir selber unerwartet.« (›Emil und die Detektive‹; 1929) – oder einen von Christine Nöstlinger: »Mein Opa hat gesagt, einer von uns muss die Geschichte aufschreiben. Und da hat der Opa Recht.« (›Wir pfeifen auf den Gurkenkönig‹; 1972) – oder einen von Kirsten Boie: »Als ich nach Hause gekommen bin, hat zuerst keiner aufgemacht. Ich hab geklingelt und geklingelt, aber es hat sich nichts gerührt.« (›Mit Kindern redet ja keiner‹; 1990) – so tippen wir wahrscheinlich alle, auch wenn wir die Titel nicht kennen, auf KJL.

KJL ist ein relativ eigenständiges Subsystem der Allgemeinliteratur. Als *Handlungssystem* beruht sie auf der Ausdifferenzierung spezieller Handlungsrollen für Autoren, Verlage, Vermittlungsinstitutionen, Kritik – und, vor allem, auf der Konzentration auf ein spezifisches Teilpublikum des literarischen Marktes, die Heranwachsenden. Als *Symbolsystem* beruht KJL auf der Entwicklung eigener Thematisierungs- und Darstellungskonventionen. Die sind hauptsächlich dadurch bestimmt, dass sich ein Erwachsener (als Autor, als impliziter Erzähler) an Kinder und Jugendliche wendet und damit den Normen intergenerationaler – und das heißt bis heute: nicht nur literarischer, sondern auch pädagogischer – Kommunikation folgt. Der Diskurs der KJL ist in seinem Mainstream bis in die Gegenwart hinein ein mehr oder weniger von pädagogischen Normen überformter, zumindest vor solchen Normen legitimationsbedürftiger, und kein literarisch-ästhetisch autonomer Diskurs (HURRELMANN 1992; 2000; GANSEL 1999, 8 ff.).

Damit hängt es zusammen, dass selbst die Spitzenwerke der KJL nicht in den allgemeinen Literaturkanon aufgenommen worden sind. Die ›Kinder- und Hausmärchen‹ der Brüder Grimm (1812/15) bilden hier eine ziemlich einsame Ausnahme. Daran ändern auch Vorschläge nichts, doch z. B. ›Alice in Wonderland‹ (1865) oder ›Pinocchio‹ (1883) in einen erweiterten Kanon aufzunehmen (HEYDEBRAND 1993, 17). Denn, um bei deutschsprachigen Originalen zu bleiben: Was ist schon Campe gegen Goethe, Hauff gegen Brentano, Kästner gegen Brecht? Wenn die Didaktik die Aufgabe hat, das einmal als künstlerisch vorbildlich und zeitbeständig Geltende auszuwählen (wie begründungsschwach die Bewertungen fallweise auch sein mögen) und der Literaturunterricht die Aufgabe, Kanonwissen, literaturhistorische Kenntnisse und das entsprechende Wertbewusstsein zu vermitteln, hat die KJL unter den Lesegegenständen der Schule eine untergeordnete Position. Auch wenn man in der Literaturdidaktik inzwischen einen »Kanonverlust« konstatiert, so herrscht doch in der Praxis zweifellos ein »Gewohnheitskanon« von Werken fort, denen man eben literarischen Rang und Traditionswürdigkeit vor anderen zuzusprechen pflegt (vgl. PAEFGEN 1999 a, 54 ff.).

Die Stärke der KJL ist dagegen ihre Lebendigkeit jenseits des Kanons, ist Leserorientierung und Aktualität. Sie ist so »gut«, wie es ihr gelingt, die noch unausgebildete literarische Rezeptionsfähigkeit der jungen Generation und deren Leseinteresse zu erreichen und weiterzuentwickeln. Warum also nicht die ›Fünf Freunde‹ (Start der Serie in den vierziger Jahren) oder ›Die drei???‹ (Start in den sechziger Jahren) oder ›Die wilden Hühner‹ (1990 ff.) oder neuerdings ›Harry Potter‹ (1997 ff.)? Mit solchen Titeln macht die KJL jungen Leuten ein durchaus erfolgreiches »Mitgliedschaftsangebot« zum Einstieg ins freiwillige Lesen und damit auch zur Partizipation an der literarischen Kultur (HURRELMANN 1998 b).

Zur Aktualität gehört u. a., dass auf dem Markt erfolgreiche KJL heute Teil eines übergreifenden und global funktionierenden Medienverbundes geworden ist. In diesem medienkulturellen Bedingungsgefüge leben z. B. die sogenannten Klassiker der KJL fort (HURRELMANN 1997 a) – also etwa: Johanna Spyris ›Heidi‹ (1880/81),

Rudyard Kiplings ›Dschungelbuch‹ (1894/95), Carlo Collodis ›Pinocchio‹ (1883), Karl Mays ›Winnetou‹ (1893), Erich Kästners ›Emil‹ (1929) etc. Texttreue spielt eine untergeordnete Rolle, oft werden nur die Stoffe weiterverarbeitet. Die berühmten Bücher der KJL-Tradition haben damit einen durchaus anderen Status als die Klassiker der »großen« Literaturgeschichte. Im KJL-System gewinnt außerdem die Sachliteratur gegenüber den fiktionalen Texten mehr und mehr an Boden, wobei die Interessen und Leseweisen, auf die sie gemünzt ist, sich von fiktionaler Lektüre nicht unbedingt unterscheiden müssen.

Von derartigen eher populären Angeboten scheint sich im Bereich des Kinder- und Jugendbuches neuerdings deutlicher als früher eine Schicht ästhetisch anspruchsvoller Erzählliteratur abzuheben, die den Darstellungsformen angenähert ist, die der Roman für Erwachsene seit dem 19. Jahrhundert entwickelt hat. Als Gattungsbezeichnungen haben sich in der KJL-Wissenschaft die Begriffe »psychologischer Kinderroman« und »Adoleszenzroman« etabliert. Sie markieren eine qualitative Ausdifferenzierung, die die KJL für die Privatlektüre teilweise schwierig, für literarisch-ästhetisches Lernen im engeren, auch schulischen Sinne dagegen geeignet macht. Nicht von ungefähr sind Titel wie z. B. Peter Härtlings ›Ben liebt Anna‹ (1979), Tormod Haugens ›Die Nachtvögel‹ (1976), Inger Edelfelds ›Kamalas Buch‹ (1986) oder Charlotte Kerners ›Geboren 1999‹ (1989) immer wieder interessant für Unterrichtsempfehlungen. Mit solchen Büchern kann man anknüpfen an Anna Krügers Intention, für die Schule eine Auswahl von KJL »von Rang« zu treffen – und sie in der gewohnten Weise »behandeln«. Die Frage ist, ob ein so eingegrenzter Ausschnitt und Zugriff der Vielfalt und Lebendigkeit der KJL entspricht.

4. Wozu Kinder- und Jugendliteratur im Unterricht?

Literaturunterricht hat die Aufgabe, »literarische Kompetenz« zu vermitteln. Dies ist ein ziemlich vager Sammelbegriff für alle die Fähigkeiten, die zur Teilhabe an der literarischen Kultur erforderlich sind. Wenn wir uns als leidlich kompetente LeserInnen einmal selbst befragen, worin unsere literarische Kompetenz besteht, so kommt wahrscheinlich heraus, dass wir z. B. Texte historisch und nach Gattungen einordnen können (Belletristik wie Sachliteratur), dass wir sie im Vergleich von Autorinnen und Autoren und deren übrigen Werken einschätzen können, dass wir die ästhetische Qualität der Texte in etwa zu beurteilen vermögen, dass wir in einen Dialog mit anderen über unsere Leseerfahrungen eintreten können (ABRAHAM 2000, 21 f.). All dies kann man prinzipiell auch an der KJL lernen – wobei die historische Dimension, wenn man auf die faktischen Leseweisen sieht, eher im Hintergrund bleibt und die Komplexität der Texte, die gern gelesen werden, sich in Grenzen hält. Stattdessen spielen die psychische Aktualität der Themen und Inhalte für die Leser, der Bezug zu den Entwicklungsaufgaben und Erfahrungen der Heranwachsenden, spielen Motivation, Spannung, Interessantheit die Hauptrolle. Ästhetische Erfahrung entwickelt sich im Umgang mit Kinder- und Jugendbüchern zwar von Anfang an, aber eher nebenbei. In dieser Hinsicht bietet die KJL so etwas wie ein »Curriculum literarischer Enkulturation«, ein auf die allmähliche Steigerung von Rezeptionsfähigkeiten abgestimmtes, alltägliches Lektüreangebot. Malte Dahrendorf hat daher mit Recht von der »impliziten Didaktik« der KJL gesprochen (1998). KJL ist eine Art »entwicklungsbezogener *input*« in den Erwerb literarischer Kompetenz. Sie ist kein kompaktes Lernangebot wie etwa das Lesebuch oder die Reclam-Bändchen des literaturgeschichtlichen Unterrichts. Das macht sie für die Schule einerseits »fremd« – andererseits wichtig und interessant.

Denkt man an die allgemeinen Ziele des Literaturunterrichts, die weniger mit Historie, mit Gattungen und Formen, mit literaturbezogenem Wissen oder Können zu tun haben als mit der Bildung der Person, so wird deutlich, dass die KJL auch einen Beitrag leisten kann zu dem, was wir von Literatur überhaupt zu erwarten gewohnt sind, nämlich die Unterstützung der Identitätsentwicklung, der moralischen Bildung, der Fähigkeit des Fremdverstehens (vgl. SPINNER 2000 a). KJL kann all dies für Leseanfänger umso leichter tun, als sie primär auf Identitätserlebnisse zielt, indem sie von den Lebensthemen und Erfahrungen der Lesenden ausgeht, während die Texte des literarischen Kanons eher Distanzerlebnisse auslösen, erarbeitet sein wollen und zunächst einmal die Lektüre erschweren (PAEFGEN 1998; 1999 a). Schlagwortartig kann man sicherlich sagen, dass Heranwachsende spontane Lesefreude, ja Leselust eher mit KJL erleben als mit den Texten der literarischen Tradition. Dass gerade die Überwindung von Fremdheit und Widerstand, die Auseinandersetzung mit »Alterität«, Genuss bedeuten kann, lernt man erst, wenn man überhaupt die Erfahrung machen konnte, dass Lesen belohnend ist – und wenn man eine stabile Lesemotivation entwickelt hat (EGGERT/GARBE 1995).

Und wie wird KJL in der Schule heute tatsächlich gebraucht? Cornelia Rosebrock (1997) hat drei Felder unterschieden, in denen KJL gegenwärtig eine Rolle spielt: erstens den themen- und problemorientierten Unterricht (das kann neben dem Deutschunterricht z. B. auch der Religionsunterricht, die Sozialkunde etc. sein), zweitens den Unterricht, der auf literarische Bildung zielt, drittens die Leseförderung. Im ersten Feld geht es um den »Einsatz« (auch dies ein decouvrierender Begriff!) von Kinder- und Jugendbüchern zur Themeneröffnung und Veranschaulichung von Problemen. Also wird z. B. im Unterricht der Sekundarstufe I über Ausländerfeindlichkeit Jan des Zangers ›Dann eben mit Gewalt‹ (1986) gelesen, im Unterricht über die Brutalität des Einsatzes von Landminen in Afrika Henning Mankells ›Das Geheimnis des Feuers‹ (1995), im Unterricht über jugendliche Außenseiter Kirsten Boies ›ich ganz cool‹ (1992). Das ist ein grundsätzlich legitimes Verfahren. Freilich wird hier eine ganz und gar stoffliche Herangehensweise nahe gelegt, die die literarästhetische Dimension der Texte vernachlässigt. Die Erzählungen werden für die Phasen der Motivation und Anschauung im didaktischen Arrangement funktionalisiert – im Kern geht es nicht um Literatur, sondern um sachbezogenes Lernen. Kanalisierend verfährt aber auch ein Unterricht, der KJL zum Zwecke des literarischen Lernens gebraucht. Hier wird die Auswahl nach literarästhetischen Kriterien getroffen und die Lebensnähe der Inhalte didaktisch genutzt, um die Heranwachsenden dafür zu gewinnen, sich auf komplexere literarische Formen und ein reflektierteres Leseverhalten einzulassen (EWERS 1997). Empfohlen werden dann Kinder- und Jugendbücher »ausgesprochen erwachsenenliterarischen Charakters« (ebd. S. 63), d. h. avancierte Werke, die in formaler Hinsicht der zeitgenössischen Literaturentwicklung nahe kommen, also im Bereich der Kinderliteratur z. B. Patricia MacLachlans ›Stein, Schere, Papier‹ (1994) – im Bereich der Jugendliteratur z. B. Mats Wahls ›Ein paar schöne Tage‹ (1992). Auch dies ist ein legitimes Vorgehen. Die meisten Lehrerinnen und Lehrer sind der Ansicht, nur das »Beste« aus dem Kinder- und Jugendbuchbereich sei für den Unterricht gut genug. Sie wollen für die literarische Analyse ergiebige Texte. Viele DidaktikerInnen sind der Ansicht, durch einen solchen Schulgebrauch werde die KJL aufgewertet. Die Frage ist freilich, ob sie durch die schultraditionellen Auswahl- und Behandlungsprinzipien nicht zur Schulliteratur wird, dem Bezirk der Leistung und des Lernens einverleibt und damit ihrem genuinen Wirkungspotenzial entfremdet. Das Problem vieler dieser avancierten, auch von der Kinderliteraturwissenschaft hoch gelobten Bücher ist bereits: Sie sind für die Altersgruppe sehr schwer. Bei manchen hat man den Eindruck, sie seien geradezu für den Unterrichtsgebrauch gemacht und wer sie lesen kann, könne auch gleich zur Erwachsenenliteratur greifen. So verschwinden viele dieser Titel ganz schnell vom Markt, wenn sie nicht – mit Unterrichtsanleitungen versehen – als Schullektüre empfohlen werden.

Bleibt das dritte Feld, nämlich das der Leseförderung. Ich bin nicht der Meinung, dass sich hier die Spannung zwischen Schule und Privatlektüre der jungen Leute vollständig aufhebt. Aber im didaktischen Feld der Leseförderung kommt die schulische Beschäftigung mit KJL einem alltagskulturellen, durch die Texte selbst und den Dialog mit anderen Lesern gestützten entwicklungsgemäßen Leseinteresse und Lektüreverhalten noch am nächsten. Leseförderung ist darüber hinaus für »Medienkinder« eine unverzichtbare Sache. Hier ist der Schule eine Aufgabe zugewachsen, vor der der traditionelle textanalytische und interpretierende Literaturunterricht allein versagen muss.

5. Kinder- und Jugendliteratur im Kontext von Leseförderung

Um die Frage, ob die KJL eine eigene Didaktik brauche, ist in den letzten Jahren eine kontroverse Debatte geführt worden (KLIEWER 1998; DAHRENDORFF 1998; LANGE 2000, 954). Die Antwort finde ich schwierig, weil mir schon die Fragerichtung merkwürdig erscheint. Denn wer soll hier wen brauchen? Die KJL braucht die Schule nicht – sie wird auf dem literarischen Markt fortleben und sich der allgemeinen Medienentwicklung anpassen. Falls sie in Zukunft auf die Schule angewiesen sein sollte, hätte sie ihren Eigencharakter verloren, wäre zur Schulliteratur geworden. Das ist aber vorerst gar nicht zu befürchten. Vielmehr ist es die Schule, die zur Erfüllung ihrer lesesozialisatorischen Aufgaben heute mehr denn je die KJL braucht und zusehen muss, sich diesen kulturellen »Aktivposten« zunutze zu machen.

Hier ist dann allerdings die Frage, welche literaturdidaktischen Konzepte dazu vor allem tauglich sind, dass der Gegenstand sich selbst, seinem »Sitz im Leben«, seinem Wirkungspotenzial möglichst wenig entfremdet wird. Meines Erachtens sind die Konzepte und Methoden der Leserförderung am ehesten geeignet, die Potenzen von KJL für die Schule fruchtbar zu machen. Immerhin geht es der Leseförderung grundlegend und flankierend zu den übrigen Aufgaben des Literaturunterrichts konzeptionell um »den Aufbau und die Sicherung der Lesemotivation, die Vermittlung von Lesefreude und Vertrautheit mit Büchern, die Entwicklung und Stabilisierung von Lesegewohnheiten« (HURRELMANN 1994 b, 13; HURRELMANN/ELIAS 1998).

Der Gedanke der Leseförderung verbindet sich erstens eng mit modernen allgemeindidaktischen Konzepten, so etwa mit der Idee des »literarischen Lebens« in der Schule, der »Entschulung von Unterricht«, der »Öffnung von Schule« in Richtung auf außerschulische kulturelle Instanzen und Prozesse, schließlich mit der Aufgabe, fächerübergreifend Schulprofile zu entwickeln (KNOBLOCH/DAHRENDORF 1999).

Zur Leseförderung gehört zweitens ein Gegenstandskonzept, das durch einen weiten Literaturbegriff bestimmt ist und literatur- bzw. mediensoziologische Zusammenhänge mit umfasst. Sie kann daher darauf eingehen, dass mit der KJL ein reichhaltiges, nach Themen, Gattungen, Qualitätsschichten und Gebrauchsmöglichkeiten differenziertes Textreservoire gegeben ist – mit vielfältigen Verbindungslinien zu Verarbeitungsformen in den modernen Medien. Da die Aufmerksamkeit der Leseförderung »Literatur in Funktion« gilt, kann sie Bezüge zur außerschulischen Lektüre der Kinder leichter aktualisieren als der literarästhetische Unterricht. Indem es sich bei der KJL um ein relativ überschaubares Subsystem der Literatur handelt, sind für ältere SchülerInnen auch literatursoziologische Einsichten in Produktion, Vermittlung, Bewertung, Werbung und Rezeptionssteuerung durch Institutionen der Lesekultur zu gewinnen. Prinzipiell ist Leseförderung nicht nur eine Sache des Deutschunterrichts, sondern bezieht die anderen Fächer, die ganze Schule, die Eltern und außerschulische Instanzen wie Buchhandlungen und Bibliotheken, Kritik sowie Literaturereignisse, z. B. Lesungen, Bücherwochen, Ausstellungen, Exkursionen, Aufführungen etc., in den Umgang mit Literatur ein. KJL bietet vielfältige Möglichkeiten, an einer altersgemäßen literarischen Kultur zusammen mit anderen nicht nur lesend, sondern auch gestaltend teilzunehmen. Insofern sind die Methoden der Leseförderung mit KJL drittens dem derzeitigen handlungs- und produktionsorientierten Literaturunterricht sehr verwandt. Sie widerstehen – wenigstens der Tendenz nach – der Eingemeindung der KJL in den engen Zusammenhang der schulischen Leistung und des planmäßigen Lernens. Sie halten die Spannung aufrecht, die daran erinnert, dass die KJL im Grunde einen anderen Ort hat als den der Schule, nämlich den einer Lesepraxis, die freiwillig und selbstgesteuert ist – und gerade darum »wie nebenbei« eine wirksame Basis für weiterführende literarische Lernprozesse bildet.

IV. LITERATURGESCHICHTE UND LITERARISCHE GATTUNGEN

1. Didaktik der Literaturgeschichte
VON KARLHEINZ FINGERHUT

1. Warum Literaturgeschichte im Deutschunterricht?
Ein Marktplatz gut gemeinter Meinungen

1.1 *Die Kultur des Erinnerns als Gegenstand der Historiografie*

»Erinnerung, die folgenlos bleibt, macht sich überflüssig« (ARNING 2000a), sagte Bundestagspräsident Wolfgang Thierse in einer Rede in Buchenwald angesichts rechtsradikaler Tendenzen bei Jugendlichen. Das richtet sich auch gegen das Lernen im Geschichts- und Deutschunterricht. Denn die Lehrpläne aller Schularten sehen vor, dass die SchülerInnen mit den Verbrechen des Nationalsozialismus konfrontiert werden. Wenn daraus kein Geschichtsbewusstsein erwächst, das als eine »Ressource für Veränderung« – etwa in der Einstellung der Deutschen gegenüber Migranten – praktisch wird, so ist das gelernte Wissen tot. Offen bleibt in der politischen Erklärung, wie denn der Weg vom schulischen Lernangebot zum Aufbau einer tragfähigen, »einmütigen Haltung« der Deutschen zu ihrer Vergangenheit führen kann.

»Erinnerung braucht Wissen«, setzt der Leiter der Gedenkstätte Buchenwald Knigge dagegen. Er beobachtet die öffentlichen Beschwörungen des »kollektiven Gedächtnisses«, die »Feuilletonisierung des Erinnerns« – und eine blinde Betroffenheit der Besucher in Auschwitz. Er resümiert, Betroffenheit allein reiche nicht, es müssten auch Wissensbestände aufgebaut werden, über die alle verfügen. Dazu wiederum sei es notwendig, dass die »Vergangenheitspolitik« durchleuchtet werde als eine »Auseinandersetzung über die Auseinandersetzung« (ARNING 2000b). Wie dieser Wissensaufbau organisiert werden kann, sagt er nicht.

Die Frage, welches Verständnis von Geschichte sich unter welchen Voraussetzungen im Unterricht aufbaue, interessiert Geschichts- und Literaturdidaktiker gleichermaßen. Hermann Korte hat auf die Notwendigkeit, Beziehungen zwischen beiden Didaktiken herzustellen, hingewiesen. »Das Erlernen von Zeitchronologie-Schemata und Epochenbildungen bleibt bloßes Lernwissen, wenn es keinen Bezug zur Zeiterfahrung der Lernenden, etwa zu den Erfahrungen von Wandel, Veränderung und Kontinuität hat.« (KORTE 1996 b, 189) Empirische Untersuchungen von Historikern machen darauf aufmerksam, dass eine bewusste Beziehung des Einzelnen zu geschichtlichen Sachverhalten am ehesten gelingt, wenn kognitive Zugriffsweisen mit emotional gesteuerten verbunden werden können. »Triebabfuhr« und »Kunstgenuss« – im Allgemeinen eher dem Umgang mit Literatur zugeschrieben – machen z. B. für Borries ein wesentliches Motiv bei der »Geschichtsbeschäftigung« aus (BORRIES u. a. 1991). Geschichte kann, wie Literatur, als imaginäre Gegenwelt begriffen und aus Orientierungsmotiven heraus rezipiert werden. Die These, Geschichtsbücher und Geschichtsunterricht trügen weniger zu historischer Identitätsbildung bei als lebensgeschichtlich bedeutsame Formen der Kommunikation, sollte indes nicht dazu führen, den Erwerb begrifflich strukturierten Orientierungswissens zu vernachlässigen. Denn gerade die dominant emotionalen Rezeptionsstrukturen benötigen, sollen sie zu einer Selbstaufklärung des Individuums über die eigenen Einstellungen beitragen, Begriffe und andere Formen der Einsichtnahme und des Entdeckens.

1.2 Die Literaturgeschichte als eine besondere Form des Erinnerns

Korte (1996 b, 193) schließt mit der Feststellung: »In den Umgang mit Literatur wie mit Geschichte gehen analoge Orientierungs-, Informations- und (Selbst-)Aufklärungsmotive, aber auch analoge Motive wie Spaß, Spannung, Kompensation, Ablenkung, Neugierde, Langeweile, Phantasie und Kreation ein.« Es sei unwahrscheinlich, dass der schulische Umgang mit Literatur oder der mit Geschichte unmittelbar einen »Bausteinkasten jugendlicher Wert- und Daseinsorientierung« erbringe, wie das einige Fachdidaktiker erwarteten (MÜLLER-MICHAELS 1999), aber ein historisches Bewusstsein ausschließlich einer »endlosen autobiographischen Tätigkeit« zuzuschreiben, wie das einige radikalkonstruktivistische Vertreter der Literatur- und Geschichtswissenschaft tun, sei möglicherweise eine ebenso gravierende Fehleinschätzung. Dem ist zuzustimmen. Auch wenn alle normativen Festlegungen von »Sinn« obsolet sind, bleibt es doch abhängig von dem erworbenen Wissen, inwieweit Darstellungen der Geschichte oder der Literatur als subjektiv bedeutsame Informationen über vergangene kulturelle Praxis oder über Muster menschlichen Verhaltens wahrgenommen werden können.

Wenn es richtig ist, dass die beklagte Geschichtsvergessenheit auch das Ergebnis falschen Lernens ist, wird man versuchen, durch die Änderung von Lernweisen in der Schule etwas auszurichten. Es kommt auf die richtige Verbindung kognitiver und emotionaler Faktoren beim Lernen an. Nähe zur subjektiven Zeiterfahrung, zur Lebenswelt muss für die Lernenden herstellbar sein. Die literarischen Werke thematisieren die Erfahrungen vergangener Generationen aus der Perspektive Betroffener. Die Angebote an die Rezipienten, sich selbst in die fiktiven Welten zu begeben, ist deutlich größer als die, die im Bereich der Geschichte, und seien es Dokumentationen von »Alltagsgeschichte«, möglich sind. Von daher ist es sinnvoll, in Institutionen wie der Schule Geschichtsbewusstsein gerade über den Weg der Begegnung mit Literatur und der Literaturgeschichte aufzubauen und dazu kognitive und emotional bestimmte Zugangsweisen miteinander zu verbinden. Vielleicht sind literarische Werke und die Geschichte der Literatur wirklich eher geeignet, subjektiv bedeutsame Vorstellungen über Vergangenes aufzubauen, als die Darstellungen der Sozial- oder politischen Faktengeschichte. Literaturgeschichte erzählt nicht die Geschichte der Macht und des Gelingens oder Nichtgelingens von Handlungen, sondern eine Geschichte von Personen, die denken, handeln, empfinden, scheitern. Sie gängelt nicht durch Erklärungen, sie stellt dar.

2. Didaktische Begründungen für die Literaturgeschichte als Unterrichtsthema

2.1 Der Kanon, die Literaturgeschichte und die Aporien in den Reden ihrer fachdidaktischen Retter

Markige, aber recht hohle Worte finden Lehrpläne und Literaturdidaktiker zur Begründung von Literaturgeschichte und literarischem Kanon als Unterrichtsgegenstände. Sie argumentieren dazu fast immer von kulturellen Allgemeinurteilen über die literarischen Gegenstände aus, eine alte Argumentation »pro domo«, die mit durchaus dubiosen Deduktionen arbeitet. Das Muster ist einfach: Die nationale Literatur ist ein bedeutendes Humanum. Sie ist – neben Musik und Philosophie – der entscheidende Beitrag der Deutschen zur Weltkultur. Sie besteht aus »Werken«, von denen einige dadurch besonders hervorzuheben sind, dass sie schon vielen Menschen aus unterschiedlichen Gründen wichtig waren, so wichtig, dass sie sie auf eine einsame Insel mitnehmen würden. Daraus werden erwartete Wirkungen der Werke auf die Rezipienten abgeleitet. Die literarischen Werke dienen dem Fremdverstehen und der Selbstverständigung der jungen Menschen (MÜLLER-MICHAELS 1987; NUTZ 1997), d. h. sie bieten ihnen »Denkbilder« an, die individuell modifiziert werden können, sich aber doch immer zu bedeutenden humanen »Botschaften« verdichten (MÜLLER-MICHAELS 1999), sie führen sie in die Kultur ihrer Gesellschaft ein, sie dienen also der individuellen (SPINNER 1989 a) wie der nationalen Identitätsbildung. Fehlen sie, so drohen die »Furien des Verschwindens« (FUHRMANN 1993). Der Kontext dieser Deduktion ist oftmals ein kulturkritisches Urteil über die Gegenwart und die Schule, die zu wenig für die Literatur und die Literaturgeschichte als das zu den Kanonwerken dazugehörige kulturelle und wissenschaftliche Ordnungssystem tut.

Es gibt, was Kanon und Literaturgeschichte in der Schule angeht, Vorschläge für flexible Kanones und Vorschläge für eine Abweichung vom »systematischen Durchgang« durch die Epochen, wie er noch von den Bayerischen Lehrplänen eingefordert wird, es gibt die Versprechung, dass über die Werke des Kanons das »Gespräch zwischen den Generationen« an Lebendigkeit und Tiefe gewinnen werde (MÜLLER-MICHAELS 1996a; kritisch WELSCH 1999). Es gibt den Hinweis auf den faktisch vorhandenen »heimlichen Kanon« und den auf die Notwendigkeit, über eine »Arbeit am Kanon« zugleich den gesellschaftlichen Prozess der Kanonisierung von literarischen Werken oder von Bewertungen der Literatur zum Thema zu machen (FINGERHUT 1997 a). Immer ist Literaturgeschichte im Gefolge der Kanon-Argumentation mit gemeint. Denn ohne Bezugnahme auf den geschichtlichen Ort der Werke sind diese nicht zum Sprechen zu bringen. Die teils polemisch vorgebrachten Urteile gerade von Schriftstellern wie H. M. Enzensberger oder G. Grass, die Schule würde SchülerInnen eher daran hindern, Literatur aktiv und kompetent zu nutzen, beziehen sich auf Interpretation und Literaturgeschichte. Die Autoren verkennen mit einer Entkoppelung von »Literatur/Lesen« und »Literaturgeschichte/Interpretation«, »dass, um das von Enzensberger eingeklagte ›Recht auf freie Lektüre‹ überhaupt ausüben zu können, ein gewisses Maß an literarischer Vorbildung unumgänglich« ist (GAISER 1993, 134).

Auch in der Literaturwissenschaft werden häufig die Literatur und deren institutionenspezifische Bearbeitung auseinander dividiert. Die Literaturgeschichte gehört dann immer zu den abgewerteten institutionsspezifischen Bearbeitungen, die das Lese-Erlebnis der Literatur selbst stört oder unmöglich macht. Polemisch nennt Weimar die in Schule und Universität existierende »staatlich approbierte und finanzierte Organisation des Redens und Schreibens über literarische Texte« eine »mehr oder weniger üble Nachrede über Texte in deren Abwesenheit« (WEIMAR 1994). Aber die »Rettung« der Literatur für die subjektive Lektüre durch ihre Trennung von ihrer Deutung und ihrer historischen Situierung verkennt das kulturelle Zusammenspiel von literarischem und wissenschaftlichem Diskurs. Der letztere bietet und entwickelt in unserer Gesellschaft die Zugänge zum ersteren.

Pierre Bourdieu sieht in den Erziehungsinstitutionen Schule und Universität die Instanzen, die das »Monopol kultureller Legitimität« halten (BOURDIEU 1974, 112). D. h. in ihnen wird definiert, welchen Stellenwert einzelne kulturelle Güter, z. B. besonders herausragende literarische Werke, in der Gesellschaft haben sollen. Im Bildungssystem werden Muster des Denkens und Wertens verinnerlicht, die charakteristisch für die Kultur dieser Gesellschaft sind. Literarische Werke, die in der Universität kommentiert und in der Schule besprochen werden, sind nach Maßgabe dieser Muster ausgewählt und modelliert. Die Allgemeinurteile über Epochen in der Schul-Literaturgeschichte gehören zu solchen »Modellierungen«.

Im Zuge der Postmoderne-Diskussion hat sich aber die Sicherheit der für Deutungen zuständigen Wissenschaft, einem literarischen Werk komme diese oder jene richtige Interpretation zu, verflüchtigt. Ebenso sind die bislang gültigen Kategorien der historischen Ordnung, die Epochenbegriffe der Literaturgeschichtsschreibung, in Zweifel gezogen worden (SCHERPE 1983; SCHÖNERT 1983). Das Ergebnis ist eine Verunsicherung der »Anwender« von Kanonliteratur und Deutung in der Institution Schule: Wenn weder wissenschaftlich gesichert ist, was ein literarisches Werk »bedeutet«, noch wie es »historisch einzuordnen« ist, was soll man da im Unterricht »lehren«?

Die Verfechter von Kanon und Literaturgeschichte als Lerngegenständen des Literaturunterrichts müssen also massiv die Augen vor den neueren Erkenntnissen der eigenen Gegenstandswissenschaften schließen, damit sie weiter im Unterricht das tun können, was sie tun wollen: künftige Generationen durch epochenbezogene Deutungen zum Gebrauch von Literatur als Kulturgut befähigen. Sie betrügen dabei ihre SchülerInnen durch eine Unterschlagung. Denn wie sollen diese lernen, mit der Polyvalenz von Literatur und den Widersprüchen von Deutungsangeboten im kulturellen Leben umzugehen, wenn sie immer nur mit eindeutigen Lernangeboten konfrontiert werden? Gerade hier ist die im Folgenden skizzierte neue Art, mit Literaturgeschichte umzugehen, dringend erforderlich. Die Literaturgeschichte darf nicht vereinfachend »dominante Entwicklungen« (MÜLLER-MICHAELS 1987) auf den (Epochen-)Begriff bringen, sondern muss Literatur mit anderen kulturellen Sektoren verknüpfen (KAES 1990), so dass literarische Werke vor dem Hintergrund kontroverser Denk- und Empfindungsformen einer vergangenen Zeit sichtbar und aus der Perspektive des Heute diskutierbar werden.

Im Theater entscheidet der Regisseur, ob Schillers ›Kabale und Liebe‹ ein Ständedrama, ein bürgerliches Liebesdrama, ein Drama über missglückende Identitätsbildung oder über die Macht der Bilder

in den Köpfen ist, in der Universität der Professor, ob psychologisch
oder dekonstruktiv interpretiert wird und ob dementsprechend
Schillers Jugenddramen etwas Sozialrevolutionäres enthalten, ob sie
die Ablösung der jungen Generation von der älteren kommentieren
oder ob sie lediglich die literarische Verarbeitung der Karlsschul-
Leidenschaften des Autors im Dreieck von gehasstem Vater (Herzog
Karl Eugen), begehrter Mutter/Schwester (Franziska von Hohen-
heim) und bewundertem und zugleich verstoßenem »Sohn« Friedrich (alias Karl, alias Ferdinand, alias Carlos) ausfantasieren. Literaturgeschichtliche Kontext-Informationen zum jungen Schiller, zu
den Kommunikationsstrukturen der Zeit und zu dem Verhältnis der
Geschlechter, der Generationen oder der Stände im ausgehenden
18. Jahrhundert sind hier für LehrerInnen und SchülerInnen die
einzige Instanz, die es ihnen möglich macht, im Chaos der Lektüre-,
Inszenierungs- und Deutungsvorschläge zu einem eigenen Urteil zu
kommen.

2.2 Literaturgeschichte als unstrukturierte Zugabe in einem »wissenschaftsverlassenen« Schulcurriculum

Die Literaturgeschichte hält, trotz dieser kritischen Bilanz, auch in
den neunziger Jahren, einfach aufgrund des Beharrungsvermögens
der Institution (GAISER 1993, 132–142) und aufgrund politisch-kul-
tureller Entwicklungen der achtziger Jahre, die mit der Rückkehr zur
Werteerziehung, zu Traditionsbewusstsein und »nationaler Identität« zusammenhängen mögen (NUTZ 1997, 35 f.), einen zentralen
Platz im Deutschunterricht der Oberstufe des Gymnasiums. In dem
schon älteren Bildungsplan für das Gymnasium in Baden-Württemberg (MINISTERIUM KULTUS UND SPORT 1984, 315 f.) ist z. B. vorgeschrieben, dass zwei »Epochen« (eine aus dem »Block« Klassik,
Romantik, Realismus, eine aus Naturalismus, Expressionismus,
Weimarer Republik/Exilliteratur, Literatur nach 1945) ausführlich,
d. h. durch »exemplarische Einzelwerke« oder durch »thematische
Vergleiche von Werken aus verschiedenen Epochen« behandelt werden und ein »Überblick über die nicht gewählten Epochen« durch
»gattungsorientierte Längsschnitte« gewährleistet ist. Die Begründung ist in der Form von Lernzielen gegeben, die das Erwünschte als
bereits Erreichtes vorstellen:

»Die Schüler lernen literarische Werke im Zusammenhang mit deren historischen Voraussetzungen und Wirkungen kennen. Aus der Einsicht in die Geschichtlichkeit der Literatur gewinnen sie ein umfassenderes Textverständnis sowie Einblicke in literarische Traditionszusammenhänge und literaturgeschichtliche Entwicklungen. Die lebendige Auseinandersetzung mit der Tradition bietet ihnen Möglichkeiten zur Identifikation und Abgrenzung.«

Eine Zusammenarbeit mit »Geschichte, Religion, Musik, Bildender Kunst und Fremdsprachen« wird angemahnt, aber im Mittelpunkt der Betrachtung stehen »die Einzelwerke in ihrem Epochenbezug«. Bei der Behandlung von Werken der Gegenwart soll die »Bedeutung der literarischen Tradition für das literarische Leben der Gegenwart« erkannt werden.

Die Erarbeitung von literaturgeschichtlichem Wissen ist – wie dieser Lehrplan ausweist – heute in Gymnasien weitgehend an die Besprechung von »Ganzschriften« gebunden. Bevor ein Werk im Unterricht behandelt wird, findet aber eine Reihe von Entscheidungen statt, die in hohem Maße sowohl willkürlich als auch ritualisiert sind. Eine Erhebung an den Gymnasien in Nordrhein-Westfalen stellte fest, dass sehr wenige Werke sehr häufig und sehr viele Werke sehr selten behandelt werden. Die hohe Kanonisierung weniger Werke korreliert mit einer weitgehend festliegenden Zuordnung von Werken zu Jahrgangsstufen (LANDESINSTITUT FÜR SCHULE UND WEITERBILDUNG 1993). Die Schul-Literaturgeschichte bildet Schwerpunkte bei den Epochen, denen die Werke des heimlichen Kanons zugerechnet werden. »Epochenrepräsentanz« gilt als zentrales schulisches Auswahlkriterium (MÜLLER-MICHAELS 1996a).

Bei den genannten Entscheidungen spielt die fachdidaktische Ratgeber-Literatur eine große Rolle: Gibt es neben der Reclam-Ausgabe eine Dokumentation in der »grünen Reihe«? Gibt es in einem der Schulbuchverlage »Lektürehilfen« oder »Epochenhefte« oder stehen autorisierte Materialien aus Fortbildungsveranstaltungen zur Verfügung? Die Ratschläge, die in diesen Materialien gegeben werden, nehmen auf sehr unterschiedliche Weise Bezug auf den Kontext der Entstehung und der Rezeption der Werke. Das im Unterricht praktizierte »exemplarische« Verfahren parzelliert zusätzlich das Orientierungsangebot, indem von der »Literaturgeschichte« zumeist nur das in den Blick gerät, was den Ratgebern zur »Interpretation des Textes« dienlich scheint. Die Schul-Literaturgeschichte selbst hat im Rahmen der Ganzschriftenbesprechung weitgehend den Status eines »freien Ergänzungsangebots«, d. h. viele Schulen stellen ihren SchülerInnen einbändige Schul-Literaturgeschichten, die seit Jahren unverändert nachgedruckt werden, zur Verfügung, in denen sie nach Bedarf »nachlesen« können. Diese ergänzende Lektüre gehört für SchülerInnen deutlich zum »schulischen Lernen«. So trägt die Literaturgeschichte nicht unerheblich zum Gesamtbild des Literaturunterrichts bei, das Gaiser (1993, 135 f.) so zusammenfasst:

»Denn der Deutschunterricht wird vom Schüler nicht als literarische Institution empfunden, sondern als ein spezifischer Bereich der hegemonialen Institution Erziehung mit all den autoritären Strukturen realer Macht. [...] Unabhängig vom je konkreten Unterrichtsgeschehen stellt die Ausbildungssituation an der Institution Schule den Rahmen dar, in den das Gespräch über Literatur eingebettet ist, was es letztlich zur Pseudokommunikation degradiert. Literaturbezogenes Lernen ist primär Lernen, nicht literarisches Handeln.«

Das literaturgeschichtliche Wissen ist so in den Dienst an der Deutung der Werke gestellt. In Wirklichkeit jedoch ist das Verständnis, das der Unterricht für das literarische Werk der Tradition nahe legt, abhängig von der »sinnstiftenden Strukturierung« (NUTZ 1997, 40), welche dem Lehrer durch die literaturgeschichtliche Epochenzuordnung vorgeschlagen wurde. Das literarische Werk entfaltet jeweils (nur) die Bedeutung, die ihm der Rahmen, in dem von ihm »Gebrauch gemacht« wird, zuschreibt. Eine Trennung von »ästhetischem Werk« und »Gebrauchskontext« ist gerade im Unterricht nicht möglich, weil vor allem die semantische Dimension des literarischen Textes behandelt wird. Das, was als seine »Botschaft« festgestellt wird, ist eine Konstruktion, in welcher sich die »Epochenbilder« bestätigen. Ist der »Sturm-und-Drang« etwa als »Aufbegehren gegen den kalten Rationalismus der Aufklärung« definiert, so stützt diese Klassifizierung die Deutung der Jugenddramen Schillers als »sozialrevolutionäre« Rufe nach Freiheit. Der literaturgeschichtliche Begriff bildet im Unterricht einen Deutungsrahmen, der erst später, z. B. im Seminar über postmoderne Formen der Textanalyse, lustvoll wieder »dekonstruiert« werden kann.

Noch einmal anknüpfend an Bourdieus Sichtweise lässt sich diese Beobachtung so fortführen: Dadurch, dass literarische Texte in ihren institutionellen Gebrauch eingepasst werden, stabilisieren sie über ihre Deutungen die jeweils herrschenden Rahmen. Bewegung kommt aber in ein stabiles System, wenn an den Rändern der Subsysteme, z. B. in der künstlerischen Avantgarde oder als Import aus wissenschaftlichen Diskursen, der institutionenspezifische Konsens in Frage gestellt wird. Eine solche Rolle könnten für den aktuellen Literaturunterricht die Vorschläge des »entdeckenden Lernens« (NUTZ 1999, 45–50), des »produktiven Literaturunterrichts« oder auch die oben angedeuteten Überlegungen der Geschichtsdidaktik (KORTE 1996 b) sein. Alle diese Konzepte schlagen neue, selbstständigere Formen des Umgangs mit den Fachgegenständen, insbesondere aber eine Pluralisierung der Deutungen vor.

Während die Impulse aus der produktiven Literaturdidaktik inzwischen breite Aufnahme gefunden haben, sind die Überlegungen, die in der Geschichtsdidaktik zur Entwicklung eines subjektiv bedeutsamen Geschichtsverständnisses angestellt wurden, noch nicht im Deutschunterricht »angekommen«. Vielmehr scheint es so auszusehen, als würde die produktive Rezeption, durch ihre Verbindung mit Kriterien wie Lese-»Erlebnis« oder Lektüre-»Erfahrung«, die historische Situierung der Texte geradezu ausschließen. Bei der Integration der »Rezeptionstheorie« in den so genannten »produktiven Literaturunterricht« konnte man sogar beobachten, wie das Theorem des »aktiven Lesers« aus dem ursprünglichen Theoriekonzept ausgegliedert und in den reformpädagogischen Ansatz des freien Schreibens integriert wurde, ohne dass dabei die historische Dimension der Literatur (und ihres Gebrauchs) irgendwie Beachtung fanden. Infolgedessen kann heute in der Schule schreibend in Werke des Kanons eingegriffen werden, um ein subjektives Verständnis zur Geltung zu bringen, ohne dass Schreibentscheidungen (des Autors oder der SchülerInnen) historisch verortet würden. Der »aktive Leser«, der sich im Institutionenkontext zum pädagogisch motivierten, mit Schere und Stift handelnden Schüler gewandelt hat, reicht zur Legitimation aus. Pädagogische Rückgriffe auf die Reformpädagogik und gegenstandstheoretische auf die Rezeptionstheorie haben – zumindest in der Sekundarstufe I – einer ahistori-

schen Arbeit an den literarischen Gegenständen den Boden bereitet.
Die Vorschläge der Geschichtsdidaktiker, »Aufgabenfelder mit kul-
turhistorischem Aspekt sowie Sequenzen zur literarisch vermittelten Geschichte menschlichen Verhaltens, menschlicher Psycho-His-
torie« (KORTE 1996 b, 197) zu entwickeln, könnten hier als Korrektiv
dienen.

3. Wege aus der Krise der Literaturgeschichtsschreibung und der
»Motivationskrise« des Literaturunterrichts: Neuanfang für die
Literaturgeschichte als Unterrichtsgegenstand?

3.1 Eine vorausschauende Bilanz der siebziger Jahre

Mitte der siebziger Jahre zog Bernd Hüppauf (1974) »auf der Suche
nach einem Ort für die Literaturgeschichte im Deutschunterricht«
Bilanz. Er konstatierte, dass die Literaturgeschichte, bisher »Königsweg der humanistischen Fächer« zum Aufbau einer allgemeinen
Persönlichkeitsbildung, »ihre Orientierung verloren« habe. Es fehle
an einer »treibenden Idee«, die weit verbreitete »Resignation« der
Lehrer sei die Folge des »Relevanzverlusts der Literatur« in der
kulturellen Öffentlichkeit, der Enthistorisierung des Literaturbegriffs durch die Rezeptionstheorie, der Lernzieldiskussion, die die
»Analyse der Lebenssituationen der Schüler« an den Anfang curri-
cularer Entscheidungen stelle. Der »allein an der Motivation und
vorgängigen Lesesozialisation« der Schüler ausgerichtete Deutschunterricht könne Kanon-Literatur überhaupt nicht gebrauchen, der
»über den sozialgeschichtlichen Unterricht begeisterte« nur kognitive Lernziele anstreben. Es sei an der Zeit, »einen Spielplan für
subjektgeleitete kritische und zugleich kreative Tätigkeit im Umgang mit der literarischen Tradition zu gewinnen« (ebd., 454), durch
die »gerade der spezifische Modus literarischer Erkenntnisbildung«
wieder möglich würde. Er schlägt dann vor zu überlegen, wo die
vom zeitgemäßen Deutschunterricht angestrebten Kompetenzen
mit den Gegenständen des Literaturunterrichts vereinbar seien. Als
»Weg zum *Lernziel kommunikative Kompetenz*« etwa stellt er sich
die »Analyse der Dialogstruktur in einem Roman, der Interaktions-
muster eines Dramas« vor. Der historisch ausgerichtete Literatur-

unterricht vermittle so »im günstigen Fall Kenntnisse, auf die in erlebten Situationen, innerhalb und außerhalb der Schule, zurückgegriffen werden kann.« (HÜPPAUF 1983, 459) Auch auf Waldmanns Konzept einer »produktionsorientierten Didaktik textueller Kommunikation« verweist er in der Hoffnung, dass dort eine relative Selbstständigkeit und Spontaneität der SchülerInnen im Umgang mit literarischen Texten gewährleistet sei. Wenn durch aktivierende und kreative Unterrichtsverfahren die literarischen Texte »Teil der Lebenswirklichkeit der Schüler« würden, »müsste der Umgang mit Literatur auch die Lebenssituation der Schüler nachhaltig beeinflussen.« (ebd., 460) Die produktive Art des Umgangs mit Literatur müsse »ein beachtliches Potenzial an Erfahrungsbildung« entwickeln, die Fantasie der Schüler anregen und »verflüssigen«, »Erfahrungen des Fremden und Fernen« ermöglichen. Er schließt programmatisch:

»Literaturgeschichte ist die Dimension, in der ein auf kommunikative Kompetenz zielender Unterricht die Enge des Gegebenen überwinden kann, ohne sich in orientierungslose Abstraktheit zu verlieren und der befreiten Fantasie die Erfahrung der bloßen Selbstbespiegelung zuzumuten. Erst in *der Vermittlung eines geschichtlich strukturierten Erfahrungsraumes* lässt sich das Ziel der kommunikativen Didaktik konkretisieren.« (ebd., 461; Hervorhebung K. F.)

Mit einem Blick in die Geschichte der Literaturgeschichtsschreibung und deren aktuelle Krise belegt Hüppauf, dass die geforderte »geschichtliche Strukturierung des Erfahrungsraums« im Literaturunterricht nicht ganz einfach wird. Denn eine Literaturgeschichtsschreibung, die zuerst der Stabilisierung der nationalen Identität der Deutschen diente, sozusagen als kulturelle Krücke der zu spät erfolgenden politischen Einigung, die dann den historischen Entwicklungsgang in eine wenig greifbare »Ideen- und Geistesgeschichte« verflüchtigte, erlebte mit dem Anschluss an die Sozialgeschichte auch alle Krisen, die die Historiografie in den achtziger Jahren erschütterten. Die Krise des historischen Bewusstseins erfasste die Literaturgeschichte insofern sogar mit besonderer Heftigkeit, als die diversen literaturgeschichtlichen Kategorienbildungen stark mit den ideologischen Wertungen der Germanisten des 19. und 20. Jahrhunderts durchsetzt waren, so dass am Ende nur die »Konstruiertheit« der Kategorien als sichere Erkenntnis übrig blieb.

Hüppaufs Bilanz besitzt auch heute noch einige Bedeutung. Sie nahm bereits 1974 vorweg, was heute auf der Ebene der Lehrpläne kontrovers ausgetragen wird mit den allgemeinen Vorentscheidungen über:

- die Stabilität des Werkbegriffs (Was ist ein literarisches »Werk«, die philologisch edierte Ausgabe letzter Hand oder auch die Frühfassungen? Gehören die Texteingriffe des Autors dazu? Auch die späterer Leser? Ist die »Rezeption« Teil des Werks?),
- die Stabilität der Epochenbegriffe (Lassen sich Epochen klar über Merkmale definieren, gibt es eine begrenzte Anzahl? Oder sind sie diskussionsbedürftige Konstruktionen? Lassen sich – mit Auftauchen neuer Gesichtspunkte – neue »Epochen« bilden und begründen? Sind die historischen Verortungen der Werke überhaupt über literaturgeschichtliche Kategorien zu gewinnen?),
- die Stabilität des Lernbegriffs (Lassen sich literarhistorische Zusammenhänge über das Lernen von Orientierungsbegriffen lernen? Oder müssen die SchülerInnen sie als Orientierungsinstrumente selbst erarbeiten, damit sie sie für die Lektüre der Werke nutzen können? Bieten Formen der »produktiven« Auseinandersetzung, z. B. des heuristischen Schreibens, Möglichkeiten, eigene Wege beim Aufbauen eines historischen Verständnisses zu gehen?).

3.2 Innovation über Lehrplanreformen

Auch in Lehrplänen der neuen Generation, z. B. dem 1999 erschienenen des Landes Nordrhein-Westfalen (RICHTLINIEN NRW SEK II 1999, 16 ff.), ist Literaturgeschichte noch immer ein wichtiger Lerngegenstand und eine entscheidende Steuerungsgröße für die Obligatorik. Aber der Umgang mit den Epochenbegriffen und dem Werkbegriff hat sich grundlegend geändert. Literarische Texte bilden zusammen mit Sachtexten, Filmen und Texten der Massenmedien sowie der Kommunikationstechnologien *gemeinsam* den Gegenstand des Arbeitsbereichs. Als erstes Auswahlkriterium für die Behandlung von Literatur im Unterricht gilt die thematische Relevanz

(d. h. der Bezug zu Problemen der Lebenswelt, zu aktuellen Fragen, zu Interessen der SchülerInnen), erst dann folgen »literarhistorische und kulturelle Bedeutung« (zu ermitteln über »Wirkungsgeschichte, aktuelle Rezeption, kulturhistorische Repräsentanz«).

Die Planungsgröße für den Unterricht ist das »Unterrichtsvorhaben«, das »durch ein Thema« ausgewiesen ist und die obligatorischen »Inhalte«, also auch die literarischen Werke, diesem Thema zuordnet. Neben dem thematischen gilt ein lerntheoretisch fundiertes Planungsprinzip, das des »integrierten Deutschunterrichts«. Dieses besagt, dass in einer Unterrichtseinheit nicht nur der eine Arbeitsbereich »Texte und Medien« oder gar der Teilbereich »Literatur« Gegenstand sein soll, sondern immer Problemstellungen aus den anderen Arbeitsbereichen hinzukommen, das sind »Sprechen, Schreiben« und »Reflexion über Sprache«. Es wird also vom Lehrer verlangt, dass er die Unterrichtsplanung nicht mehr auf die Interpretation der literarischen Werke allein abstellt, sondern Sprachprobleme (z. B. »Sprachbarrieren«, die die Literatursprache der klassischen Dramen für heutige jugendliche LeserInnen enthält) und thematische Bezüge zur Lebenswelt der Schüler gleichgewichtig einbezieht.

Hinzu kommt eine deutliche didaktische Relativierung der literarischen Epochenbegriffe. Die Unterrichtsplanung verlangt für ein Unterrichtsvorhaben, das »sich an historischen Bezügen und Epochen orientiert« (ebd., 32), dass der Lehrer sich auf Zeiträume konzentriert, die für »die unmittelbare Gegenwart eine besondere Bedeutsamkeit« besitzen, weil sich von ihnen »Traditionen herleiten [lassen], die bis in die Gegenwart reichen«. Als solche werden die Übergänge vom 18. zum 19. und vom 19. zum 20. Jahrhundert genannt. Diese »Epochenumbrüche« sind Zeiträume, in denen sich konkurrierende »Epochen« zeitlich überlappen. Während noch die Spätaufklärung dominiert, entwickelt sich über Empfindsamkeit und Sturm und Drang eine intensiv emotional bestimmte Haltung zur Welt. Wenige Jahre später entfalten sich Klassik und Romantik zeitgleich auf dieser Basis. Die Generation des Vormärz reagiert auf die »klassisch-romantische Kunstperiode« (Heine), ohne zwischen Weimar, Jena und Heidelberg zu unterscheiden. Die Unterrichtseinheiten werden also nicht werk-, sondern themen- und problemzentriert vorgehen, mehrere Werke – möglicherweise nur in Auszügen, möglicherweise unterstützt durch Sachtexte – kontrastiv zueinander behandeln und sprachliche neben literarischen Fragen aufgreifen. Die Epochenbegriffe dienen hier dann nur noch zur Charakteristik von Strömungen und Positionen innerhalb des grundsätzlich problemorientiert angelegten Porträts einer »Umbruchszeit«. Wichtig an dieser bleibt im Unterricht das, was auch heute noch Geltung hat oder heute besonderen Widerspruch herausfordert. Und das sind in aller Regel eher Denk- und Empfindungsmuster, Wert- und Welthaltungen als etwa ästhetische Fragen der Schreibweise und Kunstübung. Das »linear chronologische« Prinzip wird für die Unterrichtsplanung explizit verneint (ebd., 33).

Bindet man in dieser Weise die Auseinandersetzung mit Literatur an andere kulturelle Praktiken, z. B. an Formen der Erziehung, die Geschlechterrollen, die Autoritätsausübung zwischen den Generationen, so tritt an die Stelle der typisierenden Vereinheitlichungen Pluralität und Heterogenität. Kontroverse Werthaltungen, unterschiedliche »Mentalitäten« werden als gleichzeitige und miteinander konkurrierende sichtbar. So sind gerade die »Epochenumbrüche« ein Beweis dafür, dass Literaturgeschichte Literatur nicht wohlgeordnet und isoliert von den anderen kulturellen Bereichen zeigen sollte, sondern dass nur das gesamte Netz des kulturellen Geflechts eine Wirksamkeit bis in die Gegenwart hinein entfaltet (KAES 1990). Das Denken der bürgerlichen Gesellschaft pendelt zwischen den beiden Polen der Verstandes- und Gefühlsfähigkeit, die Moderne zwischen Fortschrittsoptimismus, Wissenschaftsgläubigkeit einerseits und Katastrophismus und der Negation aller sicheren Kategorien andererseits. Daher ist es ein überlegenswerter Vorschlag, auch die literaturgeschichtlichen Ordnungsgrößen an diesen makrohistorischen Oppositionen festzumachen und statt von »Epochenumbrüchen« zu sprechen – ein Begriffsgebrauch, in dem die alten Epochenbegriffe ja immer noch anwesend sind – einfach mit dem Stichwort »bürgerliches Zeitalter« den Umbruch vom 18. zum 19. Jahrhundert zu bezeichnen und das Stichwort »Moderne« mit dem vom 19. zum 20. zu verbinden, in welchem dann auch die Anfänge des Films, die Moderne der abstrakten Malerei und die modernen Lebensformen der Angestellten in den Großstädten ihren Platz finden würden.

»Großräumige«, inhaltlich bestimmte Kategorien der mentalitäts-
geschichtlichen Gliederung an der Stelle der »Epochen« wären: Mittelalter – frühe Neuzeit – bürgerliches Zeitalter – Moderne.

Die konkrete Planung der Unterrichtsvorhaben ist von dieser
Begriffsklärung unabhängig. Es handelt sich in jedem Fall um kon-
trastive Textmontagen mit problemorientierten Aufgabenstellungen, in denen SchülerInnen die Möglichkeit erhalten, Orientierungswissen über die Widersprüche einer Makro-Epoche zu erwerben und dabei auch literarische Formentscheidungen als das
Ergebnis von Auseinandersetzungen mit überkommenen Normen
zu erkennen. Die Entscheidung des modernen Romans gegen das
auktoriale und für Formen des personalen Erzählens ist dann kein
Willkürakt einzelner Autoren, sondern eine Konsequenz der Erfahrung des Verlusts an Übersicht in der modernen Welt.

Diese Planungsentscheidungen sollen Synergieeffekte zwischen
den neuen Literatur-, Epochen- und Lernbegriffen freisetzen. Solange im Zentrum des Unterrichts das »literarische Kunstwerk« als
Repräsentant seiner Epoche stand, das man auf Thema, Aufbau,
Schreibweise, »literarische Mittel« hin untersuchte, solange erschien
es den SchülerInnen als eine in sich geschlossene Größe mit einer
Botschaft, die es – mit Hilfe der Epochenzuordnung – zu erschließen
galt. Die Dichter hatten den Schülern etwas über die Zeiten hinweg
Bedeutsames zu sagen. Wird das Werk nun hingegen im Rahmen
einer thematischen Unterrichtseinheit behandelt, so steuert es eine
Auffassung zu einem Problem bei, das auch in anderen Werken
aufgegriffen und womöglich anders bewertet wird. Das Werk ist
auch nicht »abgeschlossen«, sondern offen gegenüber der Diskussion
in seiner wie in der Folgezeit. Goethes ›Werther‹ bezieht keine
eindeutige Stellung mehr gegenüber Gefühl, Liebe, Natur, Selbst-
mord, sondern stellt gerade zeittypische Eindeutigkeiten in Frage.
Die Schüler lernen nicht, was Goethe sagt, sondern sie fragen, was
sie selbst mit dem Angebot der Briefe Werthers anfangen wollen. Es
kommt dementsprechend nicht mehr darauf an, »den Werther« als
»typisch« für »den Sturm und Drang« zu erweisen, sondern auf die
Haltung der Personen zu achten, auf ihre Art, miteinander zu kom-
munizieren oder mit ihren eigenen Gefühlen umzugehen – als Dis-
kussionsangebot an die heutigen LeserInnen. Es wäre z. B. möglich,

in den frühen hymnischen Hexametern Hölderlins (›Die Eichbäume‹) Ähnlichkeiten zu den freien Hymnen des jungen Goethe (›Wandrers Sturmlied‹) und der Haltung Werthers zur Natur festzustellen und die »Epochenzuordnung« des einen zur Romantik, des anderen zum Sturm und Drang auszusetzen.

3.3 Innovative Formen des Lernens im Literaturunterricht und deren Zusammenhang mit der Literaturgeschichte

Maximilian Nutz (1999) hat vorgeschlagen, Literaturgeschichte als »entdeckendes Lernen« in den Unterricht zu bringen, und erhofft davon Ansätze zu einer »reflektierten Erinnerungskultur«. Auch Nutz argumentiert von der Besonderheit der literarischen Gegenstände aus. Sie sind als »Konstrukt von Erinnerungsarbeit« zu verstehen. Denn was wüssten wir ohne die schulische und die universitär und von anderen Kulturinstitutionen verwaltete Erinnerungskultur unserer Gesellschaft überhaupt noch von ihnen? Die in der Germanistik vorgeschlagene Rückversetzung der festgefügten Literaturgeschichte »ins Stadium des Experiments« (SCHERPE 1983) soll im Unterricht die Möglichkeit eröffnen, an die Stelle des einen (zu lernenden) Überblicks – konkret an die Stelle der kurzgefassten literaturgeschichtlichen Orientierungstabellen der Oberstufen-Deutschbücher – mehrere »Erkundungsrouten und Entdeckungsreisen« zu setzen, auf denen SchülerInnen selbst ihre »Geschichten« für die literarisch-kulturelle Vergangenheit (re)konstruieren. Epochenbegriffe sind dabei nicht mehr »Sinneinheiten«, sondern »Sinnstiftungsangebote«, also ihrerseits historisch bedingte Mittel, um sich Formen der Erinnerungsarbeit bewusst zu machen. Das würde auch der Diskussion um Kanonentscheidungen einen sinnvollen Platz im Unterricht geben: SchülerInnen könnten aus ihr lernen, wie sich kulturelle Entscheidungen durchsetzen. Sie könnten einen Deutschlehrer, der dekretiert, Goethes ›Faust‹ müsse von allen gelesen werden, weil es sich »um den wohl wichtigsten deutschen Beitrag zur Weltliteratur« handle, fragen, ob das nur die Deutschen (oder auch die Franzosen) so sähen oder vielleicht nur eine Minderheit, die meint, Entscheidungen in Dingen Kultur für alle treffen zu müssen, usw. Solche »Arbeit am Kanon und an Kanonisierungsprozessen« (FINGERHUT 1993 a; 1997 a) gibt der Literaturgeschichte einen neuen

Stellenwert im eigenaktiven Lernen. Nutz demonstriert dies am Beispiel der Klassik. Er zeigt seinen Schülern zuerst, wie das »einheitliche« Bild dieser »Epoche« nur dadurch entsteht, dass zuvor die zeitgleichen kulturellen Meinungsträger wie Romantiker oder Jean Paul, Hölderlin, Kleist ausgegliedert werden, dass die zu dieser Zeit erfolgreiche Unterhaltungsliteratur gezielt vergessen wurde, ebenso wie die umfangreiche jakobinische Literatur. Er kontrastiert dann Auszüge aus klassischen Werken unter den Fragestellungen der »klassischen« Literaturkonzeption (Autonomie, Persönlichkeit, Mündigkeit, Selbstreflexion) mit zeitgleichen »nichtklassischen« und lässt die SchülerInnen selbstständig »bestimmte Spuren« verfolgen: Eine zeitspezifische Problemstellung, z. B. die Einschätzung der Ideen der Französischen Revolution oder die Rollenidentität Mann – Frau, wird aus unterschiedlichen Perspektiven beleuchtet. Die SchülerInnen präsentieren am Ende der Einheit Widersprüche der Zeit – und deren historische Einebnung durch die hegemoniale Erinnerungskultur.

Es ist klar, dass komplexe Bilder vergangener Zeiträume nicht entstehen, wenn man *ein* Kunstwerk aus diesem Zeitraum in den Mittelpunkt stellt. Soll forschendes Lernen möglich gemacht werden, so müssen die SchülerInnen an mehreren Texten arbeiten und dabei Such-Fragen haben und selbst weiterentwickeln. Sie können dementsprechend nicht immer alles lesen, sondern müssen mit Ausschnitten und Anthologien arbeiten. Dort begegnen sie unterschiedlichen Vorschlägen, diese Bruchstücke zu ordnen. Diese müssen sie gegeneinander abwägen. Der Weg zum eigenen Urteil führt über das Abwägen und Bewerten der unterschiedlichen Angebote. Die SchülerInnen müssen den Umgang mit widersprüchlichen Deutungen lernen. Ob sie das gern tun, ist eine bislang offene Frage. Es gehört aber zum Programm des »wissenschaftspropädeutischen Lernens«.

Das forschende Lernen motiviert sich nur zum Teil aus sich selbst (aus der größeren Selbstständigkeit und Freiheit, die den Lernern zugestanden wird). Motivation muss auch aus der Sache kommen, die es forschend zu durchdenken gilt. Die Anstrengung muss sich »lohnen«. Diese Motivation muss langfristig aufgebaut werden. Viele Informationen müssen vom Lehrer selbst nachgetragen werden. Dazu ist es sinnvoll, sich auf ältere Formen von Lernarrangements zu besinnen, die in der Literaturmethodik in Vergessenheit geraten sind. Dazu gehört z. B. die Narration (FINGERHUT 2000). LehrerInnen müssen Geschichten aus der Literaturgeschichte »erzählen« können. Nicht nur Goethes Poetik ist interessant und seine Idee der autonomen Persönlichkeit, sondern auch sein Verhältnis zu Christiane, zur Weimarer Hofgesellschaft und deren »Regeln«. Biografische Hintergründe können spannend erzählt werden und Suchpfade für selbstständiges Arbeiten der SchülerInnen eröffnen. Es gibt auch gerade hier interessante Verbindungen zu historischen Romanen und romanhaft angelegten Dokumentationen aus dem Bereich der Gegenwartsliteratur (es sei nur verwiesen auf Sigrid Damms ›Christiane und Goethe‹, Hanns-Josef Ortheils ›Faustinas Küsse‹ oder Dieter Kühns biografische Notiz ›Goethe zieht in den Krieg‹), zu Werkverfilmungen und besonders zu psychologischen Deutungen. Wird beispielsweise der ›Erlkönig‹ im Kontext der Goetheschen »Singspiele« vorgestellt, so wird es den Schülern möglich sein, hinter der Beziehung Vater – Sohn – Erlkönig (mit Töchtern) die erotischen Verwicklungen, in denen der Verfasser in seinen ersten Weimarer Jahren steckte, zu sehen und die allgemein angebotene Deutung (»naturmagisches Denken in der Epoche des Sturm und Drang«) zu relativieren. Die dabei zutage tretenden Gruppenprozesse sind sowohl möglicher interessanter Gegenstand von Narration wie für forschendes Lernen.

2. Gegenwartsliteratur im Unterricht
VON CLEMENS KAMMLER

1. Vorbemerkungen: Das didaktische Interesse an Gegenwartsliteratur

Das Plädoyer für den stärkeren Einsatz von zeitgenössischen poetischen Texten ist kein Novum in der Geschichte der Literaturdidaktik. Bereits im Jahre 1929 forderte Walter Schönbrunn, Deutschlehrer und Leiter eines Berliner Gymnasiums, in der Zeitschrift ›Die Erziehung‹ unter dem Titel ›Die Not des Literaturunterrichts in der großstädtischen Schule‹, dass die bildungsidealistische Klassikerrezeption in der »modernen« Schule durch einen zeitgemäßeren Umgang mit Literatur abgelöst werden müsse. Die großstädtische Jugend, skeptisch geworden durch die Auswirkungen des Ersten Weltkrieges und die Erfahrung der Weltwirtschaftskrise, betrachte die literarischen Werke der Vergangenheit nüchtern und kritisch: »Die Tragik der Gretchentragödie verblasst und die Reinheit Hermanns lässt den Gedanken an Verlogenheit aufkommen.« (SCHÖNBRUNN 1929, 254)

Schönbrunns Aufsatz löste eine vehemente Debatte aus. War es für ihn die Beschäftigung mit moderner Dichtung, die den Zugang zu den die Schüler interessierenden Gegenwartsproblemen und gleichzeitig als »Umweg zur Klassik« eine unpathetische, zeitgemäße Art der Klassikervermittlung ermöglichen sollte, so polemisierte sein Kontrahent Hermann August Korff im gleichen Heft gegen die Preisgabe der »Ewigkeitswerte der Vergangenheit« durch »lächerlichen Modernitätsdünkel« und »Aufklärungswahn« (KORFF 1929, 302; HEGELE 1996, 39, 49–53).

Aussagen wie die zuletzt zitierten mögen in neueren Veröffentlichungen undenkbar sein. Doch die Kernfrage des didaktischen Diskurses über Gegenwartsliteratur, »ob und mit welchen Begründungen Texte der zeitgenössischen Literatur ein Stoff sein können, der eines Vermittlungsprozesses wert ist« (PAEFGEN 1999 a, 78), war auch nach 1945 immer wieder Gegenstand kontroverser Erörterungen. Da *die* Gegenwartsliteratur als Objekt wissenschaftlicher Beschreibung kaum fassbar, da ständig im Fluss ist, fordert sie didaktische Reflexionen immer wieder heraus. Dabei geht es immer auch um die Zeitgemäßheit des jeweils »etablierten« Literaturunterrichts.

2. Diskurspositionen: Argumente für und wider den Einsatz von Gegenwartsliteratur im Unterricht von 1945 bis heute

Im Zusammenhang mit der Phase nach 1945 hat man von einem »Jahrzehnt der ›versäumten Lektionen‹« gesprochen. Während der Literaturunterricht in der 1949 gegründeten DDR bis zu deren Ende »systematisch von der marxistischen Literaturprogrammatik der SED geprägt« wurde, blieb im Deutschunterricht der Bundesrepublik die Auseinandersetzung mit dem Nationalsozialismus zunächst aus (vgl. HEGELE 1996, 101 f.). Die »anhaltende Modernitätsangst« (ebd., 106), die der französische Germanist Robert Minder im Jahre 1953 dem deutschen Lesebuch bescheinigte (vgl. MINDER 1953), bestimmte die Literaturdidaktik bis in die sechziger Jahre. Auch in zahlreichen Aussagen Robert Ulshöfers, des ersten und langjährigen Herausgebers der 1947 gegründeten Zeitschrift ›Der Deutschunterricht‹, kommt sie zum Ausdruck. Er stellte zu Beginn der fünfziger Jahre aufgrund der damals zunehmenden Schülerproteste über die Antiquiertheit der Inhalte des Literaturunterrichts als einer der Ersten die Frage nach dem Existenzrecht von Gegenwartsliteratur im damaligen »Haus des Lernens«. Seine positive Antwort auf diese Frage schränkte er jedoch in zweifacher Hinsicht ein: »Der Gegenwartsliteratur sollten wir (nur) soweit in den Unterricht Eingang gewähren, als wir dadurch die Schüler 1. überhaupt für echte Dichtung aufzuschließen und 2. von der Gegenwartsdichtung zum vertieften Verständnis auch der Werke der Vergangenheit zu führen vermögen.« (ULSHÖFER 1952, 8 f.) Am Anfang der didaktischen Reflexion über Gegenwartsliteratur stand nach 1945 also ein Vorbehalt: Sie unterlag dem Verdacht, dass es ihr nicht gelingen werde, sich im Kanon »echter Dichtung«, aus dem bei Ulshöfer auch die »Werke der Dekadenz, des Surrealismus, des entschiedenen Naturalismus« ausgeschlossen blieben, dauerhaft zu etablieren (vgl. ebd., 7). Deshalb gestand ihr Ulshöfer im Gegensatz zu den Werken dieses Kanons im

Unterricht nur ein Bleiberecht auf Widerruf, nur die dienende Rolle eines Transmissionsriemens zu, der die Verbindung zu den Werken einer kulturkonservativ begriffenen literarischen Tradition herstellen sollte. Wie wirkungsmächtig die Skepsis gegenüber einer allzu starken Gegenwartsorientierung des Literaturunterrichts bis in die jüngere Vergangenheit – und vermutlich auch in die unmittelbare Gegenwart – hinein ist, zeigen die 1983 in der ›Deutschen Vierteljahresschrift für Literaturwissenschaft und Geistesgeschichte‹ publizierten Ausführungen Günther Bucks, der vor einem kanonlosen Deutschunterricht warnt, der Gefahr laufe, sich »beliebigen Gegenwarts-Konjunkturen [zu] überlassen« (BUCK 1983, 364). Eine »in ihre Interessen unkontrolliert und gleichsam enthusiastisch engagierte Gegenwart« laufe Gefahr, »wildwüchsige und rasch wechselnde ›Kanones‹, modische Vorlieben je nach literaturwissenschaftlicher und politischer Konjunktur« auszubilden, die nicht dagegen gefeit seien, »die Pleiten von morgen zu werden« (ebd.).

Die Zustimmung, auf die solche Aussagen in den achtziger Jahren gestoßen sein mögen, wird verständlicher vor dem Hintergrund jener massiven Abrechnung mit einem als einseitig traditionsfixiert kritisierten Literaturunterricht, die nach 1968 von der Deutschdidaktik unternommen wurde. Im Pilotheft der 1970 gegründeten Zeitschrift ›Diskussion Deutsch‹ erschien unter dem Titel ›Sind Klassiker etwa nicht antiquiert?‹ eine gegen den »Chefideologen der Deutschlehrerschaft« Ulshöfer gerichtete Polemik Hans-Joachim Grünwaldts (GRÜNWALDT 1970), in der nicht nur dem Herausgeber des ›Deutschunterrichts‹ sein »halbe[s] Bekenntnis zur Beschäftigung mit der Gegenwartsliteratur« vorgehalten, sondern auch der pädagogische Wert einer Beschäftigung mit Klassikern grundsätzlich in Frage gestellt wurde: »Die Arbeiten der noch lebenden Schriftsteller interessieren den jungen Menschen meist viel mehr als die Werke der Klassiker. Sollte man deshalb nicht diese zum einzigen Gegenstand des Literaturunterrichts an unseren Schulen machen? [...] Aus ihnen kann der junge Mensch etwas über seine Zeit und sich lernen. Sie sind ›aktuell‹, die Werke der Klassiker aber ›antiquiert‹, wie die Schüler sagen würden.« (ebd., 17) Auch Ärzte oder Ingenieure, so Grünwaldt, seien gewohnt, »zunächst einmal das neuere Buch für das bessere zu halten« (ebd., 18). Da Klassikertexten in der Regel nur »scheinhafte Aktualität« (ebd., 29) zukomme, könne der Deutschunterricht sie allenfalls als »ideologische Leichen« benutzen, an denen »das Sezieren, das Analysieren von Literatur« als Methode vermittelt werde (ebd., 31). Ansonsten seien sie »nutzloser Gedächtnisballast« (ebd., 18), mit dessen Hilfe das Bildungssystem soziale Konflikte und Unterschiede zu harmonisieren bzw. zu manifestieren suche.

Grünwaldts Plädoyer für mehr Gegenwartsliteratur im Deutschunterricht unterschlug freilich, dass gerade in den späten fünfziger und sechziger Jahren die Aktualisierung des schulischen Literaturangebots endlich gelungen war. Werke wie Alfred Anderschs ›Sansibar oder der letzte Grund‹, Max Frischs ›Andorra‹ und ›Homo Faber‹ oder Dürrenmatts ›Die Physiker‹ und ›Der Besuch der alten Dame‹, die aufgrund der ihnen eigenen »Verbindung von Problemorientiertheit mit geschichtlicher Aktualität und literarischer Qualität [...] eine jahrzehntelange Karriere als Schulklassiker vor sich hatten« (HEGELE 1996, 120), aber auch zahlreiche andere Texte der Nachkriegsliteratur wurden damals nicht lange nach ihrem Erscheinen in der Schule auf breiter Ebene rezipiert. Diese Entwicklung war wenigstens teilweise auch ein Verdienst Ulshöfers, der trotz seiner ambivalenten Haltung zur Gegenwartsliteratur als Herausgeber des ›Deutschunterrichts‹ in den fünfziger und sechziger Jahren in erheblichem Maße zu ihrer Etablierung als Unterrichtsgegenstand beigetragen hatte (vgl. ebd., 116 ff.). Grünwaldts Attacke war außerdem – um eine spätere Formulierung Alexander Kluges aufzugreifen – ein aus der zeitgeschichtlichen Situation heraus vielleicht nachvollziehbarer, insgesamt aber naiver »Angriff der Gegenwart auf die übrige Zeit«, dem letztlich ein mechanistisches Verständnis von literarischer Bildung zugrunde lag. In seiner Tendenz, diese gegen die literarische Tradition auszuspielen, fiel sein Plädoyer für die Gegenwartsliteratur deutlich hinter das Niveau der Überlegungen zurück, die Walter Schönbrunn in den zwanziger Jahren angestellt hatte, als er die Forderung nach mehr »moderner Dichtung« mit der nach einer weniger gefühlsselig-pathetischen, mehr die kritischen Potenziale ausschöpfenden Lektüre der Klassiker verband. So blieb Grünwaldts Standpunkt auch in der »kritischen Didaktik« der siebziger Jahre eine Außenseiterposition. Geteilt wur-

de zwar seine Auffassung, »dass entscheidende Begriffe und Fertigkeiten für den Umgang mit Dichtung an der Gegenwartsliteratur
gewonnen werden müssen«, gefordert wurde aber auch, »die Kräfte
unseres ›kulturellen Erbes‹ fruchtbar zu machen, statt sie polemisch
gegen die eigene Zeit ›einzusetzen‹« (Ivo 1970, 11 f.).

Eine reflektiertere, in der Auseinandersetzung mit hermeneuti-
scher Philosophie und »Kritischer Theorie« geschulte Position nahm
Rolf Geißler ein, dessen Beitrag ›Wozu Literaturunterricht?‹ im
gleichen Heft der Zeitschrift ›Diskussion Deutsch‹ erschien wie der
Artikel Grünwaldts (vgl. GEISSLER 1970 a) und der sein literaturdi-
daktisches Konzept in den ›Prolegomena zu einer Theorie der Litera-
tudidaktik‹ (GEISSLER 1970 b) ausführlicher entwickelte. Ohne die
Abkehr von den Klassikern und die einseitige Hinwendung zur Gegenwartsliteratur zu fordern, definierte auch er den »eigentlichen
Auftrag des Literaturunterrichts« grundlegend anders als Ulshöfer.
Die Auseinandersetzung mit Literatur war für ihn ein Mittel gegen
jene menschliche »Eindimensionalität«, die Herbert Marcuse als Resultat der Entfremdungsprozesse innerhalb der fortgeschrittenen In-
dustriegesellschaft diagnostiziert hatte (vgl. MARCUSE 1967 sowie
GEISSLER 1970 a, 10 ff.). Es gelte, »eingepasste und angepasste Zeitgenossenschaft zu verhindern«, »verändernd auf unser gegenwärtiges
Bewusstsein einzuwirken« (ebd., 14 f.) und im »mentalen Bereich die
Grundlage für jene ›höhere Kultur‹ [zu schaffen], ... die nach Goethe
notwendig ist, wenn der Mensch in der vermittelten und erweiterten
Welt mündig werden, wenn ein neues, menschliches Verhältnis zu
den Dingen wiederhergestellt werden soll« (1970 b, 87). Hierzu diene
sowohl der Umgang mit der literarischen Tradition, sofern diese als
»›subversive‹ Macht gegen etablierte Normen, Denk- und Ge-
schmacksurteile« fungiere, als auch die Beschäftigung mit zeitgenössischer Literatur, deren »besonderer didaktischer Rang« darin bestehe, dass sie als »vorlaufende Erkenntnis« Gegenwart gerade nicht als
Gegebenes hinnehme, sondern in ihrer Prozesshaftigkeit und Ver-
änderbarkeit durchschaubar mache. In dieser »Überschreitung und
Ausweitung des gegenwärtigen Horizontes«, in der Vermittlung
einer »Zukunftsperspektive« und gerade nicht in der Affirmation
jeweils herrschender intellektueller und ästhetischer Konjunkturen
sah Geißler die besondere Möglichkeit des Umgangs mit zeitgenössi-

schen »poetischen Werke[n]« – eine Möglichkeit, die er jener »Sach-
und Konsumliteratur«, die sich am »jeweils herrschenden Gegen-
wartszustand« orientiere, allerdings nicht zugestand (vgl. ebd., 15).
Formulierungen wie diese prägten die Lehrpläne der achtziger
und neunziger Jahre. So heißt es in den von 1982 bis 1999 gültigen
Deutsch-Richtlinien für die gymnasiale Oberstufe in Nordrhein-
Westfalen unter direkter Bezugnahme auf Geißler, fiktionale Literatur biete »Modelle alternativer Wirklickeitsgestaltung« und insbesondere Gegenwartsliteratur könne »wesentlich dazu beitragen,
dem Schüler [...] eine erste Weltorientierung zu ermöglichen«
(RICHTLINIEN NRW SEK. II 1982, 57). Den Versuch einer derartigen
Indienstnahme der Literatur – und besonders der zeitgenössischen
»postmodernen« Literatur – für erzieherische Zwecke kritisierte
Karlheinz Fingerhut wenige Jahre später als »pädagogischen Wahn«
(vgl. FINGERHUT 1988). Gerade die Gegenwartsliteratur – von Günter
Grass bis Heiner Müller – habe sich vom politischen Fortschritts-
pathos der 68er-Bewegung längst verabschiedet, konzentriere sich
auf die melancholische Betrachtung der Gegenwart (vgl. FINGERHUT
1989, 218 f.) und betreibe »Sinn-Verweigerung, wo die Lehrpläne
der Literatur Botschaften, Sinn-Suche oder zumindest Sinn-Ange-
bote abverlangen« (ebd., 234). An die Stelle des Sinn-Angebots trete
hier »ein Spiel mit möglichen, miteinander konkurrierenden Bedeu-
tungsangeboten«, dem der Literaturunterricht durch die Revision
seiner Lernziele Rechnung tragen müsse: »Das Lesen in der Schule
rechtfertigt sich nicht als Einweisung in positive oder ›kritische‹
Weltdeutungen, sondern allein als Propädeutik des individuellen
Lesens [...]. Auch der schulische Leser muss ein zeitgenössischer
sein, ein freier und selbstverantwortlicher. Die Institution Schule
müsste dann allerdings ihr pädagogisches Wächteramt über das, was
und die Art, wie man lesen soll, möglichst bald an die Literatur
selbst zurückgeben.« (ebd., 234)

3. Empirische Befunde: Über den tatsächlichen Einsatz von Gegenwartsliteratur im heutigen Deutschunterricht

Mochte Fingerhuts Analyse geeignet sein, literaturpädagogische Evidenzen von der (Gegenwarts-)Literatur als »›Lehrmeisterin‹ für nicht-schulgemäßes Denken und Empfinden« (ebd., S. 218), die letztlich auf den deutschen Idealismus zurückgehen, infrage zu stellen, so war sie doch auch von der Hoffnung getragen, dass gerade die zeitgenössische Literatur dem Literaturunterricht einen entscheidenden neuen Impuls geben könnte: nämlich die eigenen Geltungsansprüche zu hinterfragen und den literarischen zu ihrem Recht zu verhelfen. Auch bei Fingerhut erhält die Gegenwartsliteratur also eine zentrale didaktische Funktion. Gerade diese Rolle als Impulsgeberin für eine neue Propädeutik des Lesens scheint sie im Literaturunterricht der neunziger Jahre aber nicht – oder nur in unzureichendem Maße – gespielt zu haben. Die Vernachlässigung der zeitgenössischen Literatur in diesem Jahrzehnt, die Tendenz vieler Deutschlehrerinnen und Deutschlehrer, sich auf »Bewährtes« zurückzuziehen und selbst in den neunziger Jahren »immer noch gebannt auf die Nachkriegsliteratur (zu schauen)« (BOGDAL 1993b, 126), statt die aktuelle Gegenwartsliteratur zum Unterrichtsgegenstand zu machen, lässt sich empirisch zwar nicht »eindeutig« belegen, da repräsentative Untersuchungen zur literarischen Sozialisation in der Schule kaum vorliegen (vgl. FRANZ/FRANZMANN/PAYRHUBER/SCHÖN 1999, 80). Dennoch sprechen die vorliegenden – wenn auch örtlich und auf bestimmte Schulformen bzw. -stufen begrenzten – Studien der neunziger Jahre zum »heimlichen Kanon« des Deutschunterrichts eine hinreichend deutliche Sprache. Eine 1994 vom nordrhein-westfälischen Kultusministerium publizierte Erhebung über die Lektüre von Ganzschriften im Fach Deutsch der Sekundarstufe I des Gymnasiums konstatierte einen Rückzug auf den »Kanon von gestern« auf breiter Ebene (KULTUSMINISTERIUM NRW 1994, 54) und auch eine neuere Studie des Max-Planck-Instituts für Bildungsforschung, die bundesweit und schulformübergreifend zum gleichen Thema durchgeführt wurde, hatte das Ergebnis, dass »der modernen Literatur« im Deutschunterricht »nur eine nachgeordnete Bedeutung zukommt« (KILLUS 1996, 25). Für die

Sekundarstufe II lassen sich – neben den einschlägigen Erfahrungen von Schulbuchverlagen (vgl. KAMMLER 2000, 123) – unter anderem die Ergebnisse einer Kanon-Umfrage bei sächsischen Gymnasiallehrern (Sek. I und II) (MEIER 1998) anführen, die zu dem für den Autor »überraschend[en]« Ergebnis führte, dass »der Anteil der *neuesten* deutschen Literatur« an den im Unterricht behandelten Titeln »nur marginal« sei (ebd., 433). Eine Umfrage über ›Die Lektüre an österreichischen allgemeinbildenden Schulen‹ (KUNNE 1998) hatte ein ähnliches Ergebnis, wenngleich hier einige österreichische Gegenwartsautoren wie Robert Schneider, Erich Hackl und Elfriede Jelinek immerhin beachtliche »Außenseitererfolge« vorzuweisen haben (vgl. ebd., 157). Allenfalls Anlass zu vorsichtigem Optimismus gibt eine – allerdings regional begrenzte – Befragung von Deutschlehrerinnen und Deutschlehrern, die an der Sekundarstufe II in Nordrhein-Westfalen unterrichten (vgl. KAMMLER/SURMANN 2000). Hier wurde eine relative Aufgeschlossenheit der Befragten gegenüber der Gegenwartsliteratur als Unterrichtsstoff festgestellt, gleichzeitig monierten sie aber auch ein bestehendes Fortbildungs- und Unterrichtshilfendefizit in diesem Bereich. Es wurden eine Reihe von Titeln genannt, die bereits im Unterricht gelesen worden waren, allerdings dominierten hierbei eindeutig drei Bestseller (Bernhard Schlink: ›Der Vorleser‹; Patrick Süskind: ›Das Parfüm‹ und Robert Schneider: ›Schlafes Bruder‹), während Texte anderer neuerer Prosaautorinnen und -autoren wie Christa Wolfs ›Medea‹, Ruth Klügers ›weiter leben. Eine Jugend‹, Zoë Jennys ›Das Blütenstaubzimmer‹ oder Erich Hackls ›Auroras Anlaß‹ immerhin vereinzelt im Unterricht behandelt worden waren. Praktisch unerwähnt blieben zeitgenössische Theaterstücke, so dass die von Matthias Müller 1992 aufgrund umfangreicher Recherchen getroffene Feststellung, dass die »zeitgenössische Dramatik [...] Stiefkind der literarischen Sozialisation« sei (MÜLLER 1992, 410), nach wie vor zuzutreffen scheint.

Als Fazit lässt sich festhalten, dass trotz allen Bemühens um eine Didaktisierung einzelner gegenwartsliterarischer Werke, wie sie sich etwa in Themenheften der Fachzeitschriften für den Deutschunterricht zu Christa Wolf (PRAXIS DEUTSCH 1995, H. 133), Süskinds ›Das Parfüm‹ (DER DEUTSCHUNTERRICHT 1996, H. 3) oder zur Gegenwartsliteratur (DER DEUTSCHUNTERRICHT 1999, H. 4) niederschlägt, gegenwärtig noch eine erhebliche Lücke zwischen Theorie und Praxis zu klaffen scheint und dass die fachdidaktischen und schulischen Selektionsprozesse im Vergleich zu den sechziger und siebziger Jahren in den vergangenen beiden Jahrzehnten nur wenige neuere Literatur in den Unterricht gelangen oder gar sich dort dauerhaft etablieren ließen. Die Frage, ob der Deutschunterricht derzeit »den Anschluss an das literarische Leben der Gegenwart zu verlieren« drohe (KAMMLER 1999, 3), muss also weiterhin gestellt werden.

4. Perspektiven: Gegenwartsliteratur und literarische Sozialisation in der Medienkultur

Über die Ursachen der hier beschriebenen Entwicklung hat man verschiedene Hypothesen aufgestellt: Neben der bereits erwähnten Widerständigkeit neuerer, insbesondere »postmoderner« Literatur gegenüber pädagogischen Instrumentalisierungsversuchen wurden vor allem die »Marginalisierung der Literatur im öffentlichen Bewusstsein« (BOGDAL 1993 a, 126), die damit einhergehende Ausdifferenzierung des literarischen Systems in mehrere milieuspezifische Subsysteme (vgl. BOGDAL 1998) sowie die Tatsache ins Feld geführt, dass durch die (Nicht-)Einstellungspraxis der Bundesländer in den achtziger und neunziger Jahren einer ganzen Generation von Deutschlehrerinnen und Deutschlehrern die Möglichkeit genommen wurde, sich »der eigenen literarischen Gegenwart« in der pädagogischen Praxis zu stellen (vgl. WILCZEK 2000).

Deutlich stärker als von diesen Fragen wurde die öffentliche Diskussion über den Literaturunterricht in den neunziger Jahren jedoch durch die Debatte um die Notwendigkeit der Wiedereinführung eines literarischen Kanons bestimmt, an der sich sogar der frühere Bundespräsident Roman Herzog (HERZOG 1997) und die Wochenzeitung ›Die Zeit‹ (GREINER 1997) beteiligten. Dabei verstellte die Forderung nach einem neuen Kanon in ihrer Einseitigkeit den Blick auf die Tatsache, dass die Risiken der Geschichts- und der Gegenwartsvergessenheit im Literaturunterricht zwei Seiten ein und derselben Medaille sind. Diesen Zusammenhang hat Hartmut Eggert deutlich herausgestellt: »Wenn in der Literatur Erfahrungen von

Menschen anderer Generationen und Kulturen ›codiert‹ sind, dann gehört zu diesen Erfahrungen, die selbstgenügsame Gegenwärtigkeit überschreiten, die Fähigkeit, komplexere Texte lesen zu können; und zwar auch solche, die nicht den Formen, Standards und ästhetischen Normen einer medialen Kultur der Gegenwart sich unmittelbar erschließen.« (EGGERT 1998, 44) Andererseits aber könne »vor einem Überhang an Vergangenheit und einer Musealisierung literarischer Bildung nur der Anschluss an die Literatur der Gegenwart bewahren« (ebd.). Vor dem Hintergrund der Tatsache, dass sich bei jungen Erwachsenen gegenwärtig ein »verbreitete(s) Desinteresse am Medium Fernsehen *nach* einer Phase exzessiver Fernsehkindheiten« beobachten lässt und dass diese Situation »*unerwartete Leser*« produzieren kann, die sich bei ihren literarischen Orientierungsversuchen nicht zuletzt an den Erfahrungen des Literaturunterrichts orientieren (ebd., 45), wird die große Bedeutung erkennbar, die dieser nach wie vor für die Herausbildung kultureller Kompetenzen hat. Wenn es gleichzeitig zutrifft, dass die gerade von Literaturwissenschaftlern gern bemühte These vom »unzeitgemäß gewordenen Buch« (HÖRISCH 1995, 777) und vom Bedeutungsverlust literarischer Kommunikation eine »Dramatisierung« ist, da derzeit gerade bei Jugendlichen aktuelle Literatur »›boomt‹« (KÄMPER-VAN DEN BOOGAART 2000a, 21), so ist zu fragen, welche spezifischen Funktionen Gegenwartsliteratur heute im Prozess Literarischer Sozialisation erfüllen und wie der Literaturunterricht dem bei der Textauswahl Rechnung tragen kann. Wie beurteilen Jugendliche Benjamin Leberts ›Crazy‹, Thomas Brussigs ›Sonnenallee‹ oder Judith Hermanns ›Sommerhaus später‹? Wodurch unterscheiden sich aus ihrer Sicht die Qualitäten dieser und anderer Texte jüngerer Gegenwartsautoren von denen, die Dürrenmatts ›Physiker‹ oder Frischs ›Homo Faber‹ zu Schulklassikern haben werden lassen? Inwieweit können diese und andere »aktuelle« Texte zur Förderung einer literarischen Rezeptionskompetenz beitragen, die die ästhetischen und intellektuellen Standards einer scheinbar hegemonialen Unterhaltungs- und Meinungskultur (vgl. hierzu kritisch: BOURDIEU 1998) überbietet? Dabei kann es nicht um die vorschnelle Kanonisierung neuester Texte, sondern nur um eine »Didaktik des Experiments« (vgl. KAMMLER 1999) gehen, die die Wahrscheinlichkeit einer begrenzten »Halbwertzeit« aktueller Schullektüren akzeptiert. Zu intensivieren – oder überhaupt erst zu initiieren – wäre in der Lehreraus- und -fortbildung ein Diskurs über die Frage, welche Gegenwartsliteratur Thema des Unterrichts sein sollte (vgl. KAMM-LER 2000, 129–131), wobei auch die nicht-deutschsprachige Literatur zu berücksichtigen wäre (vgl. die sinnvolle Forderung in RICHT-LINIEN NRW SEK II 1999, 35). Grundlage einer so zu institutio-nalisierenden »didaktischen Literaturkritik« (vgl. KAMMLER 2000, 138–147) wären nicht die – ohnehin aufgrund ihrer historischen Bedingtheit zu relativierenden – traditionellen Kriterien literari-scher Wertung (vgl. PAEFGEN 1999 a, 79–82), die sich in der Vergan-genheit eher als Bollwerk gegen das jeweils »Aktuelle« erwiesen haben, sondern die Erkenntnisse der literarischen Sozialisations- und Unterrichtsforschung. Gerade die letztere müsste dazu aller-dings stärker als bisher – über die Beschreibung des unterrichtlichen Status quo hinaus – zur Begleitforschung einer Literaturdidaktik des Experiments werden, die sich ihrerseits auf neue Texte und Unter-richtsmethoden systematisch einzulassen hätte.

3. Dramendidaktik
VON KLAUS-MICHAEL BOGDAL UND CLEMENS KAMMLER

1. Drama und Theater in pädagogischer Perspektive

In seinen Grundsatzreflexionen über das gegenwärtige und zukünftige Bildungssystem hat der Pädagoge Hartmut von Hentig die herausragende Bedeutung des Theaters hervorgehoben: Es sei »eines der machtvollsten Bildungsmittel, das wir haben: ein Mittel, die eigene Person zu überschreiten, ein Mittel der Erkundung von Menschen und Schicksalen und ein Mittel der Gestaltung der so gewonnenen Einsicht« (HENTIG 1996, 119). In der Schule gebe es im Grunde nur »zwei Sparten von Tätigkeiten [...]: Theater und science« (ebd., 120), wobei es bei der ersten um die subjektive, bei der zweiten um die objektive Aneignung der Welt gehe. In von Hentigs Überlegungen scheinen sich der Spielgedanke des schillerschen Programms einer »ästhetischen Erziehung des Menschen« mit einer der antiken Tradition verpflichteten Vorstellung vom Theater als sozialer Institution zu treffen, in der eine Gesellschaft »Grundfragen und Konflikte der persönlichen und politischen [...] Identität verhandelt« (VOGT 1999, 42).

Doch nicht vom Drama, nicht von einem literaturwissenschaftlich ausgewiesenen Unterricht, sondern vom Theaterspielen als Schulfach oder zumindest als schulischer »Tätigkeit« ist bei von Hentig die Rede. Damit liegt er im Trend der gegenwärtigen literaturpädagogischen Entwicklung. Denn während die zunehmende Bedeutung spiel- und theaterpädagogischer Ansätze im heutigen Deutschunterricht unbestritten ist, scheint es um das Interesse am Drama als historisch gewachsener literarischer Gattung weitaus schlechter bestellt zu sein. Zwar hatte die der »gesellschaftskritischen Didaktik« der siebziger Jahre oft allzu pauschal zugeschriebene Auffassung, »solche am bürgerlichen Literaturkanon orientierten ›Bildungsgüter‹ wie das Drama seien ganz zu eliminieren« (PAYRHUBER 1998, 647), bislang keine ernsthaften Chancen, Eingang in die Lehrpläne zu finden. Doch auch die literaturdidaktische Rede von der »unvermindert gültige[n] Kulturwertigkeit« des Dramas (ebd.) wirkt innerhalb der heutigen Medienlandschaft allzu optimistisch. Schon 1977 konstatierte ein Deutschdidaktiker die »Ausweitung/Verengung der Dramendidaktik zur *Mediendidaktik* mit höchst unterschiedlichen Zielsetzungen« (GÖBEL 1977, 17), eine Entwicklung, die in der Folgezeit jedoch keineswegs zu einer vollständigen Auflösung eines spezifisch dramendidaktischen Diskurses geführt hat. Wie hat sich dieser seit 1945 entwickelt und wie lässt sich sein gegenwärtiger Diskussionsstand skizzieren?

2. Grundlagen und Probleme

Der pädagogische Zeigefinger

Die Auswahl der Dramen für den Deutschunterricht erfolgte vom 19. bis in die fünfziger Jahre des 20. Jahrhunderts vorrangig nach inhaltlichen Kriterien. Trotz gegenteiliger Beteuerungen spielen derartige Gesichtspunkte auch heute noch in der Didaktik und den Lehrplänen unbewusst eine wichtige Rolle. Der Literaturpädagogik ist in ihren Anfängen (FRANK 1976, Bd. I, 151 ff.) nicht entgangen, dass die Mehrzahl der Dramen selbst – vor allem jene der Blütezeit in der zweiten Hälfte des 18. Jahrhunderts – erzieherische Ziele anstrebten und ihre Autoren zudem reflektiert und debattiert hatten, mit welchen Mitteln der Sprache und der Bühne »als moralischer Anstalt« diese Ziele zu erreichen seien. Aus diesem Grunde waren Schaubühne und Schule für eine lange Zeit »natürliche« Verbündete, wenn es darum ging, die jeweilige Klientel zu erziehen, zu »bessern« und in geordnete Bahnen bürgerlichen Lebens zu lenken.

Das Drama verfügt (neben den inszenatorischen) über drei einfache und ebenso wirksame Möglichkeiten der Vermittlung seiner ›Botschaft‹, die wir als Gegenstände des Deutschunterrichts wiederfinden: die Helden (Figuren), deren Verhalten (Handlung) und deren sprachliche Äußerungen (Dialog und Monolog). Der Deutschunterricht hat ungefähr in einhundert von einhundertundfünfzig Jahren seiner Existenz diejenigen Dramen ausgesucht und kanonisiert, bei denen die erzieherischen Neigungen der Autoren den pädagogischen Zeigefinger der Lehrer zu rechtfertigen versprachen. Das heißt, dass nach Helden mit einem hohen Identifikationspotenzial gesucht wurde, deren Verhalten als vorbildlich oder als abschreckendes Beispiel dargestellt werden konnte und deren (geflügelte) Worte die Schüler durch das zukünftige Leben begleiten sollten. Die Helden wechselten im Laufe der Geschichte nach dem jeweiligen ideologischen Bedarf. Angesichts pädagogisch-weltanschaulicher Kriterien lässt es sich unschwer erklären, dass Schillers ›Wilhelm Tell‹ für Generationen von Schülern dasjenige Drama war, mit dem sie am ausdauerndsten traktiert wurden (vgl. SCHEMME 1977, 190 ff.). Aber auch Goethes ›Götz von Berlichingen‹ zählte ebenso dazu wie sein ›Faust‹ oder ›Egmont‹ und – mit Einschränkungen – ›Iphigenie auf Tauris‹, dann Lessings ›Emilia Galotti‹, ›Minna von Barnhelm‹, Schillers ›Jungfrau von Orleans‹ und vielleicht noch Hebbels ›Maria Magdalene‹. Wenn in den sechziger und siebziger Jahren Büchners ›Woyzeck‹ oder Brechts ›Leben des Galilei‹ für den Unterricht ausgewählt werden, spielen auch hier noch unbewusst traditionelle pädagogische Vorstellungen von der Identifikation mit bzw. der lernenden Distanzierung von den Helden eine Rolle. Der ›Woyzeck‹ der Siebziger wird mit den Augen des Sozialarbeiters wahrgenommen (vgl. KAMMLER 2000, 41–54), Galileo Galilei gilt als Verkörperung des modernen Naturwissenschaftlers und im pädagogischen Wunschdenken als der richtige Begleiter der zukünftigen Wissenselite in ethischen Fragen.

Was diese Weise des Unterrichtens, den Versuch, Identifikation und Katharsis im Klassenzimmer stattfinden zu lassen, schließlich hat scheitern lassen, kann man nur peripher darauf zurückführen, dass sich ganze Schülergenerationen gelangweilt oder darüber lustig gemacht haben, wie man bei Hermann Hesse, Heinrich Mann u. a. nachlesen kann. Entscheidender waren jene Erfahrungen und Einsichten, die Brecht für das Theater programmatisch formuliert hat, dass nämlich eine Verhaltensänderung der Schüler bzw. der Zuschauer nicht sehr wahrscheinlich ist und das erzieherische Ziel daher meist verfehlt wird. Vor allem auf Grund dieser Einsicht wurden nach 1945 mit der Zurückdrängung offen ideologischer Vorstellungen sehr unterschiedliche Konzepte für den Dramenunterricht entwickelt (vgl. HEGELE 1996, 97–129), die in neue Richtungen wiesen: in die Richtung einer *Historisierung* (Drama als Paradigma der Literaturepochen) oder einer reflektierten *Gattungslehre*. Andere didaktische Konzeptionen orientierten auf eine *Teilhabe am Kulturleben* hin. Auch an Traditionen des *Schultheaters* und anderer *Spielformen* knüpfte man wieder an.

Ganz oder gar nicht?

Bis 1945 war aus dem konservativen Literaturverständnis der Lehrer und meisten Schriftsteller heraus nahezu undenkbar, den Schülern nur Ausschnitte aus »großen« Werken des Kanons zu präsentieren. Ganz(-Schrift) oder gar nicht war die Alternative, vor die sich die Deutschlehrer selbst gestellt hatten. Eine Auswahl galt als unzulässiger Eingriff in einen gewissermaßen »heiligen« Text deutscher Geistesüberlieferung, dem der Dichter die vorliegende Form eines vollendeten Werks und nicht eine beliebige andere gegeben hatte. Hinzu kommt, dass den in der geistesgeschichtlichen Methode ausgebildeten Deutschlehrern alles Fragmentarische und Offene äußerst verdächtig war und massive Abwehr hervorrief. Deshalb gelangte die seit der Jahrhundertwende geschriebene Literatur der Moderne nur in seltenen Ausnahmefällen in den Deutschunterricht.

Nach 1945, als sich mit der Demokratisierung der Öffentlichkeit auch der Zugang des Einzelnen zu Informationen aller Art stetig erweiterte, wurde ein dieser veränderten Situation angemessenes Unterrichtskonzept diskutiert. Dieses Lese- oder Arbeitsbuchkonzept lief daraus hinaus, anstatt die Schüler über mehrere Wochen mit einem einzigen Drama zu beschäftigen, ihnen durch den Abdruck einzelner »Kernstellen« bzw. Dramenakte, die durch Inhaltsangaben und Materialien zur Entstehung- und Aufführungsgeschichte ergänzt werden konnten, ein breites Bildungswissen zu vermitteln. Dieses Konzept, das in europäischen Nachbarländern wie Frankreich das vorherrschende ist, findet sich heute noch in Lesebüchern für die Sekundarstufe I und Arbeitsbüchern für die gymnasiale Oberstufe, als curriculares Prinzip hat es sich jedoch zu keinem Zeitpunkt durchgesetzt. Sowohl ein analytisch-interpretierender als auch ein aufführungsorientierter Dramenunterricht kann auf die Auseinandersetzung mit einem Werk in seiner Gesamtheit nicht verzichten, wenn er nicht gegen grundlegende hermeneutische Prinzipien verstoßen will.

Lesen und/oder Spielen?

Ein Drama »nur« zu lesen war so lange kein Problem für den Deutschunterricht, wie man den Helden und sein Wort für das

Wesentliche und für die Erziehung Wichtigste hielt. Doch schon im 19. Jahrhundert wurde immer wieder bemerkt, dass erst die Aufführung gattungsspezifische Dimensionen sichtbar mache und das Bühnenbild, die Kostüme, die Requisiten und das Spiel der Mimen integraler Bestandteil des Dramas seien. Seit der Jahrhundertwende erlangte das moderne Regietheater wie es uns heute selbstverständlich ist, kulturelle Anerkennung und galt als dem Schreiben gleichrangige Kunstäußerung. Von dieser Entwicklung blieb der Deutschunterricht ebensowenig unberührt wie von der Reformpädagogik und ihrem Ideal ganzheitlichen Lernens (siehe von Hentigs eingangs zitiertes Lob der Theaterästhetik). Es lag also nahe, für den Literaturunterricht einzufordern, dass die für das Drama essenzielle Dimension szenischer Umsetzung auf angemessene, d. h. alters- und schulspezifische Weise berücksichtigt wird. Diese für die konkrete Unterrichtspraxis entscheidende Diskussion, die durch literaturwissenschaftliche Forschung zur Theatralität (z. B. FISCHER-LICHTE 1995; VASSEN 1999) ebenso wichtige Impulse erhalten hat wie durch große Inszenierungen (Stein, Zadek, Peymann, Heyme, Dorn u. a.), hat bis heute nicht zu einer verbindlichen Regelung geführt. Obwohl die nicht unerheblichen Randbedingungen, die Erreichbarkeit bzw. Nichterreichbarkeit von Spielstätten, sich durch die Medientechnologien (vom Videogerät bis zum digitalen Theaterprogramm des ZDF) radikal zum Besseren verändert haben und allen Schulen vergleichbare Möglichkeiten zur Verfügung stehen, kann man auch heute im Unterricht ein Theaterstück lesen wie einen Roman oder ein Gedicht. Didaktische Ansätze wie die Theaterpädagogik Beimdicks (BEIMDICK 1980), das Schulspiel (SCHUSTER 1996) und das Szenische Interpretieren (SCHELLER 1987; 1996) haben Eingang in den Literaturunterricht gefunden, fungieren in der Regel jedoch primär als Motivationsstrategien oder Supplemente textanalytisch-interpretierender Methoden.

Lehrpläne

Die Lehrpläne für den Deutschunterricht der Sekundarstufe I und II spiegeln den didaktischen und methodischen Eklektizismus der Dramendidaktik wider. Für die Sekundarstufe I lässt sich in den letzten zehn Jahren ein Vordringen des Szenischen Spiels (RICHTLINIEN

1993, 66) beobachten. Das Szenische Spiel wird allerdings nur selten mit Dramentexten verbunden. Es dient pädagogischen Zwecken (Rollenspiel) ebenso wie sprachdidaktischen (mündliche Kommunikation). Die literarische Dimension ist z. B. in den nordrhein-westfälischen Richtlinien gegenüber den siebziger und achtziger Jahren deutlich verkürzt worden. Ein»Lehrgang«, wie ihn Müller-Michaels (1975) im Blick auf die kompetente Teilhabe am kulturellen Leben konzipiert hatte, ist nur noch rudimentär vorhanden. In der Jahrgangsstufe 9/10 wird die Dramenlektüre mit entwicklungspsychologischen Argumenten legitimiert, denn das »Hauptinteresse von Jugendlichen dieser Alterstufe« gelte »erfahrungsgemäß der Konfliktbehandlung und Charakterzeichnung« (RICHTLINIEN 1993, 81). Auf Lektüreempfehlungen wird vollständig verzichtet, während andere Lehrpläne (z. B. Baden-Württemberg, Bayern, Sachsen) eine Leseliste fortschreiben.

Die Auswahl der Dramen in den einzelnen Bundesländern spiegelt die unterschiedlichen Positionen in der Kanon-Debatte der letzten dreißig Jahre wider. Sie reicht von einer durch ein traditionelles Bildungsverständnis geprägten Festlegung bis zum Verzicht auf Titelnennungen. Die nahe liegende Vermutung, dass Schülerinnen und Schüler in Deutschland je nach Bundesland ein völlig unterschiedliches Bild deutscher Literatur vermittelt bekommen, trifft nicht zu. Es existiert ein so genannter heimlicher Kanon, der präziser als faktische Lektürepraxis bezeichnet werden sollte, eine Lektürepraxis, die ›langsam‹ auf kulturelle Veränderungen reagiert und sich mit jeder Lehrer- und Schülergeneration verändert (vgl. BOGDAL/ KAMMLER 2000). Die relative Stabilität des Kanons kann nach den bildungspolitischen Turbulenzen der siebziger Jahre sicher nicht allein durch bildungskonservative Kontinuitäten erklärt werden. Sie hat auch mit der ästhetischen Wirkungsmächtigkeit von Werken wie Lessings ›Emilia Galotti‹ und ›Nathan der Weise‹, von Schillers ›Kabale und Liebe‹ oder ›Die Räuber‹, Goethes ›Faust‹, Kleists ›Der zerbrochne Krug‹, Büchners ›Woyzeck‹ und Brechts ›Leben des Galilei‹ und ›Der gute Mensch von Sezuan‹ zu tun.

Die Richtlinien für die gymnasiale Oberstufe folgen vorrangig der gattungspoetischen und -historischen Betrachtungsweise. So geben z. B. die nordrhein-westfälischen Richtlinien als allgemeines Ziel an,

Texte sollen »in ihren Strukturen begriffen und in ihre Traditionszusammenhänge eingeordnet werden« (RICHTLINIEN 1999, 6). Die
Beispiele,»Wissenschaftlerfiguren im Theater der Gegenwart seit der
Nachkriegszeit« (ebd., 56) (Brecht, Zuckmayer, Dürrenmatt, Kipp-
hardt, Harald Mueller),»mythische Muster in Dramen, Erzähl- und
Medientexten« (ebd., S. 60) (Sophokles' ›Antigone‹, Kleists ›Amphi-
tryon‹) und das Aufgabenbeispiel zu Lessings ›Minna von Barnhelm‹
gehören seit mehreren Schülergenerationen zum Standardrepertoire
eines strukturanalytisch-literaturhistorisch ausgerichteten Literaturunterrichts. Die Auseinandersetzung mit Inszenierungen oder Verfilmungen wird ebenso empfohlen wie die »spielerische Erprobung
einzelner Szenen« (ebd., S. 81), zu einer *verbindlichen* Vorgehensweise kommt es hier ebensowenig wie in den Lehrplänen der anderen Bundesländer.

3. Didaktische Konzepte

Der gattungstheoretische Ansatz

Zu Beginn der siebziger Jahre setzt sich, angeregt durch die literaturwissenschaftlichen Arbeiten von Klotz (1962), Szondi (1967),
Grimm (1972), Hinck (1973), Mennemeier (1973) u. a. der gattungs-
theoretische Ansatz in der Didaktik durch. Zur gleichen Zeit werden
erzählanalytische Kategorien, die »Bauformen des Erzählens« (LÄM-
MERT 1955) verstärkt rezipiert. Ihre systematische Verwendung soll
die schulische Interpretation von Prosawerken durchschaubarer und
überprüfbar machen. Eine vergleichbare Funktion fällt den »Struk-
turelementen« des Dramas zu. Sowohl Geißler (1972) als auch Sto-
cker (1972) und Müller-Michaels (1975; zuerst 1971) fundieren ihre
Dramendidaktiken gattungstheoretisch. Zu den »grundlegenden
Strukturen des Dramatischen« (MÜLLER-MICHAELS 1975, 17) zählt
Müller-Michaels Handlung, Figuren, Konflikt, Ort, Dialog und Zeit.
Gattungspoetik und Lernprozess werden – es sei an die erzieherische
Komplizenschaft von Schule und Drama erinnert – zu einem homo-
genen Programm literarischer Bildung verbunden. »Die didaktische
Fragestellung zielt auf Erkenntnisse der Literaturwissenschaft, z. B.
nach den Strukturen der dramatischen Gattung, oder der Theater-

wissenschaft, z. B. nach dramaturgischen Gesetzen theatralischer Realisation, und diese wirken auf die didaktische Analyse zurück. So bleiben Didaktik und Poetik in all unseren Erörterungen dialektisch verklammert.« (ebd.) Die »Strukturelemente« werden im Deutschunterricht nach dem Prinzip »vom Einfachen zum Komplexen« von der Grundschule bis zur gymnasialen Oberstufe in einem zusammenhängenden Lehrgang erarbeitet und mit wachsendem Alter auch kritisch reflektiert. Ein solcher Lehrgang über das Strukturelement »Figuren« beginnt in der Grundschule mit einer einfachen Konstellation zwischen Protagonisten und Antagonisten (und ihren jeweiligen »Helfern«), richtet in der Sekundarstufe I die Aufmerksamkeit auf komplexere Konstellationen (z. B. in Schillers ›Die Räuber‹, wo die Bruderrivalität durch den Generationskonflikt und soziale Antagonismen überlagert wird) und mündet in der Sekundarstufe II schließlich in der Betrachtung widersprüchlicher Konstellationen und »zerrissener« Figuren wie Wallenstein, Shen Te/ Shui Ta, dem Prinzen von Homburg, Faust oder Woyzeck. Neben der Gattungspoetik nimmt die historische Dimension bei der unterrichtlichen Umsetzung einen breiten Raum ein. Aspekte der Theatralität und des Inszenatorischen finden in den unterschiedlichen Jahrgangsstufen Berücksichtigung, allerdings als sekundäre, mediale bzw. methodische Elemente eines primär an den Werken und ihrer Lektüre orientierten Konzepts. »Das Ziel der Hinführung zu übergreifenden, ständig wiederkehrenden dramatischen Strukturen lässt dabei das Verbindende aller Formen, das sie gattungsgemäß als dramatisch qualifiziert, stärker hervortreten als das Trennende der spezifischen Realisation.« (ebd., 15)

Die gattungsorientierte Dramendidaktik hat sich in den Lehrplänen seit den siebziger Jahren vor allem für die gymnasiale Oberstufe durchgesetzt und sich, obwohl sie konzeptionell seit den achtziger Jahren nicht mehr fortgeschrieben wurde, bis heute als Erfolgsmodell eines pragmatischen, auf Leistungsüberprüfungen der Schülerinnen und Schüler angewiesenen Unterrichtsalltags erwiesen, in das eklektisch neuere Entwicklungen wie das Szenische Interpretieren und produktions- und handlungsorientierte Methoden integriert werden, ohne jedoch auf die Analyse dramatischer Strukturelemente und die Vermittlung historischen Wissens über die Gattung zu verzichten.

Der theaterpädagogische Ansatz

Die Notwendigkeit, von einer »Reduzierung des dramatischen Textes als Lesestoff« (GÖBEL 1977, 5) abzukehren, bei der »die spezifische Kommunikationsstruktur, das Zeichensystem von szenischen Texten von Anfang an außer acht« bleibe (ebd.), ist spätestens seit den siebziger Jahren innerhalb der Dramendidaktik weitgehend unstrittig. Neben die Text- tritt die Spielorientierung; das Drama wird zur »Partitur, die erst in der Versinnlichung das zeigt, was sie ist« (ebd., 18), denn wie die »technischen Möglichkeiten des Funks oder des Fernsehens bei Hör- und Fernsehspielen als Bedingungen der Realisation von Aussagen erarbeitet werden müssen, so hat es bei der Behandlung des Dramas in Hinblick auf die Bühne und den Schauspieler zu geschehen« (GEISSLER 1976, 465).

Bei der Umsetzung des »Prinzips Theatralität« wurden in der Folgezeit verschiedene Wege beschritten. Während in Walter Beimdicks Konzeption (BEIMDICK 1980) die Vermittlung von Wissen über den professionellen Theaterbetrieb wie etwa die spezifischen Aufgaben einzelner Berufsgruppen wie Schauspieler, Dramaturg, Regisseur usw. im Vordergrund steht, der Zusammenhang zwischen Literaturdidaktik und Theaterpädagogik aber weitgehend ausgeblendet bleibt (zur Kritik vgl. MÜLLER-MICHAELS 1978 a), stellt Herta-Elisabeth Renk den komplexen Zusammenhang zwischen »verbalem und nicht-verbalem Ausdruck« innerhalb der »dramatischen Kommunikation« in den Mittelpunkt ihres semiotisch fundierten Ansatzes. Das Hauptziel des Unterrichts besteht für sie darin, »den Schüler für die Wirkung des dramatischen Ausdrucks zu sensibilisieren; ihn neugierig darauf zu machen, wie er zustande kommt, d. h. auf das Verstehen von Wirkungsmechanismen, die letzten Endes alle auf ihn als Zuschauer, auf seinen ästhetischen und intellektuellen Genuss abzielen« (RENK 1984, 17). Dies geschieht auf dem Wege einer Erarbeitung der »grundlegenden Ausdrucksfunktionen, zu denen die dramatische ›langue‹ nach wechselnden Kombinationsregeln gefügt werden kann« (ebd., 20): Hierzu gehören Exposition, Handlungsführung, Personendarstellung, Spannungsregie, dramatische Rede, aber auch die nonverbalen Ausdruckfunktionen wie Körpersprache, Mimik und Bühnenbild. Anders als in dem von Klaus Göbel herausgegebenen Sammelband ›Das Drama in der Sekundarstufe‹ (GÖBEL 1977), in dessen Beiträgen »das didaktische Prinzip ›simulierte Dramaturgie und Inszenierung‹« (ebd., 20) dominiert, steht bei Renk die semiotische *Analyse* im Vordergrund, wobei die zahlreichen Arbeitsvorschläge auch Beispiele aus Filmen und Fernsehserien einbeziehen. Ingo Schellers in Auseinandersetzung mit Brechts Lehrstückkonzeption entwickelte Methode der »szenischen Interpretation« setzt dagegen auf den Einsatz darstellender Verfahren mit dem Ziel einer »Interpretation des Textes durch die Handlungen der Schüler(innen), die sich dabei eigene Haltungen bewusst machen können.« (SCHELLER 1996, 22)

Das von Franz-Josef Payrhuber so genannte Prinzip der »aufführungsbezogenen Lektüre« (PAYRHUBER 1991) stellt den Versuch einer Überwindung der Einseitigkeiten früherer theaterpädagogischer Ansätze dar, an denen er eine Tendenz zur Vernachlässigung des Dramen*textes* zugunsten einer Konzentration auf die verschiedenen Aspekte seiner szenischen Realisation kritisiert. Gemeint ist damit zum einen die imaginationsfördernde Lektüre, die in Haupt- und Nebentext angelegte Möglichkeiten einer theatralischen Umsetzung des Dramas registriert, zum anderen die systematische Vorbereitung der Schülerinnen und Schüler auf ihre Rolle als Theaterbesucher. Hier bietet Payrhuber eine Reihe von methodischen Vorschlägen dafür an, wie das bereits von Göbel vorgeschlagene didaktisch-methodische Prinzip der simulierten theatralischen Umsetzung eines Dramentextes zu realisieren sei (vom »Anspielen« einer Szene bis zur Erarbeitung eines »fiktiven Regiebuchs«). Außerdem enthält Payrhubers Untersuchung die bislang einzige (relativ) aktuelle, wenn auch nicht repräsentative Untersuchung zur Dramenrezeption von Schülerinnen und Schülern der Sekundarstufe.

Der produktionsorientierte Ansatz

Während Payrhuber seinen Ansatz in der Nähe einer handlungsorientierten Konzeption ansiedelt (PAYRHUBER 1998), weil es hier wie dort sowohl um sinnerschließendes Verstehen als auch um das Heranführen an kulturelle Praxis gehe (vgl. ebd., 663 f.) und ihm konsequenterweise der Theaterbesuch und die Auseinandersetzung mit der öffentlichen Theaterkritik als notwendige Bestandteile des Unterrichts gelten, hat Günter Waldmann seiner erstmals 1996 erschienenen dramendidaktischen Abhandlung den Titel ›Produktiver Umgang mit dem Drama‹ (WALDMANN 1999) gegeben. Wenngleich auch analytische und szenische Verfahren ausführliche Berücksichtigung in Waldmanns umfangreichem Methodenkompendium finden, liegt der Schwerpunkt doch deutlich bei jenen »produktiven« Unterrichtsformen, bei denen es um das »Erzeugen von neuen Texten bzw. Textteilen und Textvarianten« geht (HAAS/ MENZEL/SPINNER 1994, 18). Dabei werden die Verfahren anhand unterschiedlicher Textbeispiele systematisch durchgespielt und in einem komplexen Unterrichtsmodell zu Dürrenmatts ›Der Besuch der alten Dame‹ miteinander kombiniert. Deutlich aufwendiger als bei den konkurrierenden Konzepten der siebziger, achtziger und neunziger Jahre fällt bei Waldmann die literaturtheoretische Begründung des dramendidaktischen Ansatzes aus. Er kombiniert »produktionsästhetische«, »differenztheoretische« und »rezeptionsästhetische« Einsichten zu einem Konzept des literarischen »learning by doing« (Dewey), bei dem es darum geht, »bei aktivem und produktivem Umgehen mit Literatur eigene literarische Erfahrungen [...] zu machen« (WALDMANN 1999, 142). Es handelt sich dabei um »Differenzerfahrungen« – gemeint sind sowohl die Differenzen, die einen literarischen Text von einem Alltagstext wie auch die Binnendifferenzen, die ihn von anderen literarischen Texten unterscheiden –, um »Intertextualitätserfahrungen« sowie um die Erfahrung der prinzipiellen Produziertheit und Produzierbarkeit literarischer Texte (vgl. ebd., 143).

Insgesamt wird man Waldmanns Buch, das gleichzeitig eine Einführung in die dramatischen Grundstrukturen, in die Geschichte und Theorie der Gattung sowie in die Strategien einer dekonstruktiven Ver-Formung konventioneller Formen des Dramas in der Gegenwart zu leisten versucht, als den bislang gelungensten Versuch einer dramendidaktischen Gesamtkonzeption ansehen können – nicht zuletzt deshalb, weil es eine Fülle von methodischen Anregungen enthält und die bisherigen Ansätze sinnvoll integriert.

4. Das Gegenwartstheater: eine Herausforderung für die Didaktik

Eine gewisse Stagnation des dramendidaktischen Diskurses seit den achtziger Jahren ist gleichwohl unverkennbar. Zwar hat man sich seither erfolgreich um die Erweiterung des Methodenrepertoires durch produktive und szenische Verfahren bemüht, doch scheint hier inzwischen ein gewisser »Sättigungsgrad« erreicht. Auf der anderen Seite wurde die Aktualisierung des Lektüreangebots in den achtziger und neunziger Jahren allenfalls halbherzig betrieben. Zwar gab es vereinzelt Versuche einer Durchforstung zeitgenössischer dramatischer Literatur im Hinblick auf ihre Eignung für den Unterricht (vgl. BUDDECKE/FUHRMANN 1984, PAYRHUBER 1998, 656 f.), doch lässt sich auch heute kaum bestreiten, was Matthias Müller bereits 1992 festgestellt hat: dass nämlich die zeitgenössische Dramatik ein »Stiefkind der literarischen Sozialisation« geworden sei (MÜLLER 1992, 410; KAMMLER 2001). Dies dürfte zum einen an den im Vergleich zu Prosatexten schwierigeren Bedingungen der Rezeption und Distribution dramatischer Literatur, zum anderen aber auch an den neueren Stücken selbst liegen. Viele von ihnen – so Richard Weber über das deutschsprachige Gegenwartsdrama der achtziger und neunziger Jahre – widersetzen sich »allen Regeln der klassischen Dramaturgie«; ihre charakteristischen Merkmale sind »Zerschlagung einer durchgehenden Handlung, Fragmentierung der Fabel, Auflösung der Einheit der Figuren, Durchdringung verschiedener Spiel- und Wirklichkeitsebenen, [...] Vexierspiele von Zeit und Logik.« (WEBER 1997, 420) Somit stehen sie quer zu gängigen Schülererwartungen an dramatische Literatur, die sich an Kriterien wie »Aktualität«, »Spannung« und »Einfachheit« orientieren (vgl. PAYRHUBER 1991, 204).

In seinem Buch ›Postdramatisches Theater‹ hat Hans Thies Lehmann die Irritation derartiger Erwartungen als Voraussetzung »autonomer« ästhetischer Erfahrung in der Medienkultur beschrieben, einer Erfahrung, die die Unterhaltungsindustrie nicht zu bieten habe, da sie »nichts in seinem Widerspruch, nichts in seiner Spaltung [...], nichts in seiner Fremdheit wahrzunehmen« erlaube (LEHMANN 1999, 126). Diese Wahrnehmung zu ermöglichen sei Ziel des ästhetisch fortgeschrittenen Gegenwartstheaters. Es erreiche dieses Ziel durch die Abkehr von dem »so lange unangefochtenen Kriterium der Einheit und Synthesis« (ebd., S. 92). Diese Tendenz zum »Postdramatischen« kennzeichne nicht nur die gegenwärtige Inszenierungspraxis, sondern auch und in besonderem Maße viele der neueren Texte.

Wenn Lehmann die entscheidende Aufgabe des neuen Theaters darin sieht, den »zerrissenen Faden zwischen Wahrnehmung und eigener Erfahrung« sichtbar werden zu lassen (LEHMANN 1999, 471), ist er sich mit anderen Verteidigern des oft gescholtenen Gegenwartstheaters einig. Gerade durch das Auseinanderreißen der Einheit von Handlung und Figuren, von Körperaktion und Sprache, so Erika Fischer-Lichte, eröffne das Theater den Blick auf eine »Kunst-Welt«, die sich als solche zu erkennen gebe und damit die »Einbildungskraft, (das) Erinnerungs- und Assoziationsvermögen des Zuschauers« freisetze (FISCHER-LICHTE 1996, 166). In solchen Formulierungen wird deutlich, wie stark der Bezug gerade der neueren Theaterästhetik zu theaterpädagogischen und literaturdidaktischen Zielsetzungen ist. Hier wie dort geht es darum, durch die massive Irritation eingeschliffener Wahrnehmungsmuster Erfahrungsdefizite auszugleichen, die man dem Einfluss der audiovisuellen Medien zuschreibt.

Um diese Chance nutzen zu können, muss der Deutschunterricht zweifellos wesentlich stärker den Kontakt zum Gegenwartstheater und seiner Inszenierungspraxis suchen, als dies in den vergangenen beiden Jahrzehnten der Fall war. Dies schließt die Notwendigkeit einer verstärkten Arbeit am Kanon keineswegs aus.

4. Romane und Erzählungen im Unterricht
VON JOACHIM PFEIFFER

1. Sitz im Leben und funktionaler Aspekt des Erzählens

Den Erzähltexten mit ihren zahlreichen Gattungsformen kommt in der Literaturdidaktik ein besonderer Stellenwert zu: nicht nur, weil sie den Großteil literarischer Texte ausmachen, sondern weil ihnen ein bedeutender Sitz im Leben entspricht. Nicht jeder Mensch hat einen Sinn für Lyrik, aber jeder Mensch erzählt, und zwar in den unterschiedlichsten Kontexten und Alltagssituationen (in der ärztlichen Sprechstunde, auf Behörden, am Stammtisch, im Freundes- und Familienkreis). Im Erzählen werden Beziehungen gestiftet, das Spiel von Nähe und Distanz reguliert, Welt- und Menschenbilder entworfen. Das Erzählen stellt einen Grundbestandteil menschlicher Kommunikationsfähigkeit dar: Es findet sich »an allen Orten und in allen Gesellschaften; die Erzählung beginnt mit der Geschichte der Menschheit; nirgends gibt und gab es jemals ein Volk ohne Erzählung« (BARTHES 1988, 102, nach VOGT 1996, 287).

Die Erkentnisse der modernen Erzählforschung sind für die Literaturdidaktik deswegen so bedeutsam, weil sie die enge Korrelation (bei allen Unterschieden) von alltagssprachlichem mündlichem Erzählen und elaborierter schriftlicher Erzählung deutlich machen. Der alltäglichen wie der literarischen Narration liegt ein gemeinsames »Substrat an Erzählfähigkeit« zugrunde, das eine Teilhabe an gemeinsamen Mustern erkennen lässt (EHLICH 1980, S. 13). Diese Einsicht wendet sich gegen die Entwertung mündlicher Erzählfähigkeit zugunsten literarischer Professionalisierung: Gemeinsame Erzählmuster lassen das Alltagserzählen nicht mehr nur als defiziente Erzählform erscheinen.

»Einfache Formen« des Erzählens wurden bereits 1930 von André Jolles untersucht: Die neun von ihm ausgewählten Erzählformen (Legende, Sage, Mythe, Rätsel, Spruch, Kasus, Memorabile, Märchen, Witz) werden einerseits als Möglichkeit der sinnhaften Gestaltung diffuser lebensweltlicher Erfahrung, andererseits als vorliterarische kollektive Vorgaben für literarische und andere Kunstwerke begriffen. Dass sich eine solche These gegen traditionelle Auffassungen der Genie- und Originalitätsästhetik wendet, leuchtet unmittelbar ein. Die Relativierung originaler Autorschaft kann die Kluft zwischen der literarischen Erzählkultur und der Erzählfähigkeit des Lesers überbrücken helfen und die Strukturähnlichkeit beider deutlich machen. In speziellerer Form hat Vladimir Propp in seiner ›Morphologie des Märchens‹ (1928) Strukturgesetzmäßigkeiten in russischen Zaubermärchen nachgewiesen, die sich u. a. in wiederkehrenden Handlungsträgern (z. B. Held, Gegenspieler, falscher Held) konkretisieren (VOGT 1996, 290 f.).

In der neueren Erzählforschung wurden Strukturschemata des »konversationellen Erzählens« (also des Erzählens in Gesprächen) erarbeitet, so bei Labov u. Waletzky (Strukturmerkmale: Orientierungsphase, Handlungskomplikation, Evaluation, Auflösung, gegebenenfalls Coda bzw. Moral; LABOV/WALETZKY 1971) oder bei Quasthoff, die die »Ungewöhnlichkeit« als Minimalbedingung des Erzählens bezeichnet (QUASTHOFF 1980) – was der Novellendefinition erstaunlich nahe kommt.

In literaturdidaktischer Hinsicht ist es nicht unerheblich, dass die alltagssprachliche Prägung des Erzählens und die Herausbildung von Erzählfähigkeit wichtige Voraussetzungen liefern »für das Verständnis von Formen, Funktionen und Rezeptionen der literarischen Erzählung« (HAUBRICHS 1982, 2). Die gegenseitige Bedingtheit beider Aspekte stellt einen wichtigen erzähldidaktischen Ansatzpunkt dar, die Partizipation an der Erzählfähigkeit erscheint als unabdingbare Voraussetzung, »um auch die literarische Kommunikation gelingen zu lassen« (EHLICH 1980, 13).

Die Einsicht in die Ähnlichkeit von Alltags- und literarischer Erzählung kann Verständnis für Strukturgesetzmäßigkeiten des Epischen wecken, ist aber immer von der Gefahr der Ungeschichtlichkeit bedroht (vgl. VOGT 1996, 292). Deswegen erscheint der funktionale Aspekt des Erzählens als notwendiges Korrektiv, das die Geschichtlichkeit und die gesellschaftliche Bedingtheit epischer Texte stärker ins Licht treten lässt. Im Grunde zeichnen sich gerade Erzähltexte dadurch aus, dass sie wegen der mehr oder weniger großen epischen Distanz, die der Erzähler zum Geschehen einnimmt, das Geschehen und den Grund des Erzählens selbst reflektie-

ren. Ein solch reflexives Moment wird besonders in der Novellen-
tradition sichtbar, wo häufig ein Rahmenerzähler die Binnenerzäh-
lung reflexiv begleitet und den Handlungskontext der einzelnen
Geschichten sichtbar werden lässt. Der Rahmenerzähler in Boccac-
cios ›Decamerone‹ etwa klärt uns darüber auf, dass im zurückgezo-
genen Erzählen auf dem Lande Sozialität neu geschaffen wird – im
Gegenzug zu der zerstörten Sozialität in der Stadt, wo die Pest die
intimsten sozialen Bindungen auflöst. In Gottfried Kellers Novel-
lenzyklus ›Die Leute von Seldwyla‹ verdeutlicht der Rahmenerzähler die Situation des Kleinbürgertums, aus dessen Enge man entweder fliehen oder dem man sich anpassen muss.

Die Frage nach der Funktion des Erzählens (Warum erzählt jemand in einer bestimmten Situation gerade diese Geschichte?) rückt
die epischen Texte in die Nähe des alltäglichen Erzählens, wo der
pragmatische Kontext deutlich macht, dass mit Erzählmustern bestimmte Bedürfnisse befriedigt, Ängste abgebaut, Kommunikation
hergestellt oder Konflikte bewältigt werden (vgl. KLEIN 1980, 288).

2. Veränderte Voraussetzungen einer Didaktik epischer Texte

In der heutigen literaturdidaktischen Debatte wird – vor allem im
Blick auf längere Erzähltexte – auf das Problem der Medienkonkurrenz hingewiesen: Durch die leichte Zugänglichkeit der neuen Medien werde »langdauerndes Lesen umfangreicher Texte als unange-
nehme und qualvolle Arbeit empfunden«, möglicherweise habe sich
der Literaturunterricht als zentrales Fach überlebt (PAEFGEN 1999 a,
153). Solcher Pessimismus scheint jedoch nicht begründet zu sein.
Man muss nicht gleich mit Vilém Flusser in das andere – optimisti-
sche – Extrem verfallen und von der »Utopie einer telematischen
Weltgesellschaft« ausgehen, in der endgültig die Sprache als Haupt-
medium durch »technisierte Bilder« ersetzt werde und dadurch eine
befreite demokratische Kommunikation an die Stelle überkommener
herrschaftlicher Diskursformationen trete (KLOOCK/SPAHR 2000,
94). Auf jeden Fall aber bestätigen bisherige psychologische Untersuchungen, die sich mit der Veränderung der Wahrnehmungsgewohnheiten und der Kommunikationsfähigkeit durch das Internet

beschäftigen, die pessimistischen Prognosen nicht (DÖRING 1999). Im Übrigen haben schon die Erzähltexte des 19. und des beginnenden 20. Jahrhunderts obsessiv auf das Thema des isolierten Ich, der gestörten Kommunikation und des Sprachverlusts aufmerksam gemacht, von den Novellen Storms über Hofmannsthals ›Chandos-Brief‹ bis zu Döblins ›Berlin Alexanderplatz‹ – die Isolationserfahrung und der Erfahrungsverlust sind typische Themen der literarischen Moderne, keine spezielle Signatur des neuen Medienzeitalters. Es fragt sich vielmehr, ob die elektronischen Speichermedien auf Dauer nicht tragfähige neue Formen des Kommunikationsflusses und vor allem der kommunikativen Vernetzung ermöglichen (nicht ohne Grund ist der private Internetgebrauch in manchen Diktaturen verboten), die dem ehemals isolierten Individuum der Moderne einen neuen, kreativen, spielerischen Kommunikationszusammenhang bieten (vgl. DÖRING 1999, 255 ff.; TURKLE 1998, 311 ff.). Die Sprache, in der die Internet-Kommunikation (in E-mails, in Newsgroups, in Chat Rooms) stattfindet, erweist sich zudem als Mischung aus mündlichem und schriftlichem Code, die auf neue Weise den Zusammenhang von alltäglichem mündlichem und schriftlichem (literarischem) Erzählen sichtbar macht. Zugleich wird im Netz das Konzept originaler Autorschaft relativiert (etwa wenn mehrere Personen an der Abfassung eines Textes beteiligt sind).

Entscheidend aber ist in literaturdidaktischer Hinsicht, dass es eine Kontinuität literarischer Erzählstrukturen der Moderne und moderner Hypertextstrukturen gibt, die bisher zu wenig didaktisch reflektiert wurde. Moderne Erzähltexte – besonders Romane – zeichnen sich häufig durch eine gebrochene Linearität aus, die sich in einer Überlagerung vieler, zum Teil antagonistischer Stimmen (BACHTIN 1971), in abrupten Perspektivenwechseln und Schnitten, in der Zusammenfügung von Textfragmenten, einer Zunahme des Leerstellenpotenzials realisiert. Rilkes Roman ›Die Aufzeichnungen des Malte Laurids Brigge‹ etwa liefert nur noch disparate Perzeptionsbruchstücke, die vom Leser in Beziehung gesetzt und in einen gewissen Sinnzusammenhang gebracht werden müssen. Die Lektürearbeit des Romanlesers ist hier durchaus vergleichbar mit der eines anspruchsvollen Lesers von Hypertexten. Solche Erzählmuster finden sich im Übrigen auch bei Autorinnen und Autoren, die besonders auf das Interesse junger Leser stoßen (z. B. Sibylle Berg, ›Sex II‹; Rainald Goetz, ›Rave‹; Benjamin v. Stuckrad-Barre, ›Blackbox‹).

Es wäre von großem didaktischen Interesse, verstärkt den Unterschieden, aber auch der Analogie der Wahrnehmungs- und Erfahrungsstrukturen moderner Erzähltexte und von Internet und Cyberspace nachzugehen. Der Cyberspace stellt in seiner virtuellen Realität eine Art Übergangsraum dar, in dem sich traditionelle, unitäre Identitätsvorstellungen auflösen, die eher einer traditionellen Kultur mit stabilen Symbolen, Institutionen und Beziehungen verpflichtet sind (vgl. TURKLE 1998, 420). Der virtuelle Raum bietet die Möglichkeit, festgelegte symbolische Identitäten hinter sich zu lassen und die zumindest transitorische Erfahrung eines wandlungsfähigen, flexiblen Selbst zu machen, das die symbolischen Zu- und Einschreibungen einer alten patriarchalischen Welt unterläuft (TURKLE 1998; ŽIŽEK 1999, 231). Diese dekonstruktive Lesart des Cyberspace, die vor allem von feministischen Theoretikerinnen wie Sherry Turkle vertreten wird, unterschätzt sicher dessen manipulativen Charakter. Aber immerhin bietet auch die moderne Erzählliteratur in (vielleicht) vergleichbarer Weise einen fiktionalen transitorischen Raum, in dem sich der Leser in unterschiedliche Identitäten oder Perspektiven versetzen, alternative Identitätsentwürfe erproben und an imaginierten Welten Anteil nehmen kann; dies gilt übrigens auch für anspruchsvollere jugendliterarische Texte, wie z. B. ›Kamalas Welt‹ von Inger Edelfeldt (vgl. WILD 1997, 201 ff.). Dazu tragen moderne Erzählstrategien wie innerer Monolog oder personale Perspektivierung bei, die ein Sich-Versetzen in wechselnde Erzählfiguren ermöglichen.

Im Übrigen sollte nicht übersehen werden, dass Literatur immer wieder – vor allem in narrativen Texten – von der Schwierigkeit handelt, Wirklichkeit und Fiktion, Schein und Sein, Realität und Traum zu unterscheiden und seit langem an der »Virtualisierung« der Welt beteiligt ist (im Englischen ist das Wort »fiction« identisch mit »Prosaerzählung«). Dieser Aspekt erscheint nicht unwichtig bei der Behandlung von Erzähltexten im Unterricht; er steht in Beziehung zu Rezeptionserfahrungen heutiger Jugendlicher, die sich in den virtuellen Welten des Cyberspace aufhalten. Freilich ist auch der Unterschied zwischen traditioneller Schriftkultur und neuer Me-

dienwelt zu bedenken, da die »Aufschreibesysteme« (Kittler) selbst
die Form des Denkens beeinflussen (KLOOCK/SPAHR 2000, 184).

Neuere poststrukturalistische Theorien sind bestrebt, den Gegensatz von Wirklichkeit und Fiktion ganz aufzuheben und die diskursive Bestimmtheit unserer Wirklichkeit insgesamt hervorzuheben
(BOGDAL 1996). Die Literaturdidaktik hat solche Ansätze aufgegriffen und erste Skizzen einer »postmodernen Literaturdidaktik« entworfen. Gerade für den Umgang mit Erzähltexten sind die didaktischen Vorschläge Spinners (1993) bemerkenswert: Er versucht am
Beispiel eines Märchens die mögliche Didaktisierung des Diskurs-
begriffs aufzuzeigen, stellt Überlegungen zur Verwendung des In-
tertextualitätsbegriffs an und diskutiert didaktische Vor- und Nachteile »postmoderner« Verfahren des Parodierens und Ironisierens.
Inwieweit solche Ansätze im Unterricht nutzbringend eingesetzt
werden können, muss sich erst noch erweisen. Auf jeden Fall befrei-
en sie von dem Dilemma, das die rezeptionsästhetischen Ansätze
nicht überwinden konnten: der Frage nach dem gemeinsamen Bezugspunkt unterschiedlicher Deutungsvarianten (ebd., 31).

Schwerwiegender erscheint die »Dekonstruktion« der Werte und
Normen, die mit postmoderner Theorie (und Lebensweise) verbunden
ist; sie lässt wertepädagogische Funktionsbestimmungen epischer Literatur als obsolet erscheinen. Allerdings sind pädagogische Lernziele
in der Literaturdidaktik oft noch einem mimetisch-repräsentativen
Literaturbegriff verpflichtet, der in der literarischen Moderne längst
durch nicht-mimetische Konzepte abgelöst wurde. Im Übrigen taugt
Literatur nur wenig zur begrifflichen Verallgemeinerung, da sie in
jene Schicht menschlicher Erfahrung hinabreicht, die *vor* der Strukturiertheit und Stabilität von Sinn liegt – aus dieser Erfahrungsschicht
bezieht sie gerade ihren Reichtum. Erzähltexte ermöglichen wohl das
Durchspielen unterschiedlicher Handlungs- und Entscheidungssitua-
tionen, verweigern sich aber einer begrifflichen Fixierung (etwa in
einem moralischen Wertesystem). Diese prinzipielle Instabilität literarischer Texte ist in Rechnung zu stellen, wenn es um pädagogisch
orientierte Lernzielbestimmungen geht. Die Erkenntnis miteinander
konkurrierender oder sich widersprechender Diskurse in einem Text
wäre eher dazu angetan, die Problematisierung ideologischer Fest-
schreibungen und starrer Wertungen zum Lernziel zu erklären.

3. Gattungsfragen und literarische Kompetenzbildung

Die zum Teil diffizilen, zum Teil problematischen Distinktionskriterien epischer Gattungsformen sind für den Literaturunterricht nur von eingeschränkter Bedeutung. Während die Abgrenzung der Großgattungen Lyrik, Epik und Dramatik weniger Schwierigkeiten bereitet, erweist sich die Bestimmung der zahlreichen Untergattungen epischer Texte als problematisch, wenn nicht als unmöglich; auf jeden Fall ist man hier längst von einem systematisch-normativen Verständnis abgerückt zugunsten eines historischen Gattungsverständnisses (SCHOBER 1979, 270). In höheren Klassenstufen mag der Blick auf die historischen Veränderungen etwa der Novelle mit ihrem Höhepunkt im 19. Jahrhundert, auf den Siegeszug der Kurzgeschichte nach dem Zweiten Weltkrieg oder die Modernität des Romans als Seismograf gesellschaftlicher Verwerfungen von Interesse sein und zur Erkenntnis der Literatur im historischen Prozess beitragen. Die Fachdidaktik wird sich hier an neueren Ergebnissen der Literaturwissenschaft orientieren (MÜLLER-DYES 1996), wobei der eingangs betonte funktionale Aspekt stärker zu berücksichtigen wäre als der formgeschichtliche.

Von größerer didaktischer Relevanz ist dagegen die Frage der curricularen Progression bei der Behandlung epischer Texte. Hier ging die Literaturdidaktik lange Zeit von einer sukzessiven Steigerung der Textlängen aus; so formuliert Helmers in seiner ›Didaktik der deutschen Sprache‹: »Aus der didaktischen Sicht führt ein gerader Weg von epischen Kurzformen (Märchen, Sage, Fabel, Erzählung, Kurzgeschichte, Parabel) zu den größeren Formen der Epik: Novelle und Roman.« (HELMERS 1976, 349) Auch Albrecht Weber schreibt noch in der Erstauflage des 1979 erschienenen ›Lexikons zum Deutschunterricht‹, dass der Zugang zu Ganzschriften »curricular von der *Kurzgeschichte*, nicht immer von der strenger strukturierten *Novelle*, zu handlungsbestimmten, einfachen, additiven *Romanen* mit gewissen Rätselstrukturen« erfolgen solle, »von dort zu *Novellen*, dann zum komplizierten, problemreichen *Roman*« (WEBER 1979, 410). Wichtig ist, dass hier neben dem Aspekt der Textlänge auch schon auf strukturelle Gesichtspunkte eingegangen wird.

Der Grund für die didaktische »Verspätung« der Behandlung von Ganzschriften im Unterricht der Sekundarstufe I ist in der langdauernden Dominanz des Lesebuchs zu suchen, verbunden mit dem weitgehenden Ausschluss der Kinder- und Jugendliteratur. Erst seit den sechziger und siebziger Jahren haben längere Texte und Ganzschriften Eingang in die Hauptschule gefunden, wobei noch in den achtziger Jahren festgestellt wurde, dass die literarische Erziehung in der Sekundarstufe I »zu einem großen Teil über die moderne Kurzprosa« erfolge (SPINNER 1984, 7).

Die Empfehlung eines »Spiralcurriculums«, das von der Kurzprosa hin zu längeren Erzählformen aufsteigt, mag an schulpraktischen Erfahrungen und Traditionen, auch an zeitlichen Gesichtspunkten orientiert sein. Den außerschulischen Lesegewohnheiten und -erfahrungen entspricht sie nicht; fast überall, wo Kinder und Jugendliche mit Begeisterung lesen und in einen »Lesesog« geraten (man denke an Texte von Karl May, Astrid Lindgren, Michael Ende oder – in jüngerer Zeit – an ›Harry Potter‹), handelt es sich um Romantexte, so »trivial« sie dem literaturwissenschaftlich-kritischen Blick immer erscheinen mögen. Im Unterschied dazu können moderne Kurzgeschichten oder Kürzestgeschichten äußerst komplex, sinnoffen oder sogar sinnverweigernd sein und hohe Ansprüche an die produktive Rezeptionsfähigkeit des Lesers stellen. Kurzgeschichten widersetzen sich oft dem flüchtigen Lesen, weil die inhaltliche und formale Verknappung und Verdichtung des Textes sich erst der aufmerksamen und geduldigen Lektüre erschließt (ZANDER 1992).

Quantifizierende Kriterien der Unterrichtsprogression sind ungenügend. Nicht die Länge eines Textes macht seine Schwierigkeit bei der Rezeption aus, sondern sein Komplexitätsgrad. Deswegen fragt eine Theorie des Literaturerwerbs inzwischen danach, wie und durch welche Formen der Komplexitätssteigerung literarische Kompetenz aufgebaut werden kann (EWERS 2000, 250 ff.). Ein Kinder- oder Jugendroman kann einfacher strukturiert und verständlicher sein als eine Kurzgeschichte. »Einfachheit« und »Komplexität« (LYPP 1984) sind denn auch wichtigere Auswahlkriterien als die Länge oder Gattungsform eines Textes.

Ähnlich wie die modernen Entwicklungspsychologien und Spracherwerbstheorien geht die neuere »Literaturerwerbstheorie« von aufeinander folgenden Entwicklungsstufen der Rezeptionsfähigkeit aus, für die sie eine weitgehend universelle Geltung beansprucht (EWERS 2000, 250 ff.). Nach Ewers lässt sich der Komplexitätsgrad und die Komplexitätssteigerung bei narrativen Texten auf unterschiedlichen Ebenen verorten: auf der Ebene der Episoden, Handlungsstränge und Figuren; der Verknüpfung und Verkettung von Gliedern der Narration; der Kombination mehrerer Narrationen, die damit zur mehrphasigen Narration »aufsteigen«. Eine Zunahme der Komplexität kommt ferner durch mehrsträngiges Erzählen zustande, bei dem nicht nur eine Verkettung, sondern auch eine Parallelführung und Überkreuzung von »Geschichten« erfolgt. Im Hinblick auf den zeitlichen Aspekt lässt sich eine Steigerung der Komplexität vom linear-chronologischen Erzählen zu retrospektiven, assoziativen, sprunghaften Erzählverfahren ausmachen; auf der Ebene der Figurenrede in der Abfolge von direkter Rede, Gedankenbericht, erlebter Rede (EWERS 2000, 254).

Verstärkte Foschungsbemühungen haben deutlich gemacht, dass sich auch innerhalb der Kinder- und Jugendromane, ähnlich wie bei den Erwachsenenromanen, eine große Bandbreite von einfachen bis hin zu komplexen Formen feststellen lässt: Personale Erzählhaltung ist dort keine Seltenheit mehr, es »finden sich Tagebuch- und Briefformen, vielfältige Montage- und Collagetechniken, mit deren Hilfe auch dokumentarische Teile verarbeitet werden, Simultantechniken wie das Erzählen auf verschiedenen Ebenen, Perspektivenwechsel, innerer Monolog u. a.« (WANGERIN 1998, 608).

Gegen die Verspätung der Behandlung von Romanen im Unterricht hat Geißler schon in den sechziger Jahren sein Postulat der »literarischen Verfrühung« (GEISSLER 1962) gesetzt, mit dem er ein Plädoyer für die Romanbehandlung auch in der Sekundarstufe I verbindet (GEISSLER/HASUBEK 1972). Seine restriktive Haltung gegenüber der Kinder- und Jugendliteratur (er lässt nur »Klassiker« zu) und gegenüber der Literaturauswahl überhaupt (er fordert »weltliterarische Repräsentanz« im Literaturunterricht, ebd., VI) ist inzwischen überholt. Das Spektrum hat sich nicht nur zur Kinder- und Jugendliteratur, sondern auch zur Trivialliteratur (NUSSER 1976, WALDMANN 1973) und zu anderen Textsorten hin erweitert.

Eine neue Perspektive eröffnen sog. »postmoderne« Romane, die konventionelle Erzählmuster (etwa chronologisch-lineares Erzählen, auktoriale Erzählhaltung) mit raffinierten, erst auf den zweiten Blick erkennbaren Intertextualitätsstrukturen verbinden. Diese »Doppel-codierung« könnte das literaturdidaktische Dilemma auflösen hel-fen, dass nämlich ohne Leselust niemand lange Romane liest, auf der anderen Seite aber ein Verzicht auf Analyse- und Interpretations-arbeit den Literaturunterricht zur reinen Erlebnisdidaktik herab-stimmen würde. Der Gegensatz »Literarische Bildung oder Lese-lust?« (EGGERT 1997 a) wird sich hoffentlich nur als heuristischer erweisen, ebenso der mehrfach beschworene Gegensatz von »Her-ren- und Knechtlesern« (vgl. KÄMPER-VAN DEN BOOGART 1997, 76), in den sich das Lesepublikum postmoderner Romane angeblich auf-spaltet. Unübersehbar bleibt, dass Romane wie ›Das Parfum‹ von Süskind oder ›Schlafes Bruder‹ von Robert Schneider zu Bestsellern in der Schule geworden sind, welche die im Unterricht oft verschüt-tete Leselust reaktivieren. Und ohne Leselust – darauf sei nochmals hingewiesen – würde sich nur jene lebenslange Abneigung gegen die Schullektüre verfestigen, die die Lesebiografie so vieler Erwachsener prägt. Deswegen sind die unterschiedlichen Verfahren des hand-lungs- und produktionsorientierten Unterrichts auch weiterhin un-verzichtbar, da von ihnen ohne Zweifel eine starke Motivationskraft ausgeht. Für eine Stärkung der »libidinösen Komponenten« in der Literaturrezeption spricht sich auch Eggert aus (EGGERT 1997 a, 56), wobei seiner Forderung zuzustimmen ist, dass das zunächst identifi-katorische Lektüreverhalten auf eine distanzierte, reflexive ästheti-sche Rezeptionskompetenz hin überschritten werden muss. Doch dies ist mit produktiven Verfahren (die man besser als produktive »Interpretationsverfahren« bezeichnen sollte) nicht unvereinbar.

Auf jeden Fall sollte die Romanlektüre zum unaufgebbaren Be-standteil des Literaturunterrichts – auch in der Sekundarstufe I – gehören. Dies empfiehlt sich auch deswegen, weil die wachsende Bedeutung analoger (audiovisueller) Kommunikationsmedien und die damit verbundenen Sehgewohnheiten (Videoclips mit extrem kurzen Schnittfolgen, »Zappen« zwischen verschiedenen Programm-men, beschleunigte Einstellungswechsel in Filmen) die Aufmerk-samkeit für lange Texte erschwert und eine »Aufmerksamkeitsschu-lung« nötig macht. Der Unterricht sollte dieser Herausforderung nicht ausweichen. Für die Sekundarstufe I eignen sich neben den bekannten Abenteuerromanen (von Grimmelshausen bis Karl May) oder der Kriminal- und Sciencefiction-Literatur besonders die von Ewers et al. empfohlenen Adoleszenzromane (EWERS 1994).

Wichtiger als die Kanonfrage ist jedoch der funktionale Aspekt: Der Roman, der lange Zeit als minderwertige Gattung galt, hat sich seit dem 18. Jahrhundert zur wichtigsten Erzählgattung aufgeschwungen, weil er den Grundkonflikt der bürgerlichen Gesellschaft am besten darstellen kann: den unauflösbaren Konflikt zwischen Individuum und Gesellschaft, zwischen Einzelnem und Ganzem – einen Konflikt, der sich nur noch in der Sehnsucht nach Totalität, nicht mehr in deren Realisierung aufheben lässt (LUKÁCS 1988). Der Zusammenstoß »zwischen der Poesie des Herzens und der entgegenstehenden Prosa der Verhältnisse« (Hegel), zwischen einer sich zunehmend abkapselnden Innenwelt und der verwalteten, bürokratisch durchstrukturierten Außenwelt ist ein Grundthema in Erzähltexten, auch solchen der Gegenwart. Nicht nur in gesellschaftskritischen Romanen der siebziger Jahre (Plenzdorf, ›Die neuen Leiden des jungen W.‹), auch in den erwähnten postmodernen Romanen ist dieser Konflikt noch handlungsbestimmend: Das Bedürfnis Grenouilles, die ihn diskriminierende und verachtende Welt zu beherrschen, treibt den Einzelgänger in Süskinds Roman zur Parfümproduktion, und der kreierte Duft ist ein seltsames, aber letzten Endes unwirksames Gegengift gegen den erlittenen Kommunikationsverlust. Johannes Elias Alder in Robert Schneiders ›Schlafes Bruder‹ ist völlig unfähig, die »Stimme seines Herzens« zum Ausdruck zu bringen – nur in der Musik findet er ein Kommunikationsmedium, das aber keine wirkliche Kommunikation herzustellen vermag. Die Dorfwelt ist in diesem Roman von einem unerbittlichen Kampf aller gegen alle bestimmt. Es ist bezeichnend, dass auch in diesen »postmodernen« Romanen die Isolation des Einzelnen, seine Sprachlosigkeit und der Kommunikationsverfall zu zentralen Themen geworden sind; insofern arbeiten auch sie sich noch an den (bürgerlichen) Aporien der Moderne ab, und Hegels Romandefinition bewahrt auch hier noch ihre Gültigkeit.

Die große Bedeutung des funktionalen und historischen Aspekts bei der Romanbehandlung lässt es geboten erscheinen, sich auch

Texten der Vergangenheit zuzuwenden, die aufgrund des historischen Abstands eine kritisch-reflexive Lesehaltung von vornherein nahe legen. Dabei wird es (zumindest in der Oberstufe) unumgänglich sein, das Leseinteresse der Schüler zu überschreiten – was eine besondere Motivationsfähigkeit durch die Lehrenden voraussetzt. Nur mit historischen Texten kann die besondere Funktion der erzählenden Literatur zur Entfaltung kommen: nämlich als kulturelles Gedächtnis zu fungieren, über das sich historisches Bewusstsein konstituieren lässt. Epische Texte vermitteln nicht nur historisches Wissen, sondern auch historische Erfahrung – sie sind Erfahrungsspeicher, deren Repertoire sich zur Relativierung, kritischen Korrektur, Erweiterung eigener Erfahrung anbietet. Im kritischen Rückbezug auf eigene Erfahrung, in der bewussten Auseinandersetzung mit unterschiedlichen, zum Teil gegensätzlichen Weltbildern lässt sich der historische Abstand leichter überbrücken, ohne dass er einfach eingeebnet werden dürfte. Die historische Fremdheit nötigt gerade dadurch Respekt ab, dass sie nicht vollständig dem eigenen Horizont anverwandelt werden kann.

Neben der Fremdheit des Zeitenabstands tritt heute immer mehr die kulturelle Fremdheit in den Blick, die zunehmend auch Gegenstand des Literaturunterrichts sein sollte; die »interkulturelle Hermeneutik« bietet dafür eine wissenschaftstheoretische Grundlage (HAMMERSCHMIDT 1997). Die so genannte »Migrantenliteratur« (der Begriff ist unbefriedigend, weil die Autorinnen und Autoren der zweiten oder dritten Generation von »Gastarbeitern« selbst gar keine Migranten mehr sind, wohl aber »Wanderer zwischen den Welten«) liefert inzwischen Texte von beachtlicher Qualität (R. Schami, Özdamar, Zaimoglu). Sie erprobt alternative, »polyphone« Entwürfe von Identität im Spannungsfeld interkultureller Erfahrungen und ist insofern auch implizit an der Entwicklung neuer anthropologischer Konzepte beteiligt. Die Beschäftigung mit dieser Literatur im Unterricht ist deswegen so wichtig, weil sie mögliche geistige Wurzeln der Ausländerfeindlichkeit erfassen und die Schwäche der traditionellen Hermeneutik korrigieren kann: Ging die Hermeneutik noch im Sinne Gadamers von der Möglichkeit aus, das Fremde und Eigene in einer Art »Horizontverschmelzung« zu synthetisieren, so betont die These von der »Normalität des Fremden« (HUNFELD 1991 u. 1992) dessen unüberbrückbare Differenz, die Respekt vor der bleibenden Andersheit des Anderen einfordert.

Manches, was hier vom Roman gesagt wurde, lässt sich auch auf Erzählungen mittlerer Länge übertragen, zumal die gattungstheoretischen Unterscheidungen sich als zunehmend problematisch erweisen. Dass die Novelle mit ihrer »unerhörten Begebenheit« und ihrem oft dramatischen Handlungsverlauf das Spannungsbedürfnis der Schüler und deren Leselust besonders anspricht, gehört inzwischen zum *lieu commun* der Literaturdidaktik und muss sich in Einzelsituationen je neu erweisen. Nicht zu übersehen ist allerdings, dass die Novelle in ihrer artistischen, geschlossenen Bauweise eine Gattungsform der Vergangenheit ist, die zwar in Variationen auch von Gegenwartsautorinnen und -autoren aufgegriffen wird, aber gerade wegen dieser formalistischen »Verspätung« auf die aktuelle Funktion ihrer Form hin befragt werden muss. Distanzierende Reflexion fordert in besonderem Maß die Kurz- und Kürzestgeschichte, da diese häufig von Sinnverweigerung, Ausschnitthaftigkeit oder ironischer Distanz geprägt ist und schon von daher eine affirmative, identifikatorische Lektüre verhindert zugunsten eines kritischen, distanzierten Lesens (ZANDER 1992).

In jedem Fall jedoch gilt, dass die Vermittlung epischer Formen im Unterricht in jenen Strom des Erzählens eingebettet sein sollte, der sich von Generation zu Generation fortsetzt und der den lebendigen Hintergrund und das Substrat des literarischen Erzählens ausmacht. Die mündliche (alltägliche) Erzähltradition ermöglicht eine Kontinuität, die das literarische Erzählen mit seinem Innovationsdrang oft hinter sich lässt. Beide sind jedoch aufeinander angewiesen und bedingen sich gegenseitig. Dieses Wechselverhältnis sollte der Literaturunterricht nicht aus dem Auge verlieren.

5. Lyrik im Unterricht
VON HERMANN KORTE

1. Bestandsaufnahme. Methodenvielfalt im Schulalltag

Es gibt wohl keinen anderen Bereich des Deutschunterrichts, zu dem seit Mitte der achtziger Jahre derart viele methodische Vorschläge, Tipps und Rezepte publiziert worden sind wie zur Lyrik im Unterricht. Der Boom war und ist einerseits der Ausdruck eines ungewöhnlich erfolgreichen Versuchs, dem Umgang mit Lyrik in der Schule Praxis-Impulse zu geben und der Gattung den Nimbus des Schwierigen, Ungeliebten und Esoterischen zu nehmen. Andererseits ist die Popularität der Lyrik als didaktisches Paradigma ein Indiz für die sprunghaft gesteigerte Dominanz produktions- und handlungsorientierter Unterrichtsverfahren (HAAS 1997). Vergangen sind jene Zeiten, in denen Gedichte und Gedichtinterpretationen hartnäckigen Schülerwiderstand hervorriefen, während vor dem Hintergrund eines gesellschaftlichen und bildungspolitischen Reform- und Modernisierungsschubs die gefühlig-stimmungsvolle ›Gedichtstunde‹ verabschiedet wurde, wissenschaftliche Interpretationslehren von der werkimmanenten Methode bis zur sozialgeschichtlichen Literaturanalyse im Unterricht Einzug hielten und die Vermittlung moderner Lyrik in der Schule ein aktuelles Thema war.

Die Situation und der Status des Lyrikunterrichts haben sich inzwischen gründlich verändert. Das wird deutlich, wenn man sich jener »Fehlhaltungen« erinnert, die Weber 1980 aufzählte; er warnte damals zu Recht vor unterrichtlichem »Dichtungskult (Feier, Zelebration, Pathos, Andacht)«, »Frustration gegenüber Lyrik (Ablehnung, weil Lyrik mit Erlebnis und Irrationalität gleichgesetzt wird)« sowie vor dem »Verzicht auf organisierte Vermittlung [...], um der Eingebung und Intuition zu harren« (WEBER 1980, 333). Drei andere von ihm genannte »Fehlhaltungen« waren es, die seit den achtziger Jahren einen fachdidaktischen Paradigmenwechsel vom eher analytischen, auf die Erkenntnis von Strukturen, Sprach- und Formrepertoires gerichteten Unterricht zum produktiven, vielfach als kreativ apostrophierten Umgang mit Gedichten einleiteten: die »Überschätzung formaler Methodik«, die »Überformung durch aufdrängende Interpretation des Lehrers« und schließlich die verbreitete »Achtlosigkeit gegenüber Lyrik« (ebd.), die im textanalytisch orientierten Deutschunterricht oft einem diffusen, unausgesprochenen Vorbehalt gegenüber einer als subjektivistisch verdächtigten Gattung entsprang.

Inzwischen hat sich der didaktische Blick auf den Unterrichtsgegenstand Lyrik deutlich verschoben. Während Gedichtdidaktiken 1976 noch Kapitel wie »Das Subjekt-Objekt-Problem in der Lyrik«, »Lyrik und Gesellschaft« und »Die Sprachkrise in der Lyrik« für die Sekundarstufe II behandelten (ECKERMANN 1976), zeigten in den Neunzigern bereits die Titel gänzlich veränderte Interessenlagen an: »Umgangsformen. Produktive Methoden zur Erschließung poetischer Literatur« (INGENDAHL 1991), »Wege zum kreativen Interpretieren: Lyrik« (STOCKER 1993), »Gedichte im Unterricht – einmal anders« (PAYRHUBER 1993), »Produktiver Umgang mit Lyrik« (WALDMANN 1994). Unterrichtsmethodische Anregungen, oft gekoppelt mit einem »Plädoyer für methodische Vielfalt« (SPINNER 1995 d, 29), stehen eindeutig im Mittelpunkt – mit beachtlicher Quantität (allein Waldmann gibt 88 Anregungen und 135 Arbeitsvorschläge!). Der Begriff der Methode zielt in den Vorschlag-Sets meistens auf praktische Empfehlungen zur Unterrichtsgestaltung auf allen Ebenen des Umgangs mit Gedichten. Das Spektrum der Offerten ist weit gespannt; dabei geht es im wesentlichen um

– *Anleitungen*, was Schüler mit einem Gedicht oder dessen einzelnen Teilen (Titel, Vers, Strophe, Metrum, Klang, Reimwort u. ä.) »machen« sollen: Teilpuzzle zu einem Gedichtganzen zusammensetzen, mit Reimen, Metren und Strophenformen experimentieren, Gedichte vervollständigen, verändern, umschreiben, verfremden, parodieren, sich zu Eigenproduktionen von Gedichten und »Gegengedichten« anregen lassen u. ä.;
– *mediale Arrangements und Präsentationsformen*: Gedichte auswendig vortragen, einen Rezitationsabend im Rahmen von Unterrichts- und Schulprojekten veranstalten, Gedichte spielerisch darbieten und mit Musik untermalen, Gedichtvorlagen zu Bildern und Collagen umformen oder in einem »lebenden Bild«

nachstellen, Lyrik als Video-Clip gestalten, Lieblingsgedichte
sammeln und in einer Klassen-Anthologie veröffentlichen u. ä.;
– *Hilfen zum Verstehen und Erschließen von Gedichten*: Lese-
eindrücke wiedergeben, Beobachtungen zur Typografie und Or-
thografie von Gedichten notieren, abschnittsweises Strukturie-
ren und Lesen, sprachliche Beobachtungen zusammenstellen,
Themen und Motive herausfinden, schwierige Verse und Textstellen erläutern, Gedichte miteinander vergleichen, sich über
Autor, Entstehungszeit und Wirkung informieren, Unterrichts-
gespräche und Diskussionen über Gedichte, ihre Themen und
ihre Machart vorbereiten u. ä.

In der Vielfalt der Vorschläge spiegelt sich nicht nur die Dominanz
handlungs- und produktionsorientierter Verfahren wider, sondern
auch die Relativierung kopflastiger Gedichtanalysen und die signifikante Aussparung des literarhistorischen Fragehorizonts. Zugleich
soll die Praxis des Unterrichts nun stärker von imaginativen und
emotionalen Lernvorgängen bestimmt werden. Ein solches Ziel, das
die Imagination nicht nur als »freischwebende Phantasie, sondern
auch als eine auf Erkenntnis und Bewältigung von Wirklichkeit
gerichtete Erkenntnistätigkeit« (SPINNER 1995 a, 9) versteht, setzt
voraus, dass der Spielraum des produktiven Umgangs mit Gedichten
über bloß handwerkliche Fertigkeiten beim Verändern und Neugestalten von Texten hinausgeht. Sonst treten allzu leicht Umform-
Schemata und Schreibmuster an die Stelle traditioneller Interpreta-
tionsrituale. Schließlich wird auch von Verfechtern produktionsorientierter Methoden ein Umgang mit Lyrik eingeräumt, »der sich im
Erlesen, Nachsinnen und Betrachten, in Analyse, Reflexion und
Kritik auf sie einlässt und sie deutend zu verstehen sucht« (WALD-
MANN 1994, 234).
    Die Achillesferse des rezeptionsorientierten, vielfach mit Analyse
und Interpretation gleichgesetzten Lyrikunterrichts ist dessen eindimensional auf Form- und Stilelemente gerichtete, Imagination,
Fantasie und Emotion weitgehend aussparende Texterschließungs-
praxis: »Augenscheinlich steht für das Interpretieren das Erfassen
sprachlich-stilistischer Mittel im Vordergrund, unterstrichen durch
das Genauigkeitspostulat. [...] So wenig die Rolle der sprachlich-

stilistischen Mittel irgend bestritten wird, so sehr ist zu bezweifeln, ob dieses Gebiet für Schüler an erster Stelle stehen kann.« (MALSCH 1987, 29) In der Tat war vor allem in analytisch ausgerichteten Modellen der Methodenbegriff nicht didaktisch, sondern literaturwissenschaftlich geprägt und setzte ausdrücklich voraus, »dass der Bereich des rational Nachweisbaren nicht verlassen wird« (URLINGER 1980, 8). Mittelbergs Forderung, »dass auf der Schule der werkimmanenten, historischen und biografischen Interpretation der Vorzug zu geben« sei (MITTELBERG 1986, 59), entsprach weithin bis in die neunziger Jahre gymnasialer Interpretionspraxis.

Wie alle Unterrichtskonzeptionen haben umgekehrt auch die produktionsorientierten (oft als produktiv und produktiv-kreativ apostrophierten) Verfahren ihren blinden Fleck. Eine offenkundige Schwäche ist die weitgehende Ausblendung der historischen Dimension. Zwar heißt es bei Waldmann: »Rezeption von Lyrik ist lyrische Differenzerfahrung« (WALDMANN 1994, 229), aber er leitet diese Erfahrung ausschließlich von sprachlicher Differenz zum alltäglichen Sprechen ab. Seine Systematik klammert die Geschichtlichkeit des literarischen Formenrepertoires ebenso aus wie die Geschichte der Lyrik selbst. Fremdheit, wesentliches Element aller »Differenzerfahrung«, ist durch Basteln und Experimentieren mit den vom Autor gewählten Wörtern, Sätzen und Formstrukturen nicht zu überspielen. Der ideale Mitspieler mancher Produktionsanweisung ist der Schüler als Ko-Autor, der Textbearbeitungstechniken wie Ergänzen, Umformen und Neugestalten sicher beherrscht, seinen Einfällen wie seinen Textbeobachtungen vertraut, für Sprach- und Formgebung empfänglich ist und an der unreflektiert-konkreten Gegenwärtigkeit seiner Produktionsmuster arbeitet – ohne Einblick in den Produktions- und Wirkungshorizont des Lyrikers, dessen historisch bestimmten sozialen und kulturellen Status, dessen Selbstverständnis und letztlich auch dessen Verständnis von Lyrik. Konkret: Auch eine noch so gut auf Zeilenpuzzle und Reimwörtersuche trainierte Schulklasse kann durch experimentelle Operationen am Text allein die Distanz zu jenen Zeiten nicht ausmessen, in denen, wie im 17. Jahrhundert, Reimfindung eine Sache von Konventionen und Reimlexika war oder, wie bei Rilke, ein emphatischer Ausdruck von Modernität oder, wie zuweilen bei Celan, eine äußerste Provokation tradierter

Vers- und Strophenform. Vor diesem Hintergrund erscheint Fingerhuts These zu den produktiven Verfahren des Literaturunterrichts nachvollziehbar: »Die ›Innovation‹, die der handlungs- und produktionsorientierte Unterricht für den Literaturunterricht gebracht hat, bezieht sich auf die Unterrichtsmethode. Sie hat keinen Bezug zum Unterrichtsgegenstand, der Literatur.« (FINGERHUT 1994, 361)

Für die schulische Praxis zählen indes nicht die Schwächen, sondern die Stärken unterrichtlicher Verfahren. Ein restaurierter analytischer, auf die Kompetenz zur Bestimmung sprachlich-stilistischer Mittel reduzierter Umgang mit Lyrik würde alte Fehler und Einseitigkeiten bloß wiederholen, und zwar auf Kosten von neu erschlossenen Dimensionen des Umgangs, die allesamt ihren Platz im Lyrikunterricht finden sollten. Produktions- und rezeptionsorientierte Verfahren sind daher keine Gegensätze, sondern »zwei einander ergänzende Arbeitsweisen« (LEHRPLAN NRW 1993, 50).

Im Übrigen sind unter Methodenaspekten einige Prinzipien des Lyrikunterrichts weithin konsensfähig:

– Lyrikunterricht heute ist keine bloße Addition einzelner über das Schuljahr verstreuter Gedichtstunden mehr. Es dominiert, vom Lernmittelmarkt entsprechend unterstützt, die Lyrik-Sequenz, die Unterrichtsreihe zu lyrischen Genres (Tages- und Jahreszeitengedichte, Kriegsgedichte, Liebeslyrik etc.), zu Epochen und Zeitperioden, zu einzelnen Lyrikern und zu vielfältigen Themenfeldern. Im problemorientierten Unterricht löst sich die gattungszentrierte Geschlossenheit auf; Gedichte lassen sich in übergreifenden thematischen Sequenzen mühelos mit anderen (literarischen und nicht-literarischen) Texten kombinieren.
– Als obsolete, fragwürdige Praxis hat sich ein Lyrikunterricht erwiesen, der Gedichte für erzieherische Programme und moralpädagogische Normierungsversuche adaptiert. Erlebnispsychologisches Einstimmen auf einen kollektiven Nachvollzug lyrischer »Botschaften« ist ein hoch problematisches unterrichtsstrategisches Mittel zur Erzeugung affirmierender Werthaltungen, Normen und Formen der Text-Instrumentalisierung im Traditionshorizont des bis in die fünfziger Jahre verbreiteten Gesinnungs- und Gemütsunterrichts.

– Es gibt keinen unumstrittenen lyrischen Schulkanon mehr. Vor
allzu voreiligen Schlüssen sei aber gewarnt. Schon ein Blick in
die Lehrpläne, Lese- und Arbeitsbücher der neunziger Jahre
zeigt, wie wenig berechtigt die Annahme ist, es herrsche eine
heillos chaotische Beliebigkeit des Gedichtrepertoires vor. Manche Gedichte von Goethe, Eichendorff, Mörike, Heine und Dros-
te-Hülshoff gehören seit dem 19. Jahrhundert zum Kern des
erstaunlich stabilen Kanons. Schulklassiker gibt es aber auch
aus dem 20. Jahrhundert. Das Spektrum reicht weit und umfasst
Namen wie Trakl, Heym, Brecht, Kästner, Bachmann, Eich,
Huchel, Enzensberger, Jandl, Kirsch, Biermann, Fried und Ku-
nert sowie Klassiker der Kinderlyrik von Christian Morgenstern
bis James Krüss und Josef Guggenmos.
– Die Geschichte der Lyrik bietet sich einer Didaktik der Literaturgeschichte als ein geeigneter Gegenstand an. Im Unterricht
sollten, so Spinner, »historische Perspektiven eröffnet werden,
z. B. die Einsicht, dass das Selbstverständnis in anderen Zeiten
und gesellschaftlichen Kontexten anders ist« (SPINNER 1995 c,
17). So richtig und so wichtig es ist, das »Gedicht als ein Stück
Literaturgeschichte zu lesen« (HASSENSTEIN 1998, 636): Gedichte sind keine bloßen Demonstrationsobjekte für grobmaschige,
vage Epochen- und Periodisierungsschemata. Umgekehrt können gerade Lyrik-Reihen mit einem überschaubaren Textkorpus
Anreize bieten, auf eigenständige, entdeckende Weise ein Verständnis für den historischen Wandel sprachlich-literarischer
und historisch-kultureller Prozesse zu entwickeln. Material dazu liefert insbesondere die Lyrikgeschichte aus Phasen des Um-
bruchs, der Schwellenzeiten und Zeitenwenden.

2. Umgang mit Lyrik. Historische und aktuelle Dimensionen

Historisch gesehen war Lyrikunterricht in der Schule nie ein Ap-
pendix wissenschaftlicher Interpretationskultur. Die Rezeptions-
bedingungen haben sich gegenüber dem 19. und der ersten Hälfte
des 20. Jahrhunderts freilich gründlich verändert. Der Blick in die
Geschichte zeigt eine mit der heutigen Situation kaum vergleichbare

Praxis. Lyrik war im 19. Jahrhundert eine außerordentlich beliebte Gattung. Für Jugendliche waren das Lesen von Gedichten, besonders aber das Rezitieren und Deklamieren von Versen, das Singen von Liedern und im Bildungsbürgertum nicht zuletzt auch die eigenen Schreibversuche eine Art Initiation in die Literatur, die unbestritten das kulturelle Leitmedium mit entsprechendem Einfluss auf individuelle wie kollektive Identitätsbildungen war. Die beliebteste, verbreitetste Gattung war das Lied, so dass es keineswegs verwundert, dass Lyrikunterricht wesentlich eine Sache des Musik- und Gesangunterrichts war. Dieser hatte die Aufgabe, im Verbund mit dem Deutschunterricht den Liederkanon textlich und musikalisch verfügbar zu machen. Die Lyriker des Kernkanons waren im 19. Jahrhundert daher nicht zufällig allesamt Liederdichter, an vorderster Stelle diejenigen, die am meisten vertont wurden: Goethe, Heine, Eichendorff und nicht zuletzt der heute fast vergessene Emanuel Geibel. Lied und Gedicht hatten ihren festen Platz in der musikalisch-literarischen Kultur. Im Mittelpunkt standen innerhalb wie außerhalb der Schule nicht Privatlektüre und Interpretationskunst, sondern ein weit verzweigtes, auf Identifikation und kollektiver Selbstdarstellung basierendes Rezeptionssystem. Es umfasste

- eine verbreitete Deklamations- und Rezitationspraxis (Deklamationskunst war mancherorts Schulfach),
- eine auf Poesie ständig rekurrierende Musikkultur mit unzähligen Gesangvereinen und Chören, Liedertafeln und Liederabenden,
- einen Alltagsdiskurs über Poesie als schwärmerischen Austausch über Gedichte im bildungsbürgerlichen Salon, an literarischen Teetischen und im geselligen Familienkreis,
- einen für den Alltag gedachten, in der Schule durch Auswendiglernen eintrainierten, leicht memorierbaren Zitatenschatz, der die Präsenz von Gedichten und Versen als Alltagstherapeutikum und Lebensmaxime sicherte,
- schließlich auch öffentliche Gedichtvorträge, die in der bürgerlichen, nach 1870 auch in der proletarischen Festtagskultur mit ihrem Jahreskreis aus Gedenktagen, Jubiläen und Feiern einen festen Platz hatten.

Zahlreiche Anthologien und Gedichtsammlungen boten ein breites Repertoire an lyrischen Texten an. Der Deutschunterricht hatte in diesem Rezeptionssystem seinen spezifischen Stellenwert. Es ging nicht um das Interpretieren und Deuten von Gedichten, sondern darum, neben der weitgehend aufs Gymnasium beschränkten Vermittlung von Poetik-Spezialwissen die Gemütsbildung der Schüler zu entfalten, also über einen erlebnisorientierten, affektiven Umgang mit Gedichten die emotionale Akzeptanz des weit verbreiteten Liedgut- und Gedichtkanons zu sichern, der seine Bedeutung aus seinem Rang im kulturellen Alltag erhielt. Die Kenntnis von Liedern und Gedichten sicherte in einem elementaren Sinne die Teilnahme am kulturellen Leben aller sozialen Schichten. Vor solchem Hintergrund spielte das Auswendiglernen eine zentrale Rolle. Es war eine selbstverständliche Methode, um das, was später »inwendig« wirken sollte, in der Alltags- und Feiertagskultur und in allen möglichen Lebenslagen immer wieder »auswendig« verfügbar zu haben: als Lebensmotto, Trostvers, Verklärungsformel, Selbststilisierung und Statussymbol. Der Lehrer aber hatte darauf zu achten, dass die Vermittlung von Lied und Gedicht nicht durch ein Zuviel an Kognition und Reflexion gestört wurde.

Im historischen wie aktuellen Horizont stehen offenbar die schulische und die außerschulische Praxis des Umgangs mit Lyrik in einem engen Verhältnis. Aus heutiger Perspektive hat sich die Rezeptionssituation grundlegend gewandelt. Lyrik ist seit Jahrzehnten eine bescheidene Sparte des Buchmarktes. Heute heißt Umgang mit Lyrik: Lesen von Gedichten, in aller Regel allein, privat, zurückgezogen. Im kulturellen Leben spielen darüber hinaus etwa öffentliche Lesungen und Rezitationsabende nur eine untergeordnete Rolle; sie haben außerhalb kultureller Metropolen kaum eine Bedeutung. Anders als die Erzählprosa und die Dramatik sind Gedichte in Feuilleton und Fernsehen kaum ein öffentliches Thema. Es gibt heute keine homogene, am Höhenkamm bildungsbürgerlicher Kultur orientierte Rezipientengruppe mehr, welche die Produkte des Lyrik-Marktes abnimmt. Das Sortiment zielt eher auf unterschiedliche Leser-Milieus; die Käufersparte reicht vom Abnehmer inzwischen vielfältig angebotener »Verschenk-Lyrik« über den Liebhaber fernöstlicher Poesie bis zum Leser von Lyrik-Avantgardisten wie Thomas Kling und Bert Papenfuß-Gorek (vgl. Korte 1999).

Schüler gehören in aller Regel nicht zur Zielgruppe des Marktes. Die Verbindung zwischen traditioneller Liedkultur und Gedichtrezeption spielt nur noch eine marginale Rolle, während sich in der populären Jugendmusik-Szene eine immer neue (der Schule weithin unbekannte) Art der Vernetzung von Musik und (englischem und amerikanischem) Song etabliert hat. Für viele Kinder und Jugendliche heute ist und bleibt die Schule der erste und einzige Ort, Gedichte kennen zu lernen: als Stoff des Deutschunterrichts. In diesem Punkt unterscheidet sich – eine Konstituente literarischer Sozialisation – der Umgang mit Lyrik deutlich von der Rezeption anderer literarischer Gattungen, vor allem vom Umgang mit Erzählprosa, dem beliebtesten Lesestoff außerhalb der Schule.

3. Begründungsversuche. Grenzen didaktischer Legitimation

Vor diesem Hintergrund kommt der Lyrik in der Schule eine besondere Bedeutung zu. Die einladenden, bunte Vielfalt und hochmotivierte Fröhlichkeit suggerierenden Methoden-Sets der neunziger Jahre stehen im Gegensatz zur marginalen Rolle der Gattung außerhalb der Schule. Und doch lässt sich umgekehrt aus dieser Situation auch eine auf die Kompetenz der Schüler zur Teilnahme am literarischen Leben zielende Vermittlungsaufgabe des Deutschunterrichts herleiten. Lyrik im Unterricht zu behandeln legitimiert sich allerdings noch nicht durch virtuosen Umgang mit systematisierten Formenrepertoires. Solche Fertigkeiten sind vielmehr Komponenten eines stets auf Sprache rekurrierenden, für Sprache sensibilisierenden Erfahrungsprozesses. Das Lern-Set poetologischer Begriffe wie Metrum, Reim, Rhythmus, Vers- und Strophenform, vor allem im Gymnasium immer noch gern gepflegter Unterrichtsstoff, bliebe totes schulisches Wissen, wenn es nicht in die Erprobung und Beobachtung sprachlicher Prozesse eingebunden wäre. Daher kehren in didaktischen Überlegungen zu Recht Formeln wie Sprachsensibilisierung, Sprachkonzentration, Sprachverdichtung und »Prägnanz lyrischer Sprache« (Spinner 1995 c, 6) wieder. Rezente literaturwissenschaftliche Lyriktheorien bestätigen die Bedeutung der Sprachlichkeit als signifikante Prämisse der Gattung bis hin zur modernen Lyrik. In Homanns komplexer ›Theorie der Lyrik‹ heißt es: »Lyrik wird verstanden als der systematische Ort, an dem Sprache als selbstkonstitutionelle neu konstruiert wird und so zum Modell der Selbstverständigung der Moderne avanciert. Auf engstem Raum wird in modernen Gedichten aus Sprache ein Modell gewaltfreier Verfassung von Heterogenität gewonnen.« (HOMANN 1999, 88)

Aus didaktischer Perspektive sind gerade die auf Sprache rekurrierenden Definitionsversuche mit Recht als Basis eines wissenschaftlichen Verständnisses vom Unterrichtsgegenstand Lyrik übernommen worden. Ein Beispiel ist Webers Bestimmung der Lyrik »als gesteigerte, wirkungskonzentrierte, kristallisierte Sprache [...], die die gewohnte Prosa des Alltags so verfremdet, dass sie neu und bisher un-erhört erscheint« (WEBER 1980, 330). Didaktische Aktualität erfährt die gesteigerte Aufmerksamkeit auf sprachliche Prozesse in Försters Konzeption »Literatur als Sprache lesen« (FÖRSTER 2000 b), in denen dekonstruktive Literaturtheorien für die Schule diskutiert werden. Förster verweist anhand des Gedichts ›Meine Worte gehorchen mir nicht‹ von Sarah Kirsch auf die »Ambiguität von Wörtern«, die »paradigmatische Ordnung der Worte« im Gedicht, auf »syntagmatische Beziehungen«, die »Uneindeutigkeit der Syntax« und den »Widerspruch zwischen der buchstäblichen und der bildlichen wie figürlichen Bedeutung« (ebd., 221).

Die Legitimation von Lyrik über die Reflexion ihrer gattungskonstitutiven Sprachlichkeit kann sich auf eine Vielzahl moderner Poetiken stützen, die ihrerseits in den vergangenen Jahrzehnten das Literatur- und Textverständnis von Didaktikern wie von Lehrplan-Machern und Lehrern beeinflussten. Moderne Lyrik und moderne Literaturtheorien avancierten in den sechziger Jahren zum anspruchsvollen Unterrichtsstoff. Der lang tradierte, an Gemüts- und Stimmungspoesie ausgerichtete Lyrik-Kanon wurde erheblich aktualisiert und öffnete sich der Gegenwartsdichtung, während zugleich ein methodischer Paradigmenwechsel von der gefühlig-erlebnishaften Gedichtstunde zur Gedichtreihe auf der Basis von Analyse und Interpretation stattfand. Dieser Modernisierungsschub war innerhalb und außerhalb der Schule sehr wirksam. Lehrerinnen und

Lehrer waren in den sechziger und siebziger Jahren nicht nur eine wichtige Gruppe innerhalb des literarischen Publikums, sondern trugen wesentlich dazu bei, dass aktuelle Gegenwartsliteratur ihren Platz im Unterricht fand: ein Erfolgsprojekt, das sich in modernisierten Lehrplänen und einer radikal erneuerten Lesebuch-Generation spiegelte. Unterricht sollte die Aufgabe haben, in das literarisch-kulturelle Leben einzuführen, und eine reflektierte Wertungskompetenz vermitteln. Leitbild war der mündige, sich am Markt kritisch orientierende, an seinen Interessen und Vorlieben ausgerichtete Leser. Von politisch engagierter Lyrik über moderne Natur- und Liebeslyrik bis zum Alltagsgedicht und zur Konkreten Poesie reichte das im Unterricht neu entdeckte Gegenwartsspektrum. Die Dynamik dieses Prozesses hat in den achtziger und neunziger Jahren freilich erheblich nachgelassen.

In manchen Überlegungen zum Lyrikunterricht sind Gedichttheorien der sechziger und siebziger Jahre bis heute virulent. Die Gattung Lyrik wird in didaktischen Grundüberlegungen weiterhin beispielsweise in Verbindung gebracht mit der Entfaltung von Sprachreflexion und Sprachbewusstsein, mit der Resistenz gegenüber Ideologien und vorgefertigten Wirklichkeitsmodellen, mit dem Aufbau eines dialogischen Verhältnisses zur Welt aus der Bereitschaft, sich dem offenen Reflexionsangebot des Gedichts zu stellen, schließlich mit einer aus sprachlicher Sensibilität geförderten Ich-Stärkung und Identitätsfindung. Nach wie vor ist die Frage »Gedichte in der Schule?« rein rhetorischer Art: »Indem Lyrik [...] die Möglichkeiten der Selbstfindung unterstützt, den Menschen aus bloßer Funktionalität befreit und zur Personalität verhilft, schafft sie zugleich die Voraussetzung für jede echte Begegnung mit dem Mitmenschen und erschließt einen Raum der Freiheit [...]. Lyrik führt den Menschen nicht in abseitige Refugien, sondern zeigt die ihm tiefer gegebene und aufgegebene Wirklichkeit, sie macht ihn wacher und hellhöriger für alle Eindrücke seiner Welt.« (GIEHRL 1994, 13 f.) 1976 hatte Haase geschrieben: »Die Strukturen einer Dichtung, die Sprach-, Sprech- und Aufbauformen eines lyrischen Gedichts können dem jugendlichen wie dem erwachsenen Leser Distanz zum Realen gewähren, können ihn aber ebenso durch die Kraft der Rhythmen und Klänge überwältigen. Die Inhalte der Gedichte erfüllen die Fantasie

des Schülers; sehr unterschiedliche Möglichkeiten des Menschseins
werden ihm vorgestellt.« (HAASE 1976, 418) Helmers hatte 1971 am
Beispiel der »Strukturanalyse des Gegenstands lyrischer Humor«
auf die »schöpferische Phantasie des Künstlers« verwiesen, diese im
Akt idealisierender literarischer Kommunikation mit der »schöpferischen Rezeption des Lesers und Hörers« verbunden und daraus
»weitreichende Möglichkeiten für ein didaktisch relevantes Training
literarästhetischer Gestaltungsmittel« (HELMERS 1971, 8 f.) abgeleitet. Drei Jahrzehnte später kehrt der Topos des Schöpferischen als
ungebrochen positive Legitimationsfigur im Lob auf die »Wege des
kreativen Interpretierens« wieder: »Es geht beim kreativen Procedere um neue Annäherungen, Denkergebnisse, um gedankliche Syn-
thesen, um vor-wissenschaftliche, wissenschaftliche und nach Möglichkeit durchaus auch künstlerische Formfindung und -gebung, und
bei allem ist Innovationsbereitschaft angemahnt. Im einzelnen bedingt kreatives Denken Problemorientiertheit, Wahrnehmungs-
offenheit, kreatives Fortschreiben von neuen Problemstellungen,
Suchen und Finden von neuen Lösungswegen, Erfassungsstrategien
und Methodenanwendungen.« (STOCKER 1993, 10)

Die Crux solcher Hochwertbegriffe liegt einerseits darin, dass aus
ihnen keine Ziele und Konzepte für den Alltag – weder für Reihen-
noch für Stundenplanungen – hergeleitet werden können, weil sie
Setzungen sind: Postulate eines a priori sinnvollen, für die Gegenwart und Zukunft der Schüler hochbedeutenden Unterrichts, die,
ohne es offenzulegen, an einem Leitbild orientiert sind, an einem
öffentlichen Kreativformeln sich bestens anschmiegenden Schüler-
ideal. Andererseits wird Lyrik – denn zu ihr sollen die »Wege des
kreativen Interpretierens« führen – ein bloßes Instrument des
»kreativen Procedere«. Der Gegenstand erscheint wie ein per se
sinnerfülltes Stück Literatur, ein existenzielles Juwel. Einem solchen
Verständnis von Lyrik könnten auch im 20. Jahrhundert sicher viele
Autoren zustimmen. Dennoch ist festzuhalten: Ein Poetik-State-
ment aus der Feder eines Lyrikers ist ein Stück Selbstbeschreibung,
zuweilen ein Ausdruck von Selbstinszenierung und von Provokation, aber kein normierender, auf Lernprozesse zu applizierender
Lehrsatz. So unbestritten es ist, dass Gedichte in der Lebensgeschichte vieler Leser von wahrhaft existenzieller Bedeutung sind: Es

wäre hochproblematisch, wenn solche Wirkungen zu hehren didaktischen Legitimationsformeln würden oder wenn Lehrerinnen und Lehrer sie zu Planungszielen ihres Unterrichts machten.

So selbstverständlich in Richtlinien und Lehrplänen auch von Lyrik und vom Gedicht gesprochen wird: Begriff und Gegenstand sind keineswegs so eindeutig, wie es auf den ersten Blick scheinen mag. Bei der Fülle lyrischer Formen versagt jede eindimensionale, auf ein paar Merkmale reduzierte Definition. Auch Begriffe wie Lied, Hymne, Ode, Natur-, Liebes- und Alltagsgedicht und Fachvokabular wie Metrum, Reim und Rhythmus bieten uns keine wohlgeordneten Schubläden mit säuberlichen Etiketten. Eine auf Geschlossenheit zielende Formenlehre lässt sich weder wissenschaftlich legitimieren, noch taugt sie als Gerüst für didaktische Systematiken und Fachcurricula; sich verselbstständigende Metrik-, Reim- und Strophenformübungen in der Schule wären Karikaturen antiquierter Poetik-Doktrinen.

Lyrik ist spätestens seit Mitte des 18. Jahrhunderts ein »Medium der Auseinandersetzung mit Subjektivität« (SPINNER 1995 c, 16). Das lyrische Subjekt, das nur seiner eigenen, unverwechselbaren Stimme folgende Genie, wurde als Instanz angesehen, die nicht mehr nur eine tradierte, durch Gesellschaft und Religion fundamentierte Weltsicht in Verse und Strophen fassen, sondern ein autonomes Ausdruckszentrum subjektiven Empfindens und Erlebens darstellen sollte. Lyrische Subjektivität dieser Art sprengte die der Tradition verpflichteten Formen auf, verlangte nach einer eigenen, unverwechselbaren Sprache und neuen, unverbrauchten poetischen Ausdrucksmöglichkeiten. Das Autonomiepostulat bildet fortan ein Basiselement der Gattungsgeschichte. Dass die lyrischen Stimmen nicht mehr wie noch zur Goethezeit (und in der Hochblüte der Erlebnislyrik bis an die Schwelle des 20. Jahrhunderts) als authentische Herzensschrift, sondern als konstruiertes, oft hoch bewusstes, kalkuliertes und reflektiertes Sprachgebilde verstanden werden, verweist auf die Rolle der historischen Zäsur um 1890, auf die Bedeutung der lyrischen Moderne und ihre bis heute facettenreiche Geschichte (LAMPING 1989).

Aus didaktischer Sicht hat Spinner lyrische Subjektivität mit dem Prozess der Subjektfindung von Jugendlichen zusammengebracht:

»Gerade im Unterricht der Sekundarstufe I gewinnt die Bearbeitung von Subjektivität eine besondere Bedeutung, da die Schüler im Pubertätsalter die stärksten Identitätserschütterungen erfahren. Dabei sollen auch historische Perspektiven eröffnet werden, z. B. die Einsicht, dass das Selbstverständnis in anderen Zeiten und gesellschaftlichen Kontexten anders ist.« (SPINNER 1995 c, 17) Die Frage, wie die »Bearbeitung von Subjektivität« konkret zu gestalten ist, wirft zugleich Fragen nach den Prämissen literarischer Sozialisation und Rezeption von Schülerinnen und Schülern auf. Solange diese Fragen nicht beantwortet sind, gehen wohl auch weiterhin Projektionen und Idealbilder vom Lernenden in schulische Begründungsprozeduren ein. Und Fachdidaktik – als Reflexionswissenschaft, nicht als normierende Handlungsanleitung – scheint gut beraten, statt Hochwertbegriffe und Ratschläge als Idealpraxis zu suggerieren, die schulische Legitimation literarischer Lernstoffe diskursiv zu entfalten und sich auf diese Weise normierenden Begründungszwängen zu entziehen.

6. Film

VON PETER CHRISTOPH KERN

1. Filmdidaktik und Literaturunterricht

Eine Filmdidaktik für den Deutschunterricht gibt es nicht. Es gibt Ansätze dazu (PRAXIS DEUTSCH 1983; FEHR 1997; KERN 1997; LANGE 1998; ERLINGER/MARCI-BOEHNKE 1999) und vielerlei Unterrichtsvorschläge an Einzelbeispielen. Die Gründe für dieses Defizit sind mannigfach, hängen vor allem damit zusammen, dass der Deutschunterricht sich als Erfüllungsgehilfe einer Schriftkultur sieht, die ihrerseits ihre Wurzeln im abendländischen Selbstverständnis hat: jüdisch-christliche Schriftreligion (einschließlich Bilderverbot), humanistische Gleichsetzung von Schriftlichkeit und Bildung und der enorme Aufschwung bürgerlicher Buchkultur im 18. und 19. Jahrhundert (Stichwort »Lesekultur«). Demgegenüber waren andere (also mündliche und bildliche) welterfindende und welterschließende ästhetische Kommunikationsformen mit dem Hautgout des Zweitrangigen behaftet oder wurden anderen Fächern (Musik, Kunst, Sozialkunde) überlassen.

Geändert hat sich das im schulischen Kanon bis heute kaum, wenngleich sich jeder Deutschlehrer bewusst sein müsste, dass im wirklichen Konsumverhalten der Schüler das Buch eine verschwindend kleine, der Film in all seinen Spielarten vom Werbespot bis zum Videoclip dagegen eine bedeutende Rolle spielt und dass im Computerzeitalter ästhetische Kommunikation weitestgehend multimedial vor sich geht. Dies wiederum hat einen fundamentalen Paradigmenwechsel im ästhetischen Bewusstsein der Schüler zur Folge und müsste weit reichende Konsequenzen für den Literaturunterricht haben. Es bedarf einer Umorientierung hinsichtlich der ästhetischen Kompetenz. Der Film wird zum unverzichtbaren Arbeitsmaterial, der ja seiner Struktur nach ein multimediales Paket ist, nicht nur, weil er geschriebenes und gesprochenes Wort, Geräusch und Musik, Bild, Form und Farbe synthetisiert, sondern weil er vermittels der Produktions- und Rezeptionsapparatur die für den bisherigen Textbegriff konstituierende Sinnkonsistenz und -linearität durch eine diskontinuierliche Sinnakkumulation und -vernetzung ersetzt.

2. Filmwissenschaft und Deutschdidaktik

Ein Grundsatzartikel wie dieser kann auf kurzem Raum keinen Abriss des Standes der Filmwissenschaft oder der Medienpädagogik geben. Der Hinweis auf einige Standardtexte muss genügen (FAULSTICH 1992; KANZOG 1997; HICKETHIER 1996; MONACO 1999). Ebenso können auch nur Berührungspunkte filmwissenschaftlicher und deutschdidaktischer Ziele angedeutet werden (KLOSE 1981; GAST 1981 ff.). Hier sind es drei Entwicklungsstränge, die einen fruchtbaren Synergieeffekt versprechen. Die Medienpädagogik ist Lieferant wichtiger wahrnehmungspsychologischer Ergebnisse durch die Rezeptions- und Wirkungsforschung (FIEGE 1997; WUSS 1992; WINTER 1992; RÖLL 1998). In der Filmwissenschaft hat die inhaltsanalytische Tradition (CHRISTIANSEN/GREGER 1993) ihre Entsprechung in der interpretativen Deutschdidaktik, während die strukturanalytischen Ansätze mit ihrer Suche nach einer Filmsprache natürlich unmittelbar parallelisierbar sind mit den sprachfunktionalen und textanalytischen Fragestellungen des Deutschunterrichts.

Liefen die beiden genannten Strömungen anfangs unabhängig, teilweise sogar kontrovers, so berühren sie sich zunehmend, seitdem die Formanalyse sich semiotisch orientiert hat (SIEGRIST 1986, KORTE 1999, MIKOS 1996 ff.) und die inhaltlich-interpretative Methode sich tiefenhermeneutisch und/oder diskursanalytisch (MEDIEN PRAKTISCH: TEXTE 1998) ausrichtet. Beides hat seine Entsprechung in den integrativen Bestrebungen der Deutschdidaktik (GAST 1979).

Natürlich müssen auch Dokumentar- und Werbefilm ins Spektrum des Deutschunterrichts aufgenommen werden, da sie aber ihrer informatorischen und appellativen Funktion wegen eher Aufgabe der Sprachdidaktik sind, werden sich die folgenden Gedanken vor allem mit den fiktiv-narrativen Formen des Films beschäftigen, vorab also mit der Frage, welche Rolle der Spielfilm und seine Fernsehderivate für die ästhetische Kompetenz des Schülers spielen. Dies gilt insbesondere, weil und seit Ästhetik sich nicht (mehr) auf die Wahrnehmung des »Schönen« und »Originalen« beschränkt, sie außerdem nicht mehr als Domäne der »Bildung« gilt, sondern man die Wahrnehmung und Mit-Gestaltung möglicher Welten im Zusammenwirken von Text und Rezeption als ästhetisches Ereignis sieht und auch deren sozialintegrative Rolle erkannt hat.

Auch wäre es realitätsfremd, wenn man filmdidaktische Bemühungen zu einem hochdifferenzierten Curriculum entwickelte: Dafür hat der genuine Deutschunterricht einfach keine Zeit und muss das Arbeitsgemeinschaften, vielleicht auch Projektveranstaltungen überlassen. Was aber wünschenswert und machbar wäre, ist die Erweiterung des ästhetischen Horizontes der Schüler durch Einbezug solcher bildsemiotischen und sozialästhetischen Fragestellungen und Erkenntnisse, die den Film von den üblichen Textkosmen des Deutschunterrichts, also vor allem des Theaters und des Romans, unterscheiden.

3. Individualästhetische Kompetenz

3.1 Der semiotische Sonderstatus des Films

Eines der fundamentalen Missverständnisse des Deutschunterrichts ist die angebliche Affinität des Films zum Theater. In Wirklichkeit aber handelt es sich um ein semiotisch völlig eigenständiges Genre, das in erster Linie epische, daneben auch dramatische und lyrische Züge und darüber hinaus ganz eigenständige kinetische und semiotische Komponenten aufweist, weshalb von einer eigenständigen Textgattung auszugehen ist.

Anders als theatralische Präsentationen verfügt der Film nicht über einen Spiel-Raum und nicht über konsistente Spiel-Personen. Das bedeutet, dass im Film alles, aber auch wirklich alles, zum Zeichen wird: Raum muss auf der Leinwandfläche erst »hergestellt« werden, Personen sind apparativ konstruierte Figuren. Es gibt zwar die Zeit als Ablaufzeit des Films, die einfache epische Dichotomie von Erzählzeit und erzählter Zeit erfährt aber über die technischen und dramaturgischen Mittel des Films einen immensen Komplexitätszuwachs.

Ähnliches können schriftliche, also rein sprachliche Fiktionen zwar auch, ihnen fehlt wiederum die Intensität der analogen Zeichen (Bild/Fläche/Farbe/Form/Licht/Ton) und die Suggestivität des Fotorealismus.

Sollte die didaktische Maxime, dass Bewusstmachung der erste und wichtigste Schritt zur Kompetenzförderung ist, auch auf den Film angewandt werden, dann hieße das, dass die genannten Besonderheiten des Films nach einer filmspezifischen semiotischen Aufarbeitung verlangen. Das läuft auf eine filmische Sehschule hinaus, die darauf setzt, dass elaboriertes Sehen intensiveres und gleichzeitig kritischeres Sehen bedeutet, dass mithin der Sehgenuss sich erhöht, wenn er über eine diskursive poetologische Zwischeninstanz läuft. Oder auch umgekehrt: Kritisches Wissen über die Machart verhindert die Gefahr des bloßen Konsums und der latenten Manipulation.

Ein didaktischer Abriss kann allenfalls Richtlinien anbieten, weshalb im Folgenden nur die essenziellen basissemiotischen Faktoren zur Sprache kommen. Dabei zwingt die literaturdidaktische Perspektive (der Schüler als Rezipient) dazu, die herkömmliche filmwissenschaftliche Arbeitsweise umzukehren, nämlich bei den Wirkungen anzusetzen, um über sie auf die dafür eingesetzten Mittel zu schließen.

3.2 Filmische Basissemiotik: Zeit, Körper und Raum

3.2.1 Zeit

Kein anderes Medium verfügt über derart vielfältige und differenzierte Mittel, mit Zeit umzugehen, sie zu manipulieren und sie zu thematisieren. Das mit Abstand wichtigste davon ist die Montage (REISZ/MILLAR 1988; BELLER 1999). Das theoretische und praktisch-exemplarische Rüstzeug dafür ist so umfangreich, ausführlich und differenziert, dass es für den Unterricht nahezu unbrauchbar ist. Zur Erweiterung der ästhetischen Kompetenz genügt es freilich, wenn über einige wenige Grundfunktionen Klarheit geschaffen wird.

Dass die Zeit ein filmisches Konstrukt ist, kann man Schülern nirgends so deutlich machen wie anhand der epischen Montagen in narrativen Filmtexten: Zeitraffungen, Zeitdehnungen, Gleichzeitigkeit (Parallelmontagen), Zeitsprünge als auktoriales (Rück- und Vorausblenden) und als personales Erzählmittel (Erinnerungen und Imaginationen). Mehr als auf die bloße Feststellung der Zeitmanipulation kommt es dabei auf ihre dramaturgischen Konsequenzen an: Warum wird ein ganzer Film als Rückblende erzählt (z. B. ›Rebecca‹)? Macht es einen Unterschied, ob der Rahmen auktorial oder personal

(womöglich gar aus der Sicht eines Toten, z. B. ›Frau ohne Gewissen‹)
erzählt wird, wenn nicht gar aus mehreren (z. B. ›Rashomon‹)? Warum
dürfen Rückblenden nicht lügen (z. B. ›Die rote Lola‹)? Was
geschieht, wenn man Erinnerungs-Vorstellungsblenden nicht von
auktorial objektivierten Parallelmontagen unterscheiden kann (z. B.
›Matrix‹)? Wird die Zeit bei Parallelmontagen ausgeklammert, angehalten
oder verdoppelt (z. B. ›12 Uhr Mittags‹)?

Solche Fragen stellen sich zunächst nur zur Klärung narrativer
Probleme, also Spannungssteigerungen, Beschleunigungen, Ellipsen,
Perspektiven etc. Schon bald aber entpuppt sich für die Montage eine
sehr viel weitreichendere Funktion, nämlich die Steuerung von Dekodierungspotenzialen:
Die montierte Verwandlung eines als Waffe
gebrauchten Knochens in ein Raumschiff (vgl. ›2001 – Odyssee im
Weltraum‹) überbrückt nicht nur 20 000 Jahre, sie setzt die beiden
fliegenden Körper in eine Identitätsbeziehung, die der Rezipient,
bewusst oder unbewusst, vollzieht. Die epische wird zur kontrastierenden
Montage, wo zwei Bilder aufeinander geschnitten werden,
die sich gegenseitig interpretieren. Aus einem erzählenden wird ein
erläuternder Text.

Die Kontrastmontage setzt die Zeit für den Augenblick außer
Kraft: Weil der Rezipient zwei Informationsbündel einander kommentieren
lässt, wird der narrative Zeitstrom angehalten. Ganz ausgespart
bleibt Zeit bei der Additionsmontage, die über die bloße
Reihung unzusammenhängender Bilder das zeitlose Nebeneinander
an die Stelle des linearen Nacheinander setzt: Raumschiffe in Bewegung,
ein Bild nach dem anderen, dazu der Donauwalzer: Der Eindruck
ist ein ungemein suggestives Stimmungsbild eines Weltzustandes
(vgl. das Weltraumballett in ›2001‹); 15 verschiedene
Facetten der Stadt Wien: Man ist zwar noch nicht in der bösartigen
Handlung (›Der dritte Mann‹), aber mental vorprogrammiert. Der
Rezipient, nicht der Produzent, verknüpft die diskreten Bilder zu
einem Hyperthema, assoziative Zusammenschau und Einstimmung
treten an die Stelle genauer Information. Narrativ können solche
Additions- und Kontrastmontagen Ruhestrecken oder spannungssteigernde
Verzögerungen bedeuten. Epistemologisch aber sind sie
eines der schlagendsten Beispiele für die Erkenntnis subjektiven
Zeitzugriffs, das weit über die reine Bildästhetik hinausführt.

3.2.2 Raum und Bewegung

Warum ist *action* (Verfolgungsjagden, Kämpfe usw.) zum Inbegriff von »Kino« geworden? Warum verliert der Slapstick weder beim vierzigsten Anschauen eines Chaplin-Films noch in der primitivsten Form einer Comedyserie seine Lachmuskelwirkung? Beide machen Ernst mit dem, was Kino (von gr. kinesis = Bewegung) von allen anderen Fiktionsformen unterscheidet, die Konstituierung des Raums durch den bewegten Körper.

Das Kino hat keinen Raum, es konstruiert ihn auf der Leinwand durch die Bewegung von (ebenso illusionären) »Körpern«, ergänzt durch Metabewegungen vermittels Zoom und Kamerafahrten, die die statische Fläche subjektiv dynamisieren.

Wenn sich dieses semiotische Faktum »Bewegung« mit dem narrativen Grundaxiom verbindet, dass erzählenswert nur das ist, was ein Geschehen zum Ereignis macht, dann entsteht eben *action:* Bewegung als Ausdruck menschlicher Handlungsfähigkeit. Slapstick wiederum ist das dramaturgische Äquivalent für die Fähigkeit des Films, die Körperwelt (im Raum) aus allen nur möglichen Perspektiven und in jeder gewünschten Größe fotografieren und in Bewegung setzen zu können (Bordwell 2001). Die Gegenstände bekommen so ganz automatisch ein Eigenleben, das im Film immer vorhanden ist, im Slapstick aber sich zu sich bekennt. Der Mensch hat keine Macht mehr über die Dinge: Chaplins menschenfressende Maschine (›Moderne Zeiten‹) und Loriots schief hängendes Bild sind nur die genialen Gegenstücke zu fliegenden Torten und unerwarteten Verkehrshindernissen in Verfolgungsjagden. Was hier komisch wirkt, hat die gleiche semiotische Raum-Körperstruktur wie die Verlebendigungen von Untoten, Aliens und Maschinen im Horror- und Sciencefiction-Film: die Nivellierung der Unterschiede von Mensch, Tier, Pflanze und Maschine.

3.2.3 Personen: Dekonstruktion und Konstruktion

Am intensivsten freilich wirkt sich das Prinzip der filmischen Dekonstruktion in der Menschenzeichnung aus. Zwar gibt es per halbtotaler Kameraeinstellung die Wiedergabe einer ganzen Person, wie sie im Theater die Norm ist. Im Film ist sie aber die absolute Ausnahme: Entweder sehen wir den Menschen innerhalb seiner Umgebung in

Totalen, dann nämlich wenn er als Konstituent einer Situation ohne Eingriffsmöglichkeit gezeigt werden soll. Oder wir sehen Ausschnitte von ihm, Gesicht, Hände, Füße, Oberkörper, in jedem Fall Torsi. Natürlich ergänzen wir den Teil zum Ganzen, lösen also die filmische Metonymie auf: Der Rezipient rekonstruiert die Person aus Bruchstücken, in die sie der Regisseur aus handlungs- oder stimmungs- oder wertungsrelevanten Gründen dekonstruiert hat. Nicht ist oder tut der Mensch etwas, sondern er entsteht aus dem, was er tut oder welchen Teil man von ihm sieht. Der Teil wird wichtiger als das Ganze, auch dieses eine epistemologische Provokation.

Das führt dazu, dass im Kino von Anfang an Kunstmenschen (Golem, Frankenstein), Untote (Nosferatu), Aliens (E. T., Alien), Maschinenmenschen (Terminator; Blade Runner), aber auch Doppelgänger aller Art zur genuinen – und eben nicht nur abartigen – Personage gehören. Ihr Wirkungspotenzial beziehen solche Figuren aus dem Zusammenspiel von Fotorealismus und Dekonstruktivität des Kinos. Ihre nur sprachliche Vorstellung in Büchern belässt sie zu sehr in einer semiotischen Distanz, die ihrerseits wieder der Grund dafür ist, dass sie dort meist zum Trivialgenre gehören, während sie im Film eigentlich das »Normale« sind und gelegentlich sogar Meisterwerke wie ›Metropolis‹, ›Orphee‹, ›E. T.‹ oder ›Matrix‹ »beleben«. Extrempol solcher konstruktivistischen Semiose sind die Animationsfilme aller Art, die von ›Donald Duck‹ bis ›Pumuckel‹ und den ›Teletubbies‹, vom ›Herrn der Ringe‹ bis zu Loriots ›Zwei Herren in der Badewanne‹ ihre jeweilige Zuschauerschaft begeistern.

4. Sozialästhetische Kompetenz und Film

Da der Film vorwiegend mit analogen, d. h. unmittelbar zugänglichen und suggestiven, aber sehr uneindeutigen Zeichen operiert, spielt er – in Fernsehen und Kino – eine ungleich wichtigere Rolle im gesellschaftlichen Alltag von Schülern (und zunehmend auch von Erwachsenen) als Printtexte. Analog strukturierte Texte bieten ein ungleich intensiveres Identifikationspotenzial, das mangels individueller Differenzierungsmöglichkeiten nicht infrage gestellt werden kann und daher a priori Gruppenbildungsprozesse fördert: Der

Besuch von ›Titanic‹ (ehemals ›Vom Winde verweht‹ und ›Casablanca‹), die Teilhabe an ›Verbotene Liebe‹ und ›Big Brother‹ sind *in*, und was *in* ist, schafft implizit Zusammengehörigkeit. Zu den unabdingbaren Aufgaben einer Filmdidaktik im Deutschunterricht gehört es deshalb, auf die Mechanismen der sozialästhetischen Gruppenbildungsprozesse und der virtuell kollektiven Rezeption einzugehen.

Warum gibt es Kultfilme, Kultvideos? Warum haben bestimmte Genres (Horror, Actionkrimis, Soaps) einen Erfolg, der über den bloßen Individualgenuss so weit hinausgeht, dass er täglichen Gesprächsstoff bildet, dass ihre Kenntnis über Zugehörigkeit zu Gruppen ebenso entscheidet wie Kleidung, Sprechweise oder gemeinsame Werthorizonte?

Gemeinsam ist allen Beispielen die augen- und ohrenfällige Suprematie analoger Zeichen über die digital-sprachliche Botschaft: Der schöne Leonardo und die rasante Verfolgungsjagd, die aufreizende Musik oder das coole Ambiente sind sprachlich gar nicht vermittelbar.

Dazu kommt die nahezu unbeschränkte Reichweite, der zufolge ein Michael Jackson- oder Madonna-Video, eine ›Rocky Horror Picture Show‹ oder ›Matrix‹ eine weltumgreifende Kultanhängerschar konstituieren konnten. Rezipieren kann zwar nicht das Kollektiv, sondern nur das Individuum, das sich »Sinn« aus den Zeichen zusammenbaut. Eigentlich müsste sich demnach jede Rezeption von jeder anderen unterscheiden – tut dies wohl auch de facto –, mangels semiotischer Trennschärfe der analogen Zeichen kommt es aber zu keinem scharf konturierten Sinn, sondern nur zu einer weitgehend amorphen Bedeutsamkeit: »cool«. In dieser Stimmung, nicht im diskursiven Verständnis, weiß man sich einig, weil die tatsächlichen Differenzen der Dekodierung gar nicht zur Sprache kommen.

Gelingt es nun einem ästhetischen Objekt, Motive oder Themen so zu gestalten, dass die unscharfe Zeichentextur einen stark trieb- oder wertbesetzten, wenn auch undifferenzierten Inhalt transportiert, dann entsteht ein über-individuelles, symbolisches Sinn-Gefüge, das seinerseits Voraussetzung ist für Kult oder seine Vorstufen (Trend-Genres, Stars, Moden, Lifestyle): Man glaubt sich einig in der Verehrung eines Wertesystems, das über Bilder zur Anschauung kommt und in dieser Kombination einen scheinbar über sich hinausweisenden Symbolkomplex bildet. Mangels Hinterfragung bleibt er unzerstörbar und automatisch sozialintegrativ (RÖLL 1998).

Anhänger spätabendländischer Originalitätsästhetik könnten diesen Mechanismus für Schüler kulturkritisch durchschaubar machen, Anhänger einer (post)modernen Repetitionsästhetik nützen das Phänomen aus für eine synergetische Elaborierung der ohnehin vorhandenen ästhetischen Kompetenz der Schüler (vgl. RÖLL, 135 ff.).

5. Themenfelder und Anwendungsbereiche

Hier ist kein Raum, um methodische Überlegungen im einzelnen anzustellen, etwa über die Alternative analytischen oder produktionsorientierten Unterrichtens, die sich beim Film in den seltensten Fällen wirklich stellt. Dagegen sollen einige Arbeitsfelder skizziert werden, an denen die oben erwähnten didaktischen Problemstellungen exemplifiziert werden können.

5.1 Verfilmungen

Für den herkömmlichen Deutschunterricht mag es nahe liegen, seine didaktischen Bemühungen um den Film mit Verfilmungen bekannter Werke der (Welt)Literatur abzudienen (ALBERSMEIER/ROLOFF 1989; MEDIEN PRAKTISCH 1991; SCHAUDIG 1992). Angesichts der Verschiedenheit beider Textarten macht der Vergleich eines geschriebenen Originaltextes mit seiner filmischen Adaption freilich nur Sinn unter ganz bestimmten Zielen, zu denen nicht die Abwertung des Films zählt:

a. Die kommerzielle Rezeptionssteuerung könnte durch Aufweis der Generalisierungen komplexer Problemfelder, der Vereinfachung oder Auslassung von Handlungssträngen, der Stilisierung zu Erzählmustern, der Stereotypisierung von Personen und des Einsatzes von textfremden Mitteln (Starbesetzung, pittoreske Landschaften usw.) aufgedeckt werden. Noch interessanter könnten Vergleiche unterschiedlicher medialer Realisierungen sein: Print, Film, Hörfunk, Fernsehen (vgl. SCHAUDIG 1992). Das Verfahren würde nicht nur die verschiedenen Mittel alternativer Medien, sondern auch deren kommerzielle bzw. ästhetische Einbettung zum Thema haben.

b. Sinnvoller erscheint allerdings ein weniger analytisches Verfahren: Der Originaltext wird auf sein bildästhetisches Potenzial hin befragt und dann erst mit der Verfilmung verglichen. Das bedeutet den Transfer einer Sprach- in eine Bildnarration. Warum wurde aus dem Schriftsteller Aschenbach der Komponist Mahler-Aschenbach (›Tod in Venedig‹)? Wie kann man Kleists komplexe Innenlebenszenarien samt Engelssymbolik (›Marquise von O.‹) bebildern (vgl. KANZOG 1981)? Warum ist die labyrinthische Bibliothek im ›Namen der Rose‹ (Buch) unfilmisch, und wie löst Annaud das Problem filmisch? Wie stellt man die Fantasiewelt von ›Die unendliche Geschichte‹ dar?

c. Aufwändig, aber sehr fruchtbar ist der Vergleich unterschiedlicher Verfilmungen (2-mal ›Nora‹, 3-mal ›Effi Briest‹, 2-mal ›Buddenbrooks‹, 3-mal ›Wahlverwandtschaften‹, 2-mal ›Das doppelte Lottchen‹ usw.).

Alle drei Zugriffsmöglichkeiten können ästhetisch fruchtbar gemacht werden, wenn man die Verfilmung als eine unter vielen Rezeptionsmöglichkeiten erkennt und damit die Polyvalenz des Kunstwerks deutlich macht. Das hat immerhin den heilsamen Effekt, dass Schüler ihre eigene Lesart des Originals und schon gleich die des Lehrers in Frage stellen können.

5.2 Klassiker und Intertextualität

Filmgeschichtlich und filmästhetisch stehen freilich Verfilmungen nur am Rande des Interesses (FAULSTICH/KORTE 1994 ff.; KOEBNER 1998). Ungleich reizvoller und ergiebiger wäre eine ernsthafte Beschäftigung mit einigen Klassikern der Kinogeschichte. Solange und soweit man für den Literaturunterricht einen Kanon anerkennt, dürfte man für die ästhetische Bildung nicht an den Spitzenwerken der Filmgeschichte vorbeigehen. ›Citizen Kane‹, ›Die Kinder des Olymp‹, ›Die Spielregel‹, ›Blow up‹, ›Stagecoach‹, ›Bringing up Baby‹, ›Das Fenster zum Hof‹ und ›Der dritte Mann‹ nicht zu kennen, ist ein mindestens ebenso großes Bildungsdefizit wie die Unkenntnis des ›Wallenstein‹ oder der ›Judenbuche‹.

Aber nicht (nur) wegen des Bildungsanspruchs plädieren wir für die Aufnahme von großen Filmen in den Schulkanon, sondern in der Überzeugung, dass die Bewusstmachung der Bildfindungen großer Filme sich als die denkbar effektivste Sehschule erweist. Die epische Erzählweise John Fords unterscheidet sich von der realistischen Howard Hawks' ebenso sehr, wie die dramatische Alfred Hitchcocks von der stilisierenden Claude Chabrols. René Clairs Poesie erst macht die Manierismen Jean Cocteaus deutlich und Sidney Lumets differenzierte Personenzeichnung stellt die plakativen Psychologisierungen des üblichen Hollywoodkinos bloß. Friedrich Murnaus malerische Bildkompositionen sind bis heute ebenso unerreicht wie Jean Renoirs Soziogramme. Alle aber sind gekennzeichnet durch ihr Vertrauen auf die bildliche, nicht auf die sprachliche Suggestion und alle haben unmittelbaren oder mittelbaren Einfluss auf das Bildrepertoire der nächsten Jahrzehnte. Sind nämlich den großen Regisseuren bestimmte Bildfindungen gelungen, dann werden sie in dieser kommerziell ausgerichteten Branche sehr schnell zu Versatzstücken für gängige Genrefilme ebenso wie für postmoderne Zitate.

5.3 Genres, Serien und Musterbildung

Hellsichtige Köpfe haben zwar schon lange erkannt, dass das Zeitalter der Originalitätsästhetik zu Ende gegangen ist (BENJAMIN 1996; ECO 1988), in den Köpfen des Kulturmanagements, allen voran der Schule, spukt sie aber immer noch als das Nonplusultra jeder ästhetischen Wertung: Serien werden immer noch als »Soaps« diffamiert, ohne dass man nach einem genuineren Maßstab für diese Abwertung sucht als den der Trivialität. Dass gerade Variation des immer Gleichen einen hohen ästhetischen Wert hat, wusste zwar das Mittelalter, für die Neuzeit kommt man dieser Idee aber erst innerhalb des postmodernen Diskurses wieder etwas näher, nachdem sie auf dem Weg über die Filmgenres längst Rezeptionswirklichkeit war. In rein sprachlichen Texten werden narrative Muster nur selten erkannt und weit weniger intensiv internalisiert als in Bildfolgen, wie jeder aus eigener Erfahrung weiß. Daher eignen sich Filme erheblich mehr zur Genrebildung, die ja auf Abrufung latent präsenter Formeln und Muster angewiesen ist.

Ob das nun der Western, die Schwarze Serie, der Film noir ist oder einfach nur ›James Bond‹, ja selbst der deutsche Heimatfilm und der Revuefilm Hollywoods, die Genreästhetik unterscheidet sich nicht von Krimireihen und Vorabendserien, hier interessiert nämlich nicht der Inhalt, sondern die Machart. Der Einwand, man könne ja alles voraussehen, trägt überhaupt nicht, weil eben diese Vorhersehbarkeit die Voraussetzung für den Genuss ist. Umgekehrt muss ein reklamierter Wertungsanspruch die Frage stellen, ob die Repetition als Variation gelungen ist oder nicht: ›Verbotene Liebe‹ ist nicht schlecht, weil die Serie triviale Liebesgeschichten aneinander reiht, sondern weil die geschickte Variation des immer Gleichen nicht gelingt. ›Marienhof‹ weiß wenigstens um das Problem und ›Twin Peaks‹ gelingen meisterhafte Lösungen.

Aufgabe der Didaktik wäre es hier, Erzähl- und Bildmuster nicht nur festzustellen, sondern auf ihre anthropologischen oder kulturspezifischen Wurzeln zurückzuführen. Zu zeigen, dass und wie die negativen Begriffe »Klischee« und »Stereotyp« nur innerhalb bestimmter normativ-ästhetischer Vorgaben gelten. Aufzuzeigen wäre, welch fruchtbaren sozialhygienischen Stellenwert Repetitionsphänomene haben können und wie die (Post)Moderne gelernt hat, diesen Stellenwert ästhetisch auszunutzen.

Schon Grundschüler können die Märchenstruktur von ›Verbotene Liebe‹ (Schloss und Hütte, gute und böse Fee, Glücksheld und Prinzessin) erkennen. ›James Bond‹ lebt von seiner mythischen Grundstruktur und seiner märchenhaften Ausgestaltung. Dass es ohne weiteres möglich ist, aus der ›Judenbuche‹ einen genuinen Western und aus der ›Odyssee‹ ein Road-Movie zu machen, bestätigt die Tatsache, dass alles Erzählbare schon einmal erzählt wurde und dass ebendies die Zuschauer ins Kino lockt. Es ist überhaupt nicht schwer, den Nibelungenstoff in der amerikanischen Pionierperiode anzusiedeln: Man versuche es und wird sich über den Erfolg wundern (SEESSLEN 1995 ff.).

5.4 Zappen und Big-Brother-Effekt

Intertextualität und Repetitionsästhetik bilden die Grundlage für ein Rezeptionsphänomen, dem die Originalitätsästheten mit blankem Unverständnis gegenüberstehen. Systematisches Zappen, wie es zur heutigen Jugendkultur gehört, heißt eben gerade nicht Suchen nach einer guten Sendung, sondern die Zusammenschau mehrerer Texte zu einem Hypertext, dessen Sinn nicht in irgendeiner linearen inhaltlichen Konsistenz besteht, sondern in der Vernetzung mehrerer Wirklichkeiten, die in Form winziger Ausschnitte zur Verfügung stehen und die der Rezipient sich zu einer spezifischen, nämlich *seiner* Über-Wirklichkeit zusammenfügt. Da er eine solche selbsterschaffene Kunst-Wirklichkeit mit keinem anderen teilt und er das auch unterschwellig weiß, kommt es zu einem ästhetischen Genuss, der einer zweiten Schöpfung sehr viel näher ist als die Sammlung vor einem Unikat der Originalitätsästhetik. Natürlich birgt dies Verfahren nicht die weitertreibende, weltaufschließende Kraft der Versenkung in ein Originalkunstwerk, bietet aber einen weit höheren Grad an Authentizität der Rezeption. Mit Schülern dieses Spannungsfeld von Ich-Transzendierung des »alten« Kunstwerks und der Authentizität des »neuen« auszuloten, ist ein überaus spannender Kraftakt, jeder Anstrengung im Deutschunterricht wert. Vielleicht, dass sich daraus eine weniger künstliche, steril bemühte Diskussion zu den Belangen dekonstruktivistischer, intertextuell orientierter Literaturdidaktik ergibt, mit denen sich Lehrer bis heute noch sehr schwer tun. Da sind die Schüler sehr viel weiter. Nur wer sich dem Anspruch einer solchen Repetitions- und Vernetzungsästhetik stellt, kann Phänomene wie den »Big-Brother-Effekt« oder das Wesen von Kultfilmen verstehen, vielleicht sogar gutheißen.

Ist nicht ›Big Brother‹ nur ein Stück weiter auf dem schon von Walter Benjamin vorgezeichneten Wege der Ästhetik, demzufolge das (Kunst)Werk nicht mehr genossen, sondern per Benutzung gelebt wird? Was bei Benjamin noch sehr esoterisch klingt, wurde durch die elektronischen Medien technisch möglich und wird mittels interaktiver Medien immer größeren Platz einnehmen. Semiotisch möglich wurde es, weil über das Kino ein Set an Erzählmustern über Jahrzehnte hinweg mental im Publikum so verankert wurde, dass im Prinzip jeder Zuschauer unmittelbar in die mediale Kunst-Welt eintreten und dort vollgültig mitagieren könnte: In den Talkshows wird das schon jetzt tagtäglich praktiziert. Nicht die Identifizierung mit dem Menschen von nebenan macht den »Big-Brother-Effekt« aus, sondern die Identifikation mit sich selbst, nämlich mit den Versatzstücken, aus denen unsere Rezeptionskompetenz besteht.

V. Methodenfragen

1. Analyse und Interpretation.
Hermeneutische und poststrukturalistische Tendenzen
von Jürgen Förster

1. Literaturunterricht – ein Fach zwischen den Welten

Die Welt der Literatur, die der universitären Literaturwissenschaft und die des schulischen Literaturunterrichts sind drei verschiedene Welten. Von der einen in die andere zu gelangen, kann dabei einer Weltreise gleichen, wie LehramtsanwärterInnen und StudienreferendarInnen am eigenen Leib erfahren können. Recht unterschiedlich nämlich sind die Konnotationen und Aussagen, die die Stichworte Literatur, Wissenschaftlichkeit und Unterricht bei den Bewohnern dieser Welten jeweils auslösen (Eigenwald 1996, 87–108). Häufig stehen sie in Konkurrenz und leiden unter Abstoßungserfahrungen. Poesie stellt in Frage, entwirft Gegensätze zum Wissenskult, sperrt sich, eingeordnet zu werden, während Repräsentanten der Schul-Kultur sie für ihr Erziehungsgeschäft vereinnahmen und dies in Lehrplänen, Unterrichtshilfen oder Unterrichtseinheiten in Lesebüchern begründen. Fach-Wissenschaftler machen darauf aufmerksam, dass eine eklatante Differenz zwischen der Entwicklung der Literatur, der Literaturtheorie und dem Literaturbild der Schule bestehe und Literatur als Gegenstand von Unterricht nicht sachangemessen behandelt werde. Sie lehnen weithin das kulturtragende Bild der Literatur als Sinnangebot und sein theoretisches Fundament, die Hermeneutik und deren Fixpunkte – Botschaft der Literatur, Autorität des Autors, Wirklichkeitsbezug des Themas, Perspektive der Darstellung – als kulturpolitische Mythenbildung oder Literaturlegende ab und gehen auf Distanz zur hermeneutischen Interpretation als dem adäquaten Schlüssel des Zugangs zu kanonisierten Texten (Fohrmann/Müller 1995; Spree 1995). Bestritten wird die Tragfähigkeit des neuphilologischen Grundkonzepts des Faches sowohl im Hinblick auf dessen Geschichte wie auch angesichts der gegenwärtigen Anforderungen des Fachs im Informations- und Medienzeitalter (SCHÖNERT 1998 b, 491–499). Nicht-hermeneutische Konzepte bestimmen die literaturwissenschaftliche Methodendiskussion, die quer liegen zu den institutionsspezifischen Lesartenproduktionen, sind diese nun werkerschließend, Kontexte analysierend, interpretierend modelliert oder dialogisch als Kommunikation zwischen Text und Leser, wie sie in der rezeptionspragmatischen Orientierung zum Ausdruck kommen und in den unterschiedlichsten produktions- und handlungsorientierten Konzepten eine spezifische Gestalt angenommen haben.

Auch in letzterem ist das hermeneutische Interpretieren literarischer Texte nicht mehr unumstritten, fungieren diese nicht länger als »Individuell-Allgemeines« (Schleiermacher), als Deutungskraft einer künstlerischen Produktivität, die, ihrerseits in ein produktives Vermögen des Lesers/Schülers transformiert, für dessen Bildung von Belang sein soll. Die Vorstellung, dass Literatur eine historisch-ästhetische Quelle von Sinn sei, die im Unterrichtsgespräch entsprechend zu erarbeiten ist, besitzt hier nicht länger uneingeschränkte Gültigkeit. Man fragt vielmehr, ob das »Entnehmen von Sinn« im Unterrichtsgespräch der Literatur angemessen ist, ob es der hermeneutischen Interpretationskultur der Germanistik entspricht und ob nicht andere, analytische und produktiv-ästhetische Operationen vorzuziehen seien (FINGERHUT 1996, 51). Aber nicht nur in der Literaturdidaktik, die schon lange nicht mehr in jener Geschlossenheit auftritt, wie dies in den fünfziger und sechziger Jahren der Fall gewesen ist, stoßen Lehrkräfte auf Turbulenzen in den Systemen, mit denen sie es zu tun haben. Auch die Einheit der Literaturwissenschaft besteht allenfalls noch in ihrer Differenz (VOSSKAMP 1995, 29–45), und die Schulwirklichkeit bietet gleichfalls ein heterogenes Bild: von den Biografien der Lehrkräfte über deren unterschiedliche wissenschaftliche Sozialisation, ihr Verhältnis zur Literatur, zur Pädagogik oder zur Philologie u. v. m. Vorbei offensichtlich die Zeit, wo die Literaturdidaktik in der schulischen Umsetzung andernorts erworbenen Wissens, vor allem dem der Literaturwissenschaft, aufgehen konnte, gleichsam als »angewandte Literaturwissenschaft«. Zu heterogen ist das, was da wissenschaftlich fundiert auf verschiedenen Feldern miteinander in Relation gebracht werden soll. Von den Schülern als Subjekten und den Erwartungen der Institution Schule als sozialem Raum ganz zu schweigen.

Lehrkräfte sehen sich daher mehr denn je vor die Aufgabe gestellt, ihren Reflexionshorizont über Sprache und Literatur sowie deren Funktionen in historisch-kulturellen Kontexten zu erweitern. Denn es gilt, das Wissen, das im Umgang mit Texten, mit Sprache und Literatur im Unterricht zur Anwendung kommt, auf die Bedingungen hin zu befragen, von denen aus es erzeugt wird. Das schafft Spielräume, um die Heterogenität als Chance begreifen zu können. Didaktische und methodische Modellierungen von Unterricht lassen sich nicht länger vom sicheren Fundus einer Theorie her oder von einer mehr oder weniger diffusen Verzahnung von Theorie und Praxis gewinnen, wie dies in den fünfziger bis in die siebziger Jahre hinein der Fall gewesen ist. Theorie und Praxis begegnen stets im Plural und sind als solche nicht kompatibel. Daher ist das Wissen von den Grenzen und Chancen jeweiliger theoretischer Modellierungen für den Unterricht wesentlich. Denn die sich in solchen Modellierungen realisierenden Paradigmen bestimmen nicht nur das Unterrichtsangebot, sondern auch dessen Struktur, Verfahren und Zielbestimmung. Das in dieser gemeinte Wissen verändert seine »Natur« je nach den Verfahren, mit denen es erzeugt wird. Ob ich etwa meinen Literaturkurs auf der Basis der Werkimmanenz, dem Paradigma der Sozialgeschichte, von rezeptionsästhetischen oder -pragmatischen Positionen oder gar der des Konstruktivismus her modelliere ist entscheidend dafür, wie Literatur im Unterricht zur Sprache kommt und welche besonderen Problemzusammenhänge zum Thema geraten, was entsprechend überhaupt gelernt werden kann. Von daher besteht eine unmittelbare Affinität didaktischer Konzeptualisierungen mit gegenstandstheoretischen Überlegungen, denn die Literaturtheorie ist es letztlich, die jeweils bestimmt, was es an literarischen Texten zu begreifen gilt und die Anordnung und Thematisierung von Unterrichtsgegenständen und -zielen leitet. Die fachdidaktische Analyse hätte diese Bestimmungen zu reflektieren und für die Organisation von Unterricht produktiv zu machen. Gerade die Organisation und Betreuung von Vermittlungsprozessen bedarf der Reflexion der Wissensbestände und ihrer theoretischen

Implikationen, was das theoretische Gegenstandswissen unabding-
bar voraussetzt (FEHR 2000 a, 23–45; FEHR 2000 b). Dies ist jenem
Theoretizismus-Vorwurf zu entgegnen, wie er im zeitgenössischen
literaturdidaktischen Diskurs zu vernehmen ist: Seine Tendenz zu
»positivistischer Bescheidenheit« ist unverkennbar. Kein Ort scheint
mehr erstrebenswert, von dem aus »noch für Literatur als Medium
des ›ganz Anderen‹ gefochten und für das didaktische Ziel einer
›literarischen Bildung‹ als Kontrast zu einer nur funktionalen Ausbildung bildungstheoretisch und -politisch gestritten werden kann,
wie dies im Neuhumanismus einst der Fall gewesen ist« (KÄMPER-
VAN DEN BOOGAART 2000, 4–22; WEGMANN 1993, 12–25; BARK/FÖRS-
TER 2000, 6–9). Unter dem Stichwort ›Poststrukturalismus‹ ist seit
geraumer Zeit in den literaturwissenschaftlichen Diskurs und – seit
Beginn der neunziger Jahre – auch in den der Literaturdidaktik
Bewegung gekommen. Mit dieser hat sich das Wissen vom kulturellen Konzept ›Literatur‹ und dem Umgang mit dieser erheblich verändert, was in bildungstheoretischer Sicht auf einen Perspektiven-
wechsel hinausläuft. Davon soll nachfolgend in der hier gebotenen
Kürze die Rede sein. Angesichts der Fülle an Literatur zu diesem
Thema sei zur Einführung lediglich auf die Kapitel II, 2 und V, 3, 5, 6
in den ›Grundzügen der Literaturwissenschaft‹ 1996 sowie auf
Bossinade 2000 verwiesen; speziell mit Blick auf die Literaturdidaktik auf Bark/Förster 2000.

*Poststrukturalistische Ansätze. Ein Perspektivenwechsel nicht nur in
bildungstheoretischer Sicht*

Ein Literaturunterricht im Zeichen des Poststrukturalismus unterscheidet sich grundlegend von den hierzulande seit den sechziger
Jahren zyklisch wiederkehrenden Innovationsschüben. Im Poststrukturalismus begegnet eine Denkbewegung, die in den späten
sechziger Jahren in Frankreich aus einer sozialgeschichtlichen Bewegung hervorgegangen ist und die den Strukturalismus modifizierend
kritisch weiterentwickelt hat. Ihre Genese liegt just in jenem historischen Augenblick, da in Deutschland die Kritische Theorie (Adorno,
Horkheimer, Habermas) das geistige und kulturelle Klima prägte
und der (Post-) Strukturalismus hier keine Chance hatte. Als führen-
de Repräsentanten der in sich heterogenen poststrukturalistischen

Bewegung gelten der späte Roland Barthes, Jacques Derrida und Michel Foucault; in den USA vor allem Paul de Man, der an der Yale University unter dem Einfluss von Derrida als Gastprofessor die amerikanische Variante der Dekonstruktion entwickelt hat (BARK/ FÖRSTER 2000, 115–188).

Die Stunde der Didaktik schlägt zu Beginn der neunziger Jahre, als sich verstärkt die Indizien dafür häufen, dass im als »postmodern« etikettierten kulturellen Wandel (u. a. Lyotard, Baudrillard) mit vertrauten Erkenntnis- und Handlungsmustern gegenwärtige Unterrichtsprobleme nicht mehr gelöst werden können. Der Geltungsverlust neuzeitlicher Wissensbestände und Erkenntisprämissen schlägt auch in der unterrichtlichen Arbeit an Literatur durch, die an Überzeugungskraft einbüßt (BOGDAL 1993 a, 7–10). Erfahrungen aus dem Schulalltag bestätigen dies. Statt auf dieses Problem, mit dem eine Erosion des kulturellen und pädagogischen Gebrauchswertes von Literatur einhergeht, lediglich mit ununterbrochenem Krisenmanagement zu antworten, das in Gestalt eines inzwischen ausdifferenzierten handlungs- und produktionsorientierten Literaturunterrichts zur »bevorzugten Krisentherapie« avanciert ist (KAMMLER 2000, 2), versuchen einige Fachvertreter (u. a. Bogdal, Förster, Fingerhut, Kammler, z. T. auch Spinner) seit nunmehr zehn Jahren, das Problem nicht lediglich methodisch, sondern konzeptionell anzugehen. Das unterscheidet sie etwa von produktionsorientierten Didaktikern. Zwar teilen sie mit jenen die Auffassung, dass sich Literatur nicht mehr länger auf der Basis eines bürgerlichen Traditionsbewusstseins vermitteln lässt und die Konzepte Literatur und Bildung neu geschrieben werden müssen, wie jene bereits Ende der siebziger Jahre feststellten (PAEFGEN 1999 a, 43 ff.). Doch während jene zunächst in der Rezeptionsästhetik und deren Aufwertung des Lesers gegenüber objektivistischen Interpretationsritualen, zuletzt auch in neuesten literaturtheoretischen Positionen wie der des Konstruktivismus oder auch des Poststrukturalismus einen pädagogischen und didaktischen Begründungsrahmen meinen entdecken zu können, reagieren diejenigen konsequenter auf den Werteverfall literarischer Bildung, die zentrale Theoreme des Poststrukturalismus für den Literaturunterricht fruchtbar zu machen suchen und damit dessen hermeneutische Grundlagen überschreiten (BARK/FÖRSTER 2000, 23 ff., 61 ff., 189–200). Seine Produktivität im derzeitigen Übergang zu einer neuen historischen Wissensformation bezieht dieser – wie nicht wenige jenseits der Fachgrenze befinden – aus der Distanz zu neuzeitlichen erkenntnistheoretischen Prämissen und Gegenstandsauffassungen, die unter historischer Perspektive als Teil umfassenderer kultureller Produktions- und Reproduktionsverhältnisse neu bestimmt werden.

Die poststrukturalistisch inspirierte Praxis der Textlektüre und des Textverstehens, samt ihrer Ausrichtung auf das Moment der Schriftlichkeit, teilt nicht mehr länger die Vorstellung von einem homogenen Bildungskanon, dessen Inhalte und Botschaften in sinnzentrierten Lektüren zu beerben sind. An die strukturalistische Verschiebung des Untersuchungsgegenstandes von den jeweiligen Bedeutungen auf die Verfahren ihrer Erzeugung anschließend, sind sie fokussiert auf die Sprachlichkeit literarischer Texte, die Schrift und die Weise ihres Bedeutens sowie die Konstituierung der Werkbedeutung durch kulturelle Praktiken und Strategien. Das heißt: Textlektüre und Textverstehen im Zeichen des Poststrukturalismus werden aus einem Selbstverständnis heraus formuliert, das konsequent nach den (historischen) Konstitutionsbedingungen der Produktion und Rezeption kanonischer Literatur und ihres Sinngehalts fragt. Kulturelle Objektivationen als substanzielle Entitäten werden somit selbst zum Gegenstand der unterrichtlichen Beschäftigung mit Literatur. Keineswegs geht es dabei darum, die kanonische Literatur und ihren ›Sinn‹ auszulöschen, sondern deren Möglichkeitsbedingungen zu erkunden. Damit gerät die Funktionsweise der Traditionsbildung selbst, und nicht lediglich deren Inanspruchnahme, auf die Tagesordnung. Daraus ergeben sich gravierende Einwände gegen hermeneutische Selbstverständlichkeiten und einen Literaturunterricht, der in diesen sein Fundament sieht (BOGDAL 1996, 137–156; RUSTERHOLZ 1996, 157–162). So lehnen poststrukturalistisch inspirierte Textlektüre und Textverstehen die Orientierung an Autorindividualität und Werkeinheit, an intentionaler, referenzieller Bedeutung und substanziierbarer Sinnhaftigkeit als ein historisch bedingtes und begrenztes Leitmuster ab, dessen Wirkungsgeschichte und fortwährende Gültigkeit als Resultat kultureller Bedeutungsverwaltung ideologiekritisch motiviert zurückgewiesen wird. Während die literaturwissenschaftliche Hermeneutik und der literarische Unterricht in ihrem Windschatten Texten als ›Werken‹ Subjekteigenschaften zuschreiben, indem sie sie personal auf den Autor als dessen Urheber zurückführen, der ein kohärentes, geschlossenes und intentionales Text-Ganzes hervorbringt und die interpretierenden Individuen als deutungsmächtige Instanzen anerkennt, die im Zugriff auf die Entstehungsgeschichte von ›Werken‹ im Verlauf des Verstehens in einen Dialog mit dem Text treten und sich dessen ›Sinn‹ aneignen, werden in poststrukturalistischen Ansätzen Texte radikal auf ihre Materialität, die von Sprache bzw. Schrift oder sprachlichen Ereignissen (Diskursen) reduziert, also von Selbst- und Fremdzuschreibungen und damit der Interpretation getrennt. Als Texte gewinnen sie dadurch jedoch erneut Bedeutung, die über ihre sprachliche Repräsentationsfunktion hinausreicht. Auf dieses ›Mehr‹ hebt die poststrukturalistische Proklamation einer Lektüre anstelle der hermeneutischen Interpretation ab und richtet die Diskursanalyse ihr Erkenntnisinteresse. »Nicht welche ›Bedeutung‹ Texte, Subjekte, Geschichte haben, sollte untersucht werden, sondern auf welche Weise sie konstituiert werden und welche heterogenen Praktiken sie bündeln.« (BOGDAL 1996, S. 141)

Im Vergleich zur hermeneutischen Trias von Autor, Werk und Leser verschiebt sich damit die Modellierung des Verhältnisses von Autoren, Texten und Lesern. Hermeneutisch geleitete Modellierungen, auch intentionalistische Theorie genannt (GABRIEL 1991), berufen sich auf die Urheber von Sinn auch in der literarischen Kommunikation. So wie man in der alltäglichen Verständigung davon ausgehe, dass uns jemand etwas sagen will, so fragen sich Leser nach dem intendierten Sinn eines Werks. Vorausgesetzt ist dabei, dass ein poetischer Text etwas enthalte, das er nicht explizit ausspreche, ihn aber wichtig mache, und es Aufgabe sei, dieses Ungesagte auszusprechen (FEHR 2000 a, 41 f.). Die Sprache fungiert dabei als ›bedeutungsvolle‹ Inschrift des Geistes. Überwiegend hält man es mit einer zweifachen Ordnung von sprachlich-materiellem Ausdruck, dem Bezeichnenden (Signifikant) und dem Bezeichneten, einem ideellen Signifikat (Idee, Geist, Gehalt). Als Modellierung des Verhältnisses von Autor, Werk und Leser stabilisiert diese Theorie die Vorstellung einer sinnvollen Ordnung, der sich auch die Verständigung zwanglos einfügt. So kann die Bedrohung durch eine ihrer Sinnhaltigkeit entbehrenden Welt abgewehrt oder die Macht institutionalisierter Literaturwissenschaft oder didaktischer Kommentare begründet und gesichert werden. Die latente Anarchie sprachlicher Bedeutungen, die keineswegs als feststehende Entitäten der literarischen Kommunikation zur Verfügung stehen, können so mit dem Anspruch fachlicher Autorität gebannt werden (ebd.).

Poststrukturalistische Modellierungen folgen dagegen, bei aller Heterogenität der sich äußernden Positionen, einem anderen Leitmuster. Sie gehen von der fundamentalen Tatsache aus, »dass Sinn, Bedeutung, Intention – die semantischen Fundamente jeden Bewusstseins – sich nur in einer Sprache, einer sozialen, kulturellen und ökonomischen Ordnung bilden können« (FRANK 1984, 12). Sprache ist dabei keineswegs als Mittel der Verständigung gedacht. Vielmehr wird Ferdinand de Saussures These, Sprache sei eine Form differenzieller Relationen, radikalisiert und allein das aus der Definition des Zeichenbegriffs gewonnene, diesem jetzt aber konsequent übergeordnete Prinzip der Differenz zum nicht-ursprünglichen Ursprung aller Begrifflichkeit und Bedeutung erklärt. Danach erschließt sich das Wesentliche der Sprache aus der Schrift, genauer: aus der Bewegung der Schrift, die unabhängig und uneinholbar von einem Subjekt funktioniert, das sich als Schöpfer von Bedeutung behaupten will. Bedeutung ist sozusagen eine Funktion der Schrift selbst und weniger ein geistiger, intentionaler Vorgang. Darauf hebt etwa die Schriftmetapher Derridas u. a. ab. Schrift deckt den gesamten Bereich der sprachlichen Zeichen ab und symbolisiert die Notwendigkeit der »Veräußerlichung des Zeichens« (ebd., 52). Als eine »Galaxie von Signifikanten und nicht Struktur von Signifikaten« (BARTHES 1987, 10) repräsentiert die Schrift nichts, was ihr vorausgeht. Sie produziert Bedeutung vielmehr erst in einem unbegrenzten Spiel von Differenzen und Oppositionen, in dem sie zugleich auch wieder unterwandert und gegen sich selbst verschoben wird. Die differenzielle Bedeutungsfunktion der Zeichen macht eine Totalisierung des Textes auf einen kohärenten Sinn unmöglich. Das steht der Illusion der Durchsichtigkeit der Sprache entgegen. Daher kann es einem auch so vorkommen, als handele es sich bei der entsprechenden Literaturtheorie um eine Applikation saussurescher

Linguistik auf die Literatur. Als Sprache bzw. Schrift haben poetische Texte ihre eigene Aussageform, die als »gleitende Signifikation« zu beschreiben ist und ihren poetischen Eigensinn, eben ihre
Differenzialität zur eigenen Lebenswelt, ausmacht. In diesem formalen Verständnis markiert die gleitende Signifikation eine Exis-
tenzbedingung von Literatur, die als rhetorische Funktion des Literarischen nur in einem jeweils konkreten Lektüreakt eingelöst werden kann, in dem Sinn und Bedeutung als Sekundäreffekt von
Signifikanten, Schriftzeichen oder semiotischen Spuren zu erachten
sind. Kafkas Roman ›Der Prozeß‹ ist dafür ein eindrucksvolles literarisches Beispiel. Er ist als eine semiologische Form der literarischen Sinnentwicklung angelegt, die zahlreiche semantische Spezi-
fikationen aufsaugt, sie aber ebenso schnell durch andere ersetzt,
Lese-Spuren vorgibt und gleichzeitig wieder verwirrt, so dass der
Leser die literarische Schrift in der Lektüre als Prozession von Sinn
erfährt, als ein Wechselspiel von ›Anziehung‹ und ›Zurückweisung‹.
(In diesem Zusammenhang habe ich von einer »literarischen Erfahrung im Referenzkontext der Schrift« gesprochen und in der merk-
würdigen Ambivalenz von Referenz und Selbstreferenz des geschriebenen Wortes ein pädagogisches Potenzial ausgemacht, das
die Besonderheit des literarischen Unterrichts gegenüber allen anderen Modi der Erziehung in der Medienkonkurrenz zu markieren
vermag, FÖRSTER 2000, 17–23.) Unter Berufung auf die Schrifttradi-
tion bringt der Geistliche in Kafkas Roman in seiner Exegese der
Parabel ›Vor dem Gesetz‹, in der sich der Roman in der Art einer
mise en abîme gleichzeitig bündelt und ins Bodenlose verschiebt,
die hermeneutischen Sinnsucher geradezu in Verlegenheit: »Die
Schrift ist unveränderlich und die Meinungen sind oft nur ein
Ausdruck der Verzweiflung darüber« (S. 185). Und die an den na-
iven Leser Josef K. gerichtete Belehrung »Du hast nicht genug
Achtung vor der Schrift und veränderst die Geschichte« (S. 184 f.)
muss auf jede mögliche Lektüre ausgedehnt werden, denn jede
Lektüre konstruiert und weiß darum, dass im Gleiten des Sinns ein
Ent-Gleiten mitzudenken ist. Als Prozession von Sinn, die an die
Bewegung der Schrift gebunden ist, wird das Verstehen nicht nur
reflexiv gewendet (auch das Verstehen muss verstanden werden).
Sie verhält sich auch subversiv gegen kulturelle Bedeutungs-

zuschreibungen, die als Deutungsanweisungen in die Form-Struktur der Texte eingeschrieben sind.

Aus dieser Perspektive haben Texte keine Bedeutung von »innen«, sondern lediglich aufgrund konventioneller Regelungen in bestimmten historischen und sozialen Kontexten. Textbedeutungen sind daher nicht als »Wesenheit« von Texten zu erachten, sondern als Zuschreibungen von »außen«, die innerhalb kultureller Ordnungen und vor allem durch Machtbeziehungen je historisch hergestellt werden (Bogdal 1996, 150). Damit gewinnen sie eine Bedeutung, die in der historischen Alltagspraxis zu finden ist, in dem Gebrauch, der an den verschiedensten Orten von ihnen gemacht wird, dem Feuilleton etwa, dem literarischen Quartett, der philologischen und pädagogischen Wissenschaft und ihren Interpretationen und Kommentaren, in Richtlinien, Lektürehilfen für die Hand der LehrerInnen, in Lesebüchern u. v. m. Den diskursiven Ereignissen, die Texte und deren Bedeutung historisch geformt haben, gilt daher der diskursanalytische Blick und nicht dem Werk als Ausdruck eines Gestaltungswillens, als Resultat eines in der Person des Autors begründeten individuellen Schreibaktes mit rekonstruierbarem Formwillen. Die Rückführung von literarischen Texten auf Autoren als eine anthropologische Grundbedingung steht vielmehr als Vorgang selbst zur Disposition. Was die diskursanalytisch ausgerichtete Arbeit interessiert, sind Zusammenhänge von Textaussagen, ihrer Organisation, mit den historischen Vermittlungsbedingungen solcher Redeformen. Autor und Werk begegnen entsprechend nicht als selbstverständliche Ausgangsgrößen und Untersuchungseinheiten, sondern werden als Funktionen des Diskurses und seiner Wirkungsweise bzw. der literarischen Aussageform als gleitender Signifikation untersucht. Und so ihr Sinn und ihre Bedeutung, die »als künstlich-kunstvolle Effekte mit ihren jeweiligen nicht-intentional zurechenbaren Strategien zu Objekten der Untersuchung werden« (Fohrmann/Müller 1988, 15). Das literarische Kommunikationsmodell der Hermeneutik, das Aneignung von Sinn als dialogisch geregelten Austausch von Text und Leser in einem identischen Sinnzusammenhang annimmt, bekannt auch als »Horizontverschmelzung« (Gadamer, Geißler), gerät damit tendenziell vollständig auf die Gegenstandsebene. Die im hermeneutischen Modell dem Leser zugedachte

Doppelrolle, Teilnehmer und Beobachter der literarischen Tradition zu sein, der, um dialogisch verstehen zu können, monologischer Beobachtung (Analyse) bedarf, verlagert sich damit tendenziell zugunsten des Beobachters, dessen Position jedoch stets auch eine Selbstzuschreibung ist. Derartige Differenzen zwischen hermeneutischen und poststrukturalistischen Modellen brauchen dabei nicht Irritation auszulösen, sondern sind als Chance zu sehen, diese im Unterricht produktiv zu machen.

2. Poststrukturale Lektürepraxis im Unterricht

Dies zeichnet denn auch alle bislang vorliegenden didaktisch-methodischen Modellierungen für den Unterricht aus, die vom poststrukturalistischen Denken beeinflusst sind und die Lesepraxis im Unterricht nicht auf eine sinnsuchende Hermeneutik festlegen. Alle sind sich dabei jedoch einig, dass hermeneutisches Lesen und poststrukturalistische Lektüren sich wechselseitig voraussetzen, ohne aufeinander zurückgeführt werden zu können. Von daher ist poststrukturalistisch angeregtes Arbeiten im Unterricht auch nicht als Königsweg zu erachten und sind nicht alle hermeneutischen Verfahren ins Abseits zu stellen (MÜLLER 1993, 98-116). Poststrukturalistische Lektüren stehen jedoch quer zum hermeneutischen Einsammeln von Sinn. Sie sind eine Form der Intervention, die bewusst werden lässt, wie positive Sinn-Aussagen ihre Positivität erzeugen müssen.

Aus der »Werkzeugkiste« des Poststrukturalismus sind vor allem zwei Instrumente didaktisch relevant geworden. Zum einen die Dekonstruktion, die Verfahrensweisen der Semiologie heranzieht, die sich mit der Struktur sprachlicher (und außersprachlicher) Zeichen befasst und ein Repertoire textanalytischer Kategorien zur Beschreibung textueller Mikro- und Makrostrukturen zur Verfügung stellt (PROSS/WILDGRUBER 1996, 408–429). Als »zweite Lektüre« (FINGERHUT) ist die Dekonstruktion im Unterricht fruchtbar geworden. In dieser geht es um »die Differenzierung und Korrektur des Spontanverstehens«, um das Aufspüren des im eigenen Sinnentwurf (1. Lektüre) Verdrängten, Gegenläufigen, Heterogenen des Textes und um die Erfahrung, »dass in der Dekonstruktion der vom

Text nahegelegten Lektüre erst eine meist überraschende ... Leseweise sichtbar wird und dass diese Lektüre mehr mit der Wirklichkeit, die der literarische Text verarbeitet, zu tun hat, als die erste« (FINGERHUT 1995 a, 45). Eine solche Erfahrung wird dabei indessen nicht dem individuellen Bewusstsein der Schülerinnen und Schüler überlassen, wie in der produktionsorientierten Literaturdidaktik. Sie ergibt sich vielmehr aus der Epistemologie der literarischen Sprache, die den hermeneutischen Zirkel von »innen« her aufbricht und in einer sprachskeptischen Lektüre zugänglich zu machen ist.

Beispiele für die Modellierung einer solchen »doppelten Lektüre« haben vor allem Karlheinz Fingerhut und Jürgen Förster vorgelegt. Fingerhut hat sie – neben Kafkas Prosatexten (FINGERHUT 1993 b, 1996) – an Heines Erlebnislyrik exemplifiziert (FINGERHUT 1995 a, 40–55) und gezeigt, wie im ständigen Rückgriff auf den Wortlaut und dessen ambivalente Bedeutung, z. B. »Liebchen«, »süße Freude«, im positiven und ironischen Sinn oder in der Beobachtung sprachlicher Verschiebungen wie »(Stadt-)graben« und »Grube« oder »der mit der Flinte spielende Soldat« und »Spielzeugsoldat« Irritationspunkte, Widersprüchlichkeiten, Doppeldeutigkeiten als Einstiegsstellen für die »zweite Lektüre« entdeckt werden können. Die scheinbare Eindeutigkeit, mit der Leserinnen und Leser »Sinn« in einen Text legen, kann so zum Thema des Unterrichts und Gegenstand der Reflexion werden. Damit wird zugleich die Fähigkeit zur Textwahrnehmung gestärkt, für unterschwellige und gegenläufige Bedeutungen, »an deren Konstruktion der Leser selbst seinen angemessenen Anteil hat« (FINGERHUT 1995 a, 46). Das ermöglicht ihm einen Zugewinn an Selbstständigkeit, auch jenen Instanzen gegenüber, die in das Verstehen einüben.

Das Funktionieren einer doppelten Lektüre hat auch Förster am Beispiel eines kleinen lyrischen Textes von Sarah Kirsch gezeigt, der im ›Sprachschlüssel‹ für Gymnasien und Realschulen abgedruckt ist und im Lehrerband eine hermeneutische Lesart erfahren hat. Die Praxis einer doppelten Lektüre, wie Förster sie modelliert, greift dabei auch auf die amerikanische Variante der Dekonstruktion zurück. Als rhetorische Lektüre, wie sie Paul de Man entwickelt hat, entlarvt sie alle semantisch produzierten phänomenologischen, ästhetischen, pädagogischen und zuletzt auch geschichtsphilosophischen Evidenzen als Irrtum (BARK/FÖRSTER 2000, 134–150). Förster liest zunächst das Gedicht Sarah Kirschs auf der Folie einer hermeneutischen Lesart, wie sie die Autoren des ›Sprachschlüssel‹ in ihrem Lehrerhandbuch skizziert haben (erste Lektüre). Sodann zeigt er, wie eine aufmerksame sprachlich-rhetorische Textlektüre die scheinbare Eindeutigkeit zu erschüttern vermag, mit der auch professionelle Leser »Sinn« in den Text projizieren. Auch dekonstruktive Textoperationen im Unterricht werden von Förster exemplarisch vorgestellt (FÖRSTER 1998 a, 54–79).

Ein innovatives Potenzial, um Leseweisen im Unterricht neu zu organisieren, enthält auch die Diskursanalyse, die zumeist an die Dekonstruktion als »zweiter Lektüre« rückgebunden wird. Daher findet sich in didaktisch-methodischen Modellierungen zumeist auch beides. Die Aufgabe der Diskursanalyse wird in der Didaktik vor allem unter dem Aspekt der Genealogie und der Kritik wahrgenommen. Auf das genealogische Verfahren, das die Knoten zu entwirren sucht, durch die ein Text oder Diskurs mit anderen Texten und Diskursen verbunden ist, die ihn durchziehen, setzt Spinner in seiner poststrukturalistischen Lektüre der Grimmschen Märchen (SPINNER 1995b). Das Verfahren der Kritik, das die Prozesse der Reglementierung analysiert, die von außen auf den Text einwirken, hat Kammler in seiner Behandlung des ›Faust‹ auf der gymnasialen Oberstufe überzeugend erprobt (KAMMLER 2000, 24–40). Mit seinen Schülern nähert er sich diesem Werk über eine kritische Expedition ins Reich pädagogischer, wissenschaftlicher und politischer Kommentare, in denen Schülerinnen und Schüler widersprüchlichen Textbeobachtungen begegnen, mit konkurrierenden Meinungen der Sekundärliteratur konfrontiert werden, die an exemplarischen Stellen des Primärtextes auf ihre Stichhaltigkeit hin überprüft werden. Auch dies stärkt die Fähigkeit zur Textwahrnehmung und Auseinandersetzung, mit Formen des Missverstehens und des Missbrauchs dieses Werks durch seine Interpreten und deren Funktion für kulturelle Mythenbildung. Die »Herrschaft der Kommentare« (Fingerhut) und ihre Rolle für institutionsgeprägte Lektüre wird so in den Blick gerückt, indem der Prozess der Herstellung von Interpretationen selbst zum Thema des Unterrichts gerät. Statt den ›Woyzeck‹ einer Lektüre auszusetzen, die die Macht der Konvention wiederholt

(Woyzeck als soziales Rührstück, Büchner als Kritiker der bürgerlichen Gesellschaft), suchen Schüler nach dem, was in diesem Text heterogen bleibt und sich zu keiner einheitlichen Deutung fügen will. In Kafkas Parabel ›Vor dem Gesetz‹ diagnostizieren sie das Machtspiel in der Exegese dieser Parabel und wenden es auf das zurück, was sie im schulischen Umgang mit Literatur selbst beobachten können.

Auf weitere Arbeiten zur Modellierung poststrukturalistisch inspirierter Textlektüre sei an dieser Stelle lediglich noch verwiesen. So stellt K.-M. Bogdal in Verbund mit der Diskurstheorie eine »symptomale Lektüre« vor (1993, 43–63). »Symptomale Lektüre« heißt, »Literatur im Blick auf ihre Sinneffekte und Repräsentationsfunktionen für kollektive bzw. individuelle Subjekte im kulturellen Feld« zu erschließen (ebd., 50). Dass Schülerinnen und Schüler lernen, auf welche Weise Bedeutung vom Autor und durch den Leser ›gemacht‹ wird und welche Voraussetzungen zu der jeweiligen Deutung eines Textes führen, ist sein Anliegen, um den »Formen kultureller Selbstaffirmation« (Kammler) entgegenzuarbeiten.

Als exemplarisch für eine Lesetechnik, die aus dem Geist der alten philologischen Tradition und ihrer Konzentration auf die Schrift motiviert ist und die rückgebunden wird an diskurstheoretische Prämissen, können schließlich die Arbeiten Kremers/Wegmanns zu Fontanes ›Effi Briest‹ sowie Försters Re-Lektüre des ›Werther‹ (2000, S. 17–23) gelten.

Was die Lektüre der Kinder- und Hausmärchen betrifft, so lokalisiert Spinner diese – genealogisch orientiert – im historischen Schnittpunkt verschiedener zeittypischer Vorstellungen und Schreibweisen, d. h. in so genannten diskursiven Ereignissen. Indem er aufzeigt, wie sich die Märchen der Grimms aus verschiedenen Diskursen schreiben, die in ihnen aufeinander stoßen, wird zwar die gängige Vorstellung widerlegt, wonach die Grimmschen Märchen über Jahrhunderte hinweg mündlich tradiert sind. Doch eine solche Entmythisierung, die auch ein bestimmtes Autorbild betrifft, das sich mit den Grimms verbindet, ist nicht zersetzend, sondern bereichert es um die Dimension seiner funktionalen Problematisierung. Die Entmythisierung ist ganz und gar aufklärend, wird doch der Blick auf die kulturellen und sozialen Kräfte gelenkt, die Texte und

Traditionen hervorgebracht und geformt haben, die aber in der Überlieferung und allmählichen Isolierung des Textes von seinem historischen Ursprung verloren gegangen sind. Diskursanalytisch orientierter Umgang mit Texten, wie hier die Genealogie, interessiert sich
für kulturell geprägte Denkmuster, Verhaltensweisen, soziale Praktiken und deren institutionelle Verankerung, die an der Konstitution
von »Sinn« beteiligt sind. Nicht zuletzt darin ist die pädagogische
Bedeutung eines diskursanalytischen Umgangs mit Literatur zu sehen, fördert dieser doch kulturhistorisches Orientierungswissen,
und dies nicht, wie Spinners Beitrag deutlich macht, durch Exegese
(transhistorischer) Gehalte, sondern durch die Beobachtung, dass
gewisse Diskurse entstanden sind, gewirkt haben und Äußerungen
bestimmter Bedürfnisse und Intentionen sind, die bestimmte Re-
deweisen wie die literarische ermöglichen und formen. Spinners
Beitrag zur poststrukturalistischen Lektüre der Grimmschen Märchen zeigt aber auch Möglichkeiten einer »Vorschule der Dekonstruktion«, die zum Teil bereits in der Grundschule und in der
Sekundarstufe I praktiziert werden kann. Dass poststrukturalisti-
sches Denken keineswegs Irritationen bei Unterrichtenden auslösen
muss, sondern die unterrichtliche Praxis zu bereichern vermag, zeigt
auch Spinners Beitrag ›Brecht dekonstruktivistisch oder die Chance
für einen neuen Zugang zu einem Schulklassiker‹ (SPINNER 2000 c).

Textarbeit im Zeichen des Poststrukturalismus ist kognitive Arbeit
an literarischen Gegenständen in ihrer sprachlichen, rhetorischen,
diskursiven, im engeren Sinne ihrer poetischen und ästhetischen
Verfasstheit und nicht an einer substanziierbaren Sinnhaftigkeit.
Und Bildungsarbeit heißt, intensive Arbeit an der Sprachlichkeit
literarischer Texte, der ständige Rückgriff auf den Wortlaut, der
prüfende Blick auf die Formulierungsentscheidungen des Autors, die
Untersuchung der literarischen Figuren, die sich dem Leser als Schemata objektiver Erkenntnis darstellen. Das bedeutet systematische
Arbeit an Syntax, Grammatik, Rhetorik und Semantik. Vielleicht ist
es nicht ganz abwegig, wenn Fingerhut damit den Weg vorgezeichnet
sieht, die schulische Arbeit an literarischen Gegenständen in einem
neu verstandenen Sprachunterricht zu verankern.

Bildungsarbeit an literarischen Gegenständen heißt aber zugleich
ein ständiges Ausgreifen auf die kulturellen Kontexte ihrer Entste-

hung und ihres Gebrauchs, auf die werkübergreifenden Rede-Zu-
sammenhänge und Beziehungen als Teil kultureller Ordnungen, die
als Diskurs-Vorgaben (Dispositive) Texte geformt und deren Bedeutung konstituiert haben und dies bis heute tun, zum Beispiel durch
philologische und didaktische Kommentare als Formen der Diskurs-
praxis. So unhintergehbar hermeneutische Ansätze auch sind, so
wenig dürften Dekonstruktion als »zweite Lektüre« und Genealogie
und Kritik als »Methode« der Diskursanalyse aus einem zeitgenössischen Literaturunterricht wegzudenken sein. Denn in Zeiten einer
fortschreitenden Marginalisierung der Literatur sowie der Media-
tisierung und Ästhetisierung der Alltagswelt ist es mehr denn je eine
pädagogische Aufgabe, Schülerinnen und Schüler zu befähigen, die
prinzipielle Relativität eigener oder fremder Sinnzuweisungen auf
ihre Grundlagen hin zu durchschauen. Die Arbeit an der Sprachlichkeit literarischer Texte, ihrer Bezeichnungsweise als Schrift sowie an
den diskursiven Kräften und deren Relevanz für die Frage nach dem
Sinn, wäre dazu ein wichtiger Schritt. Literaturdidaktiker erhoffen
sich davon, die Arten der Sinnerstellung um eine kritische Selbst-
wahrnehmung vertiefen zu können. Das ist ein eminent kritisch-
aufklärerisches Unterfangen, das den »kommerziellen und ideologischen Gewohnheiten unserer Gesellschaft zuwiderläuft« (BARTHES
1987, 20) und letztlich nur über konzentrierte (Lektüre)arbeit führt
(KAMMLER 2000, 3). Die Rede von der »zeitgemäßen Version des
›kritischen Lesens‹« (FINGERHUT 1995 a, 640) oder die Erwartung,
der Literaturunterricht könne »nach dem Scheitern der Ideologiekri-
tik alten Stils seine kritische und gegenwartsdiagnostische Aufgabe
wieder stärker wahr(nehmen)« (KAMMLER 2000, 22), ist nicht unbe-
gründet. Die Integration poststrukturalistischer Ansätze in die unterrichtliche Arbeit an Literatur lässt sich als eine Möglichkeit begreifen, der Literatur in ihrer pädagogischen Ausrichtung und Funktion unter veränderten kulturellen, sozialen und wissenschaftlichen
Bedingungen neue Geltung zu verschaffen (dazu BARK/FÖRSTER
2000, 189 ff.). Dazu wird das alte Konzept »literarische Bildung«,
dessen Wurzeln im Selbstverständnis des 19. Jahrhunderts liegen,
einer Revision unterzogen, damit die Literatur auch in Zeiten eines
epochalen Medienwechsels zukünftig Medium von Bildung bleiben
kann.

2. Handlungs- und produktionsorientierter Literaturunterricht
VON KASPAR H. SPINNER

1. Begriff und Stellenwert heute

Der handlungs- und produktionsorientierte Ansatz ist am Ende des 20. Jahrhunderts zum meistdiskutierten Paradigma des Literaturunterrichts im deutschen Sprachraum geworden. Er zielt auf einen Unterricht, in dem sich die Schülerinnen und Schüler nicht nur lesend und analysierend mit einem Text beschäftigen, sondern der sie in literarischen und anderen ästhetischen Ausdrucksformen tätig werden lässt: Sie schreiben erzählend und lyrisch gestaltend zu Texten, sie interpretieren durch szenische Darstellung, sie malen, erarbeiten Vertonungen u. ä.

Die beiden Attribute »handlungsorientiert« und »produktionsorientiert« akzentuieren den Ansatz in zwei Richtungen. Mit der Bezeichnung »handlungsorientiert« wird ein Bezug zu allgemeinen schulpädagogischen Konzepten eines auf die Selbsttätigkeit der Schülerinnen und Schüler setzenden Unterrichts hergestellt; leitend ist die Vorstellung eines ganzheitlichen Tuns, das kognitive, sinnenhafte und affektive Zugänge miteinander verbindet. Mit der Bezeichnung »produktionsorientiert« wird hervorgehoben, dass sich die Schülerinnen und Schüler selbst literarisch schreibend mit Texten beschäftigen sollen; dabei kann es auch um begrenztere operative Verfahren wie das Wiederherstellen einer vertauschten Versfolge gehen, die noch nicht dem Anspruch eines handlungsorientierten Unterrichts genügen müssen. Für alle Formen des handlungs- und produktionsorientierten Literaturunterrichts ist auch der Begriff des »handelnden Umgangs mit Texten« geläufig.

Im Verlauf der neunziger Jahre hat der handlungs- und produktionsorientierte Literaturunterricht immer stärker Eingang in die Lehrpläne gefunden; Arbeitsaufgaben in Lesebüchern und anderen Arbeitsmaterialien, Handreichungen für Lehrerinnen und Lehrer, Unterrichtsmodelle in didaktischen Zeitschriften sind ebenfalls zunehmend von der Handlungs- und Produktionsorientierung geprägt.

2. Vorgeschichte

Lange bevor der Begriff des handlungs- und produktionsorientierten Literaturunterrichts geprägt worden ist, hat es entsprechende Formen des Unterrichts gegeben.

Bis gegen Ende des 18. Jahrhunderts ist der Sprachunterricht (Latein, Deutsch) rhetorisch geprägt gewesen; poetische Übungen zu literarischen Texten spielten dabei eine hervorgehobene Rolle. Schülerinnen und Schüler lernten, Oden zu schreiben, Fabeln zu verfassen usw. Verfahren wie das Wiederfinden der korrekten Wortstellung im Hinblick auf metrische Korrektheit, das Auffinden richtiger Reimwörter, das Umwandeln einer Gedichtvorlage in eine andere Versart waren verbreitete Übungen.

In der Spätaufklärung und im Neuhumanismus wurde diese enge Verbindung von Rhetorik- und Poetik-Unterricht gelöst; Literatur- und Aufsatzunterricht traten nach 1770 als rezeptive bzw. produktive Tätigkeiten auseinander (BOSSE 1978). An dieser Epochenschwelle ist Lessings Fabeldidaktik angesiedelt, die in manchem den handlungs- und produktionsorientierten Literaturunterricht vorwegnimmt. Lessing wandte sich in seinen Abhandlungen über die Fabel gegen bloße stilistische Übungen, wie er sie in den Schulen seiner Zeit vorfand. Ihm ging es um das selbstständige Denken, und dafür genügte ihm weder bloß rezeptives Lesen noch stilistische Nachahmung. Vielmehr wollte er, dass die Schülerinnen und Schüler selbst Fabeln erfinden, zwar in Anlehnung an die tradierten Texte, aber mit der Entwicklung eigener Ideen. Was er von den Schülern erwartete, hatte Lessing selbst vorgemacht; das wohl bekannteste Beispiel ist seine Fabel vom Fuchs und dem Raben. Lessing veränderte ein Handlungsmerkmal – das Fleisch im Schnabel des Raben ist vergiftet – und erzählte die Fabel entsprechend um; er praktizierte so eine produktive Auseinandersetzung mit der Tradition, und zwar in einer handwerklich methodisierten Form, die in ihrer Anwendung auf die Schule Einfallsreichtum und Denken der Schüler stimulieren soll.

Das 19. Jahrhundert folgte nicht der Anregung Lessings. Produktive Formen des Umgangs mit Literatur spielten kaum eine Rolle.

Das wurde anders mit der Reformpädagogik, die in neuer Weise das Schöpferische im Kind und im Jugendlichen betonte. Das Werk ›Dem Dichter nach. Schaffende Poesiestunden‹ (1912 erstmals erschienen) von Otto Karstädt ist das wohl wichtigste Beispiel für eine produktionsorientierte Literaturdidaktik der Reformpädagogik. Karstädt wandte sich, ganz ähnlich wie man das in vielen jüngeren Publikationen zum handlungs- und produktionsorientierten Literaturunterricht findet, gegen einen Unterricht, der die Schüler am »Gängelband des Frage- und Antwortspiels« führe (Karstädt 1927, IV). Die Lehrerfrage wurde in der Reformpädagogik auch von anderen Autoren vehement kritisiert. Die Handlungsorientierung sollte die über hundertjährige Vorherrschaft der sokratischen Lehrart, des fragend-entwickelnden Unterrichtsgesprächs, ablösen.

Obschon gerade auch reformpädagogische Deutschdidaktiker in das Fahrwasser des Nationalsozialismus gerieten, führte dieser zu einer Rücknahme der handlungsorientierten Ansätze. Gefragt war Unterordnung und Gefolgschaft, nicht Erziehung zur Selbstständigkeit.

In der Nachkriegszeit wird Robert Ulshöfer zum Vorbereiter der handlungs- und produktionsorientierten Literaturdidaktik. In seiner weit verbreiteten ›Methodik des Deutschunterrichts‹ für die Sekundarstufe I und II (seit 1952 in mehrfach überarbeiteten Auflagen) spielt das Verfassen und Weiterschreiben literarischer Texte (Gedichte, Fabeln, Kalendergeschichten, Kurzgeschichten, Hörspiele u. a.) eine große Rolle. Ulshöfer bezeichnet »produktives Denken, kreatives Schaffen und planendes Handeln als Leitziel der Schreibübungen« (Ulshöfer 1974, 153) und rechtfertigt neben dem »sachlichen Schreiben« das »literarische Schaffen«, das »Hilfsmittel zur Interpretation« sei, »Formverständnis« wecke und ein »differenzierendes Sehen und Hören« fördere (ebd.). Ulshöfer greift ausdrücklich auf die »Tradition der Gelehrtenschulen« zurück, die durch den literaturgeschichtlichen Unterricht des 19. Jahrhunderts und das Interpretieren im 20. Jahrhundert verloren gegangen sei (ebd., 329). Seine Vorschläge umfassen sowohl ein Arbeiten nach Vorlage wie freies Erfinden. In dem wichtigen Heft ›Produktives Denken und schöpferisches Gestalten‹ der von ihm herausgegebenen Zeitschrift ›Der Deutschunterricht‹ von 1967 betont er die Verbindung der drei

Ziele »Produktivität im Denken, im künstlerischen Schaffen, im sozialen Handeln« (ULSHÖFER 1967, 6). Kennzeichnend für Ulshöfers Position ist die Betonung eindeutiger Arbeitsanweisungen und damit verbunden das Erlernen des handwerklichen Aspekts literarischer Gestaltung.

Ende der sechziger, Anfang der siebziger Jahre brachte die pädagogische Diskussion über die Kreativität neue Impulse für spielerische, experimentelle Formen des Umgangs mit Sprache und Texten. Insbesondere im Umgang mit Lyrik entstanden viele Vorschläge für einen entsprechenden Unterricht. Ebenfalls in den siebziger Jahren gab es im Rahmen der kritischen Literaturdidaktik Vorschläge, die Schüler Gegentexte schreiben zu lassen, mit denen Distanz zu den formalen und inhaltlichen Normen der besprochenen Texte geschaffen wird (z. B. HUSSONG 1973, 138 ff.).

3. Der Einfluss der Rezeptionsästhetik

Entscheidend für die endgültige Ausformung des handlungs- und produktionsorientierten Ansatzes wurde die Rezeptionsästhetik. Die vor allem in der Konstanzer Schule der Literaturwissenschaft ausgearbeitete Einsicht, dass der Leser von Literatur selbst mitschaffend an der Sinnbildung beteiligt sei, führte zu einer neuen Betonung der Schülerproduktivität im Literaturunterricht. Der Text wurde gesehen als eine Partitur, die in der Vorstellung des Lesenden zur Entfaltung gebracht werden muss. Dies bedeutete für den Literaturunterricht zunächst, dass die subjektiven Rezeptionen der Schülerinnen und Schüler ernst genommen wurden. Um darüber hinaus das produktive Verhalten zum literarischen Text gezielt zu unterstützen und die subjektiven Konkretisationen sichtbar zu machen, wurden in der Weiterentwicklung des rezeptionsästhetischen Ansatzes die produktionsorientierten Verfahren eingesetzt: Schülerinnen und Schüler, die z. B. fehlende Textstellen selbst füllen, die einen inneren Monolog in einen Text einfügen, die selbst eine Gedichtüberschrift erfinden, verhalten sich nicht nur rezeptiv und analysierend zum literarischen Text, sondern sind selbst literarisch produktiv und machen ihren individuellen Zugang für andere greifbar.

Für diesen Weg von der Rezeptionsästhetik zum handlungs- und produktionsorientierten Literaturunterricht wurde insbesondere auch das Verfahren des »literarischen Rollenspiels« im Sinne von Eggert und Rutschky einflussreich (EGGERT/RUTSCHKY 1978). Es geht um Unterrichtsversuche, bei denen die Schülerinnen und Schüler Texte in fiktiven Rollen schrieben (z. B. zu Kafkas ›Bericht für eine Akademie‹: Ein Augenzeuge berichtet über den Auftritt des Affen im Varieté). In der Auswertung zeigten die Autoren, wie in solchen »literarischen Rollenspielen« die psychische Dynamik von Leseprozessen sichtbar wird.

Ebenfalls in den siebziger Jahren entwickelte Waldmann produktive Verfahren im Umgang mit Trivialliteratur; durch spielerischen Umgang mit den formalen und inhaltlichen Mustern sollten Schülerinnen und Schüler Distanz zu den Texten gewinnen und zugleich in ihrer Kreativität gestärkt werden (WALDMANN 1973, 67–76). 1979 schuf Waldmann den Begriff einer »produktionsorientierten Didaktik textueller Kommunikation« (WALDMANN 1979).

Der Terminus »handlungs- und produktionsorientierter Literaturunterricht« ist seit dem so betitelten Band von Gerhard Haas, der 1984 erschien, geläufig. Im gleichen Jahr kam der ebenso einflussreiche Aufsatz von Günter Waldmann mit dem Titel ›Grundzüge von Theorie und Praxis eines produktionsorientierten Literaturunterrichts‹ heraus. Dass beide Autoren an der gleichen Hochschule, nämlich in Reutlingen, tätig waren, zeigt, dass die Koinzidenz nicht zufällig ist.

4. Dekonstruktion und Postmoderne

Der handlungs- und produktionsorientierte Umgang mit literarischen Texten wird auch zur literarischen Postmoderne in Beziehung gebracht: Wenn literarische Formen für ein kombinatorisches Spiel im Unterricht verfügbar gemacht werden, wenn Schülerinnen und Schüler imitieren, parodieren, montieren, wenn historische Distanzen übersprungen werden, indem ältere Texte aus heutiger Sicht fort- und umgeschrieben werden, dann drückt sich darin eine postmoderne Einstellung aus.

Ebenso ergibt sich ein Bezug zur Dekonstruktion als literatur-theoretischem Ansatz und wissenschaftlicher Lektürepraxis: Mit handlungs- und produktionsorientierten Verfahren greift man in Texte ein, bricht ihre formale und inhaltliche Geschlossenheit auf. Das literarische Kunstwerk wird nicht als ein auratisch vollkommenes Gebilde betrachtet, sondern als eine Ausdrucksform, in der feste Bedeutungszuschreibungen in Bewegung geraten. Wenn z. B. als produktives Verfahren Meldungen zur Umweltverschmutzung in ein traditionelles Naturgedicht eingefügt werden, dann wird die Naturidylle als scheinhaft-utopisch entlarvt und zugleich ein Text hergestellt, bei dem zwei Diskurse sich wechselseitig in Frage stellen als Demaskierung des Naturbildes und als Kritik der Wirklichkeit durch die Utopie von Unversehrtheit und Schönheit.

Postmoderne und Dekonstruktion stehen in enger Verbindung mit den avantgardistischen Kunstströmungen des 20. Jahrhunderts. Das gilt auch für die handlungs- und produktionsorientierte Literaturdidaktik, wie die theoretische Bezugnahme auf den russischen Formalismus (WALDMANN 1998) oder die Rolle, die die konkrete Poesie in produktionsorientierten Unterrichtsvorschlägen spielt, zeigen können.

5. Die wichtigsten Grundprinzipien des handlungs- und produktionsorientierten Literaturunterrichts

Handlungs- und produktionsorientierter Literaturunterricht geht davon aus, dass eigenes Tun intensivere Lernprozesse ermöglicht als die bloße Instruktion und das Unterrichtsgespräch. Wer selbst ein Sonett schreibt, eignet sich diese Gedichtart besser an als derjenige, der nur liest und analysiert; wer sich einen inneren Monolog einer Figur ausdenkt, setzt sich besonders intensiv mit deren Innenwelt auseinander.

Handlungs- und produktionsorientierter Literaturunterricht will die Produziertheit von Texten ins Bewusstsein heben; indem Schülerinnen und Schüler selbst an Formulierungen arbeiten (z. B. durch das Einfügen weggelassener Wörter oder durch perspektivisches Umschreiben), kommen sie der Machart von Texten auf die Spur.

③ Damit kann der handlungs- und produktionsorientierte Literaturunterricht einen Beitrag zur Textanalysekompetenz leisten.

Handlungs- und produktionsorientierter Literaturunterricht betrachtet auch nicht-analytische Zugangsweisen zu Texten als Verstehens- und Interpretationsleistung. Eine Bleistiftskizze, eine Pantomime, das Erfinden einer Parallelgeschichte können der Texterschließung dienen; sie initiieren und dokumentieren analoge, abbildhafte Verstehensweisen.

④ Handlungs- und produktionsorientierter Literaturunterricht sieht die Förderung der Imaginationskraft als wesentliche Voraussetzung literarischen Verstehens. Nicht jeder Leser, jede Leserin verfügt in gleichem Maße über die Fähigkeit, sich vorstellungsmäßig in den Raum der Fiktion hineinzubegeben und z. B. mit dem Protagonisten einer Erzählung durch Räume zu gehen oder akustische und olfaktorische Fantasien beim Lesen zu entwickeln. Gerade für Medienkinder ist es keineswegs selbstverständlich, dass sie beim gedruckten Wort ihre Vorstellungskraft in Anspruch nehmen. Handlungs- und produktionsorientierter Literaturunterricht ist deshalb auch eine Antwort auf die veränderten Sozialisationsbedingungen in der gegenwärtigen gesellschaftlichen Wirklichkeit.

⑤ Handlungs- und produktionsorientierter Literaturunterricht ist individualisierender Unterricht; er zielt nicht auf das gleiche Ergebnis für alle Schülerinnen und Schüler, sondern ist gerade von einem Interesse für unterschiedliche Verarbeitungsweisen getragen.

⑥ Handlungs- und produktionsorientierter Literaturunterricht verbindet literatur- und schreibdidaktische Unterrichtsziele. Wenn letztere überwiegen, spricht man von kreativem Schreiben – wobei eine strenge Grenzziehung weder möglich noch sinnvoll ist.

6. Die unterschiedlichen Akzentuierungen

Dadurch dass der handlungs- und produktionsorientierte Unterricht zu einem Schlagwort geworden ist, wird der Blick auf die Differenzierungen innerhalb dieses Paradigmas verwischt. Bei aller Gemeinsamkeit, die die Vertreter des Ansatzes verbindet, gibt es doch unterschiedliche Akzentuierungen.

Bei Gerhard Haas ist die Kritik an der einseitigen Dominanz des fragend-entwickelnden Unterrichtsgesprächs ein wesentliches Motiv für die Entwicklung alternativer Unterrichtsformen. Es geht ihm darum, die sinnenhaften und emotionalen Zugänge zu literarischen Texten zu verstärken und auch die langsameren, mehr im anschaulichen Denken verhafteten Kinder und Jugendlichen in den Unterricht einzubeziehen. Er betont mit besonderem Nachdruck, dass handlungs- und produktionsorientierter Literaturunterricht nicht einfach eine Methode sein kann, die man zwischendurch einmal einsetzt, sondern dass er Teil eines grundsätzlich schülerorientierten, offenen Unterrichts in der Tradition der Reformpädagogik sein muss (HAAS 1997).

Für Günter Waldmann ist die enge Verbindung von produktionsorientierten Aufgaben und Erarbeitung formaler und auch inhaltlicher Strukturen kennzeichnend. Er hat für die verschiedenen Gattungen systematische Lehrgänge entwickelt, die eine handwerkliche Einführung in die entsprechenden literarischen Formen darstellen. Dabei geht es sowohl um Rezeption im Sinne der Einsicht in die Strukturen als auch um die Fähigkeit, selbst entsprechende Texte zu verfassen (WALDMANN 1988, 1996, 1998).

Harro Müller-Michaels hat bereits Ende der siebziger Jahre die Konzeption einer »Rezeptionspragmatik« entworfen (MÜLLER-MICHAELS 1978 b), bei der »Rezeptionshandlungen« wie das Kommentieren, Redigieren und Umformen, das Kritisieren und Rezensieren eine Rolle spielen. Müller-Michaels geht es dabei vor allem darum, einen Zusammenhang zwischen den Verfahren im Unterricht und professionellen Tätigkeiten herzustellen, wie das Beispiel des Rezensierens zeigen mag. Den rezeptionspragmatischen Ansatz von Müller-Michaels hat Gerhard Rupp weiterentwickelt, wobei er in besonderer Weise die je eigene Rezeption der Schülerinnen und Schüler in den Vordergrund rückt. Produktive Auseinandersetzung mit Texten kann z. B. heißen, dass bewusst dem dichterischen Werk eine abweichende eigene Fassung gegenübergestellt wird. Schülerinnen und Schüler sollen so zu eigenem »kulturellem Handeln« befähigt werden (RUPP 1987).

Bei Wolfgang Menzel ist die starke Tendenz zu operativen Verfahren deutlich; weggelassene Textstellen sollen ergänzt, veränderte

Texte sollen restituiert werden usw. (MENZEL 1994). Es ist kennzeichnend, dass Menzel gerne den handwerklich geprägten Begriff »Werkstatt« verwendet (z. B. »Lyrikwerkstatt«).

Kaspar H. Spinner betont besonders die Rolle der Imagination bei den produktiven Verfahren sowie ihren Beitrag für einen identitätsorientierten Literaturunterricht und für die Entwicklung des Fremdverstehens (SPINNER 1993 b). Seine Mitarbeiterin Christine Köppert hat den Weg von der imaginativen Vergegenwärtigung zur interpretierenden Textauslegung zu einem erprobten literaturdidaktischen Modell ausgebaut (KÖPPERT 1997).

Für Karlheinz Fingerhut ist vor allem die Verbindung von Produktionsaufgaben und Analyseoperationen wichtig; er warnt vor einer unkritischen Anwendung des Ansatzes, die zu einer affirmativen Vereinnahmung der Texte durch die Schüler – im Sinne eines So-auch-ich – führen könne, und setzt die produktiven Verfahren und das analysierende Unterrichtsgespräch dazu ein, auch die Fremdheit literarischer Texte ins Bewusstsein zu heben (FINGERHUT 1985).

Werner Ingendahl sieht die produktiven Umgangsformen ebenfalls als Methoden der Texterschließung (INGENDAHL 1991). Er hat sie in ein von Jürgen Kreft beeinflusstes Phasenmodell eingeordnet, das von der ersten Textbegegnung über die Objektivierung und die Aneignung zur Anwendung führt, wobei jede dieser Phasen noch einmal in drei Unterrichtsschritte aufgegliedert ist. In einer jüngeren Publikation arbeitet auch Waldmann mit einem vergleichbaren Phasenmodell (WALDMANN 1998).

Zum handlungs- und produktionsorientierten Literaturunterricht können auch die Formen der szenischen Interpretation gezählt werden.

7. Strittige Fragen

Die handlungs- und produktionsorientierte Literaturdidaktik hat unterrichtsmethodische Fragen in den Blickpunkt gerückt. Das bringt ihr den Vorwurf ein, sie sei theorielos und spare die eigentlichen didaktischen Fragen, nämlich diejenigen nach den Zielen und Bildungsgehalten, aus. Man kann in der Tat beobachten, dass handlungs- und produktionsorientierte Verfahrensweisen in der Unterrichtspraxis z. T. völlig beliebig, ohne sachanalytisch-textbezogene und didaktisch-zielorientierte Reflexion eingesetzt werden. Vertreter der handlungs- und produktionsorientierten Literaturdidaktik betonen dagegen die literaturtheoretische Fundierung des Ansatzes.

Ein weiterer Vorwurf gilt der Gefahr des Subjektivismus. An die Stelle einer ernsthaften Auseinandersetzung mit dem Text in seiner Widerständigkeit trete eine Vereinnahmung, bei der subjektive Projektionen den Textsinn überdeckten. Zu diesem Problem des Leser-Text-Verhältnisses gibt es bei den Vertretern des handlungs- und produktionsorientierten Literaturunterrichts unterschiedliche Auffassungen, deren Skala vom Hinweis auf die Leistung produktiver Verfahren für die genaue Textanalyse bis zur dezidierten Inanspruchnahme des Literaturunterrichts für individuelle Entwicklungsprozesse reichen. Gemeinsam ist allen Varianten des handlungs- und produktionsorientierten Literaturunterrichts, dass in besonderem Maße das Wechselspiel von subjektiver Verarbeitung und Herausforderung durch den Text didaktisch fruchtbar gemacht werden soll.

Mit dem eben genannten Problem hängt auch die Frage zusammen, ob produktive Verfahren immer der anschließenden Reflexion und analytischen Bezugnahme auf den Ausgangstext bedürfen, so dass ein kognitiv-begriffliches Unterrichtsergebnis ausgewiesen ist. In den meisten Publikationen wird diese Frage bejaht; man kann aber auch die Position vertreten, dass der kreative Umgang mit Texten einen Eigenwert besitzt und deshalb nicht jedesmal einer begrifflichen Einordnung bedarf. In der Didaktik des szenischen Spiels ist eine solche Auffassung durchaus verbreitet.

Besonders strittig ist die Frage nach der Beurteilung produktiver Schülerleistungen. Hier sind z. B. von Harro Müller-Michaels und Gerhard Haas unterschiedliche Vorstellungen entwickelt worden (MÜLLER-MICHAELS 1993 b; HAAS 1999). Es geht dabei u. a. um die Frage, in welchem Maße festgelegte Kriterienraster für die Bewertung kreativer Leistungen angewendet werden können. Müller-Michaels stellt klare Kriterien auf, Haas plädiert stärker für die Berücksichtigung individueller Vielfalt.

8. Handlungs-und produktionsorientierte Verfahren im Medienunterricht

In dreifacher Hinsicht sind die handlungs- und produktionsorientierten Verfahren auch für die Medienerziehung hilfreich. Zum einen können audiovisuelle und auditive Medien für die produktive Arbeit mit Texten eingesetzt werden, z. B. indem zu einem Erzähltext eine Videoszene gedreht oder ein Hörspiel gestaltet und aufgenommen wird. Zum anderen bietet der PC Möglichkeiten des produktiven Umgangs mit Texten, da er in vielfältiger Weise Prozesse des Veränderns, Erweiterns, typografischen Gestaltens von Texten erlaubt; Hypertexte als typische Form von Internet- und CD-ROM-Literatur zeichnen sich an sich schon durch eine Nähe zu produktionsorientierten Vorstellungen von Literaturunterricht aus. Schließlich eignen sich produktive Verfahren für die Filminterpretation; Schreiben von Fortsetzungen zu einem teilweise gezeigten Film, Verfassen eines inneren Monologes ausgehend von der Mimik einer Figur, Erfinden eines Dialoges zu einer tonlos gezeigten Szene sind solche Möglichkeiten. Produktive Verfahren bewirken hier ein verlangsamtes Sehen und damit eine Verstärkung der Imagination und der reflexiven Verarbeitung. Im Gegensatz zu einer nur auf Strukturanalyse oder auf kritische Beurteilung zielenden Filmdidaktik nimmt der produktionsorientierte Ansatz die audiovisuellen Medien als ästhetische Produkte ernst, die einer Wahrnehmungsschulung bedürfen.

Angesichts der Tatsache, dass in der außerschulischen Mediensozialisation der passive Konsum, die flüchtige Wahrnehmung und das schnelle Reagieren beim Klicken und Zappen immer dominanter werden, stellt sich dem Deutschunterricht mit neuer Dringlichkeit die Aufgabe, durch Formen kreativer Verarbeitung Beobachtungsgenauigkeit, affektive Vertiefung und reflexive Entfaltung zu fördern und miteinander zu verbinden. Handlungs- und produktionsorientierte Verfahren bilden dafür eine wichtige Brücke zwischen Literatur- und Medienunterricht.

wie auch im geschichtsunterricht

3. Spiel- und theaterpädagogische Ansätze

VON FRIEDER SCHÜLEIN UND MICHAEL ZIMMERMANN

1. Einleitung

Der Literaturunterricht wurde lange mit Lektüre-Praxis gleichgesetzt. Spiel- und theaterpädagogische Ansätze kamen meist dann zum Zuge, wenn das Literaturwissen als Teil einer umfassenderen ästhetischen Bildung vermittelt werden sollte. Theaterspielen ist in seiner Grundstruktur als ästhetisches Handeln zu begreifen. Insofern stärkt es die neueren Entwicklungen zu einem subjektorientierten, die produktiven und kreativen Momente einschließenden Deutschunterricht und gewinnt im schulischen Alltag ständig an Bedeutung. Neben dem Bezug zur literarischen Bildung wächst dem Theaterspielen auch eine Bedeutung im Kontext der sprachlich-sozialen Bildung zu. Die vorliegenden Ansätze sollen hier nach drei Aspekten gegliedert dargestellt werden, wobei zwischen Theaterspielen als Methode, als Beitrag zur ästhetischen Bildung und als Gegenstand unterrichtlichen Handelns unterschieden und damit die Breite der Möglichkeiten im Deutschunterricht angedeutet wird.

1.1 Theater als Methode der kommunikativen Bildung

Das Rollenspiel als Methode des sprachlichen und sozialen Lernens ist seit den siebziger Jahren ein Standardthema der Deutschdidaktik. Seine intentionalen Begründungen und methodischen Aspekte können als gut durchleuchtet angesehen werden. Karl Schuster hat die neueren Ansätze zusammengefasst und dabei gezeigt, dass das fortdauernde Interesse am »szenischen Spiel« im Bereich der Sprachdidaktik gut begründet ist (SCHUSTER 1996). Der Zusammenhang von sprachlicher (und nonverbaler) Kommunikation und sozialer Situation, die in kommunikativen Akten konstituiert wird, ist in verschiedenen Erklärungsansätzen grundlegend und kann trotz unterschiedlicher theoretischer Ausgangspunkte und Hintergründe durchaus zu einer Konzeption sprachlicher und sozialer Bildung zusammengefasst werden. Miteinander-reden-Lernen, d. h. der Aufbau von interaktiver und kommunikativer Kompetenz, kann im

Prinzip vollständig auf die ganzheitliche, handelnde Auseinandersetzung mit konkreten – wenn auch häufig simulierten – sozialen Situationen gestützt werden. Gesprächsfähigkeit entwickelt sich bei Schülerinnen und Schülern nur in der handelnden Bewältigung unterschiedlichster Gesprächssituationen. Die enge Beziehung von Gefühlen, Kognitionen und Verhaltensweisen, die für das »Rollenspielen« konstitutiv ist, die psychodynamischen und gruppendynamischen Prozesse, die dabei durchlaufen und schließlich auch beobachtbar und analysierbar werden, zeigen, dass das »szenische Spiel« im Bereich der Sprachdidaktik eine reichhaltige und aktivierende Lernform darstellt, die Schüler in einer ganz anderen Weise mit sich selbst und mit den anderen konfrontiert, als dies gesprächsanalytische Vorgehensweisen je leisten können. In der sozialen Interaktivität des Spiels wird der Lernende kommunikativ gebildet, lernt, sich selbst mit Anderen gesprächsweise effektiv auszutauschen und zu Formen gelingender Verständigung zu gelangen. Allerdings ist es von großer Bedeutung, geeignete Voraussetzungen im Sinne des Interaktionsspiels mit Kindern und Jugendlichen zu schaffen und Techniken der Intervention zu verwenden, die z. T. aus dem Kontext des Psychodramas, aber auch aus der Gesprächspsychotherapie und der Gestaltpsychologie adaptiert werden.

Schuster zeigt auch den Zusammenhang des szenischen Spiels in der Sprachdidaktik zu Formen des Improvisationstheaters, was die Rollenspieldidaktik insgesamt auf eine neue interessante Basis stellen kann. Theater als Lernform wird dadurch für kommunikative Lernprozesse in der Schule von außerordentlicher Bedeutung, wie sich im Übrigen auch in dramapädagogischen Ansätzen in der Fremdsprachendidaktik (vgl. SCHEWE 1993) zeigt.

1.2 Theater als Methode der literarischen Bildung

Spätestens seit der Arbeit von Ingo Scheller (1996) ist die Bedeutung des szenischen Spiels für den Literaturunterricht deutlich geworden. Dabei geht Scheller von der Annahme aus, dass im Prozess der Lektüre die Leserinnen und Leser »Inszenierungen« in ihrem Kopf vornehmen, die von den Texten her entworfen, aber erst im subjektiven Rezeptionsvorgang konkretisiert und dadurch virtuell sinnlich konstruiert werden: »Der Text bietet Lebensentwürfe, Handlungsmuster und Bilder an, die in uns Erlebnisse, Wünsche und Empfindungen wachrufen. Vergessenes, Abgespaltenes, Ungelebtes und Geträumtes können in der Phantasie durchgespielt und damit bewusst werden.« (SCHELLER 1996, 22)

Die »szenische Interpretation« macht solche inneren Vorstellungen von Textszenen äußerlich erfahrbar: »Sie versucht, mit Mitteln des szenischen Spiels einen Prozess in Gang zu bringen und zu intensivieren, in dem Schüler und Schülerinnen bei der Auseinandersetzung mit den im Text gestalteten fremden Lebensentwürfen, Handlungsmustern und Szenen eigene Erlebnisse, Empfindungen und Verhaltensmuster entdecken können.« (ebd., 92) Die szenische Interpretation ist somit ein Verfahren, in dem »sinnen- und körperbezogene Erlebnisse, Fantasien, Empfindungen und Verhaltensweisen der Schüler und Schülerinnen« (ebd.) in den Prozess der Bedeutungskonstruktion des Textes einbezogen werden.

Textbezug, Erfahrungsbezug, Handlungsbezug, Subjektbezug und der Bezug zum anderen in der Gruppe sind die unterrichtlichen Eckpunkte, die Scheller in einer Reihe von Aspekten konkretisiert und so methodisch handhabbar macht. Darin wird sichtbar, wie theaterpädagogische Verfahren wie z. B. von Augusto Boal (Statuen-Theater, Forum-Theater) oder auch Elemente des Stanislawski-Systems angewendet werden, um die Szene zu »verkörpern«, das heißt sinnlich erfahrbar, anschaubar und erlebbar zu machen.

Einen ähnlichen Ansatz vertritt auch Schuster in der Darstellung des »literarischen Rollenspiels«, wobei er die älteren Arbeiten aus den achtziger Jahren mit einbezieht. »Entscheidend bei literarischen Rollenspielen ist, dass nicht nur textuelles Handlungsgeschehen visualisiert wird, sondern dass im Spielakt der Text neuartig, über die Vorlage hinausgehend geschaffen wird. Dies bedeutet, dass man handelnd multiperspektivisch den literarischen Text aneignet mithilfe des eigenen Sinnsystems, das durch die Beschäftigung bzw. Begegnung mit dem literarischen Werk wiederum eine Veränderung erfahren kann.« (SCHUSTER 1996, 132) Diese von Schuster als »ganzheitlich« bezeichnete Lernform, die die psychomotorischen und affektiven Aspekte unterrichtlichen Handelns betont, verhindert nicht die kognitive Auseinandersetzung, sondern fördert sie im Gegenteil, da im Prozess der szenischen Konstruktion die Bedeutungsdimensionen des Textes u. U. bei weitem »tiefer« erfasst werden müssen, um sie verkörpern zu können, wobei auch intertextuelle historische Aspekte eine Rolle spielen. Die theaterpädagogischen methodischen Verfahren, die in der szenischen Gestaltung notwendig sind, werden bei Schuster allerdings weit weniger entfaltet als bei Scheller und eher implizit in praktischen Anregungen zu Unterrichtsbeispielen genannt: Figurenmonologe, Stegreifimprovisationen und einige Anregungen aus psychodramatischen Verfahren, wie die Alter-ego-Technik. Die Bedeutung des Theaterspiels als Methode der literarischen Bildung wird insgesamt konsequent herausgearbeitet.

Möglichkeiten einer szenische Erarbeitung von Dramentexten – als einer speziellen theaternahen Literaturgattung – zeigt Günter Waldmann: »Das eigentliche Lesen von Dramentexten [...] ist ein Lesen, das sie liest, um sie aufzuführen.« (WALDMANN 1996, 117) Die theatrale Erarbeitung ist dabei jedoch vorrangig nicht auf eine »›theatergerechte‹ Inszenierung gerichtet, sondern auf eine Leseweise, die an der Praxis des Schauspielers beim Studium des Textes/der Rolle nur angelehnt ist.« (ebd., 118)

Daneben werden theaterpädagogische Verfahren in Anlehnung an Scheller (1993) genannt, die es im Prozess der Lektüre erlauben, eine Konkretisierung des Textes zu leisten, die die Innenwelten der Figuren, ihre sozialen Situationen und ihre körperlich-räumlichen Verhaltensweisen betrifft. Anhand einiger Beispiele werden solch grundlegende theaterpädagogische Verfahren wie Rollenbiografien, Sprechhaltungen, Körperhaltungen, Standbilder, räumliche Figurenanordnungen, privater Untertext, bestimmte Improvisationstechniken, Kreuzverhör usw. so weit erläutert, dass eine Vorstellung von diesem theaterpädagogischen Ansatz entsteht. Es darf allerdings nicht vergessen werden, dass neben dem szenischen Spiel von Waldmann eine große Zahl anderer produktiver Verarbeitungsformen benannt werden, die hier außer Betracht bleiben, aber teilweise auch als Anregungen für die Erarbeitung eines Theaterstückes genutzt werden könnten.

2. Theaterspiel als ästhetische Bildung

In einem ästhetisch orientierten Deutschunterricht kommt dem Theaterspielen ein besonderer Stellenwert zu, wenn dieser sich selbst als ästhetische Praxis versteht und andererseits Theaterspiel auch im Amateurbereich als eine solche verstanden werden muss. Diese Argumentation lässt sich dadurch stützen, dass neuere theaterpädagogische Veröffentlichungen genau diesen ästhetischen Aspekt des Theaterspielens betonen: »Amateur- und Schultheater sollten sich innerhalb ihres primär nicht ästhetischen Kontextes demnach an ästhetisch-theatralen Prozessen orientieren. Zwischen der Kunstform Theater [...] und dem kulturellen Modell Theatralität [...] müsste das Amateur- und Schultheater seinen Ort als theatrales Ereignis finden. Es geht um theatrale Prozesse [...], es geht um ästhetische Erfahrungen« (VASSEN 1996, 64).

Unter dem Gesichtspunkt der ästhetischen Erfahrungen wird die Fragestellung über den engeren Bezug zum Deutschunterricht im klassischen Sinn erweitert, auch wenn dieser unter dem Gesichtspunkt handlungsorientierter Verfahren ein zentraler Ort für theatralische Praxis ist, sogar dann, wenn es neben ihm ein Unterrichtsfach »Darstellendes Spiel« gibt – dessen Einführung gelegentlich in Lehrplänen schon vorgenommen wurde (Hamburg) oder wie derzeit in Niedersachsen vorangetrieben wird (Übersicht bei REISS 2000).

Die neuere theaterpädagogische Diskussion zeigt, dass es vor allen und unabhängig von solchen – gewiss sehr wichtigen – Organisationsproblemen des Theaterspielens in der Schule gilt, dem Zusammenhang von Theaterspielen und ästhetischer Bildung in diesem weiteren Sinn noch ein wenig nachzuspüren. Wir wollen dies in Anlehnung an Ulrike Hentschel (1996) und Jürgen Weintz (1998) versuchen und dabei zeigen, dass Theaterspielen im Rahmen des Deutschunterrichts nicht zureichend erfasst werden kann, weil dieser Bereich der ästhetischen Bildung so komplex ist, dass er einen eigenen Ort in der Schule beansprucht. Hentschel entwickelt im Zentrum ihrer umfangreichen Erörterung die These, dass die Spielenden im Prozess der theatralen Gestaltung »ästhetische Erfahrungen« machen, die aus dem Kunstcharakter des theatralen Ereignisses abgeleitet werden. »Ästhetische Bildung [vollzieht] sich im Medium der Kunst, im gestalterischen Vorgang selbst [...]. Damit erübrigen sich auch Zielsetzungen, die vorab bestimmt sind und, aus einer außerästhetischen Praxis abgeleitet, an die ästhetische Bildung herangetragen werden.« (HENTSCHEL 1996, 156) Die inhaltliche Interpretation dessen, was den ästhetischen Bildungsprozess im Theaterspiel ermöglicht, nimmt sie in Bezug auf »praktische« Theatertheorien vor, die das künstlerische Schaffen von Schauspielern erläutern: Stanislawski, Tschechow, Strasberg und Brecht. Die Psychotechnik von Stanislawski zur Erzeugung des »Erlebens« der Rolle, des Erarbeitens einer »inneren Handlung« und der daraus ermöglichten glaubhaften Verkörperung in einer folgerichtigen äußeren Handlung, der Rekurs auf das »emotionale Gedächtnis« des Schauspielers, ohne das er die emotionalen Strukturen einer Situation nicht erarbeiten kann, und die genaue Erarbeitung von physischen Handlungen sind dabei wichtige Grundlagen. Die Betonung der »Emotion« bei der Arbeit an der Rolle findet Hentschel auch bei Strasberg, während sie bei Brecht den gestischen Ausdruck hervorhebt.

Die Spannung zwischen »Erleben« und »Verkörpern«, die einerseits auf die emotionale Bildung in der empathischen Tätigkeit und andererseits auf die Ausbildung des Körperausdrucks in Stimme, Sprache, Rhythmus etc. zielt, ist eine zentrale Argumentationslinie für die Bestimmung des Künstlerischen in der theatralen Gestaltung.

Der Anspruch, das Ästhetische im Theaterspielen als Beschreibung seines ästhetischen Bildungsgehaltes zu verstehen, ist hierdurch allerdings noch nicht vollständig eingelöst. Erst in der Auseinandersetzung mit der modernen Theaterästhetik, den Bedingungen der Produktion und Rezeption ästhetischer theatraler Zeichen, kann dies geschehen (vgl. hierzu FISCHER-LICHTE 1990). Klar wird allerdings auch schon hier, dass dabei eine Fülle von Variablen der ästhetischen Gestaltung eine Rolle spielen – visuelle, akustische, verbale, körperliche etc.

Sie zeigen, dass Theaterspielen in der Schule bzw. im Deutschunterricht ein anspruchsvolles Programm ästhetischer Bildung ermöglicht, die sich beziehen wird auf

- die Erfahrung des ästhetischen Systems des Theaters: seine Sinnlichkeit und Gestaltetheit;
- die Selbsterfahrung des Schauspielers: seine Wahrnehmung, seine Emotionalität, seine Fantasien, seine Körperlichkeit etc.;
- die Erfahrung der Interaktion mit dem Anderen sowohl im Spiel als auch in der Vorbereitung;
- die literarische Erfahrung: literarisches Verstehen als ganzheitliche, sinnliche Verarbeitung des literarischen Textes jenseits von gesprächiger Interpretation;
- die kommunitäre Erfahrung der Aufführung: der Bezug zu einem Publikum, das teilnimmt an dem theatralen Ereignis in der Gemeinsamkeit des Erlebens.

Ähnlich wie Hentschel versucht Weintz eine Begründung der Theaterpädagogik in ihrem Bezug zur Schauspielkunst als ästhetischer Praxis zu formulieren. Ausgehend von einer Bestimmung des Ortes des Ästhetischen in postmodernen Gesellschaften argumentiert er in mehreren, zum Teil zyklischen Ansätzen dafür, ästhetisch-theatralische Prozesse zwischen »bloßem Ästhetizismus und ihrer Instrumentalisierung für pädagogische oder sozialisatorische Zwecke« (WEINTZ 1998, 31) anzusiedeln, bei denen es gleichermaßen um ästhetischen Eigenwert der theatralischen Erfahrung wie auch um Identitätsbildung im Sinne des Bastelns von Sinn sowie um die Bewusstseinsbildung in der Lebenswelt geht. Zwischen der radikalen Autonomie und der sozialen, moralischen oder pädagogischen Einbindung von Kunstproduktion (ebd., 52) will er ästhetische Praxis als Vermittlung verstanden wissen, bei der die Dimension des künstlerischen Ausdrucks (ästhetischer Eigensinn/-wert) mit der Dimension der Subjektbildung (im Sinne von konstruktiver Identitätsarbeit des Individuums) und der Dimension des Sozialen (im Sinne der interaktiven Auseinandersetzung des Individuums mit seiner gesellschaftlichen Umwelt) zusammenkommen soll. Für das Theaterspielen als ästhetische Praxis werden drei Dimensionen hervorgehoben: die künstlerische Dimension des Theaters, die sich auf die Zeichensysteme und ihre artistischen Vermischungen und Verknüpfungen bezieht (in Anlehnung an Fischer-Lichtes Semiotik des Theaters), die subjektive (hier quasi-therapeutische) Dimension, die sich auf die Auseinandersetzung des Theater spielenden Individuums mit den fremden Rollenfiguren in der Einfühlung in sie und in Abgrenzung von ihnen in einem gewissermaßen psychodramatischen Prozess bezieht, und schließlich die soziale Dimension, die sich auf die Einbettung des Theaters in soziale Zusammenhänge bezieht – einerseits in der Thematisierung gesellschaftlicher Zusammenhänge im Spiel, andererseits auch in Konfrontation der Spielwelt mit diesen –, aber ebenso auf die sozialen Funktionen und interaktiven Bedingungen (Zuschauer).

Jede dieser Dimensionen wird mit einer Vielzahl von theatergeschichtlichen Bezügen entfaltet, die das Buch von Weintz zu einer Fundgrube theaterpädagogischer Argumentationen machen. Gerade die Fülle der dargelegten Aspekte zeigt jedoch auch, dass Theaterspielen in der Schule ein weitaus größeres Spektrum an Problemstellungen und Praxisformen enthält, als unter dem traditionellen Konzept des Schultheaters vermutet wird.

3. Theaterspielen in der Schule heute

Eine konsistente und erschöpfende Beschreibung des schulischen Theaterspielens erscheint angesichts der dynamischen Entwicklung dieses Aufgabenbereiches aussichtslos – so komplex sind die Mischungen zwischen eher traditionellen und postmodernen Formen der theaterpädagogischen Spielpraxis. Dies hängt auch mit der Vielfalt und Unübersichtlichkeit der Theaterlandschaft insgesamt zusammen, weshalb wir uns auf einige markante Paradigmen beschränken werden (vgl. LEHMANN 1999; FISCHER-LICHTE 1999; SEITZ 1996; VASSEN u. a. 1998):

Re-Theatralisierung

Um 1900 verstärken sich die Versuche einer Neupositionierung des Theaters gegenüber der dramatischen Literatur, den anderen Künsten, aber auch gegenüber den neuen visuellen Massenmedien. Das Ergebnis ist die Rekonstruktion des Theaters aus seinen elementaren und ursprünglichen Elementen: Bewegung, Tanz, Klang, Raum und Zeit. Die Inszenierung wird als autonomer poetischer Text verstan-

den, der über ein spezifisches, theatralisches Zeichenrepertoire verfügt. Die starre, hierarchische Kopplung von dramatischem Text und
Bühne wird verflüssigt. Von nun an kann das Theater den Text als
Partitur verstehen, ihn perspektivieren, verfremden, ad absurdum
führen, frei montieren, in seiner klanglichen Qualität ausstellen
oder auch ganz auf ihn verzichten. Das Theater zielt nicht mehr auf
die aristotelische Mimesis von Handlung, sondern stellt sich in
seiner Künstlichkeit als Wirklichkeit sui generis aus (Stanislawski,
Craig, Reinhardt, Wachtangow, Meyerhold, Brecht, Artaud, Grotowski, Wilson u. a.).

Die »Entdeckung des Zuschauers«/Ritualisierung

Der Zuschauer wird nicht mehr als unbeteiligter, voyeuristischer
Beobachter verstanden, sondern als Teilnehmer einer säkularisierten
kultischen Handlung, deren Sinn sich erst aus der spezifischen kommunikativen Struktur einer Begegnung ergibt (FISCHER-LICHTE
1997). Die Grenzen zwischen Bühnenraum und Zuschauerraum
werden in der Folge weitgehend aufgehoben bzw. je nach Inszenierung neu geordnet (Fuchs, Meyerhold, Piscator, Artaud, Grotowski
u. a.).

Theater als kollektive Schöpfung

Auf unterschiedliche Weise wird die Leerstelle, die aus der Aufgabe
der Hegemonie des dramatischen Textes resultiert, durch neue Au-
toritäten besetzt. Neben der Beanspruchung dieser Position durch
einen allmächtigen Regisseur (z. B. bei Craig) gewinnt dabei eine
andere Auffassung an Bedeutung: Die Inszenierung entsteht während der Proben als Ergebnis eines Verständigungsprozesses der
Gruppe, in dessen Verlauf Stoffe, Themen und Materialien des
Textes individuell angeeignet und improvisierend »erprobt« werden
(Stanislawski, Grotowski, Brook, Beck, Barba).

Fragmentarisierung, Montage, Intermedialität

Das postdramatische Theater macht Anleihen aus anderen medialen
Formen wie Film, Fernsehen, Popmusik oder Comic, indem es sie
formal (z. B. durch »filmische« Szenengestaltung, Zeitlupenstil,
Montagen, Schnitte) oder materiell (z. B. durch Videoinstallation,

Soundtrack) zitiert und neu montiert, mit »klassischen« Texten konfrontiert, die ihrerseits in bearbeiteter, teilweise in fragmentarisierter Form dargeboten werden. Entscheidend ist dabei, dass die einzelnen Zeichenebenen nicht mehr im Hinblick auf eine eindeutige Lesbarkeit hin synthetisiert werden, sondern in ihrer Überlagerung polyvalente Assoziationen hervorrufen, die sich einer kohärenten Interpretation verweigern (vgl. LEHMANN 1999, 401 ff.; Meyerhold, Piscator, Schechner, Wilson u. a.).

Theater als »Methode der psychologischen Gruppenarbeit« oder als »szenische Sozialforschung«

Theater wird hier als didaktisches Instrument im Hinblick auf die Aufarbeitung persönlicher Konflikte (PETZOLD 1977) bzw. die Untersuchung sozialer Verhältnisse und Verhaltensmuster verstanden (KOCH 1998). Das Ziel ist nicht die Aufführung eines geschlossenen Werkes, sondern die Einsicht in komplexe psychische und soziale Problemzusammenhänge und die Herausarbeitung von Handlungsalternativen im realen Leben (Moreno, Brecht, Boal u. a.).

Spiel auf der Grenze von Fiktion und Realität

Die für das traditionelle Verständnis des Theaters konstitutive Konvention der stillschweigenden Übereinkunft von Akteuren und Zuschauern, dass es sich bei der Aufführung um die Darbietung eines fiktiven Geschehens handelt, die Akteure also unter der Bedingung eines Als-ob handeln, wird systematisch hinterfragt. Dies geschieht häufig auf eine Weise, die den Zuschauer in die irritierende Lage bringt, nicht entscheiden zu können, welche Rezeptionshaltung zu den Vorgängen auf der Bühne angemessen ist. Hans-Thies Lehmann spricht in diesem Zusammenhang von einer »Ästhetik der Unentscheidbarkeit« (LEHMANN 1999, 171). Je nach Anlass kann dieses Oszillieren zwischen ästhetischer und ethisch-pragmatischer Sichtweise komische oder schockierende Effekte produzieren (Meyerhold, Lauwers, Schlingensief).

Erzähltheater

Radikaler und vielfältiger als noch in Bertolt Brechts epischem Theater werden Erzählen und Spielen gegenwärtig miteinander verschränkt. Während Brecht Episierung vor allem als strategisches Mittel zur Erzeugung einer distanzierten, kritischen Zuschauerhaltung mit dem Ziel gesellschaftspolitischer Aufklärung benutzt, ist das neue Erzähltheater ein »[...] Theater der überraschenden Kombinatorik, die Erzählung, Spiel und Material auf ungewöhnliche, vom Zuschauer nicht erwartete Weise verknüpft und in Bewegung bringt« (KURZENBERGER 1998, 230). Der Zuschauer wird von diesem Theater zum Mitspieler, zum »Komplizen« gemacht, weil er aufgefordert ist, sich mit seiner Fantasie und Kombinationsgabe an dieser szenischen *bricolage* zu beteiligen. Neben dem Wechsel dramatischer und erzählender Passagen spielen in diesem Zusammenhang weitere darstellende Formen wie Figuren-, Objekt- und Schattentheater eine wichtige Rolle (Wilson, Brook, Minetti).

Körperlichkeit

Ein zentrales Moment des »postdramatischen Dispositivs« (Lehmann) ist die Fokussierung auf den menschlichen Körper. Nicht nur wird Theater, wie bereits 1905 von Georg Fuchs gefordert, als »rhythmische Bewegung des menschlichen Körpers im Raum« verstanden. Vom privilegierten Ausdrucksmittel ist der Körper mittlerweile zum bevorzugten Thema avanciert. Er erscheint nicht mehr primär als Träger von Bedeutung, sondern verweist in seiner puren Präsenz und physischen Realität (Attraktivität, Stärke, Anmut – aber auch Deformiertheit, Krankheit, Qual) auf sich selbst und zielt, wie beispielsweise im modernen Tanz(theater), auf das »emotionale ›Sharing‹ von Impulsen mit den Zuschauern« (LEHMANN 1999, 371; Fuchs, Artaud, Decroux, Lecoq, Bausch, Grotowski, Barba).

Raumexperimente

Das zeitgenössische Theater verlässt häufig seine festen Spielstätten und setzt auf die Nutzung und Umfunktionierung von Räumen wie öffentlichen Gebäuden und Plätzen, (verlassenen) Industrieanlagen oder Kirchen. Dafür finden sich unterschiedliche Motive: War der Ausgangspunkt freier Gruppen in den siebziger Jahren häufig das politische Anliegen, ein Publikum vor Ort zu erreichen, das vom Theater normalerweise unbeachtet bleibt (ebd., 305), so konzentriert sich mittlerweile das Augenmerk eher auf die ästhetischen und bildsemantischen Aspekte dieser Verlagerung. Die Bandbreite der Raumexperimente geht von der Aufführung eines Stücks in wechselnden, außergewöhnlichen Räumen oder der Inszenierung eines theatralischen Ereignisses für einen bestimmten Raum *(Theatre on Location)* bis hin zur Inszenierung der Räume selbst, die sich der Installation der bildendenden Kunst annähert und mit minimalen szenischen Elementen auskommt. Mitunter wird der Raum zum phantasmagorischen Ort der Erinnerung, in dem die Zuschauer auf individuelle Spurensuche gehen können (Enrique Vargas, Grüber).

Interkulturalität

Das Theater ist von jeher ein Ort der kulturellen Begegnung und des Austauschs gewesen. Aber es waren die klassischen Avantgarden der Theatermoderne, die auf der Suche nach dem Kern des Theaters sowohl die eigenen, durch die Vorherrschaft des Literaturtheaters verschütteten Traditionen der »Volkskultur« wiederentdeckten, als auch auf außereuropäische Theaterformen stießen, die sie für die Neukonstruktion des Theaters emphatisch in Anspruch nahmen. Seither ist Interkulturalität zu einem zentralen Element des modernen Theaters geworden. Erika Fischer-Lichte hat den Vorwurf, diese reduziere sich auf einen stereotypen Exotismus, zurückgewiesen und auf die weit reichenden Möglichkeiten der »Inszenierungen des Fremden« verwiesen: »Indem sie produktiv Elemente fremder Theaterformen rezipieren, können sie vielmehr zum Ort einer permanenten Dynamisierung werden, die nicht nur die fremden übernommenen Elemente, sondern auch das eigene Theater und [...] die eigene Kultur betreffen.« (FISCHER-LICHTE 1999, 20; Craig, Copeau, Meyerhold, Brecht, Artaud, Lecoq, Mnouchkine, Wilson, Barba).

Angesichts der Vielfalt und Komplexität des gegenwärtigen Theaters ist es wenig überraschend, dass Theaterspielen in der Schule heute sich nicht auf die Inszenierung von Dramen reduzieren lässt, sondern durch die lebendige Entwicklung dieser Kunst über viele Formen verfügt. Einen Überblick über diese Entwicklungen und Formen gibt der Sammelband ›Theater in der Schule‹ (2000), der anschaulich dokumentiert, welche unterschiedlichen Akzentuierungen ästhetischer Teilsysteme des Theaters (Musik, Tanz, Körper, Maske) vor-

genommen werden und wie diese Ausdrucksformen in unterschiedlichen Spielformen zur Geltung kommen. Dort wird deutlich, wie
weit das theatralische Feld in der Schule abgesteckt ist: von eigener
Stück-Produktion aus der authentischen Erfahrung von Schülern
heraus, vom Musiktheater, dem Körpertheater, dem Bildertheater,
dem Spiel mit dramatischen Vorlagen, dem Maskenspiel bis zum
Straßentheater und zum Erzähltheater. Das Theater in der Schule
greift mittlerweile die postmoderne Theaterentwicklung auf:»Die
gefundenen und erfundenen Erzählmaterialien bedienen sich häufig
der postmodernen Theatermittel, um eigene Erfahrungen aus und
Erwartungen an ihr Alltagsgeschehen aufzuarbeiten: Erstaunlich
dabei ist, dass hier fraglos die Montagetechniken mit Miniszenen,
Bewegungstheater mit chorischem Sprechen, Musikcollage und
Bildelemente, z. B. auch großflächige Videoprojektionen akzeptiert
sind, so dass die kausal-finale Erlebnisdramatik erst gar nicht versucht wird.« (LIPPERT 2000, 280) Auch in dem Band ›theater spielen‹
(LIPPERT 1998) wird die Bandbreite der Möglichkeiten des theatralischen Spiels in der Schule – aber auch auf außerschulischen Hand-
lungsfeldern – gezeigt: Vom freien Schultheater, der Bearbeitung
großer literarischer Texte (UNGLAUB 1998) über das Improvisations-
theater und Freie Jugendtheaterproduktion im außerschulischen Bereich bis zum »Medialen Theater« (GRUBER 1998), das »an gegenwärtigen Erfahrungs- und Erlebniswelten der Kinder und Jugendlichen« anknüpft (ebd., 151), reicht das Spektrum.

Formen des »postdramatischen« Theaters treten auch in der Schule zunehmend an die Stelle dramentextorientierter Theaterarbeit,
wobei vielfältige Strömungen des modernen professionellen Theaters aufgegriffen werden, sei es über die Tradition des Improvisationstheaters, über das Boal-Theater, vom Theater der Unterdrückten
über den Regenbogen der Wünsche bis zum Legislativen Theater
(vgl. KORRESPONDENZEN 1999), über das postdramatische Theater
im Sinne von Wilson oder das Mediale und das Körpertheater
(VASSEN/KOCH/NEUMANN 1998). Daneben existieren traditionelle
Formen wie Musical, Kabarett, Tanz, Revue, aber auch Formen wie
Schattenspiel, Schwarzlichttheater und das Marionettentheater weiter (vgl. BROICH 1998). Diese Vielfalt der Möglichkeiten für das
Theaterspielen in der Schule widersetzt sich einer schematischen

Systematisierung (zur Internationalisierung der Diskussion vgl. RU-PING/SCHNEIDER 1995).

Spiel- und theaterpädagogische Ansätze sind aus dem heutigen Deutschunterricht nicht mehr wegzudenken. Wenn die ästhetische Bildung von Kindern und Jugendlichen in der Schule verstärkt werden soll, dann müsste auch der zeitliche Spielraum der Theaterarbeit erweitert werden: Ästhetische Qualität lässt sich auf Dauer nicht durch gelegentliche Theatralisierung von Lernprozessen erzeugen. Aber auch die Professionalität der Lehrenden sollte durch eine Verstärkung der theaterpädagogischen Ausbildung gewährleistet sein.

4. Verbundsysteme: Integrativer Deutschunterricht und fächerübergreifendes Lernen

VON FRANK SCHINDLER

Zusammenhänge finden, Verbindungen herstellen, Gemeinsamkeiten, Unterschiede, Parallelen und Kontraste suchen, Anwendungsfälle und Methoden finden, Sichtweisen ergänzen und zusammenführen auf den verschiedenen Ebenen innerhalb des Faches und zwischen den Fächern und in geeigneten Lern-Arrangements im Unterricht realisieren – dies soll hier ohne theoretischen Anspruch unter der »Verbindung von Systemen« und unter »Integration« (vgl. OSSNER/ESSLINGER 1996) verstanden werden. Es geht darum, deutlich zu machen, in welch vielfältigen Bezügen die Unterrichtenden im Literaturunterricht stehen.

Werlen entwickelt den Begriff der »Integrativität« als Intention und Prinzip für die Gestaltung eines integrativen Unterrichts und resümiert: »Integrativität des Deutschunterrichts liegt dann vor, wenn eine bewusste Verbindung von Arbeitsbereichen, Zielen, Methoden intendiert und durchgeführt wird, bzw. dann, wenn eine systematische, nicht zufällige Vernetzung verschiedener Erkenntnismöglichkeiten vorliegt.« (WERLEN 1996, 7) Zur Begründung werden zwei Gesichtspunkte angegeben: Vom Lernen her wird darauf hingewiesen, dass »Themen und Inhalte des Deutschunterrichts bereits ›von sich aus‹ eine rein auf statische und isolierende Zugriffe sich beschränkende Unterrichtsmethodik gar nicht zulassen, sondern dynamische und vernetzende Lehr- und Lernwege nahelegen.« (ebd., 6) Andererseits ist »Integrativität für den Deutschunterricht von besonderem Belang, weil sich dieses Prinzip ›von der Sache her‹ begründen lässt: Der Unterrichtsgegenstand Sprache ist – in welcher Erscheinung er auch immer auftreten mag – so komplex, dass ein integratives Vorgehen notwendig ist.« (ebd., 8)

Die Notwendigkeit, über die traditionellen fachlichen Strukturen der wissenschaftlichen Disziplinen, des Deutschunterrichts und der anderen Schulfächer hinweg Zusammenhänge zu finden und zu stärken, speist sich aus zwei Motiven: Einerseits sind diese fachlichen Strukturen selbst nicht fest gefügt und erweisen sich für wich-

tige Fragestellungen als dysfunktional. Andererseits vollzieht sich
Lernen nicht entlang dieser Strukturen, sie verhindern vielmehr
tendenziell Verallgemeinerungs- und Übertragungsprozesse, die für
das Lernen konstitutiv sind (vgl. HERKNER 1991, WILLENBERG 1999).

1. Notwendigkeit fachübergreifender Arbeit und fächerverbindender Kooperation

Im landläufigen Verständnis teilen die wissenschaftlichen Disziplinen die Welt des Wissens immer noch systematisch und restlos
untereinander auf. Die Fächer der Schule – des Gymnasiums mindestens – sind ihnen zugeordnet und geben sie gewissermaßen im
verkleinerten Maßstab wieder. Wenn ein Klassifikationssystem erst
einmal so gründlich institutionalisiert ist wie das der wissenschaftlichen Disziplinen und – wie im Falle der Schulfächer – noch dazu das
Organisationssystem Schule so vollständig bestimmt (Stundenplan,
Stundentafel, Lehrerausbildung und -einsatz nach Fächern), dann
müssen sich die Sachverhalte nicht selten zu dieser Ordnung beque-
men, selbst wenn erkennbar wird, dass die Strukturen in vielen
Fällen eher hinderlich sind. »Die bis heute in Fächer und Wissens-
elemente eingeteilte Schule gerät zunehmend unter Druck wegen
der offensichtlichen Unzweckmäßigkeit eines allein durch Fächer
und Fachunterrichtsstunden zergliederten Lernens. [...] Die Nachteile sind: isolierte Wissensbestände, die weder horizontal noch innerhalb eines Bildungsganges zusammengefügt werden, ein Über-
gewicht abstrakt-kognitiver gegenüber handlungsbezogen-praxis-
gerechten Zielen, die Ausblendung zentraler Gegenstandbereiche
unter Hinweis auf die Überlastung mit fachlicher Obligatorik.«
(BILDUNGSKOMMISSION NRW 1996, 102 f.)

Bereits bei Gegenständen und Sachverhalten geringerer Komplexität reicht die Perspektive eines Faches allein nicht aus und es
müssen verschiedene Sichtweisen aus unterschiedlichen Richtungen
her eingenommen werden können, um sie zu verstehen. Dies gilt
umso mehr für die Schlüsselthemen unserer Lebenswelt. Schon die
Hauptschulpläne NRW von 1989 machen in Anlehnung an Wolfgang Klafki (1985, 109 f.) die folgende Liste auf:

- »Frieden als individuelle und globale Aufgabe
- Erhaltung der natürlichen Lebensgrundlagen
- Ausgleich von Benachteiligungen von Einzelnen, Gesellschaften und Völkern
- Selbstbestimmungsrecht der Völker
- Streben von Individuen und Völkern nach kultureller Identität
- Erhalt und Streben nach Humanität in einer sich wandelnden Berufs- und Arbeitswelt
- Recht des Menschen auf soziale und politische Partizipation
- Gestaltung der Beziehungen zwischen den Menschen, Gruppen und Völkern
- selbstbestimmte und verantwortliche Rollen- und Aufgaben-verteilung zwischen Frauen und Männern als Individuen und soziale Wesen in Familien, Beruf und Gesellschaft
- Gewährung und Wahrung der Menschenrechte.«

(LEHRPLAN DEUTSCH HAUPTSCHULE NRW 1989, 38).

Diese Liste ließe sich aus heutiger Sicht problemlos um Vieles ergän-zen. Festzuhalten bleibt, dass, was wirklich wichtig ist für uns heute und für die Schülerinnen und Schüler heute und morgen, sich mit fachlichen Zugängen allein gar nicht bearbeiten oder erschließen lässt. So resümiert die Kommission »Zukunft der Bildung«: »Das Nicht-zustandekommen sinnvoller Lernzusammenhänge als Folge der tra-ditionellen Fächerstruktur erzeugt einen Integrationsbedarf, dem die Schule in ihren gegenwärtigen Organisationsformen nur ansatzweise entsprechen kann.« (BILDUNGSKOMMISSION NRW 1996, 103)

2. Arbeit an neuen Themen und Aufgaben

Dem Deutschunterricht werden immer wieder neue Aufgaben bzw. bekannte Aufgaben in neuer Akzentuierung gestellt. So muss er mit der Übernahme wesentlicher Aufgaben der Medienerziehung und -bildung eine explosionsartige Ausweitung eines seiner ureigenen, aber vernachlässigten Bearbeitungsaspekte verkraften, nämlich der Untersuchung der Vermittlungsformen der Texte.

Die Vermittlungsformen der Texte haben zunächst im Unterricht keine große Rolle gespielt. Oralität war gegenüber der Literalität immer von nachrangiger Bedeutung. Typografie und Buchdruck kamen im Deutschunterricht allenfalls am Rande in den Blick. Und sogar gegenüber dem Theater als der originären Vermittlungsform des Dramas wurde meist die Papierform des dramatischen Textes vorgezogen.

Eigentlich erst mit den neuen Medien ist die Frage der Vermittlungsform als drängender Bearbeitungsaspekt für den Deutschunterricht in den Vordergrund getreten: Unter dem Eindruck der Massenmedien als Konkurrenten um die Lese- und Lernzeit der Schülerinnen und Schüler in den sechziger und siebziger Jahren des vergangenen Jahrhunderts wurde die Beschäftigung notgedrungen akzeptiert. Die elektronischen und digitalen Medien einschließlich des Computers und der Netze haben für den Deutschunterricht eine neue Situation geschaffen, unter der er sich drastisch verändert: »Zu den fachlichen Aufgaben des Deutschunterrichts gehört [...] eine umfassende Medienerziehung. Die Vielfalt der Text- und Medienwelten und ihre Lern- und Erfahrungsmöglichkeiten sind exemplarisch zu erschließen. [...] Texte können nicht losgelöst von ihren Vermittlungsformen betrachtet werden. Die Entwicklung der künstlerischen Formensprache und der neuen Informations- und Kommunikationstechnologien zeigt dies besonders deutlich. Deshalb sollen die Schülerinnen und Schüler mehr und mehr lernen, sich in der Welt der Texte, der Massenkommunikations- und künstlerischen Medien [...] und der elektronischen Medien zu orientieren.« (Lehrplan Deutsch Gesamtschule NRW 1998, 40 f.)

Diese Aufgaben sind mittlerweile so vielfältig geworden und vor allem die Informations- und Kommunikationstechnologien durchdringen sämtliche Lebensbereiche in einem solchen Maße, dass ein Unterrichtsfach allein nicht mehr in der Lage ist, die Aufgaben einer umfassend verstandenen Medienerziehung wahrzunehmen. Dementsprechend ist den Schulen in mehreren Ländern in Rahmenkonzepten für die Medienerziehung die Entwicklung eines fachübergreifenden Unterrichts vorgegeben worden, der intensive kollegiale Planung und Kooperation verlangt (vgl. Medien Machen Schule 2000). Der Deutschunterricht gehört in der Regel zum Kern der beteiligten Fächer.

3. Verbindungen schaffen auf den verschiedenen Handlungsebenen

Lernen als eigenaktives Herstellen von Verbindungen, als Vernetzen ist die Aufgabe der Lernenden selbst. Solche Verbindungen entstehen aber umso eher, wenn Vernetzung als Struktur auch den Unterricht auf seinen verschiedenen Ebenen bestimmt.

Die Didaktik für das Fach Deutsch entwickelt die Aufgaben eines modernen Deutschunterrichts in der Regel entlang unterschiedlicher Kategorien, die oft in komplexer Weise ineinander greifen. Dies zeigt sich immer wieder besonders deutlich in den Lehrplänen.

Lehrplanvorgaben werden auf der Ebene des Lehrens z. B. als Lehrziele oder Intentionen bzw. auf der Ebene des Lernens z. B. als Lernziele im Sinne von Kenntnissen, Fähigkeiten und Fertigkeiten, als Qualifikationen oder als Kompetenzen angegeben. Eine genauere Analyse der dabei verwendeten Formulierungen führt in den meisten Fällen auf die drei Kategorien: fachliche Gegenstände, Methoden und Verfahren, Inhalte und Themen. Oft kommen noch Vorgaben hinzu, die eine Verwendung bestimmter Verfahren der Planung und Durchführung von Unterricht betreffen.

Die Gegenstände des Deutschunterrichts sind zunächst vornehmlich die Strukturen der Sprache und die Texte. Vor allem in diesem Bereich formulieren die Lehrpläne am ehesten bindende Vorgaben.

Verfahren und Methoden sind all die zunehmend komplexer werdenden Handlungen, die beim Produzieren und Rezipieren von Sprache und Texten ausgeführt bzw. erlernt werden müssen, um ein kompetenter Sprachteilhaber zu werden: Sprechen und Schreiben, Analysieren und Reflektieren in ihren verschiedenen Ausprägungen und Operationen. Bindende Vorgaben finden sich hier mindestens auf der Ebene der elementaren Operationen, zunehmend aber auch bis hin zu methodologischen Reflexionen.

Die Inhalte und Themen sind die Lebenszusammenhänge, die z. B. in den Bereichen Familie, Arbeitswelt, Partnerschaft etc. in Rede stehen, die allgemeinen Menschheitsthemen wie Liebe und Hass, Sinn des Lebens, Krieg und Frieden etc. und schließlich die Schlüsselprobleme unserer Lebenswelt wie Erhaltung der natürlichen Lebensgrundlagen, Selbstbestimmungsrecht der Völker, Verwirklichung und Wahrung der Menschenrechte etc. Thematische Lehrplanvorgaben bleiben meist auf der Ebene solcher sehr allgemeinen Themenkataloge.

Im Unterricht müssen diese drei Kategorien – Gegenstände, Verfahren, Themen – immer miteinander in Verbindung gebracht werden. Keine ist ohne die jeweils anderen beiden zu haben:

– Kein Deutschunterricht ist denkbar, der sich nur um die Texte und sprachlichen Sachverhalte, nicht aber um die Methoden der sprachlichen Arbeit und um die Themen, die in ihnen verhandelt werden, kümmerte.
– Kein Deutschunterricht kann die Methoden in den Mittelpunkt stellen, ohne an Texten zu arbeiten, die wiederum bestimmte Themen in den Unterricht einbringen.
– Kein Deutschunterricht kann sich schließlich nur um die Themen kümmern, ohne die Texte, in denen sie erscheinen, in den Blick zu nehmen und die Weise, wie wir sie verhandeln.

Das heißt aber auch, dass das Lernen in allen drei Dimensionen vorangebracht werden muss.

Die Verfahren der Planung und der methodischen Gestaltung des Unterrichts wirken mit diesen fachlichen Dimensionen auf komplexe Weise zusammen und sind keinesfalls unabhängig von ihnen zu sehen. Es gibt keine zwangsläufige, aber auch keine beliebige Zuordnung zwischen Unterrichtsmethoden einerseits und Gegenständen, Arbeitsweisen und Themen andererseits.

Hinsichtlich unterrichtsmethodischer und -organisatorischer Vorgaben verhalten sich die Lehrpläne unterschiedlich: Einige listen die verschiedenen Unterrichtsformen und ihre Eignung für bestimmte Lernaufgaben auf, andere machen globale Vorgaben hinsichtlich des quantitativen Anteils bestimmter methodischer Phasen, z. B. für Projektunterricht. Andere wiederum legen ein bestimmtes Verfahren nahe, das besonders geeignet ist, Funktionalität, Komplexität, Flexibilität und Vielfalt der methodischen Zugänge zu sichern.

Konkrete Unterrichtsplanung und konkreter Unterricht müssen Gegenstände, Verfahren und Themen grundsätzlich als simultan gegebene Dimensionen verstehen und immer gleichzeitig im Auge behalten. Dabei werden allerdings die Schwerpunkte wechseln müssen, damit Lernsequenzen entstehen, die Multiperspektivität einerseits und Kontinuität des Lernens andererseits sichern. Hier hilft es, das Verfahren der Planung von Unterrichtsvorhaben, das Lernen und seine Sequenzialität ausdrücklich zu thematisieren.

Mit diesem Zusammenspiel ist im Übrigen auch ein wichtiges Spannungsfeld der didaktischen Diskussion sowohl auf der fachdidaktischen als auch auf der schulpraktischen Ebene beschrieben. In den letzten Jahrzehnten hat sich die Position des didaktischen *mainstream* in diesem Feld merklich verschoben, hin zu einer stärkeren Betonung der Integration gegenüber der Linearität von Lehrgängen und hin zu einer stärkeren Betonung der Methoden, nachdem in den siebziger Jahren mehr die Themen und danach eher die fachlichen Gegenstände im Vordergrund standen.

4. Verbindung der Arbeitsbereiche des Deutschunterrichts

Die Lehrpläne gliedern die Aufgaben des Deutschunterrichts in der Regel in Arbeitsbereiche auf, z. B. Sprechen, Schreiben, Rechtschreibung und Zeichensetzung, Umgang mit Texten, Medien, Reflexion über Sprache und Grammatik. In der letzten Zeit fügen Lehrpläne oft noch einen eigenen Arbeitsbereich »Arbeitstechniken« oder »Methoden« an. Wenn sprachliche Handlungsfähigkeit der Schülerinnen und Schüler die übergeordnete komplexe Zielsetzung des Deutschunterrichts ist, so sind die Arbeitsbereiche unter diesem Gesichtspunkt von vornherein zusammenzuführen.

Aber auch wenn Lehrpläne die Unterrichtsvorgaben im Einzelfall so detailliert wie oben untergliedern, findet sich doch kaum einer, der nicht auf wechselseitige Zusammenhänge und logische Abhängigkeiten der Arbeitsbereiche hinweist. So wird insbesondere immer wieder der Sachzusammenhang von Rechtschreiben mit dem Schreiben, von Medien mit dem Umgang mit Texten, von Grammatik mit der Reflexion über Sprache hervorgehoben. Entsprechend wird subsumiert: Rechtschreiben zum Schreiben, Medien zum Umgang mit Texten und Grammatik zur Reflexion über Sprache, obwohl natürlich auch andere Zusammenhänge bestehen, z. B. zwischen Medien, Sprechen und Schreiben sowie zwischen Rechtschreiben und Grammatik.

Die Notwendigkeit einer Verbindung der Arbeitsbereiche des Deutschunterrichts ist nahezu selbstverständlich: »Allerdings ist der Deutschunterricht bis zu einem gewissen Grade schon immer integrativ: In jeder Deutschstunde wird gesprochen und wird geschrieben, in jeder Stunde wird mit (gesprochenen oder geschriebenen, ggf. durch Medien vermittelten) Texten umgegangen und in jeder Stunde wird auch über Sprache nachgedacht. Entscheidend ist, dass den Schülerinnen und Schülern der Sinnzusammenhang ihres sprachlichen Handelns im Unterricht zum Prozess des sprachlichen Verstehens und sprachlicher Verständigung erhalten bleibt.« (RICHTLINIEN HAUPTSCHULE NRW 1989, 38) So sind die Arbeitsbereiche unter dem Blickwinkel der sprachlichen Handlungsfähigkeit keine distinkten Felder, sondern simultane Dimensionen des Arbeitsraumes Deutschunterricht.

In Projekten liegt das integrative Moment nicht nur formal in den didaktischen Kategorien und ihrem Zusammenspiel bei der Unterrichtsplanung begründet, sondern bestimmt das gesamte didaktisch-methodische Gefüge und die Lernprozesse der Schülerinnen und Schüler unmittelbar: Die Abfolge von Themenfindung, Bestimmung von Teilaspekten und Arbeitsteilungen, Arbeitsplanung, Auswahl und Anwendung von Methoden, Informationserarbeitung und -verarbeitung, Produkterstellung und Präsentation, Kritik und Reflexion wird durchdrungen von dem Wechselspiel zwischen Prozess und Produkt. Dabei sollen die Schülerinnen und Schüler so weit wie möglich selbstständig und nur so weit wie nötig beraten durch die Lehrenden verfahren.

Die Ausgangspunkte für Fragestellungen von Literaturprojekten können ganz unterschiedlich sein, z. B. Probleme und Themen, Texte, Präsentationen von Texten, Autorinnen bzw. Autoren, Orte, Zeitabschnitte usw. Die Ergebnisse solcher Projekte können z. B. Facharbeiten einzelner Schülerinnen bzw. Schüler sein. Gemeinsame Vorhaben einer Lerngruppe münden häufig in Inszenierungen, Veranstaltungen oder umfangreichere Dokumentationen.

5. Fachübergreifender und fächerverbindender Unterricht

Bereits in den ›Empfehlungen zur Arbeit in der gymnasialen Oberstufe‹ von 1977 beschließt die KMK unter der Überschrift »Berücksichtigung fachübergreifender und neuer Fragestellungen«: »Die Didaktik der Kurse macht eine curriculare Revision der Lerninhalte
erforderlich, hierbei sollen möglichst auch fachübergreifende und
interdisziplinäre Fragestellungen berücksichtigt werden.« (KULTUS-
MINISTERKONFERENZ 1977, 6.1.3) Seitdem sind in zunehmendem Maße in die Lehrpläne – nicht nur der gymnasialen Oberstufe – Formulierungen aufgenommen worden, die fachübergreifenden und fächerverbindenden Unterricht nahe legen bzw. in Teilen verbindlich
machen. So setzen z. B. neue Richtlinien für die gymnasiale Oberstufe
einen besonderen Akzent: »So wichtig es ist, durch systematische
fachliche Arbeit fachliche Kompetenzen zu fördern, so bedeutsam ist
es, die Fachperspektive zu überschreiten. Durch fachübergreifendes
und fächerverbindendes Lernen wird eine mehrperspektivische Betrachtung der Wirklichkeit gefördert und es werden damit auch über-
greifende Einsichten, Fähigkeiten, Arbeitsmethoden und Lernstrate-
gien entwickelt, die unterschiedliche Perspektiven für gemeinsame
Klärungen und Problemlösungsstrategien verbinden und so zur
Kenntnis der komplexen und interdependenten Probleme der Gegenwart beitragen. Deshalb gehört das Überschreiten der Fächergrenzen,
das Einüben in die Verständigung über Differenzen und über Differenzen hinweg neben dem Fachunterricht zu den tragenden Prinzipien
der gymnasialen Oberstufe.« (RICHTLINIEN SEK II NRW 1999, XVIII)
   Das Verhältnis der in einem fächerverbindenden Unterricht ko-
operierenden Fächer kann unterschiedlich gestaltet sein. So unterscheidet Huber:
   »Komplementär: Eine Sicht oder Erfahrung ergänzt die andere.«
(Z. B. Romantik in der deutschen und in der englischen Literatur, in
Deutsch und Englisch)
   »Konzentrisch: Mehrere Sichtweisen richten sich auf einen gemeinsamen Gegenstand oder Problembereich.« (Z. B. Expressionismus als Epochenstil, in Deutsch, Kunst, Musik, Geschichte; Verant-
wortung des Wissenschaftlers in der modernen Welt, in Deutsch,
Philosophie, Physik, Biologie)

»Kontrastiv oder dialogisch: Eine Sicht oder Erfahrung wider-
spricht der anderen, relativiert sie. Es geht um gegenseitiges Verstehen oder Übersetzen.« (Z. B. die Gottes-Figur in Borcherts ›Drau-
ßen vor der Tür‹ und Bonhoeffers Gottes-Begriff im Zusammenhang mit Kriegserfahrungen, in Deutsch, Religion und Geschichte)

»Reflexiv: Mit Hilfe anderer Sichtweisen, die bewusst als solche
eingenommen werden, wird die eigene, die des eigenen Faches reflektiert.« (Z. B. Wissenschaftsverständnis von Geisteswissenschaften und Naturwissenschaften, in Deutsch, Philosophie, Physik) (Hu-
BER 1997, 65)

6. Kooperation mit anderen Fächern in Bildungsgängen und -profilen

Bereits die Kooperation in einem zeitweise fächerübergreifenden
Unterricht erfordert – mindestens in der gymnasialen Oberstufe,
aber auch in vielen höheren Klassen der Sekundarstufe-I-Schulen –
unterrichtsorganisatorische Vorkehrungen, um realisierbar zu sein:
Es müssen Planungsverfahren und Zeiträume festgelegt und Phasen
der Präsentation und Evaluation vereinbart und durchgeführt werden. Solche institutionellen Voraussetzungen binden ihrerseits,
wenn sie einmal geschaffen sind, die Unterrichtenden in eine Kooperation ein und fördern koordiniertes und ggf. gemeinsames Unterrichten. So legen jüngere Richtlinien- und Lehrplanwerke, z. B. der
Gesamtschulen, die Entwicklung von Jahresarbeitsplänen nahe, in
denen sowohl über die ganze Jahrgangsstufe hinweg als auch besonders in Phasen von verbindlichem Projektunterricht die Arbeit curricular koordiniert und zusammengeführt werden soll.

Bei einer intensiven gemeinsamen Planung für einen solchen
Unterricht können sog. Unterrichtspartituren entstehen, in denen
die Arbeitsvorhaben der verschiedenen Fächer aufeinander abgestimmt – sei es im Gleichklang, im Kontrast oder in bewusster Polyphonie – synchron und übersichtlich dargestellt werden können.
Darüber hinaus gibt es Verbundsysteme, in denen die gemeinsame
Entwicklung, die kooperative Planung und die koordinierte Durchführung von Unterricht konstitutiv sind. Das trifft für manche

Organisationsmodelle der Oberstufen in Gymnasien und Gesamtschulen, aber auch für die jüngsten didaktischen Konzeptionen im
berufsbildenden Schulwesen zu.

In so genannten Profil-Oberstufen werden, grob gesagt, Fächer
institutionell miteinander gekoppelt und die Schülerinnen und Schüler wählen hier einen fachlichen Schwerpunkt aus zwei Fächern statt
einzelne Fächer. Damit ist zwar die Wahlfreiheit und Kombinierbar-
keit der Fächer etwas eingeschränkt, aber die Möglichkeiten einer
koordinierten und zusammengeführten Bearbeitung von allgemeinen Themenstellungen in mehr als einem Fach sind deutlich verbes-
sert. Daneben gibt es unterschiedliche Modelle freier Koppelung.

Eine besondere Form der Kooperation über die Fächer hinweg ist
in der gymnasialen Oberstufe erforderlich, wenn von der so genannte Substitutionsregelung Gebrauch gemacht wird: »Sofern die
in den Fächern Deutsch, Fremdsprache, Mathematik zu vermittelnden grundlegenden Kompetenzen in Grundkursen anderer Fächer
curricular abgesichert und systematisch ausgewiesen sind, können
bis zu vier solcher Kurse auf die Beleg- und Einbringungsverpflich-
tungen in den Fächern Deutsch, Fremdsprache, Mathematik ange-
rechnet werden, in einem Fach jedoch nicht mehr als zwei Kurse
(Substitutionsregelung).« (KULTUSMINISTERKONFERENZ 1999, 7.4.3)

Die Mitarbeit des Deutschunterrichts in solchen Modellen ist wegen des hohen Verbindlichkeitsgrades und der Auswirkungen auf die
Schullaufbahnen der Schülerinnen und Schüler besonders verant-
wortungs- und anspruchsvoll. Gleichwohl fehlen hier bis heute weitgehend Hilfen der Fachdidaktik. So bleibt den Deutschkolleginnen
und -kollegen nichts anderes übrig, als gemeinsam mit den Unterrichtenden der anderen Fächer die Lerngelegenheiten für die im Fach
Deutsch zu vermittelnden sprachlichen Kompetenzen und Wissensbestände in deren Unterricht zu ermitteln, Ergänzungen vorzuschla-
gen und selbst passende Unterrichtsvorhaben zu entwickeln.

7. Deutschunterricht in den dualen Bildungsgängen des berufsbildenden Schulwesens

Im berufsbildenden Schulwesen (vgl. SCHINDLER 2000) werden unterschieden: der berufsbezogene Lernbereich, der berufsübergreifende Lernbereich und der Wahlbereich. Die Lehrpläne für den berufsbezogenen Lernbereich sind in den dualen Bildungsgängen nicht mehr nach Fächern, sondern nach Lernfeldern strukturiert. »Lernfelder sind curriculare Organisationseinheiten, die exemplarisch berufliche Handlungs- und Tätigkeitsfelder didaktisch für schulische Lernprozesse aufbereiten. [...] Die lernfeldstrukturierten Lehrpläne setzen den Rahmen für die schulische Umsetzung im konkreten Bildungsgang und fordern dabei die Berücksichtigung regional- und schulspezifischer Belange ein. Die Lernfelder werden für die Unterrichtsarbeit in Form von Lernsituationen präzisiert.« (RICHTLINIEN BERUFSKOLLEG NRW 2000, XX).

Das Fach Deutsch/Kommunikation gehört zum berufsübergreifenden Bereich, der nach wie vor nach Fächern untergliedert ist. Deshalb sind die Lehrpläne hier auch nach wie vor fachbezogen. Der Lehrplan für NRW besteht im Kern aus

- einer Liste von sprachlichen Kompetenzen, die für berufsbezogene und berufsübergreifende Situationen bedeutsam sind
- sowie aus den Verfahrensvorschriften
- die beruflichen Lernfelder nach den Lerngelegenheiten für diese Kompetenzen zu befragen
- bei der Ausgestaltung dieser Lerngelegenheiten mitzuhelfen
- Kompetenzen, für die keine Lerngelegenheiten in beruflichen Lernfeldern bestehen, autonom zu fördern.

Die Kooperation muss zwischen den Unterrichtenden des berufsbezogenen Bereichs und denen des berufsübergreifenden Bereichs für jeden Bildungsgang separat in einer so genannten Bildungsgangskonferenz erfolgen: »Ihre vorrangige Aufgabe ist die Entwicklung von Lernsituationen im Rahmen der didaktischen Jahresplanung, wobei sowohl in der didaktischen Jahresplanung wie in der Planung und Realisierung von Lernsituationen die Lernbereiche gemeinsam und so weit wie möglich integrativ arbeiten. [...] Um hierfür ihren Beitrag leisten zu können, ist es für die Unterrichtenden im Fach Deutsch/Kommunikation erforderlich, sich einen Überblick zu verschaffen über die in den Lernfeldern des jeweiligen Ausbildungsberufs implizit und explizit enthaltenen Lerngelegenheiten zur Förderung derjenigen sprachlichen Kompetenzen, die der Lehrplan Deutsch/Kommunikation [...] vorsieht.« (ebd.)

Als ein Hilfsinstrument für diesen Überblick wird die Erstellung von »Konspekten« vorgeschlagen, in denen die sprachlichen Kompetenzen und die Kompetenzformulierungen der berufsbezogenen Lernfelder aufeinander bezogen werden. »Die Konspekte der sprachlichen und beruflichen Kompetenzen zeigen, welche Lerngelegenheiten für sprachliches Lernen die (beruflichen) Lernfelder in ihren möglichen (beruflichen) Lernsituationen eröffnen. Für die Kollegin/ den Kollegen des Unterrichtsfaches Deutsch/Kommunikation wird dabei deutlich, welche Kompetenzen im Blick auf den jeweiligen Beruf besonders bedeutsam sind und welche Kompetenzentwicklung das Fach eher autonom angehen muss.« (ebd.)

Trotz dieses formalen Hilfsmittels bleibt die didaktische Arbeit für die Unterrichtenden des Faches Deutsch/Kommunikation in den dualen Bildungsgängen eine schwierige Aufgabe. Sie müssen bei dieser Kooperation den Blick auf die Bedürfnisse der Lernenden behalten und gleichzeitig zwischen der Scylla der Selbstaufgabe des Faches und der Charybdis abgehobener Bedeutungslosigkeit für den beruflichen Zusammenhang hindurchsteuern.

Für den Literaturunterricht ist dies zweifellos erheblich schwerer als für den Sprachunterricht, und für manche beruflichen Bildungsgänge und ihre Lernfelder ist dies leichter vorstellbar als für andere. Selten bieten literarische Texte aus der Arbeitswelt so hervorragende Ansatzpunkte sowohl für eine Entwicklung von beruflichen Lernsituationen als auch für die Ziele eines produktiven Literaturunterrichts wie das Stück ›Top Dogs‹ (1997) von Urs Widmer. Dieses Stück über die »Runderneuerung« und das »Recycling« abgehalfterter Manager trifft Kernfragen des heutigen Berufslebens in weiten Teilen des Berufsfeldes Wirtschaft und Verwaltung und stellt damit eine mögliche Lebenswelt für die Schülerinnen und Schüler dieser Berufe auf satirisch-kritische Weise dar. Die theatralischen Mittel, die Widmer verwendet – wie Bewegungstheater, Gruppenchoreografien – bieten sich für schulische Lerngruppen zur Selbstinszenierung von Szenen des Stückes sowie zur Nutzung für eigene Spielideen geradezu an.

Die Fachdidaktik Deutsch hat für den Deutschunterricht im beruflichen, insbesondere im dualen System wenig anzubieten, weil sie dieses Feld bisher weitgehend ignoriert hat, obwohl ca. $2/3$ aller Schülerinnen und Schüler Bildungsgänge im beruflichen Schulwesen durchlaufen und hier Unterricht im Fach Deutsch erhalten.

Anhang

Bibliografie

ABRAHAM, Ulf 1994: Lesarten – Schreibarten. Formen der Wiedergabe und Besprechung literarischer Texte. Stuttgart.

ABRAHAM, Ulf 1996: StilGestalten. Geschichte und Systematik der Rede vom Stil in der Deutschdidaktik. Tübingen.

ABRAHAM, Ulf 1998: Übergänge. Literatur, Sozialisation und literarisches Lernen. Wiesbaden, Opladen.

ABRAHAM, Ulf 1999: Vorstellungsbildung und Literaturunterricht. In: K. H. Spinner (Hg.): Neue Wege im Literaturunterricht. Hannover, S. 10–20.

ABRAHAM, Ulf 2000: Das a/Andere W/wahrnehmen. Über den Beitrag von Literaturgebrauch und literarischem Lernen zur ästhetischen Bildung (nicht nur) im Deutschunterricht. In: Mitteilungen des Deutschen Germanistenverbandes, H.1, Ästhetische Bildung, S.10–22.

AEBLI, Hans 1980: Denken: Das Ordnen des Tuns. Bd. 2: Denkprozesse. Stuttgart.

ALBERSMEIER, Franz-Josef/Volker ROLOFF (Hgg.) 1989: Literaturverfilmungen. Frankfurt a. M.

ALTHUSSER, Louis 1985: Philosophie und spontane Philosophie der Wissenschaftler. Schriften Bd. 4. Berlin.

ANDRINGA, Els 1989: Developments in Literary Reading: Aspects, Perspectives and Questions. In: Spiel 8, H. 1, S.1–24.

ARENS, Bernd 1980: Texte als Sprechpartituren. In: Peter Conrady u. a. (Hgg.): Literaturunterricht 5–10. München, Wien, Baltimore, S. 182–202.

ARNING, M. 2000 a: Erinnerung, die folgenlos bleibt, wird überflüssig, in: Frankfurter Rundschau v. 8. 9.

ARNING, M. 2000 b: Von der Zertrümmerung eingeschliffener Begriffe. Historiker denken über die Zukunft des Erinnerns an Vergangenes nach, in: Frankfurter Rundschau v. 11. 9.

ARNOLD, Heinz Ludwig/Heinrich DETERING (Hgg.) 1996: Grundzüge der Literaturwissenschaft. München.

ASSMANN, Aleida 1993: Arbeit am nationalen Gedächtnis. Eine kurze Geschichte der deutschen Bildungsidee. Frankfurt/M., New York.

AUER, Peter/Inci DIRIM 2000: Das versteckte Prestige des Türkischen. In: Ingrid Gogolin/Bernhard Nauck (Hgg.): Migration, gesellschaftliche Differenzierung und Bildung. Opladen, S. 97–112.

AUFENANGER, Stefan 2000: Repräsentative und standardisierte Befragung zur Hörfunknutzung von Kindern. In: Ingrid Paus-Haase/Stefan Aufenanger/Uwe Mattusch: Hörfunknutzung von Kindern. Berlin, S. 73–110.

AUST, Hugo 1983: Lesen. Überlegungen zum sprachlichen Verstehen. Tübingen.

BAACKE, Dieter [6]1989: Die Sechs- bis Zwölfjährigen: Einführung in die Probleme des Kindesalters. Vollst. überarb. Neuausgabe. Weinheim, Basel.

BAACKE, Dieter/Franz-Josef RÖLL (Hgg.) 1995: Weltbilder. Wahrnehmung. Wirklichkeit. Der ästhetisch organisierte Lernprozeß. Opladen.

BAACKE, Dieter 1999: Die neue Medien-Generation im New Age of Visual Thinking: Kinder- und Jugendkultur in der Medienkultur. In: Ingrid Gogolin/Dieter Lenzen (Hgg.): Medien-Generation. Opladen, S. 137–159.

BAACKE, Dieter/Uwe SANDER/Ralf VOLLBRECHT 1990: Lebenswelten sind Medienwelten. Opladen.

BACHMAIR, Ben 1993: TV-Kids. Ravensburg.

BAMBACH, Heide 1989: Erfundene Geschichten erzählen es richtig. Lesen und Leben in der Schule. Konstanz.

BAMBACH, Heide 1999: »Erfundene Geschichten sind wie Träume …« – Wie die Texte von Kindern an literarischen Vorbildern wachsen. In: Matthias Duderstadt/Claus Forytta (Hgg.): Literarisches Lernen. Frankfurt/M., S. 243–261.

BARK, Joachim/Jürgen FÖRSTER (Hg.) 2000: Schlüsseltexte zur neuen Lesepraxis. Poststrukturalistische Literaturtheorie und -didaktik. Texte und Kommentare, Stuttgart.

BARTHES, Roland 1969: Literatur heute. In: Ders.: Literatur und Geschichte, Ffm., S. 70–84.

BARTHES, Roland 1987: SZ. Frankfurt/M., S. 7–21.

BARTHES, Roland 1988: Einführung in die strukturale Analyse von Erzählungen. In: Ders.: Das semiologische Abenteuer. Frankfurt a. M., S. 102–143.

BARTNITZKY, Horst 1987/2000: Sprachunterricht heute. Frankfurt/M. 1987; völlig überarbeitete Neuausgabe 2000.

BARTON, David/Mary HAMILTON/Roz IVANIČ (Hgg.) 2000: Situated Literacies. Reading and writing in context. London, New York.

BAUMGÄRTNER, Alfred Clemens/Malte DAHRENDORF (Hgg.) 1970: Wozu Literatur in der Schule? Braunschweig.

BAUMGÄRTNER, Alfred Clemens/Malte DAHRENDORF (Hgg.) 1977/[2]1979: Zurück zum Literatur-Unterricht? Braunschweig.

BAURMANN, Jürgen/Rüdiger WEINGARTEN 1999: Internet und Deutschunterricht. In: Praxis Deutsch, H. 158, S. 17–26.

BEIMDICK, Walter 1980: Theater und Schule. Grundzüge einer Theaterpädagogik. 2. durchgesehene und erweiterte Auflage. München.

BEISBART, Ortwin 1989: Schreiben als Lernprozeß. Anmerkungen zu einem wenig beachteten sprachdidaktischen Problem. In: Der Deutschunterricht 41, H. 3, S. 5–16.

BEISBART, Ortwin/Ulrich EISENBEISS/Gerhard KOSS/Dieter MARENBACH (Hgg.) 1993: Leseförderung und Leseerziehung. Theorie und Praxis des Umgangs mit Büchern für junge Leser. Donauwörth.

BELLER, Hans (Hg.) [3]1999: Handbuch der Filmmontage. Praxis und Prinzipien des Filmschnitts. München.

BENJAMIN, Walter 1996: Das Kunstwerk im Zeitalter seiner technischen Reproduzierbarkeit: Drei Studien zur Kunstsoziologie. Frankfurt/M.

BERTSCHI-KAUFMANN, Andrea 1998: Kinderliteratur und literarisches Lernen: Lese- und Schreibentwicklung im offenen Unterricht. In: Karin Richter/ Bettina Hurrelmann (Hgg.): Kinderliteratur im Unterricht. Weinheim, S. 199–214.

BERTSCHI-KAUFMANN, Andrea 2000: Lesen und Schreiben in einer Medienumgebung. Aarau.

BETTELHEIM, Bruno 1977: Kinder brauchen Märchen. München.

BETTELHEIM, Bruno 1990: Themen meines Lebens. Essays über Psychoanalyse, Kindererziehung und das jüdische Schicksal. Stuttgart, S. 109–123.

BILDUNG UND KULTUR 1999: Fachserie 11, Reihe 1, Allgemeinbildende Schulen, Schuljahr 1998/99. Hg. vom Statistischen Bundesamt, Wiesbaden.

BILDUNGSKOMMISSION NRW 1996: Zukunft der Bildung – Schule der Zukunft. Neuwied.

BLOOM, B. S. 1976: Human characteristics and school learning. New York.

BLOOM, Harold 1994: The Western Canon – The Books and School of the Age. New York/San Diego/London.

BOFINGER, Jürgen/Brigitta LUTZ/Dieter SPANHEL 1999: Das Freizeit- und Medienverhalten von Hauptschülern. München.

BOGDAL, Klaus-Michael 1993 a: Postmoderne, die neue Gründerzeit. In: Praxis Deutsch 20, H. 121, S. 7–10.

BOGDAL, Klaus-Michael 1993b: »Mein ganz persönlicher Duft.« »Das Parfüm«, die Didaktik und der Deutschunterricht. In: Diskussion Deutsch, H. 130, S. 124–133.

BOGDAL, Klaus-Michael 1993 c: »Das Urteil kommt nicht mit einemmal«. Symptomale Lektüre und historische Diskursanalyse von Kafkas ›Vor dem Gesetz‹. In: Ders. (Hg.): Neue Literaturtheorien in der Praxis. Opladen, S. 43–63.

BOGDAL, Klaus-Michael 1996: Problematisierungen der Hermeneutik im Zeichen des Poststrukturalismus. In: Heinz Ludwig Arnold/Heinrich Detering (Hgg.): Grundzüge der Literaturwissenschaft. München, S. 137–156.

BOGDAL, Klaus-Michael 1998: Klimawechsel. Eine kleine Meteorologie der Gegenwartsliteratur. In: Andreas Erb (Hg.): Baustelle Gegenwartsliteratur. Die neunziger Jahre. Opladen, S. 9–31.

BOGDAL, Klaus-Michael 1999a: Bildungsprozesse und Literatur: Subjektwerdung in der Moderne. In: Autorität der/in Sprache, Literatur, Neuen Medien. Vorträge des Bonner Germanistentages 1997, Bd. 1. Hg. v. J. Fohrmann, I. Kasten und E. Neuland, Bielefeld, S. 210–233.

BOGDAL, Klaus-Michael 1999 b: Historische Diskursanalyse der Literatur, Wiesbaden, Opladen.

BOGDAL, Klaus-Michael/Eva NEULAND/Helmut SCHEUER (Hgg.) 1998: Umbrüche. Der Deutschunterricht 56, H. 6.

BOGDAL, Klaus-Michael/Clemens KAMMLER (Hgg.) 2000: (K)ein Kanon. 30 Schulklassiker neu gelesen. München.

BÖHLER, Michael 1990: Der Lektürekanon in der deutschsprachigen Schweiz. Eine Problemskizze. In: Kochan 1990, S. 9–63.

BÖHME, H./P. MATUSSEK/L. MÜLLER 2000: Orientierung Kulturwissenschaft. Was sie kann, was sie will. Reinbek b. Hamburg.

BOLZ, Norbert 1994: Für eine posthumane Kultur. In: A. Kuhlmann (Hg.): Philosophische Ansichten der Moderne. Frankfurt/M., S. 133-154.

BONFADELLI, Heinz/Angela FRITZ/Renate KÖCHER 1993: Lesesozialisation. Bd. 2: Leseerfahrungen und Lesekarrieren. Mit einer Synopse von Ulrich Saxer. Gütersloh.

BORDWELL, David 2001: Visual Style in Cinema. Frankfurt/M.

BORRIES, Bodo v./H.-J. PANDEL/J. RÜSEN 1991: Geschichtsbewusstsein empirisch. Pfaffenweiler.

BORRMANN, Andreas 1999: Eine Hypertext-Interpretation zu einem vernetzten Roman. In: Praxis Deutsch 26, H. 158, S. 59–64.

BOSSE, Heinrich 1978: Dichter kann man nicht bilden. Zur Veränderung der Schulrhetorik nach 1770. In: Jahrbuch für Internationale Germanistik 10, S. 80–125.

BOURDIEU, Pierre 1974: Zur Soziologie der symbolischen Formen. Frankfurt/M.

BOSSINADE, Johanna 2000: Poststrukturalistische Literaturtheorie. Stuttgart.

BOURDIEU, Pierre 1987: Die feinen Unterschiede. Kritik der gesellschaftlichen Urteilskraft. Frankfurt a. M.

BOURDIEU, Pierre 1998: Über das Fernsehen. Frankfurt/M.

BRÄUER, Gerd 1999: Schreibend lernen. Grundlagen einer theoretischen und praktischen Schreibpädagogik. Innsbruck, Wien.

BRÄUER, Gerd 2000: Schreiben als reflexive Praxis. Freiburg/Br.

BRAUN, Barbara 1995: Vorläufer der literarischen Sozialisation in der frühen Kindheit – eine entwicklungspsychologische Fallstudie. Frankfurt/M.

BROICH, Josef: 1998: Spielbibliographie 2. Köln.

BRUNER, Jerome S. 1971: Über kognitive Entwicklung. In: J. S. Bruner u. a.: Studien zur kognitiven Entwicklung. Stuttgart, S. 21–53.

BUCK, Günther 1983: Literarischer Kanon und Geschichtlichkeit. Zur Logik des literarischen Paradigmenwechsels. In: DVjs 57, S. 351–365.

BUDDECKE, Wolfram/Helmut FUHRMANN 1984: Zur Geschichte und Didaktik des zeitgenössischen deutschsprachigen Dramas. In: Der Deutschunterricht 26, H. 3. S. 3–21.

BÜHLER, Charlotte/Josephine BILZ 1918 [1958]: Das Märchen und die Phantasie des Kindes. München.

BÜTOW, Wilfried u. a. 1977: Methodik. Deutschunterricht. Literatur. Berlin.

CHARLTON, Michael 1997: Rezeptionsforschung als Aufgabe einer interdisziplinären Medienwissenschaft. In: Charlton, Michael/Schneider, Sylvia (Hgg.): Rezeptionsforschung. Theorien und Untersuchungen zum Umgang mit Massenmedien. Köln, S. 16–39.

CHRIST, Hannelore u. a. (Hgg.) 1995: »Ja, aber es kann doch sein ...«. In der Schule literarische Gespräche führen. Frankfurt/M.

CHRISTIANSEN, Frank/Volker GREGER 1993: Dem Wirkungspotential auf der Spur – Fortschritte der qualitativen Inhaltsanalyse von Filmen. In: medien praktisch, H. 1, S. 56–58.

CHRISTMANN, Ursula/Norbert GROEBEN 1999: Psychologie des Lesens. In: Franzmann u. a., S. 145–223.

DAHMEN, Katja 1994: Leseverhalten von Grundschulkindern. Unveröffentlichte Staatsexamensarbeit, Paderborn.

DAHRENDORF, Malte 1998: Überlegungen zur immanenten Didaktik und Pädagogik der Kinder- und Jugendliteratur. In: Karin Richter/Bettina Hurrelmann (Hgg.): Kinderliteratur im Unterricht. Theorien und Modelle zur Kinder- und Jugendliteratur im pädagogisch-didaktischen Kontext. Weinheim, München, S. 11–25.

DEHN, Mechthild [4]1988: Zeit für die Schrift. Lesenlernen und Schreibenkönnen. Bochum.

DEHN, Mechthild 1991: Bilderbuch, Zeitung und Autoatlas. Zur Entwicklung eines Begriffs vom Lesen: In: Die Grundschulzeitschrift 5, H. 41, S. 3.

DENK, Rudolf 1977: Erziehung zum Umgang mit Medien. Freiburg i.Br.

DOELKER, Christian 1991: Kulturtechnik Fernsehen. Analyse eines Mediums. Stuttgart.

DOELKER, Christian 1997: Ein Bild ist mehr als ein Bild. Visuelle Kompetenz in der Multimedia-Gesellschaft. Stuttgart.

DÖRING, Nicola 1999: Sozialpsychologie des Internet. Die Bedeutung des Internet für Kommunikationsprozesse, Identitäten, soziale Beziehungen und Gruppen. Göttingen, Düsseldorf.

ECKERMANN, Karin 1976: Moderne Lyrik und Realität. Düsseldorf.

ECKERT, Roland u. a. 1991: Auf digitalen Pfaden. Die Kulturen von Hackern, Programmierern, Crackern und Spielern. Opladen.

ECO, Umberto 1987: Lector in Fabula. Die Mitarbeit der Interpretation in erzählenden Texten. München; zit. nach der Tb-Ausgabe München 1990.

ECO, Umberto 1988: Die Innovation im Seriellen. In: Umberto Eco: Über Spiegel und andere Phänomene. München, Wien, S. 155–180.

EGGERT, Hartmut 1980: Literarische Rollenspiele. In: Der Deutschunterricht 32, H. 4, S. 80–86.

EGGERT, Hartmut 1997a: Literarische Bildung oder Leselust? Aufgaben des Literaturunterrichts in der literarischen Sozialisation. In: Michael Kämper-van den Boogaart (Hg.): Das Literatursystem der Gegenwart und die Gegenwart der Schule. Baltmannsweiler, S. 45 – 62.

EGGERT, Hartmut 1998: Literarische Bildung ohne Schule? Überlegungen zur Spätphase literarischer Sozialisation. In: Der Deutschunterricht 56, H. 6, S. 38–45.

EGGERT, Hartmut/Michael RUTSCHKY (Hgg.) 1978: Literarisches Rollenspiel in der Schule. Heidelberg.

EGGERT, Hartmut/Werner GRAF (Hgg.) 1989: Lesen im Medienalltag. (Literatur & Erfahrung 21). Berlin.

EGGERT, Hartmut/Christine GARBE 1995: Literarische Sozialisation. Stuttgart.

EGGERT, Hartmut/Christine GARBE/Irmela Marei KRÜGER-FÜRHOFF/Michael KUMPFMÜLLER 2000: Literarische Intellektualität in der Mediengesellschaft. München.

EHLICH, Konrad (Hg.) 1980: Erzählen im Alltag. Frankfurt/M.

EIBL, Karl 1998: Textkörper und Textbedeutung. Über die Aggregatzustände von Literatur, mit einigen Beispielen aus der Geschichte des Fauststoffes. In: Heydebrand 1998, S. 60–77.

EIGENWALD, Rolf 1996: Lehrling, Lehrer, Herr und Knecht. Anmerkungen zu Referendariat und Literaturunterricht. In: Bodo Lecke (Hg.): Literaturstudium und Deutschunterricht auf neuen Wegen, Frankfurt/M., Bern, S. 87–108.

ENGELMANN, Susanne 1925 [1952]: Methodik des Deutschen Unterrichts. Hannover.

ERDMANN, K. D. 1969: Vorwort. In: H. Roth (Hg.): Begabung und Lernen, Stuttgart, S. 5–6.

ERLINGER, Hans Dieter/Gudrun MARCI-BOEHNKE (Hgg.) 1999: Deutschdidaktik und Medienerziehung: Kulturtechnik Medienkompetenz in Unterricht und Studium. München.

ESCHENAUER, Barbara 1992: Medienpädagogik in den Lehrplänen: eine wichtige Nebensache. In: Wolfgang Schill/Gerhard Tulodziecki/Wolf-Rüdiger Wagner (Hgg.): Medienpädagogisches Handeln in der Schule. Opladen, S. 73–85.

EVERLING, Esther 1988: Ein Hörspiel produzieren. Aneignung sprachlicher und technischer Gestaltungselemente in der Sekundarstufe I. Frankfurt/M.

EWERS, Hans-Heino (Hg.) 1994: Jugendkultur im Adoleszenzroman. Jugendliteratur der 80er und 90er Jahre zwischen Moderne und Postmoderne. Weinheim, München.

EWERS, Hans-Heino 1996: Eine folgenreiche, aber fragwürdige Verurteilung aller »spezifischen Jugendliteratur«. Anmerkungen zu Heinrich Wolgasts Schrift »Das Elend unserer Jugendliteratur« von 1896. In: Bernd Dolle-Weinkauf/Hans-Heino Ewers (Hgg.): Theorien der Jugendlektüre. Beiträge zur Kinder- und Jugendliteraturkritik seit Wolgast. Weinheim, München, S. 9–25.

EWERS, Hans-Heino 1997: Kinderliteratur, Literaturerwerb und literarische Bildung. München.

Ewers, Hans-Heino 2000: Literatur für Kinder und Jugendliche. Eine Einführung in grundlegende Aspekte des Handlungs- und Symbolsystems Kinder- und Jugendliteratur; mit einer Auswahlbibliographie Kinder- und Jugendliteraturwissenschaft. München.

Faulstich, Werner 1992: Die Filminterpretation. Göttingen.

Faulstich, Werner/Helmut Korte (Hgg.) 1994 ff.: Fischer Filmgeschichte (5 Bde.). Frankfurt/M.

Fehr, Wolfgang 1997: Grundprobleme der Filmanalyse im Deutschunterricht. In: Der Deutschunterricht 49, H. 3, S. 86–92.

Fehr, Wolfgang 2000 a: Fachdidaktische und schulische Wissensformen. In: Didaktik Deutsch H. 8, S. 33–45.

Fehr, Wolfgang 2000 b: Fachliche und didaktische Wissensformen bei der Organisation eines Deutschkurses für die Jahrgangsstufe 12: »Schiffbruch mit Zuschauer«. Zur Aktualität des »Titanic-Mythos«. In: Förster, Jürgen (Hg.): Wieviel Germanistik brauchen DeutschlehrerInnen? Fachstudium und Praxisbezug, Kassel.

Feilke, Helmuth 2001: Über Sprachdidaktische Grenzen: Von »Erfindern«, »Entdeckern« und »Mentoren«. In: Didaktik Deutsch, H. 10.

Fend, Helmut 1979: Sozialisation durch Literatur. Weinheim, Basel.

Fiege, Jürgen/Sebastian Hartmann 1997: »Dass man über Filme so viel reden kann!« Zur Didaktik und Methodik der Filmanalyse in der Jugendarbeit. In: medien praktisch, H. 3, S. 48–52.

Fingerhut, Karlheinz 1985: Der subjektive Faktor im neuen Literaturunterricht. In: Diskussion Deutsch, H. 84, S. 349–359.

Fingerhut, Karlheinz 1988: Die folgenlose Literatur und der pädagogische Wahn. Deutschdidaktik, Literaturunterricht und die Gegenwartsliteratur. In: Germanistik und Deutschunterricht im Zeitalter der Technologie. Vorträge des Germanistentages Berlin 1987, hrsg. v. Norbert Oellers. Tübingen, Bd. 3, S. 3–19.

Fingerhut, Karlheinz 1989: Haben die Ideen der Aufklärung noch eine Chance im Literaturunterricht der achtziger Jahre? In: Diskussion Deutsch, H. 107, S. 217–234.

Fingerhut, Karlheinz 1993 a: Arbeit am Kanon. Formen der Interferenz zwischen literarischem und pädagogischem Diskurs am Beispiel von Heines ›Buch der Lieder‹ und ›Wintermärchen‹. In: Albert Bremerich-Vos (Hg.), Handlungsfeld Deutschunterricht im Kontext. Frankfurt/M., S. 37–61.

Fingerhut, Karlheinz 1993 b: Textstruktur, Interpretation und produktive Aneignungen. Untersuchungen an Kafka Texten und deren Lektüren. In: Der Deutschunterricht 45, H. 4, S. 26–46.

Fingerhut, Karlheinz 1994: Sind Gedichte gemalte Fensterscheiben? Die Begründung produktiver Verfahren im Literaturunterricht. In: Diskussion Deutsch, H. 139, S. 356–361.

FINGERHUT, Karlheinz 1995 a: »Auf den Flügeln der Reflexion in der Mitte schweben«. Desillusionierung und Dekonstruktion. Heines ironische Brechung der klassisch-romantischen Erlebnislyrik und eine postmoderne »doppelte« Lektüre. In: Der Deutschunterricht 47, H. 6, S. 40–55.

FINGERHUT, Karlheinz 1996: Kafka in der Schule. Berlin.

FINGERHUT, Karlheinz 1997 a: Kanon, Kommentar und Schulkultur. Didaktische Arbeit am Kanon unter den Bedingungen der Postmoderne. In: Der Deutschunterricht 50, H. 4, S. 180–191.

FINGERHUT, Karlheinz 1997 b: L-E-S-E-N: Fachdidaktische Anmerkungen zum »produktiven Literaturunterricht« in Schule und Hochschule. In: Michael Kämper-van den Boogaart (Hg.): Das Literatursystem der Gegenwart und die Gegenwart der Schule. Hohengehren, S. 98–125.

FINGERHUT, Karlheinz 1999: Man kann nicht alles ganz anders sehen. Über einen eigenen Weg der Literaturdidaktik. In: Didaktik Deutsch, H. 6, S. 53–75.

FINGERHUT, Karlheinz 2000: Narration als Lernform und die Erweiterung von Sprachkompetenz im Fachunterricht. In: Landesinstitut für Schule und Weiterbildung Soest (Hg.): Förderung in der deutschen Sprache im Unterricht aller Fächer. Soest.

FISCHER-LICHTE, Erika 1990: Die Zeichensprache des Theaters. In: Renate Möhrmann (Hg.), Theaterwissenschaft heute. Berlin, S. 233–259.

FISCHER-LICHTE, Erika (Hg.) 1995: TheaterAvantgarde. Wahrnehmung, Körper, Sprache. Tübingen, Basel.

FISCHER-LICHTE, Erika 1996: Von der Magie leiblicher Gegenwart. In: Lothar Schöne (Hg.): Mephisto ist müde. Welche Zukunft hat das Theater. Darmstadt, S. 55–66.

FISCHER-LICHTE, Erika 1997: Die Entdeckung des Zuschauers: Paradigmenwechsel auf dem Theater des 20. Jahrhunderts. Tübingen.

FISCHER-LICHTE, Erika 1999: Das eigene und das fremde Theater. Tübingen.

FLAIG, Berthold Bodo/Thomas MEYER/Jörg UELTZHÖFFER 1997: Alltagsästhetik und politische Kultur. Zur ästhetischen Dimension politischer Bildung und politischer Kommunikation. Bonn.

FOHRMANN, Jürgen 1989: Das Projekt der deutschen Literaturgeschichte – Entstehung und Scheitern einer nationalen Poesiegeschichtsschreibung zwischen Humanismus und deutschem Kaiserreich. Stuttgart.

FOHRMANN, Jürgen/Harro MÜLLER (Hgg.) 1988: Diskurstheorien und Literaturwissenschaft. Frankfurt/M.

FOHRMANN, J./H. MÜLLER (Hg.) 1995: Literaturwissenschaft. München.

FÖRSTER, Jürgen 1993: Zu diesem Heft. In: Der Deutschunterricht, H. 4, S. 3–11.

FÖRSTER, Jürgen 1998: Literatur als Sprache lesen. In: Jürgen Belgrad/Karlheinz Fingerhut (Hgg.): Textnahes Lesen. Baldmannsweiler, S. 54–79.

FÖRSTER, Jürgen (Hg.) 2000 a: Schulklassiker lesen in der Medienkultur. Stuttgart.

FÖRSTER, Jürgen 2000 b: Literatur als Sprache lesen. In: Schlüsseltexte zur neuen Lesepraxis. Hg. von Joachim Bark/Jürgen Förster. Stuttgart, S. 214–228.

FÖRSTER, Jürgen 2000 c: »Mich dünkt, man kann es mit Händen greifen«. Literarische Erfahrung im Referenzkontext des Mediums Schrift. Goethes »Die Leiden des jungen Werther«. In: Klaus-Michael Bogdal/Clemens Kammler (Hgg.) 2000, S. 17–23.

FRANK, Horst Joachim 1973: Geschichte des Deutschunterrichts. Von den Anfängen bis 1945. München.

FRANK, Manfred 1984: Was ist Neostrukturalismus? Frankfurt/M.

FRANZ, Kurt/Bodo FRANZMANN/Franz-Josef PAYRHUBER/Erich SCHÖN: Muß-Lektüre versus Lust-Lektüre?: In: Lesesozialisation in der Mediengesellschaft. Ein Schwerpunktprogramm. Hg. v. Norbert Groeben. Internationales Archiv für Sozialgeschichte der deutschen Literatur 10, Sonderheft, Tübingen, S. 78–88.

FRANZMANN, Bodo u. a. (Hgg.) 1999: Handbuch Lesen. Im Auftrag der Stiftung Lesen und der Deutschen Literaturkonferenz. München.

FREESE, Hans-Ludwig 1989: Kinder sind Philosophen. Weinheim, Berlin.

FREUD, Anna 1973: Das Ich und die Abwehrmechanismen. München.

FRIEDLÄNDER, Käte 1941: Über Kinderbücher und ihre Funktion in Latenz und Vorpubertät. In: Internationale Zeitschrift für Psychoanalyse und Imago 26, S. 232–252.

FRITZ, Angela 1991: Lesen im Medienumfeld. Gütersloh.

FRITZSCHE, Joachim 1994: Zur Didaktik und Methodik des Deutschunterrichts. Bd. 3: Umgang mit Literatur. Stuttgart.

FROMME, Johannes u. a. (Hgg.) 1999: Selbstsozialisation, Kinderkultur und Mediennutzung. Opladen.

FUHRMANN, H. 1993: Die Furie des Verschwindens. Literaturunterricht und Literaturtradition. Würzburg.

GABRIEL, Gottfried 1991: Zwischen Logik und Literatur. Erkenntnisformen von Dichtung, Philosophie und Wissenschaft. Stuttgart.

GAISER, G. 1993: Literaturgeschichte und literarische Institutionen. Zu einer Pragmatik der Literatur. Meitingen.

GANSEL, Carsten 1999: Moderne Kinder- und Jugendliteratur. Ein Praxishandbuch für den Unterricht. Berlin.

GARBE, Christine 1997: Einsame Lektüre oder Kommunikation? Zwei kontroverse Leitvorstellungen zu kindlichen Lektüreprozessen. In: Thomas Eicher (Hg.): Zwischen Leseanimation und literarischer Sozialisation. Konzepte der Lese(r)förderung. Oberhausen, S. 37–54.

GASCHK, Andrea/Beate LESSMANN 1996: Unterwegs im Zauberland der Sprache, der Farben und Formen. Variationen zur sprachlichen und ästhetischen Erziehung vom 1. bis 6. Schuljahr. Heinsberg.

GAST, Wolfgang 1979: Plädoyer für eine integrierte Literatur- und Medienerziehung. Am Beispiel von Nöstlingers »Ilse Janda, 14« als Buch und Fernsehspiel. In: Der Deutschunterricht, H. 3, S. 82–100.

GAST, Wolfgang 1981a: Fontanes »Cécile« als Fernsehspiel. In: Brackert, Helmut/ Jörn Stückrath (Hgg.): Literaturwissenschaft: Ein Grundkurs. Reinbek, S. 241–269.

GAST, Wolfgang 1981b: Lesen oder Zuschauen? Produktive Folgerungen aus einer falschen Perspektive (am Beispiel von Roman und Film »Die Vorstadtkrokodile«). In: Eduard Schaefer (Hg.): Medien und Deutschunterricht. Vorträge des Germanistentages.

GAST, Wolfgang 1995: Deutschunterricht und mediale Bildung. In: Ludwig Jäger (Hg.): Germanistik: Disziplinäre Identität und kulturelle Leistung. Weinheim, S. 274–284.

GAST, Wolfgang 1996: Filmanalyse. In: Praxis Deutsch, H. 140, S. 14–25.

GAST, Wolfgang/Gudrun MARCI-BOEHNCKE 1996: Medienpädagogik in die Schule. Plädoyer für ein fachspezifisches Curriculum – jetzt. In: medien praktisch, H. 79, S. 47–51.

GEISSLER, Rolf 1962: Für eine literarische Verfrühung. In: Pädagogische Rundschau 16, H. 11, S. 793–800.

GEISSLER, Rolf 1970a: Prolegomena zu einer Theorie der Literaturdidaktik. Hannover.

GEISSLER, Rolf 1970b: Wozu Literaturunterricht? In: Diskussion Deutsch, H. 1, S. 3–15.

GEISSLER, ROLF 1972: Das Drama im Unterricht. In: E. Wolfrum (Hg.): Taschenbuch des Deutschunterrichts. Hohengehren, S. 362–376.

GEISSLER, Rolf 1982: Arbeit am Kanon. Perspektiven der Bürgerlichkeit. Paderborn, München, Wien, Zürch.

GEISSLER, Rolf/Peter HASUBEK ²1972: Der Roman im Unterricht (5.–10. Schuljahr). Didaktische Erörterungen und Interpretationshilfen. Frankfurt/M., Berlin, München.

GEISSNER, Hellmut 1982: Sprecherziehung. Didaktik und Methodik der mündlichen Kommunikation. Königstein/Ts.

GENDOLLA, Peter 1998: Literaturwissenschaft im Gravitationsfeld neuer Medien. In: Der Deutschunterricht, H. 6, S. 55–61.

GENDOLLA, Peter/Carsten ZELLE (Hgg.) 2000: Der Siegener Kanon. Beiträge zu einer »ewigen Debatte«. Frankfurt/M.

GERDZEN, Rainer 1998: Schüler/innen schreiben selbst ein Buch am Computer. In: Ralph Koehnen (Hg.): Philologie im Wunderland. Medienkultur im Deutschunterricht, S. 166–168.

GERHARD, Ute 1994: Schiller als »Religion«. Literarische Signaturen des XIX. Jahrhunderts. München.

GERTH, Klaus 1982: Literarisches Leben in der Schule. In: Praxis Deutsch 9, H. 52, S. 15–21.

GIEHRL, Hans E. ³1977: Der junge Leser. Einführung in Grundfragen der Jung-leserkunde und der literarischen Erziehung. Donauwörth.

GIEHRL, Hans E. ³1994: Lyrische Gedichte in der Schule? In: Poesie im Unterricht. Gedichte, Balladen, Songs. Interpretationen für den Deutschunterricht der 5.–10. Jahrgangsstufe. München, S. 5–19.

GÖBEL, Klaus 1977: Drama und Theatralität. Zur Geschichte eines Versäumnisses in der Literaturdidaktik. In: Klaus Göbel (Hg.): Das Drama in der Sekundar-stufe. Kronberg/Ts., S. 1–21.

GOGOLIN, Ingrid 1992: Interkulturelles sprachliches Lernen. In: Deutsch lernen, H. 2, S. 183–197.

GOGOLIN, Ingrid (Hg.) 1994a: Das nationale Selbstverständnis der Bildung. Münster/New York.

GOGOLIN, Ingrid 1994b: Der monolinguale Habitus der multilingualen Schule. Münster/New York.

GOGOLIN, Ingrid/Dieter LENZEN (Hgg.) 1999: Medien-Generation. Opladen.

GOODMAN, Kenneth S. 1997: Lesen – ein transaktionaler Prozeß. In: K. Holle (Hg.): Konstruktionen der Verständigung: die Organisation von Schriftlichkeit als Gegenstand didaktischer Reflexion. Universität Lüneburg, Fachbereich I, S. 103–131.

GÖSCHEL, Albrecht 1995: Die Ungleichzeitigkeit in der Kultur. Wandel des Kul-turbegriffs in vier Generationen. Essen.

GRAF, Werner 1980: ›Literarische Pubertät‹. Überlegungen zu Interviews mit erwachsenen Lesern. In: Der Deutschunterricht 32, H. 5, S. 16–24.

GRAF, Werner 1996: Die Erfahrung des Leseglücks. In: Alfred Bellebaum/Ludwig Muth (Hgg.): Leseglück. Eine vergessene Erfahrung. Opladen, S. 181–216.

GRAF, Werner 1997: Lesen und Biografie. Tübingen.

GRAF, Werner/Erich SCHÖN 2001: Das Kinderbuch als biografischer Begleiter. Leseautobiografien. In: Imbke Behnken/Jürgen Zinnecker (Hgg.): Kinder, Kindheit, Lebensgeschichte. Seelze-Velber, S. 620–635.

GREINER, ULRICH 1997: Bücher für das ganze Leben. Eine ZEIT-Umfrage: Brau-chen wir einen neuen Literatur-Kanon? In: Die Zeit, Nr. 21, 16. Mai 1997, S. 1.

GRIESMAYER, Norbert/Werner WINTERSTEINER (Hgg.) 2000: Jenseits von Babylon. Wege zu einer interkulturellen Deutschdidaktik. Innsbruck/Wien/München.

GRIMM, Reinhold (Hg.) ³1972: Episches Theater. Köln.

GROEBEN, Norbert 1999 (Hg.): Lesesozialisation in der Mediengesellschaft: Ein Schwerpunktprogramm. IASL-Sonderheft 10, Tübingen, S. 89–102.

GROEBEN, Norbert/Peter VORDERER 1988: Leserpsychologie: Lesemotivation – Lektürewirkung. Münster.

GROSS, Sabine 1994: Lese-Zeichen. Kognition, Medium und Materialität im Lese-prozess. Darmstadt.

GRUBER, Jutta 1998: Mediales Theater: Virtuelle und echte theatrale Räume. In: E. Lippert (Hg.), theater spielen, S. 138–152.

GRUND, Uwe 1991 ff.: Indices zur Sprachlichen und Literarischen Bildung in Deutschland. 5 Bde. München.

GRÜNWALDT, Hans-Joachim 1970: Sind Klassiker etwa nicht antiquiert? In: Diskussion Deutsch, H. 1, S. 16–31.

GRZESIK, Jürgen 1989: Geistige Operationen beim Fremdverstehen im Literaturunterricht. Klassische Hermeneutik und moderne Kognitionspsychologie. In: Der Deutschunterricht 41, H. 4, S. 7–18.

GRZESIK, Jürgen 1990: Textverstehen lernen und lehren. Geistige Operationen im Prozeß des Textverstehens und typische Methoden für die Schulung zum kompetenten Leser. Stuttgart.

GÜLDNER, Gerhard 1996: Vom Text zum Film. Schüler drehen Videofilme nach literarischen Vorlagen. In: Praxis Deutsch, H. 140, S. 62–67.

GUTENBERG, Norbert 1985: Sprecherische Arbeit an Gedichten. Eine Methodenübersicht. In: Siegwart Berthold (Hg.): Gedichte sprechen und interpretieren. Konzepte und Beispiele für den Deutschunterricht ab 5. Schuljahr. Godesberg, S. 11–24.

HAAS, Gerhard 1984: Handlungs- und produktionsorientierter Literaturunterricht in der Sekundarstufe I. Hannover.

HAAS, Gerhard 1997: Handlungs- und produktionsorientierter Literaturunterricht. Theorie und Praxis eines »anderen« Literaturunterrichts für die Primarund Sekundarstufe. Seelze.

HAAS, Gerhard 1998: Kinder- und Jugendliteratur im Unterricht. In: Günter Lange/Karl Neumann/Werner Ziesenis (Hgg.): Taschenbuch des Deutschunterrichts. Baltmannsweiler, Bd. 2, S. 721–737.

HAAS, Gerhard 1999: In der Schule Leistungen bewerten, ohne pädagogische Prinzipien außer Kraft zu setzen. In: Praxis Deutsch, H. 155, S. 10–19.

HAAS, Gerhard/Wolfgang MENZEL/Kaspar SPINNER 1994: Handlungs- und produktionsorientierter Literaturunterricht. In: Praxis Deutsch, H. 123, S. 17–25.

HAASE, Klaus C. 1976: Das Gedicht im Deutschunterricht. In: Taschenbuch des Deutschunterrichts. Grundlagen und Praxis der Sprach- und Literaturpädagogik. Hg. von Erich Wolfrum. 2. überarb. u. erg. Aufl. Baltmannsweiler, S. 415–438.

HAMMERSCHMIDT, Anette C. 1997: Fremdverstehen. Interkulturelle Hermeneutik zwischen Eigenem und Fremdem. München.

HANSMANN, O./W. MAROTZKI (Hgg.) 1989: Diskurs Bildungstheorie. Bd. II. Problemgeschichtliche Orientierungen. Weinheim.

HÄNTZSCHEL, Günter 1997: Deklamation. In: Reallexikon der deutschen Literaturwissenschaft. Hg. v. K. Lang. Berlin, Weimar, New York, S. 332–334.

HÄRTER, Andreas 1991: Textpassagen. Lesen – Leseunterricht – Lesebuch. Frankfurt/M.

HASLER, Eveline [8]1994: Die Hexe Lakritze. Würzburg.

HASSENSTEIN, Friedrich ³1998: Gedichte im Unterricht. In: Taschenbuch des Deutschunterrichts. Hg. von Günter Lange, Karl Neumann, Werner Ziesenis. Bd. 2, S. 621–646.

HAUBRICHS, Wolfgang 1982: Einführung zum ersten Tag des Symposions. Der erzählerische Diskurs und seine Strukturen. In: Eberhard Lämmert (Hg.), Erzählforschung. Ein Symposion. Stuttgart, S. 1–6.

HAUG, Walter 1987: Klassikerkataloge und Kanonisierungseffekte. In: Aleida Assmann/Jan Assmann (Hgg.): Kanon und Zensur. Archäologie der literarischen Kommunikation II. München, S. 259–270.

HEGELE, Wolfgang 1996: Literaturunterricht und literarisches Leben in Deutschland (1850–1990). Historische Darstellung – Systematische Erklärung. Würzburg.

HEIMANN, Paul 1962: Didaktik als Theorie und Lehre. In: Die Deutsche Schule, H. 54, S. 407–427.

HEIMANN, P./G. OTTO/W. SCHULZ 1965: Unterricht. Analyse und Planung. Hannover.

HELMERS, Hermann 1966: Didaktik der deutschen Sprache. Stuttgart.

HELMERS, Hermann (Hg.) 1969: Die Diskussion um das deutsche Lesebuch. Darmstadt.

HELMERS, Hermann 1971: Lyrischer Humor. Strukturanalyse und Didaktik der komischen Versliteratur. Stuttgart.

HELMERS, Hermann 1976: Didaktik der deutschen Sprache. Einführung in die Theorie der muttersprachlichen und literarischen Bildung. 9. veränd. Aufl. Stuttgart.

HENGST, Heinz 1979: Auf Kassetten gezogen und in Scheiben gepreßt. Tonkonserven und ihre Funktionen im Medienalltag von Kindern. Frankfurt/M.

HENGST, Heinz 1994: Der Medienverbund in der Kinderkultur. Ensembles, Erfahrungen und Resistenzen im Mediengebrauch. In: Susanne Hiegemann/Wolfgang H. Swoboda (Hgg.): Handbuch der Medienpädagogik. Opladen, S. 239–254.

HENTIG, Hartmut von 1996: Bildung. Ein Essay. München, Wien.

HENTSCHEL, Ulrike 1996: Theaterspielen als ästhetische Bildung. Weinheim.

HERKNER, W. 1991: Lehrbuch der Sozialpsychologie. München.

HERRLITZ, Hans-Georg 1964: Der Lektüre-Kanon des Deutschunterrichts im Gymnasium. Ein Beitrag zur Geschichte der muttersprachlichen Schulliteratur. Heidelberg.

HERRNSTEIN SMITH, Barbara 1988: Contingencies of Value. Alternative Perspectives for Critical Theory. Cambridge/Mass.

HERZOG, Roman 1997: Über die Germanistik als öffentliche Wissenschaft. In: Praxis Deutsch, H. 141, S. 3–5.

HEYDEBRAND, Renate von 1993: Probleme des Kanons – Probleme der Kultur- und Bildungspolitik. In: Johannes Janota (Hg.): Germanistik, Deutschunterricht und Kulturpolitik. Vorträge des Augsburger Germanistentages 1991. Bd. 4. Tübingen, S. 3–22.

HEYDEBRAND, Renate v./Simone WINKO 1994: Geschlechterdifferenz und literarischer Kanon. Historische Beobachtungen und systematische Überlegungen. In: IASL 19 (1994), Bd. 2, S. 96–172.

HICKETHIER, Knut 1996: Film- und Fernsehanalyse. 2., überarb. Aufl. Stuttgart, Weimar.

HINCK, Walter 1973: Das moderne Drama in Deutschland. Göttingen.

HOFFMAN, Eva 1993: Lost in Translation. Ankommen in der Fremde. Frankfurt/M.

HOMANN, Renate 1999: Theorie der Lyrik. Frankfurt/M.

HOPPE-GRAFF, Siegfried/Martin SCHELL 1989: The Comprehension of Literary Texts: Developmental Considerations. In: Dietrich Meutsch/Reinhold Viehoff (Hgg.): Comprehension of Literary Discourse. Results and Problems of Interdisciplinary Approaches. Berlin, New York, S. 89–110.

HÖRISCH, Jochen 1995: Die Wirklichkeit der Medien und die medialisierte Wirklichkeit. Optionen der Gegenwartsliteratur. In: Rolf Grimminger, Jurij Murasov, Jörn Stückrath (Hgg.): Literarische Moderne. Europäische Literatur im 19. und 20. Jahrhundert. Reinbek, S. 770–799.

HUBER, L. 1997: Organisationsformen fächerübergreifenden Unterrichts. In: Landesinstitut für Schule und Weiterbildung (Hg.): Ansätze zum fächerübergreifenden Unterricht, S. 53–75.

HUG, Theo (Hg.) 1998: Technologiekritik und Medienpädagogik. Hohengehren.

HUNFELD, Hans 1991: Zur Normalität des Fremden. In: Der fremdsprachliche Unterricht, H. 3, S. 50–52.

HUNFELD, Hans 1992: Noch einmal: Zur Normalität des Fremden. In: Der fremdsprachliche Unterricht, H. 1, S. 42–44.

HUNZIKER, Peter 1996: Medien, Kommunikation und Gesellschaft. Einführung in die Soziologie der Massenkommunikation. Darmstadt.

HÜPPAUF, Bernd 1974: Auf der Suche nach einem Ort für die Literaturgeschichte im Deutschunterricht, in: P. Braun/D. Krallmann (Hgg.): Handbuch Deutschunterricht. Bd. 2, Literaturdidaktik. Düsseldorf, S. 447–469. Erw. Aufl. 1983.

HURRELMANN, Bettina 1983: Zur Neuorientierung des Literaturunterrichts der Primarstufe. In: Peter Braun/Dieter Krallmann (Hgg.): Handbuch Deutschunterricht. Bd. 2. Düsseldorf, S. 15–38.

HURRELMANN, Bettina 1992: Stand und Aussichten der historischen Kinder- und Jugendliteraturforschung. In: Internationales Archiv für Sozialgeschichte der deutschen Literatur 17, H. 1, S. 105–142.

HURRELMANN, Bettina 1993: Lesenlernen als Grundlage einer umfassenden Medienkompetenz. In: Hans Rudolf Becher/Jürgen Bennack (Hgg.): Taschenbuch Grundschule. Baltmannsweiler, S. 246–260.

HURRELMANN, Bettina 1994 a: Familie und Schule als Instanzen der Lesesozialisation. In: Mitteilungen des Deutschen Germanistenverbandes 41, H.1, S. 27–40.

HURRELMANN, Bettina 1994 b: Leseförderung. In: Praxis Deutsch 21, H. 127, S. 13–25.

HURRELMANN, Bettina (Hg.) ³1997 a: Klassiker der Kinder- und Jugendliteratur. Frankfurt/M.

HURRELMANN, Bettina 1997 b: Lesen als Kinderkultur und die Erwachsenen als Leselehrer. In: Gerhard Rupp (Hg.): Wozu Kultur? Zur Funktion von Sprache, Literatur und Unterricht. Frankfurt/M., S. 81–94.

HURRELMANN, Bettina 1998 a: Leseförderung in einer Medienkultur. In: Praxis Deutsch. Sonderheft Leseförderung. Seelze, S. 3–7.

HURRELMANN, Bettina 1998 b: Unterhaltungsliteratur. In: Praxis Deutsch 25, H. 150, S. 15–22.

HURRELMANN, Bettina 1999: Deutschdidaktik – Kein Ort, Nirgends? In: Didaktik Deutsch, H. 6, S. 13–38.

HURRELMANN, Bettina 2000: Kinder- und Jugendliteratur in der literarischen Sozialisation. In: Günter Lange (Hg.): Zur Didaktik der Kinder- und Jugendliteratur, Bd. 2, S. 901–920.

HURRELMANN, Bettina/Michael HAMMER/Ferdinand NIESS 1993: Leseklima in der Familie. Eine Studie der Bertelsmann-Stiftung. Gütersloh.

HURRELMANN, Bettina/Sabine ELIAS (Hgg.) 1998: Leseförderung in einer Medienkultur. Praxis Deutsch, Sonderheft.

HURRELMANN, Bettina/Karin RICHTER (Hgg.) 1998: Das Fremde in der Kinder- und Jugendliteratur. Interkulturelle Perspektiven. Weinheim, München.

HURRELMANN, Klaus/Dieter ULICH 1991: Gegenstands- und Methodenfragen der Sozialisationsforschung. In: Dies. (Hgg.): Neues Handbuch der Sozialisationsforschung. Weinheim, Basel, S. 3–20.

HUSSONG, Martin 1973: Zur Theorie und Praxis des kritischen Lesens. Düsseldorf.

INGARDEN, Roman 1972 [1931] (Unveränd. Nachdr.): Das literarische Kunstwerk. Halle, Tübingen.

INGENDAHL, Werner 1991: Umgangsformen. Produktive Methoden zum Erschließen poetischer Literatur. Frankfurt/M.

ISER, Wolfgang 1984: Der Akt des Lesens. 2., durchges. u. verb. Aufl. München.

IVO, Hubert ²1970: Kritischer Deutschunterricht. Frankfurt/M.

IVO, Hubert 1975: Handlungsfeld Deutschunterricht. Argumente und Fragen einer praxisorientierten Wissenschaft. Frankfurt/M.

JÄCKEL, Michael 1999: Medienwirkungen. Opladen/Wiesbaden.

KAMMLER, Clemens 1999: Plädoyer für das Experiment. Deutschunterricht und Gegenwartsliteratur. In: Der Deutschunterricht 51, H. 4, S. 3–8.

KAMMLER, Clemens 2000: Neue Literaturtheorien und Unterrichtspraxis. Positionen und Modelle. Baltmannsweiler.

KAMMLER, Clemens 2001: Das kommt nach Frisch und Dürrenmatt. Ergebnisse einer Befragung von Theaterintendanten zum Thema »Gegenwartsdrama und Schule«. In: Der Deutschunterricht, H. 2, S. 84–87.

KAMMLER, Clemens/Volker SURMANN 2000: Sind Deutschlehrer experimentierfreudig? Sekundarstufe II. In: Der Deutschunterricht 52, H. 6, S. 92–96.

KÄMPER-VAN DEN BOOGART, Michael (Hg.) 1997: Das Literatursystem der Gegenwart und die Gegenwart der Schule. Festschr. für Werner Schlotthaus zur Emeritierung. Hohengehren.

KÄMPER-VAN DEN BOOGAART, M. 2000: Leseförderung oder Literaturunterricht; zwei Kulturen in der Deutschdidaktik? In: Didaktik Deutsch, H. 9, S. 4–22.

KANZOG, Klaus (Hg.) 1981: Erzählstrukturen – Filmstrukturen. Erzählungen H. v. Kleists und ihre filmische Realisation. Berlin.

KANZOG, Klaus 1997: Einführung in die Filmphilologie. 2., aktual. u. erw. Aufl. München.

KARSTÄDT, Otto ⁵1927: Dem Dichter nach. Schaffende Poesiestunden. 1.Teil. Langensalza.

KEPSER, Matthis 1996: Kreatives Arbeiten mit dem Computer im Deutschunterricht – didaktische Anregungen. In: Werner Faulstich/Gerhard Lippert (Hgg.): Medien in der Schule. Anregungen und Projekte für die Unterrichtspraxis in der Sekundarstufe I und II. Paderborn, S. 121–140.

KEPSER, Matthis 2000: Internetliteratur im Deutschunterricht: In: Günther Thomé/Dorothea Thomé (Hgg.): Computer im Deutschunterricht der Sekundarstufe. Braunschweig, S. 107–125.

KERN, Peter Christoph 1997: Wo laufen sie denn . . ., ja wo laufen sie denn? Eine filmische Sehschule im Deutschunterricht. In: Der Deutschunterricht 49, H. 4, S. 100–104.

KIEFER, Klaus/Margit RIEDEL (Hgg.) 1998: Dada, konkrete Poesie, Multimedia – Bausteine zu einer transgressiven Literaturdidaktik. Frankfurt/M., Berlin.

KILLUS, Dagmar 1996: Beschaffenheit des »heimlichen« Lektürekanons im Literaturunterricht der Sekundarstufe I. Hg. v. Forschungsbereich Schule und Unterricht des Max-Planck-Instituts für Bildungsforschung. Berlin.

KLAFKI, Wolfgang 1963: Studien zur Bildungstheorie und Didaktik. Weinheim.

KLAFKI, Wolfgang 1985: Neue Studien zur Bildungstheorie und Didaktik. Weinheim.

KLAFKI, Wolfgang u. a. (Hgg.) 1970: Funkkolleg Erziehungswissenschaft. 3 Bde. Frankfurt/M.

KLEIN, Hans-Peter 1980: Erzählen im Unterricht. Erzähltheoretische Aspekte einer Erzähldidaktik. In: Ehlich 1980, S. 263–295.

KLIEWER, Heinz-Jürgen 1973: Kinder hören Platten. Vorschläge für die Primarstufe. In: Der Deutschunterricht 25, H. 5, S. 25–33.

KLIEWER, Heinz-Jürgen 1984: Texte zum hören. In: Jürgen Baurmann/Otfried Hoppe (Hgg.): Handbuch für Deutschlehrer. Stuttgart u. a., S. 378–393.

KLIEWER, Heinz-Jürgen 1998: Eine eigene Literaturdidaktik? In: Karin Richter/ Bettina Hurrelmann (Hgg.): Kinderliteratur im Unterricht. Theorien und Modelle zur Kinder- und Jugendliteratur im pädagogisch-didaktischen Kontext. Weinheim, München S. 27–34.

KLIEWER, Heinz-Jürgen 1996: Positionen der Didaktik der Kinder- und Jugendliteratur. In: Bernd Dolle-Weinkauf/Hans-Heino Ewers (Hgg.): Theorien der Jugendlektüre. Beiträge zur Kinder- und Jugendliteratur seit Heinrich Wolgast. Weinheim, München, S. 317–333.

KLIPPERT, Werner 1986: Elemente des Hörspiels. Stuttgart.

KLOOCK, Daniela/Angela SPAHR 2000: Medientheorien. Eine Einführung. 2. korr. u. erw. Aufl. München.

KLOSE, Werner 1958: Der Hörspiel. Eine neue Form des Wortkunstwerks. In: Der Deutschunterricht 10, H. 3, S. 57–71.

KLOSE, Werner 1977: Didaktik des Hörspiels. 2., ergänzte Auflage Stuttgart.

KLOSE, Werner 1981: Analyse von Spielfilmen. Überlegungen zur Mediendidaktik im Literaturunterricht. In: Mitteilungen des Deutschen Germanistenverbandes, H. 1, S. 18–29.

KLOTZ, Volker ²1962: Geschlossene und offene Form im Drama. München.

KLOTZ, Volker 1979: Abenteuer-Romane. München, Wien.

KNOBLOCH, Jörg/Malte DAHRENDORF (Hgg.) 1999: Offener Unterricht mit Kinder- und Jugendliteratur. Grundlagen, Praxisberichte, Materialien. Baltmannsweiler.

KOCH, Gerd 1998: TheaterSpielen als Interventionspädagogik. In: Elinor Lippert (Hg.): theater spielen, S. 198–207.

KOCH, L./W. MAROTZKI/A. SCHÄFER (Hgg.) 1997: Die Zukunft des Bildungsgedankens. Weinheim.

KOEBNER, Thomas (Hg.) 1998 (2., durchges. u. erw. Aufl.): Filmklassiker. Beschreibungen und Kommentare. 4 Bde. Stuttgart.

KÖHNEN, Ralph 1999: Selbstbeschreibungen jugendkultureller Lebensästhetik. In: Deutschunterricht, S. 337–347.

KÖPPERT, Christine 1997: Entfalten und Entdecken. Zur Verbindung von Imagination und Explikation im Literaturunterricht. München.

KÖPPERT, Christine 1999: Innere Bilder zu »laufenden Bildern«. Wahrnehmung, Vorstellungsbildung, vorstellungsgetragene Deutung am Beispiel von Schindlers Liste. In: Praxis Deutsch, H. 154, S. 53–59.

KÖPPERT, C./K. H. SPINNER 1999: Imagination im Literaturunterricht. In: P. Fauser u. D. v. Wulffen (Hgg.): Einsicht und Vorstellung. Seelze-Velber.

KOHLBERG, Lawrence 1974: Zur kognitiven Entwicklung des Kindes. Frankfrut/M.

KORFF, Hermann August 1929: Zivilisations-Pädagogik. In: Die Erziehung, S. 301–308.

KORRESPONDENZEN 1999: Zeitschrift für Theaterpädagogik, H. 34: »Reflexionen. Perspektiven. 20 Jahre Theater der Unterdrückten«.

KORTE, Hermann 1996 a: Lyrik von 1945 bis zur Gegenwart. München.

KORTE, Hermann 1996 b: Erinnerungsarbeit. Literaturgeschichte und Literaturunterricht. In: Literatur in Wissenschaft und Unterricht 29, H.1, S. 39–52.

KORTE, Hermann 1998: Neue Blicke auf den literarischen Pantheon? Perspektiven und Paradigmen der historischen Kanonforschung. In: Der Deutschunterricht 50, H. 6, S. 15–28.

KORTE, Hermann 1999: Ein neues Jahrzehnt des Gedichts? Deutschsprachige Lyrik der neunziger Jahre. In: Der Deutschunterricht 51, S. 21–36.

KORTE, Hermann 2000 a: Ein Festspiel auf dem Kanon-Gipfel. Schillers »Wilhelm Tell«. In: Förster 2000, S. 119–151.

KORTE, Hermann 2000 b: Lyrik des 20. Jahrhunderts (1900–1945). München.

KREFT, Jürgen 1977: Grundprobleme der Literaturdidaktik. Eine Fachdidaktik im Konzept sozialer und individueller Entwicklung und Geschichte. Heidelberg.

KREMER, Detlef/Nikolaus WEGMANN 1995: Wiederholungslektüren: Fontanes »Effi Briest«. Realismus des wirklichen Lebens oder realistischer Text? In: Der Deutschunterricht 47, H. 6, S. 56–65.

KROON, Sjaak 1998: Plädoyer für die Selbstverständlichkeit von Mehrsprachigkeit. In: Deutsch lernen, H. 1, S. 46–58.

KRUSCHE, Dietrich ²2000: Lese-Unterschiede. Zum interkulturellen Leser-Gespräch. In: Alois Wierlacher 2000: Das Fremde und das Eigene. Prolegomena zu einer interkulturellen Germanistik. München, S. 369–390.

KUHS, Katharina 1998: Ausbildung von LehrerInnen für interkulturellen Unterricht. In: EUNIT (European Network of Intercultural Teacher Training, Hg.): Qualifikationen für das Unterrichten in mehrsprachigen Schulen. Münster, New York, S. 143–178.

KUHS, Katharina 2000: Zweitsprache Deutsch. In: Hans H. Reich u. a. (Hgg.): Fachdidaktik interkulturell, S. 257–286.

KULTUSMINISTERIUM NRW 1994: Lektüre von Ganzschriften im Fach Deutsch der Sekundarstufe I des Gymnasiums in NRW. Hg. v. Kultusministerium des Landes NRW. Düsseldorf.

KULTUSMINISTERKONFERENZ (KMK) 1988: Empfehlungen zur Arbeit in der gymnasialen Oberstufe gemäß Vereinbarung zur Neugestaltung der gymnasialen Oberstufe in der Sekundarstufe II. Beschluss der KMK v. 2. 12. 1977 i. d. F. v. 19. 12. 1988.

KULTUSMINISTERKONFERENZ (KMK) 1999: Vereinbarung zur Gestaltung der gymnasialen Oberstufe in der Sekundarstufe II. Beschluss der KMK vom 7. 7. 1972 i. d. F. v. 22. 10. 1999.

KUNNE, Andrea 1998: Die Lektüre an österreichischen Allgemeinbildenden Höheren Schulen: Eine Umfrage. In: Informationen zur Deutschdidaktik. Zeitschrift für den Deutschunterricht in Wissenschaft und Schule, H. 1, S. 145–160.

Kurzenberger, Hajo 1998: Erzähltheater. In: Ders. (Hg.): Praktische Theaterwissenschaft. Spiel – Text – Inszenierung. Hildesheim.

Labov, Willam/Joshua Waletzky 1971: Erzählanalyse. Mündliche Versionen persönlicher Erfahrungen. In: Jens Ihwe (Hg.): Literaturwissenschaft und Linguistik. Frankfurt/M. Bd. 1, S. 78–126.

Lämmert, Eberhard 1955: Bauformen des Erzählens. Stuttgart.

Lamping, Dieter 1989: Das lyrische Ich. Definition zu Theorie und Geschichte der Gattung. Göttingen.

Landesinstitut für Schule und Weiterbildung 1993: Lektüre von Ganzschriften im Fach Deutsch der Sekundarstufe I des Gymnasiums in NRW. Soest.

Lange, Günther 1998: Film und Fernsehspiel im Unterricht. In: Erich Wolfrum (Hg.): Taschenbuch des Deutschunterrichts. Grundfragen und Praxis der Sprach- und Literurdidaktik. 6., vollst. überarb. Auflage, Baltmannsweiler, S. 695–720.

Lange, Günter 2000: Zur Didaktik der Kinder- und Jugendliteratur. Bd. 2, S. 942–967.

Lecke, Bodo 1996: Literaturdidaktik vs. Medienpädagogik – kontrovers oder komplementär. In: Bodo Lecke (Hg.): Literaturstudium und Deutschunterricht auf neuen Wegen. Frankfurt/M., S. 151–167.

Lehmann, Hans-Thies 1999: Postdramatisches Theater. Frankfurt/M.

Lehrplan Grundschule Bayern 2000: Lehrplan für die Grundschule. Hg. v. Bayerischen Staatsministerium für Unterricht und Kultus. Darin: Fachprofil Deutsch, S. 22–24; Deutsch Kl. 1/2, S. 75 ff.; Kl. 3, S. 169 ff.; Kl. 4, S. 241 ff.

Lehrplan Grundschule Berlin 1997: Vorläufiger Rahmenplan für Unterricht und Erziehung in der Berliner Schule. Grundschule Kl. 1–6. Deutsch. Hg. v. d. Senatsverwaltung für Schule, Jugend und Sport. Berlin.

Lehrplan Grundschule Bremen 2001: Rahmenplan Deutsch. Grundschule. Hg. v. Senator für Bildung und Wissenschaft der Freien Hansestadt Bremen.

Lehrplan Grundschule Mecklenburg-Vorpommern 1996: Rahmenplan Grundschule Deutsch. Erprobungsfassung. Hg. v. Kultusministerium des Landes Mecklenburg-Vorpommern. Schwerin.

Lehrplan Grundschule Thüringen 1999: Lehrplan für die Grundschule und für die Förderschule mit dem Bildungsgang der Grundschule. Hg. v. Thüringer Kultusministerium. Erfurt. Darin: Deutsch, S. 19–62.

Lermen, Birgit 1975: Das traditionelle und neue Hörspiel im Deutschunterricht. Paderborn.

Lesen 2000. Stiftung Lesen/Spiegel-Verlag (Hgg.) 2001: Leseverhalten in Deutschland im neuen Jahrtausend. Hamburg.

Lichtenstein-Rother, Ilse/Edeltraud Röbe 1984: Grundschule. Der pädagogische Raum für Grundlegung der Bildung. Weinheim, Basel.

Link, Jürgen 1998: Hölderlin – oder eine Kanonisierung ohne Ort? In: Renate von Heydebrand (Hg.): Kanon – Macht – Kultur. Stuttgart, Weimar, S. 383–395.

LIPPERT, Elinor (Hg.) 1998: theater spielen. Bamberg.

LIPPERT, Elinor 2000: Geschichte(n) spielen. In: Theater in der Schule, S. 278–287.

Luchtenberg, Sigrid 1995: Interkulturelle sprachliche Bildung. Zur Bedeutung von Zwei- und Mehrsprachigkeit für Schule und Unterricht. Münster, New York.

LUCHTENBERG, Sigrid 1999: Interkulturelle Kommunikative Kompetenz. Kommunikationsfelder in Schule und Gesellschaft. Wiesbaden.

LUKÁCS, Georg 1988: Die Theorie des Romans. Ein geschichtsphilosophischer Versuch über die Form der großen Epik, Frankfurt/M.

LYPP, Maria 1984: Einfachheit als Kategorie der Kinderliteratur. Frankfurt/M.

MALSCH, Gabriele 1987: Schwierigkeiten bei der Vermittlung von Lyrik (Sekundarstufe II). In: Diskussion Deutsch, H. 39, S. 23–32.

MANDL, H./H. SPADA (Hgg.) 1988: Wissenspsychologie. München/Weinheim.

MAROTZKI, W. 1990: Entwurf einer strukturalen Bildungstheorie. Weinheim.

MASET, Pierangelo (Hg.) 1999: Pädagogische und psychologische Aspekte der Medienästhetik. Opladen.

MEDIEN MACHEN SCHULE 2000: Hg. vom Ministerium für Kultus, Jugend und Sport Baden-Württemberg. Stuttgart.

MEDIEN PRAKTISCH 1991, H. 3: Themenheft: Literaturverfilmung.

MEIER, Bernhard 1998: Sind Sachsens Schriftsteller Spitze? Lessing aus Kamenz vor Kästner aus Dresden. Kanon-Umfrage bei sächsischen Gymnasiallehrern. In: Der Deutschunterricht, H. 9, S. 430–437.

MENNEMEIER, Franz Norbert 1973: Modernes deutsches Drama. München.

MENZEL, Wolfgang 1990: Texte zum Vorlesen vorbereiten. In: Praxis Deutsch, H. 104, S. 26–33.

MENZEL, Wolfgang 1994: Vom sprachlichen Handeln zum Text. In: Praxis Deutsch, H. 123, S. 63–68.

MERKELBACH, Valentin 1993: Produktionsorientierter Literaturunterricht und kreatives Schreiben. In: Ders. (Hg.): Kreatives Schreiben. Braunschweig, S. 151–165.

MESSNER, Rudolf/Cornelia ROSEBROCK 1997: Ein Refugium für das Unerledigte. Zum Zusammenhang von Lesen und Lebensgeschichte Jugendlicher in kultureller Sicht. In: Imbke Behnken/Rudolf Messner/Cornelia Rosebrock/Jürgen Zinnecker 1997: Lesen und Schreiben aus Leidenschaft. Jugendkulturelle Inszenierungen von Schriftkultur. Weinheim, S. 25–56.

MIKOS, Lothar 1996 ff.: Strukturfunktionale Film- und Fernsehanalyse. (9 Teile). In: medien praktisch 1996, H. 3, 4; 1997, H. 1–3; 1998, H. 1, 4; 1999, H. 3; 2000, H. 1.

MINDER, Robert 1953: Soziologie der deutschen und französischen Lesebücher. In: Alfred Döblin (Hg.): Minotaurus. Dichtung unter den Hufen von Staat und Industrie. Wiesbaden, S. 74–87.

MINISTERIUM FÜR KULTUS UND SPORT BADEN-WÜRTTEMBERG 1984: Bildungsplan für das Gymnasium. Stuttgart.

MITTELBERG, Ekkehart 1986: Zugänge zur Lyrik. Text- und Arbeitsbuch. Berlin.

MONACO, James 1999: Film verstehen. Kunst, Technik, Sprache, Geschichte und Theorie des Films und der Medien. (überarb. u. erw. Neuausg.) Reinbek.

MÜLLER, Harro 1993: Hermeneutik oder Dekonstruktion? Zum Widerstreit zweier Interpretationsweisen. In: Karl-Heinz Bohrer (Hg.): Ästhetik und Rhetorik. Lektüren zu Paul de Man, Frankfurt/M., S. 98–116.

MÜLLER, Jan-Dirk 1999: Überlegungen zu einer mediävistischen Kulturwissenschaft. In: Mitteilungen des Deutschen Germanistenverbandes, H. 4: Germanistik als Kulturwissenschaft, S. 574–585.

MÜLLER, Matthias 1992: Zwischen Literatur und Theater. Notizen zur Lage einer heiklen Gattung. In: Richard Weber (Hg.): Deutsches Drama der achtziger Jahre. Frankfurt/M., S. 399–430.

MÜLLER-DYES, Klaus 1996: Gattungsfragen. In: Heinz Ludwig Arnold/Heinrich Detering (Hgg.): Grundzüge der Literaturwissenschaft. München, S. 323–348.

MÜLLER-MICHAELS, Harro 1972: Literaturdidaktik als normsetzende Handlungswissenschaft. In: Jochen Vogt (Hg.): Literaturdidaktik. Düsseldorf, S. 17 ff.

MÜLLER-MICHAELS, Harro ²1975: Dramatische Werke im Deutschunterricht. Stuttgart.

MÜLLER-MICHAELS, Harro 1978 a: Drama. Basisartikel. In: Praxis Deutsch, H. 31, S. 13–118.

MÜLLER-MICHAELS, Harro 1978 b: Literatur im Alltag und Unterricht. Kronberg.

MÜLLER-MICHAELS, Harro 1980 a: Didaktische Wertung. Anmerkungen zur Kanon-Diskussion. In: Jahrbuch für Deutschdidaktik, S. 136–148.

MÜLLER-MICHAELS, Harro 1980 b: Positionen der Deutschdidaktik seit 1949. Königstein/Ts.

MÜLLER-MICHAELS, Harro 1985: Der Gegenstand der Kunst – praktisch angeschaut. Anmerkungen zu den Aufgaben des Literaturunterrichts in den Gymnasien in der ersten Hälfte des 19. Jahrhunderts. In: Jahrbuch der Deutschdidaktik, S. 183–195.

MÜLLER-MICHAELS, Harro 1987 a: Literaturgeschichten. Aspekte und Ziele eines literarhistorischen Unterrichts. In: Walter Seifert (Hg.): Literatur und Medien in Wissenschaft und Unterricht [= FS Albrecht Weber]. Köln u. a., S. 1–8.

MÜLLER-MICHAELS, Harro 1987 b: Deutschkurse. Modelle und Erprobung angewandter Germanistik in der gymnasialen Oberstufe. Frankfurt/M.

MÜLLER-MICHAELS, Harro 1993 a: Kanon der Denkbilder. Streit für das Recht auf Lektüre. In: Deutscher Germanistenverband NRW: Arbeit am Kanon – Arbeit ohne Kanon. O. O., S. 5–17.

MÜLLER-MICHAELS, Harro 1993 b: Noten für Kreativität? Zum Problem der Beurteilung produktiver Arbeiten im Literaturunterricht. In: Deutschunterricht 46, S. 338–348.

MÜLLER-MICHAELS, Harro 1996 a: Kanon – Denkbilder für das Gespräch zwischen Generationen und Kulturen. In: Mitteilungen des Deutschen Germanistenverbandes 43, H. 3, S. 44–51.

MÜLLER-MICHAELS, Harro 1996 b: Geschichte der Didaktik und Methodik des Literaturunterrichts und der Lektüre. In: Jürgen Bauermann u. a. (Hgg.): Schrift und Schriftlichkeit. Berlin, S. 1268–1277.

MÜLLER-MICHAELS, Harro 1999: Literarische Anthropologie in didaktischer Absicht. Begründung der Denkbilder aus Elementarerfahrungen. In: Deutschunterricht 52, H. 3, S. 164–174.

MÜLLER-MICHAELS, Harro 2000: Leistungsbeurteilung als Diskurs. In: Deutschunterricht. Sonderheft, S. 8–10.

NEULAND, Eva 1997: »Literarische und sprachliche Bildung«. Beobachtungen zum Wandel von Leitvorstellungen in Schule und Öffentlichkeit. In: Michael Kämper-van den Boogart (Hg.): Das Literatursystem der Gegenwart und die Gegenwart der Schule. Hohengehren, S. 26–44.

NEUSS, Norbert (Hg.) 1999: Ästhetik der Kinder. Interdisziplinäre Beiträge zur ästhetischen Erfahrung von Kindern. Frankfurt/M.

NUSSBAUMER, Markus 1991: Was Texte sind und wie sie sein sollen. Ansätze zu einer sprachwissenschaftlichen Begründung eines Kriterienrasters zur Beurteilung von schriftlichen Schülertexten. Tübingen.

NUSSER, Peter (Hg.) 1976: Didaktik der Trivialliteratur. Stuttgart 1976.

NUTZ, Maximilian 1997: Historisches Verstehen durch Literaturgeschichte? Plädoyer für eine reflektierte Erinnerungsarbeit. In: Didaktik Deutsch, H. 2, S. 35–53.

OCKEL, Eberhard 2000: Vorlesen als Aufgabe und Gegenstand des Deutschunterrichts. Hohengehren.

OERTER, Rolf 1999: Theorien der Lesesozialisation – Zur Ontogenese des Lesens. In: Norbert Groeben (Hg.): Lesesozialisation in der Mediengesellschaft: Ein Schwerpunktprogramm. IASL-Sonderheft 10. Tübingen, S. 27–55.

OLOF, Klaus 1996: Literarisches Übersetzen im Literaturunterricht. In: Werner Delanoy/Helga Rabenstein/Werner Wintersteiner (Hgg.): Lesarten. Literaturdidaktik im interdisziplinären Vergleich. Innsbruck, Wien, S. 127–140.

OOMEN-WELKE, Ingelore 1998: Kultur der Mehrsprachigkeit im Deutschunterricht. In: Ralph Köhnen (Hg.): Wege zur Kultur. Perspektiven für einen integrativen Deutschunterricht. Frankfurt/M., S. 287–305.

ORTNER, Hanspeter 1995: Die Sprache als Produktivkraft. Das (epistemisch-)heuristische Schreiben aus der Sicht der Piagetschen Kognitionspsychologie. Tübingen.

OSSNER, J./E. ESSLINGER 1996: Integration, Vernetzung, Erlebnisgesellschaft und Schule. In: Der Deutschunterricht 48, S. 80–92.

PAECH, Joachim 1997: Literatur und Film. Stuttgart.

PAEFGEN, Elisabeth K. 1991: Literatur als Anleitung und Herausforderung: inhaltliche und stilistische Schreibübungen nach literarischen Mustern. In: Diskussion Deutsch, H. 119, S. 286–298 u. 323 f.

PAEFGEN, Elisabeth K. 1996: Schreiben und Lesen. Ästhetisches Arbeiten und literarisches Lernen. Opladen.

PAEFGEN, Elisabeth K. 1998: Textnahes Lesen. In: Jürgen Belgrad/Karlheinz Fingerhut (Hgg.): Textnahes Lesen. Annäherungen an Literatur im Unterricht. Baltmannsweiler, S. 14–23.

PAEFGEN, Elisabeth K. 1999 a: Einführung in die Literaturdidaktik. Stuttgart.

PAEFGEN, Elisabeth K. 1999 b: Der Literaturunterricht heute und seine (un)mögliche Zukunft. In: Didaktik Deutsch, H. 7, S. 36–55.

PALME, Hans-Jürgen/Fred SCHELL (Hgg.) 1992: Voll auf die Ohren. Jugendradioarbeit in der Bundesrepublik. München.

PAULSEN, Friedrich (1896): Geschichte des gelehrten Unterrichts auf den deutschen Schulen und Universitäten vom Ausgang des Mittelalters bis zur Gegenwart. 2 Bde. Berlin.

PAYRHUBER, Franz–Josef 1991: Das Drama im Unterricht. Aspekte einer Didaktik des Dramas. Analysen und empirische Befunde – Begründungen – Unterrichtsmodelle. Rheinbreitbach.

PAYRHUBER, Franz-Josef 1993: Gedichte im Unterricht – einmal anders. Praxisbericht mit vielen Anregungen für das 5.–10. Schuljahr. München.

PAYRHUBER, Franz-Josef 1998: Dramen im Unterricht. In: Günter Lange/Karl Neumann/Werner Ziesenies (Hgg.): Taschenbuch des Deutschunterrichts. Bd. 2: Literaturdidaktik. 6., vollständig überarbeitete Auflage. Baltmannsweiler, S. 647–668.

PEISER, Wolfram 1996: Die Fernsehgeneration. Eine empirische Untersuchung ihrer Mediennutzung und Medienwirkung. Opladen.

PIAGET, Jean [3]1972: Psychologie der Intelligenz. Olten.

PIAGET, Jean/Anne-Marie WEIL 1951 [1976]: Die Entwicklung der kindlichen Heimatvorstellungen und der Urteile über andere Länder. In: Ali Wacker (Hg.): Die Entwicklung des Gesellschaftsverständnisses bei Kindern. Frankfurt/M., New York S. 127–148.

PÖTTINGER, Ida 1997: Lernziel Medienkompetenz. Theoretische Grundlagen und praktische Evaluation anhand eines Hörspielprojekts. München.

PROSS, Harry 1972: Medienforschung. Film – Funk – Presse – Fernsehen. Darmstadt.

QUASTHOFF, Ute 1980: Erzählen in Gesprächen. Tübingen.

RADTKE, Frank-Olaf 1995: Interkulturelle Erziehung. In: Zeitschrift für Pädagogik, H. 6, S. 853–861.

RAMBECK, Johann 1996: Praktische Videoarbeit im Literaturunterricht. In: Werner Faulstich/Gerhard Lippert (Hgg.): Medien in der Schule. Anregungen und Projekte für die Unterrichtspraxis in der Sekundarstufe I und II, S. 97–111.

REICH, Hans H. 2000: Deutsch: Sprache. In: Ders./Alfred Holzbrecher/Hans-Joachim Roth (Hgg.): Fachdidaktik interkulturell. Ein Handbuch. Opladen, S. 235–257.

REINKE, Gisela 1990: Frauenrollen im Märchen. In: Praxis Deutsch, H. 103, S. 41–46.

REISS, Joachim 1998: Die Situation des Darstellenden Spiels als Unterrichtsfach. In: Theater in der Schule, S. 388–395.

REISZ, Karel/Gavin MILLAR 1988: Geschichte und Technik der Filmmontage. München.

RENDTDORFF, Barbara 2000: Das sexuierte Subjekt und der Andere in den Erziehungswissenschaften. In: Neue Sammlung, H. 3, S. 425–437.

RENK, Herta-Elisabeth ³1986: Dramatische Texte im Unterricht. Vorschläge, Materialien u. Kursmodelle für d. Sekundarstufe I u. II. Stuttgart.

RICHTLINIEN GRUNDSCHULE NRW 1985: Richtlinien und Lehrpläne für die Grundschule in NRW. Hg. v. Kultusministerium NRW. Frechen 1996 (unveränd. Nachdruck von 1985).

RICHTLINIEN HAUPTSCHULE 1989: Richtlinien und Lehrpläne für die Hauptschule in NRW. Deutsch. Hg. vom Kultusministerium NRW. Frechen.

RICHTLINIEN NRW SEK II 1982: Richtlinien für die gymnasiale Oberstufe in Nordrhein-Westfalen. Deutsch. Hg. v. Kultusministerium NRW. Köln.

RICHTLINIEN NRW SEK II 1999: Richtlinien und Lehrpläne für die Sekundarstufe II – Gymnasium/Gesamtschule in Nordrhein-Westfalen. Deutsch. Frechen.

RICHTLINIEN UND LEHRPLÄNE FÜR DAS GYMNASIUM – SEKUNDARSTUFE I – IN NRW. Deutsch 1993. Hg. v. Kultusministerium NRW. Frechen.

RICHTLINIEN UND LEHRPLÄNE FÜR DIE DUALEN BILDUNGSGÄNGE DES BERUFSKOLLEGS IN NRW 2000: Deutsch/Kommunikation. Frechen.

RICHTLINIEN UND LEHRPLÄNE FÜR DIE SEKUNDARSTUFE I – GESAMTSCHULE 1998: Deutsch. Frechen.

RIEMENSCHNEIDER, Hartmut 1974: Moderne Lyrik. In: Deutschunterricht in der Diskussion. Forschungsberichte. Hg. von Dietrich Boueke. Paderborn, S. 291–309.

RITZ-FRÖHLICH, Gertrud 1978: Weiterführender Leseunterricht in der Grundschule. Bad Heilbrunn/Obb.

RÖLL, Franz Josef 1998: Mythen und Symbole in populären Medien. Der wahrnehmungsorientierte Ansatz in der Medienpädagogik. Frankfurt/M.

RÖSCH, Heidi 2000a: Perspektivenwechsel in der Deutschdidaktik. In: Griesmayer/Wintersteiner (Hgg.), S. 35–49.

RÖSCH, Heidi 2000b: Jim Knopf ist (nicht) schwarz. Anti-/Rassismus in der Kinder- und Jugendliteratur und ihrer Didaktik. Baltmannsweiler.

RÖSCH, Heidi 2000 c: Entschlüsselungsversuche. Kinder- und Jugendliteratur und ihre Didaktik im globalen Diskurs. Baltmannsweiler.

ROSEBROCK, Cornelia 1995: Literarische Sozialisation im Medienzeitalter. Ein Systematisierungsversuch zur Einleitung. In: Dies. (Hg.): Lesen im Medienzeitalter: Biographische und historische Aspekte literarischer Sozialisation. Weinheim, München, S. 9–29.

ROSEBROCK, Cornelia 1997: Kinder- und Jugendliteratur im Unterricht – aus der Perspektive der Lehrerbildung. In: Bernhard Rank/Cornelia Rosebrock (Hgg.), Kinderliteratur, literarische Sozialisation und Schule. Weinheim, S. 7 – 28.

ROSEBROCK, Cornelia 1999: Zum Verhältnis von Lesesozialisation und literarischem Lernen. In: Didaktik Deutsch 4, H. 6, S. 57–68.

ROTH, Heinrich (Hg.) 1969: Begabung und Lernen. Stuttgart.

RUPING, Bernd/Wolfgang SCHNEIDER 1995: Theater mit Kindern. Weinheim.

RUPP, Gerhard 1987: Kulturelles Handeln mit Texten. Paderborn.

RUSTERHOLZ, Peter 1996: Zum Verhältnis von Hermeneutik und anti-hermeneutischen Strömungen. In: Heinz Ludwig Arnold/Heinrich Detering (Hgg.): Grundzüge der Literaturwissenschaft. München, S. 157–177.

SAXER, Ulrich u. a. 1989: Lesen in der modernen Gesellschaft. Gütersloh.

SCHAFER, Murray R. 1988: Klang und Krach. Eine Kulturgeschichte des Hörens. Frankfurt/M.

SCHAUDIG, Michael 1992: Literatur im Medienwechsel: Gerhart Hauptmanns Tragikomödie »Die Ratten« und ihre Adaptionen für Kino, Hörfunk, Fernsehen. Prolegomena zu einer Medienkomparatistik. München.

SCHELER, Max ³1947: Bildung und Wissen. Frankfurt/M.

SCHELLER, Ingo 1987: Szenische Interpretation. Frank Wedekind: Frühlingserwachen. Oldenburg.

SCHELLER, Ingo ³1993: Wir machen unsere Inszenierung selber (I). Szenische Interpretation von Dramentexten. Oldenburg.

SCHELLER, Ingo 1996: Szenische Interpretation. In: Praxis Deutsch, H. 136, S. 22–36.

SCHELLER, Ingo 1997: Szenisches Spiel. Berlin.

SCHEMME, Wolfgang 1977: Das »Tell-Problem« in neuer Sicht. Überlegungen zur Arbeit mit dem klassischen Drama im Deutschunterricht. In: Klaus Göbel (Hg.): Das Drama in der Sekundarstufe. Kronberg/Ts., S. 190–237.

SCHERPE, Klaus R. 1983: »Beziehung« und nicht »Ableitung«. Methodische Überlegungen zu einer Literaturgeschichte im sozialen Zusammenhang. In: Theodor Cramer (Hg.): Literatur und Sprache im historischen Prozess. Tübingen, Bd.1, S. 77–88.

SCHEWE, Manfred 1993: Fremdsprache inszenieren. Oldenburg.

SCHILL, Wolfgang/Dieter BAACKE (Hgg.) 1996: Kinder und Radio. Zur medienpädagogischen Theorie und Praxis der auditiven Medien. Frankfurt/M.

SCHINDLER, Frank 2000: Deutschunterricht in der Berufsschule: Sprachliche

Kompetenzen zwischen Fachdidaktik und Berufsbezug. In: Der berufliche Bildungsweg, H. 4–5, S. 7–10.

SCHMIDT, Siegfried J. 1982: Grundriß der Empirischen Literaturwissenschaft. Teilband 2. Braunschweig, Wiesbaden.

SCHMIDT, Siegfried J. 1988: Diskurs und Literatursystem. Konstruktivistische Alternativen zu diskurstheoretischen Alternativen. In: Fohrmann/Müller, S. 134–160.

SCHMIDT, Siegfried J. 2000: Das Scheinen des Geldes. Werbung und Ästhetik. In: Jutta Wermke (Hg.): Ästhetik und Ökonomie. Beiträge zur interdisziplinären Diskussion von Medien-Kultur. Wiesbaden, S. 55–68.

SCHMIDT, Siegfried/Peter VORDERER 1995: Kanonisierung in Mediengesellschaften. In: Andreas Poltermann (Hg.): Literaturkanon – Medienereignis – Kultureller Text. Formen interkultureller Kommunikation und Übersetzung. Berlin, S. 144–159.

SCHOBER, Otto 1979: Roman – Novelle – Erzählung. In: Dietrich Boueke (Hg.): Deutschunterricht in der Diskussion. Forschungsberichte, Bd. 2. 2., erw. und bearb. Aufl. Paderborn u. a., S. 268–304.

SCHÖN, Erich 1987: Der Verlust der Sinnlichkeit oder die Verwandlung des Lesers. Mentalitätswandel um 1800. Stuttgart.

SCHÖN, Erich 1989: Leseerfahrungen in Kindheit und Jugend. In: Lehren und Lernen 15, H. 6, S. 21–44.

SCHÖN, Erich 1990: Die Entwicklung literarischer Rezeptionskompetenz. Ergebnisse einer Untersuchung zum Lesen bei Kindern und Jugendlichen. In: Spiel. Siegener Periodicum zur Internationalen Empirischen Literaturwissenschaft 2, S. 229–276.

SCHÖN, Erich 1993: Jugendliche Leser im Deutschunterricht. In: Heiko Balhorn/Hans Brügelmann (Hgg.): Bedeutungen erfinden – im Kopf, mit Schrift und miteinander. Zur individuellen und sozialen Konstruktion von Wirklichkeiten. Konstanz, S. 220–226.

SCHÖN, Erich 1999a: Geschichte des Lesens. In: Bodo Franzmann/Klaus Hasemann/Dietrich Löffler/Erich Schön (Hgg.): Handbuch Lesen. München.

SCHÖN, Erich 1999b: Lesen zur Information, Lesen zur Lust – schon immer ein falscher Gegensatz. In: Gunnar Roters/Walter Klingler/Maria Gerhards (Hgg.): Information und Informationsrezeption. Baden-Baden, S. 187–212.

SCHÖN, Erich 2000: Kinder und Jugendliche im aktuellen Medienverbund. In: Günter Lange (Hg.): Taschenbuch der Kinder- und Jugendliteratur. Band 2. Baltmannsweiler.

SCHÖNBRUNN, Walter 1929: Die Not des Literaturunterrichts in der großstädtischen Schule. In: Die Erziehung, S. 252–259.

SCHÖNERT, Jörg 1983: Neuere theoretische Konzepte der Literaturgeschichtsschreibung. In: Theodor Cramer (Hg.): Literatur und Sprache im historischen Prozeß. Bd. 1. Tübingen, S. 91–120.

Schönert, Jörg 1998 a: ›Medienkulturkompetenz‹ als Ausbildungsleistung der Germanistik? In: Der Deutschunterricht 50, H. 6, S. 62–69.

Schönert, Jörg 1998 b: Warum Literaturwissenschaft heute nicht nur Literaturwissenschaft sein soll. In: Jb. d. dt. Schillergesellschaft 42, S. 491–499.

Schorb, Bernd 1995: Medienalltag und Handeln. Medienpädagogik in Geschichte, Forschung und Praxis. Opladen.

Schreier, Helmut 1993: Himmel, Erde und ich. Geschichten zum Nachdenken über den Sinn des Lebens, den Wert der Dinge und die Erkenntnis der Welt. Heinsberg.

Schulze, Gerhard 1993: Die Erlebnis-Gesellschaft. Kultursoziologie der Gegenwart. Frankfurt/M., New York.

Schulze, Gerhard ⁷1997: Die Erlebnis-Gesellschaft. Kultursoziologie der Gegenwart. Frankfurt/M., New York.

Schuster, Karl ²1996: Das Spiel und die dramatischen Formen im Deutschunterricht. Baltmannsweiler.

Schütz, Erhard/Thomas Wegmann ³1999: Literatur und Medien. In: Heinz Ludwig Arnold/Heinrich Detering (Hgg.): Grundzüge der Literaturwissenschaft. München, S. 52–78.

Schwab, Gabriele 1982: Die Subjektgenese, das Imaginäre und die poetische Sprache. In: Renate Lachmann (Hg.): Dialogizität. München, S. 63–85.

Schwab, Jürgen/Michael Stegmann: Die Windows-Generation. Profile, Chancen und Grenzen jugendlicher Computeraneignung. München.

Seesslen, Georg 1995 ff.: Grundlagen des populären Films. 6 Bde. Marburg.

Seitz, Hanne 1996: Räume im Dazwischen. Essen.

Sennlaub, Gerhard ⁶1994: Spaß beim Schreiben oder Aufsatzerziehung? Stuttgart/Berlin/Köln/Mainz.

Siegrist, Hansmartin 1986: Textsemantik des Spielfilms: Zum Ausdruckspotential der kinematographischen Formen und Techniken. Tübingen.

Six, Ulrike/Gunnar Roters 1997: Hingehört. Das Radio als Informationsmedium für Jugendliche. Gütersloh.

Skrotzki, Dietmar 1996: Der »kleine Filmemacher«. Schule des Sehens – Inszenatorisches Lesen. In: Deutschunterricht 48, H. 1, S. 32–39.

Spanhel, Dieter 1990: Jugendliche vor dem Bildschirm. Neueste Forschungsergebnisse über die Nutzung der Videofilme, Telespiele und Homecomputer durch Jugendliche. (2., völlig neu bearbeitete Auflage) Weinheim.

Spanhel, Dieter 1999: Förderung von Medienkompetenz im Handlungsfeld Schule – Bedingungen, Möglichkeiten, konkrete Beiträge. In: Fred Schell/Elke Stolzenburg/Helga Theunert (Hgg.): Medienkompetenz: Grundlagen und pädagogisches Handeln. München, S. 159–166.

Spinner, Kaspar H. (Hg.) 1977: Zeichen, Text, Sinn. Zur Semiotik des literarischen Verstehens. Göttingen.

Spinner, Kaspar H. 1984: Moderne Kurzprosa in der Sekundarstufe I. Hannover.

SPINNER, Kaspar H. 1989 a: Fremdverstehen und historisches Verstehen als Ergebnis kognitiver Entwicklung, in: Der Deutschunterricht 41, H. 4, S. 19–23.

SPINNER, Kaspar H. 1989 b: Literaturunterricht und moralische Entwicklung. In: Praxis Deutsch 16, H. 95, S. 13–19.

SPINNER, Kaspar H. 1993 a: Die Entwicklung des literarischen Verstehens. In: Ottfried Beisbart u. a. (Hgg.): Leseförderung und Leseerziehung. Theorie und Praxis des Umgangs mit Büchern für junge Leser. Donauwörth, S. 55–63.

SPINNER, Kaspar H. 1993 b: Von der Notwendigkeit produktiver Verfahren im Literaturunterricht. In: Diskussion Deutsch, H. 134, S. 491–496.

SPINNER, Kaspar H. 1994: Schreiben nach Botho Strauß, Volker Braun und Urs Widmer. In: Praxis Deutsch, H. 126, 25–48.

SPINNER, Kaspar H. 1995 a: Neue und alte Bilder von Lernenden. Deutschdidaktik im Zeichen der kognitiven Wende. In: Jahrbuch der Deutschdidaktik, S. 12–144.

SPINNER, Kaspar H. 1995 b: Poststrukturalistische Lektüre im Unterricht – am Beispiel der Grimmschen Märchen. In: Der Deutschunterricht 47, H. 6, S. 9–18.

SPINNER, Kaspar H. 1995 c: Umgang mit Lyrik in der Sekundarstufe I. 2., vollständig überarb. Aufl. Baltmannsweiler.

SPINNER, Kaspar H. 1995 d: Imaginative und emotionale Lernprozesse im Deutschunterricht. Frankfurt/M.

SPINNER, Kaspar H. 1995 e: Die Entwicklung literarischer Kompetenz beim Kind. In: Cornelia Rosebrock (Hg.): Lesen im Medienzeitalter. Biographische und historische Aspekte literarischer Sozialisation. Weinheim, München, S. 81–95.

SPINNER, Kaspar H. 1997: Der Beitrag des Deutschunterrichtes zur Allgemeinbildung. In: Pädagogik, H. 2, S. 54–57.

SPINNER, Kaspar H. 1998: Thesen zur ästhetischen Bildung im Literaturunterricht heute: In: Der Deutschunterricht, H. 6, S. 46–54.

SPINNER, Kaspar H. 1999 a: Die eigenen Lernwege unterstützen. Die sog. kognitive Wende in der Deutschdidaktik. In: K. H. Spinner (Hg.), Neue Wege im Literaturunterricht. Hannover, S. 4–9.

SPINNER, Kaspar H. 1999 b: Lese- und literaturdidaktische Konzepte. In: Bodo Franzmann u. a. (Hgg.): Handbuch Lesen. München, S. 593–601.

SPINNER, Kaspar H. 2000 a: Vielfältig wie nie zuvor. Stichworte zur aktuellen Kinder- und Jugendliteratur und ihrer Didaktik. In: Praxis Deutsch 27, H. 162, S. 16–20.

SPINNER, Kaspar H. 2000 b: Handlungs- und produktionsorientierter Umgang mit Kinder- und Jugendliteratur. In: Günter Lange (Hg.) 2000, Bd. 2, S. 978 – 990.

SPINNER, Kaspar H. 2000 c: Brecht dekonstruktivistisch oder Die Chance für einen neuen Zugang zu einem Schulklassiker. In: Jürgen Förster (Hg.): Schulklassiker lesen in der Medienkultur. Stuttgart, S. 80–92.

SPITTA, Gudrun (Hg.) 1998: Freies Schreiben. Eigene Wege gehen. Lengwil.

SPITTA, Gudrun 1999: Wenn Kindertexte uns berühren – oder Gedanken zur (literarischen) Qualität von Kindertexten beim Freien Schreiben. In: Matthias Duderstadt/Claus Forytta (Hgg.): Literarisches Lernen. Frankfurt/M., S. 211–228.

STEHR, Nico 1994: Arbeit, Eigentum, Wissen. Zur Theorie der Wissensgesellschaften. Frankfurt/M.

STEINLEIN, Rüdiger 1987: Die domestizierte Fantasie. Studien zur Kinderliteratur, Kinderlektüre und Literaturpädagogik des 18. und frühen 19. Jahrhunderts. Heidelberg.

STIERLE, Karlheinz 1975: Was heißt Rezeption bei fiktionalen Texten? In: Poetica 7, S. 345–387.

STIFTUNG LESEN (Hg.) 1998: Lesen im Umbruch – Forschungsperspektiven im Zeitalter von Multimedia. Baden-Baden.

STOCKER, Karl 1993: Wege zum kreativen Interpretieren: Lyrik. Sekundarbereich. Baltmannsweiler.

STRUTZ, Johann 1996: Für einen interkulturellen Literaturbegriff. Zur Literatur der Alpen Adria-Region. In: Werner Delanoy/Helga Rabenstein/Werner Wintersteiner (Hgg.): Lesarten. Literaturdidaktik im interdisziplinären Vergleich. Innsbruck, Wien, S. 141–164.

SUMARA, Dennis J. 1996: Private Readings in Public. Schooling the Literary Imagination. New York u. a.

SZONDI, Peter ⁴1967: Theorie des modernen Dramas. Frankfurt/M.

TERHART, E. 1999: Konstruktivismus und Unterricht. Bönen.

TURKLE, Sherry 1998: Leben im Netz. Identität in Zeiten des Internet. Reinbek.

ULSHÖFER, Robert 1952: Die Prosa der Gegenwart in der Schule. In: Der Deutschunterricht 4, H. 6, S. 5–10.

ULSHÖFER, Robert 1967: Produktives Denken und schöpferisches Gestalten im Deutschunterricht. In: Der Deutschunterricht 19, H. 6, S. 5–14.

ULSHÖFER, Robert 1974: Methodik des Deutschunterrichts 3. Mittelstufe II. Neufassung. Stuttgart.

ULSHÖFER, Robert 1976: Methodik des Deutschunterrichts 2. Mittelstufe I. Stuttgart.

UNGLAUB, Erich 1998: Aneignungsformen großer literarischer Texte. In: Elinor Lippert (Hg.): theater spielen, S. 118–137.

URLINGER, Josef 1980: Stundenblätter. Einführung in die Lyrik für die Sekundarstufe I. Stuttgart.

VALENTINE, C. W. 1962: The Experimental Psychology of Beauty. London.

VASSEN, Florian 1999: Theatralität in Text und Gesellschaft. Aspekte der Theatralität in der Deutschlehrer/-Innenausbildung. In: Korrespondenzen. Zeitschrift für Theaterpädagogik, H. 33, Mai 1999, S. 28–37.

VASSEN, Florian/Gerd KOCH/G. NEUMANN (Hgg.) 1998: Wechselspiel: Körper-TheaterErfahrung. Frankfurt/M.

VOGT, Jochen 1996: Grundlagen narrativer Texte. In: Heinz Ludwig Arnold/Heinrich Detering (Hgg.): Grundzüge der Literaturwissenschaft. München, S. 287–307.

VOGT, Jochen 1999: Einladung zur Literaturwissenschaft. München.

VOLLSTÄDT, Witlof/Klaus-Jürgen TILLMANN u. a. 1999: Lehrpläne im Schulalltag. Eine empirische Studie zur Akzeptanz und Wirkung von Lehrplänen in der Sekundarstufe I. Opladen.

VORAUER, Markus 1990: Die Konnotationsmaschine. Bemerkungen zur Differenz von Literatur und Film. In: ide – Informationen zur Deutschdidaktik, H. 4, S. 33–42.

VORST, Claudia 2000: Umgang mit Texten: Ziele, Aufgabenschwerpunkte und Methoden. Deutsche Lehrpläne im Vergleich. Unveröff. Manuskript. Universität-Gesamthochschule Paderborn.

VOSSKAMP, Wilhelm 1995: Einheit in der Differenz. Zur Situation der Literaturwissenschaft in wissenschaftsgeschichtlicher Perspektive. In: Ludwig Jäger, (Hg.): Germanistik. Disziplinäre Identität und kulturelle Leistung. Weinheim, S. 29–45.

WAGNER, Wolf-Rüdiger 1999: Kulturtechnik Multimedia. Die Technikignoranz der Medienpädagogik und die Notwendigkeit ihrer Neuorientierung. In: medien praktisch, H. 92, S. 14–19.

WALDMANN, Günter 1973: Theorie und Didaktik der Trivialliteratur. Modellanalysen – Didaktikdiskussionen – literarische Wertung. München.

WALDMANN, Günter 1979: Überlegungen zu einer kommunikations- und produktionsorientierten Didaktik literarischer Texte. In: Herbert Mainusch (Hg.): Literatur im Unterricht. München, S. 328–347.

WALDMANN, Günter 1988: Produktiver Umgang mit Lyrik. Baltmannsweiler.

WALDMANN, Günter [5]1994: Produktiver Umgang mit Literatur: In: Günter Lange/Karl Neumann/Werner Ziesenis (Hgg.): Taschenbuch des Deutschunterrichts. Bd. 2. Baltmannsweiler, S. 466–483.

WALDMANN, Günter 1996: Produktiver Umgang mit dem Drama. Baltmannsweiler.

WALDMANN, Günter 1998: Produktiver Umgang mit Literatur im Unterricht. Baltmannsweiler.

WALDMANN, Günter 1999: Produktiver Umgang mit dem Drama. Eine systematische Einführung in das produktive Verstehen traditioneller und moderner Dramenformen. 2., korrigierte Auflage. Baltmannsweiler.

WALLRABENSTEIN, Wulf/Ingrid WICHERT 2000: Zeit für Märchen – Zeit für mich. In: Die Grundschulzeitschrift 134, S. 6–10.

WANGERIN, Wolfgang 1998: Romane im Unterricht. In: Lange 1998, S. 600–620.

WANDRUSZKA, Mario 1979: Die Mehrsprachigkeit der Menschen. München u. a.

WEBER, Albrecht 1979: Roman. In: Ernst Nündel (Hg.): Lexikon zum Deutschunterricht. München u. a.

WEBER, Albrecht 1980: Lyrik im Unterricht. In: Fachdidaktik Deutsch. Hg. von Bernhard Sowinski. 2. überarb. u. erw. Aufl. Köln, Wien, S. 329–337.

WEBER, Albrecht 1993: Lesen: Grundlagen – Voraussetzungen – Abläufe. In: O. Beisbart u. a. (Hgg.): Leseförderung und Leseerziehung. Theorie und Praxis des Umgangs mit Büchern für junge Leser. Donauwörth, S. 11–18.

WEBER, Richard 1997: Neue Dramatiker in der BRD. In: Horst A. Glaser (Hg.): Deutsche Literatur zwischen 1945 und 1995. Eine Sozialgeschichte. Bern/Stuttgart/Wien, S. 407–424.

WEGMANN, Nikolaus 1993: Literarische Bildung in den Zeiten der Theorien. In: Der Deutschunterricht 45, H. 4, S. 12–25.

WEIMAR, Klaus 1994: Nachrede über Texte. Blindheit und Übermut der Germanistik, in: Frankfurter Allgemeine Zeitung v. 7. 9.

WEINKAUFF, Gina 2000: Kinderliteratur in der Fremde. Orte der deutschsprachigen Migrantenliteratur für junge Leserinnen und Leser. In: JuLit 26, H.2, S. 15–29.

WEINTZ, Jürgen 1998: Theaterpädagogik und Schauspielkunst. Butzbach-Griedel.

WEISSE, Wolfram 1996: »Abendmusik«. Filmen in der Schule. Der Weg zum Erfolg – mit Hindernissen. In: Werner Faulstich/Gerhard Lippert (Hgg.): Medien in der Schule. Anregungen und Projekte für die Unterrichtspraxis in der Sekundarstufe I und II. Paderborn, S. 80–86.

WELSCH, Wolfgang 1999: Skandalon Kanon. Gesellschaftskitt durch Klassikerlektüre? In: Forschung und Lehre, H. 4, S. 182–185.

WENZEL, Horst 1999: Mediävistik zwischen Textphilologie und Kulturwissenschaft. In: Mitteilungen des Deutschen Germanistenverbandes, H. 4, Germanistik als Kulturwissenschaft. S. 546–561.

WERLEN, E. 1996: Theorie und Praxis eines integrativen Deutschunterrichts. In: Der Deutschunterricht 48, S. 3–8.

WERMKE, Jutta 1979: Wozu Comics gut sind?! Unterschiedliche Meinungen zur Beurteilung des Mediums und seiner Verwendung im Deutschunterricht. Kronberg/Ts., Frankfurt/M.

WERMKE, Jutta 1995: Hören – horchen – lauschen. Zur Hörästhetik als Aufgabenbereich des Deutschunterrichts unter besonderer Beachtung der Umweltwahrnehmung. In: Kaspar H. Spinner (Hg.): Imaginative und emotionale Lernprozesse im Deutschunterricht. Frankfurt/M. u. a., S. 193–216.

WERMKE, Jutta 1996: Leseerziehung für Medienrezipienten. In: Joachim S. Hohmann/Hans Rubinich (Hgg.): Wovon der Schüler träumt. Leseförderung im Spannungsfeld zwischen Literaturvermittlung und Medienpädagogik. Frankfurt/M. u. a., S. 90–117.

WERMKE, Jutta 1997: Integrierte Medienerziehung im Fachunterricht. Schwerpunkt: Deutsch. München.

Wermke, Jutta 1998: Kinder- und Jugendliteratur in den Medien oder: Der Medienverbund als ästhetische Herausforderung. In: Gerhard Rupp (Hg.): Ästhetik im Prozeß. Opladen, Wiesbaden, S. 179–217.

Wermke, Jutta 1999 a: Tempo – Rhythmus – Kontrast. Zur Veränderung der Rezeptionsbasis am Beispiel von Kinderhörkassetten. In: Internationales Archiv zur Sozialgeschichte der deutschen Literatur (IASL). 10. Sonderheft, Tübingen, S. 190–204.

Wermke, Jutta 1999 b: Kinderhörkassetten zwischen Film und Literatur. In: Deutschunterricht 52, H. 5, S. 371–379.

Wermke, Jutta 2000 a: Ästhetische Perspektiven der Medienerziehung. In: Hubert Kleber (Hg.): Spannungsfeld Medien und Erziehung. Medienpädagogische Perspektiven. München, S. 197–226.

Wermke, Jutta 2000 b: Hörästhetik als Aufgabe der Medienerziehung im Deutschunterricht. In: Ludowika Huber/Eva Odersky (Hgg.): Zuhören – Lernen – Verstehen. Braunschweig, S. 123–136.

Wieler, Petra 1989: Sprachliches Handeln im Literaturunterricht als didaktisches Problem. Bern u. a.

Wieler, Petra 1997: Vorlesen in der Familie. Fallstudien zur literarisch-kulturellen Sozialisation von Vierjährigen. Weinheim, München.

Wierlacher, Alois (Hg.) 1997: Perspektiven und Verfahren der interkulturellen Germanistik. München.

Wilczek, Reinhard 2000: Über die Notwendigkeit eines neuen fachdidaktischen Forums. Vorwort des Herausgebers. In: Literatur im Unterricht. Texte der Moderne und Postmoderne in der Schule 1, H. 1, S. 1–4.

Wild, Inge 1997: Neue Bilder weiblicher Adoleszenz. Wandel eines kulturellen Musters in Jugendromanen von Christine Nöstlinger und Inger Edelfeldt. In: Freiburger literaturpsychologische Gespräche 16, S. 187–214.

Wilkens, Gabriela S. 1999: »Ich weiß, dass ich in einer Vielzahl von Sprachen geschrieben worden bin . . .« Ein autobiografischer Streifzug durch die Alltagswelt der Mehrsprachigkeit. In: Helene Decke-Cornill/Maike Reichart-Wallrabenstein (Hgg.): Sprache und Fremdverstehen. Frankfurt/M. u. a.

Wilkens, Gabriela S. 2001 a: »Ich schreibe in der Sprache, in der ich träume . . .« Selbstzeugnisse literarischer Mehrsprachigkeit: Panait Istrati und Mircea Eliade. In: Karin Aguado/Adelheid Hu (Hgg.): Mehrsprachigkeit und Mehrkulturalität. Dokumentation des 18. Kongresses der Deutschen Gesellschaft für Fremdsprachenforschung. Berlin.

Wilkens, Gabriela S. 2001 b: »Wenn man eine Sprache nur intellektuell kennt und nicht gefühlsmäßig . . .« Eine subjektorientierte Untersuchung der Kommunikationsstrategien mehrsprachiger Jugendlicher im schullliterarischen Gespräch. Dissertation am Fachbereich Erziehungswissenschaft der Universität Hamburg.

Willenberg, Heiner 1999: Lesen und Lernen. Eine Einführung in die Neuropsychologie des Textverstehens. Heidelberg, Berlin.

WILLENBERG, Heiner 2000: Kompetenzen brauchen Wissen. Teilfähigkeiten beim Lesen und Verstehen. In: Hansjörg Witte (Hg.): Deutschunterricht zwischen Kompetenzerwerb und Persönlichkeitsbildung. Hohengehren, S. 69–84.

WINKO, Simone 1996: Literarische Wertung und Kanonbildung. In: Heinz Ludwig Arnold/Heinrich Detering (Hgg.): Grundzüge der Literaturwissenschaft, S. 585–600.

WINTER, Rainer 1992: Filmsoziologie. Eine Einführung in das Verhältnis von Film, Kultur und Gesellschaft. München.

WINTERSTEINER, Werner 2000: Franz Kafka als Dalai Lama im Buena Vista Club. Plädoyer für einen interkulturellen Literaturunterricht. In: Norbert Griesmayer/Werner Wintersteiner (Hgg.), Jenseits von Babylon, S. 50–68.

WITTENBRUCH, Wilhelm 1984: Das pädagogische Profil der Grundschule. Überarbeitete Richtlinien in Nordrhein-Westfalen. Impulse für die Weiterentwicklung der Grundschule. Heinsberg.

WITTMANN, Marc/Ernst PÖPPEL 1999: Neurobiologie des Lesens. In: Bodo Franzmann u. a. (Hgg.), Handbuch Lesen, S. 224–239.

WUSS, Peter 1992: Filmwahrnehmung. Kognitionspsychologische Modellvorstellungen bei der Filmanalyse. In: medien praktisch, H. 3, S. VI–X.

ZANDER, Jürgen 1992: Die moderne Kürzestgeschichte in der Sekundarstufe I. Diss. Karlsruhe.

ZEYRINGER, Klaus 1999: Österreichische Literatur 1945–1998. Überblicke – Einschnitte – Wegmarken. Innsbruck.

ŽIŽEK, Slavoj 1999: Liebe deinen Nächsten? Nein, danke! Die Sackgasse des Sozialen in der Postmoderne. Berlin.

Mitarbeiter dieses Bandes

Ulf Abraham, Dr. phil.; Professor für Didaktik der deutschen Sprache und Literatur an der Universität Würzburg.

Klaus-Michael Bogdal, Dr. phil.; Professor für Germanistische Literaturwissenschaft an der Universität Bielefeld.

Petra Büker, Dr. phil.; zur Habilitation abgeordnete Lehrerin im Hochschuldienst an der Universität Bielefeld.

Karlheinz Fingerhut, Dr. phil.; Professor für deutsche Literatur und deren Didaktik an der Pädagogischen Hochschule Ludwigsburg.

Jürgen Förster, Dr. phil.; Professor für Neuere deutsche Literaturwissenschaft/Literaturdidaktik an der Universität/GH Kassel.

Werner Graf, Dr. phil.; apl. Professor für Neuere deutsche Literatur und Fachdidaktik an der Universität Paderborn.

Bettina Hurrelmann, Dr. phil.; Professorin für deutsche Sprache und Literatur und ihre Didaktik an der Universität zu Köln und Leiterin der Arbeitsstelle für Leseforschung und Kinder- und Jugendmedien (ALEKI).

Clemens Kammler, Dr. phil.; Professor für Neuere deutsche Literatur und Literaturdidaktik an der Universität Essen.

Peter Christoph Kern, Dr. phil.; Professor em. für Didaktik der deutschen Sprache an der Pädagogischen Hochschule Freiburg.

Hermann Korte, Dr. phil.; Professor für Germanistik/Literaturdidaktik an der Universität Siegen.

Harro Müller-Michaels, Dr. phil.; Professor em. für Literaturwissenschaften (Didaktik der Germanistik) an der Ruhr-Universität Bochum.

Ursula Neumann, Dr. paed.; Professorin für interkulturelle Bildung an der Universität Hamburg und Ausländerbeauftragte des Senats der Freien und Hansestadt Hamburg.

Joachim Pfeiffer, Dr. phil.; Professor für Neuere deutsche Literatur und Literaturdidaktik an der Pädagogischen Hochschule Freiburg.

Frank Schindler; Leiter des Referats Curriculumentwicklung Deutsch am Landesinstitut für Schule und Weiterbildung Soest.

Frieder Schülein, Dr. phil.; Akademischer Oberrat für deutsche Sprache und Literatur und ihre Didaktik an der Universität Bielefeld.

Kaspar H. Spinner, Dr. phil.; Professor für Didaktik der deutschen Sprache und Literatur an der Universität Augsburg.

Jutta Wermke, Dr. phil.; Professorin für Neuere deutsche Literatur und Didaktik des Deutschunterrichts an der Universität Osnabrück.

Gabriela S. Wilkens; Wissenschaftliche Mitarbeiterin am Institut für Didaktik der Sprachen an der Universität Hamburg.

Michael Zimmermann, M. A.; Bildungsreferent der Landesarbeitsgemeinschaft Spiel und Theater NRW; Lehrbeauftragter an der Universität Bielefeld.

Sachregister

Das folgende Sachregister verzeichnet nicht alle, sondern nur die für das Verständnis eines Begriffs einschlägigen Textstellen. Fachtermini anderer Wissenschaften wurden nur dann berücksichtigt, wenn sie literaturdidaktisch relevant erschienen. Doppelbegriffe sind zur leichteren Auffindbarkeit entsprechend dem für den jeweiligen Sachzusammenhang signifikanten Begriffsteil eingeordnet.

Literaturwissenschaft im <u>dtv</u>

Michael von Albrecht
**Geschichte der römischen
Literatur**
Von Andronicus bis Boëthius
2 Bände
ISBN 3-423-30099-X

Heinz Ludwig Arnold
Heinrich Detering
**Grundzüge der Literatur-
wissenschaft**
ISBN 3-423-30171-6

Klaus Michael Bogdal
Hermann Korte (Hg.)
**Grundzüge der Literatur-
didaktik**
ISBN 3-423-30798-6

Joachim Bumke
Höfische Kultur
Literatur und Gesellschaft im
hohen Mittelalter
ISBN 3-423-30170-8

Umberto Eco
Zwischen Autor und Text
Interpretation und Über-
interpretation
Übers. v. H. G. Holl
ISBN 3-423-04682-1

Die Grenzen der Interpretation
Übers. v. G. Memmert
ISBN 3-423-30168-6

Lector in fabula
Die Mitarbeit der Interpreta-
tion in erzählenden Texten
Übers. v. H. G. Held
ISBN 3-423-30141-4

Umberto Eco
**Die Suche nach der
vollkommenen Sprache**
Übers. v. B. Kroeber
ISBN 3-423-30829-X

Herbert A. und
Elisabeth Frenzel
Daten deutscher Dichtung
Chronologischer Abriß der
deutschen Literaturgeschichte
in 2 Bänden
Band 1
Von den Anfängen bis zum
jungen Deutschland
ISBN 3-423-03003-8
Band 2
Vom Realismus bis zur
Gegenwart
ISBN 3-423-03004-6

**Geschichte der deutschen
Literatur im Mittelalter**

Dieter Kartschoke
Frühes Mittelalter
ISBN 3-423-30777-3

Joachim Bumke
Hohes Mittelalter
ISBN 3-423-30778-1

Thomas Cramer
Spätes Mittelalter
ISBN 3-423-30779-X

Horst Dieter Schlosser
**<u>dtv</u>-Atlas
Deutsche Literatur**
116 Farbseiten
ISBN 3-423-03219-7

Bitte besuchen Sie uns im Internet: www.dtv.de

Literaturwissenschaft im dtv

Bitte besuchen Sie uns im Internet: www.dtv.de

Literatenleben

Peter Braun
Dichterhäuser
Mit 65 s/w-Abbildungen
ISBN 3-423-**24362**-7

Dichterleben – Dichterhäuser
Mit 61 s/w-Abbildungen
ISBN 3-423-**24481**-X

Elizabeth Gaskell
**Das Leben der
Charlotte Brontë**
Übers. v. J. u. P. Schmitt
ISBN 3-423-**20048**-0

Ulrich Greiwe
**Graham Greene und der
Reichtum des Lebens**
ISBN 3-423-**24417**-8

Wolfgang Hädecke
Theodor Fontane
ISBN 3-423-**30819**-2

Volker Hage, Mathias Schreiber
Marcel Reich-Ranicki
Ein biographisches Porträt
ISBN 3-423-**12426**-1

Jean-François Lyotard
Gezeichnet: Malraux
Ein genialer Philosoph
beschreibt einen großen
Schriftsteller und Politiker
Übers. v. R. Werner
ISBN 3-423-**30825**-7

Wolfgang Matz
**Adalbert Stifter oder
Diese fürchterliche Wendung
der Dinge**
Biographie
ISBN 3-423-**34220**-X

Donald A. Prater
Thomas Mann
Deutscher und Weltbürger
Eine Biographie
ISBN 3-423-**30660**-2

Jörg W. Rademacher
James Joyce
ISBN 3-423-**24413**-5

Marcel Reich-Ranicki
Mehr als ein Dichter
Über Heinrich Böll
ISBN 3-423-**11907**-1

Marcel Reich-Ranicki
Mein Leben
Eine Autobiographie
ISBN 3-423-**13056**-3

Stephen Tree
Isaac Bashevis Singer
ISBN 3-423-**24415**-1

Sigrid Weigel
Ingeborg Bachmann
Hinterlassenschaften unter
Wahrung des Briefgeheimnisses
ISBN 3-423-**34035**-5

Abenteuer Sprache